한국학과 조선학, 그 쟁점과 코리아학 1

**한국학과 조선학, 그 쟁점과 코리아학 1**

**초판 인쇄**   2018년  7월  9일
**초판 발행**   2018년  7월 13일

**엮은이** 국제고려학회 서울지회
**펴낸이** 박찬익 | **편집장** 황인옥 | **책임편집** 조은혜
**펴낸곳** 패러다임북 | **주소** 서울시 동대문구 천호대로 16가길 4
**전화** 02) 922-1192~3 | **팩스** 02) 928-4683
**홈페이지** www.pjbook.com | **이메일** pijbook@naver.com
**등록** 2015년 2월 2일 제305-2015-000007호

ISBN 979-11-963465-3-9 (93040)
ISBN 979-11-963465-2-2 (세트)

* 패러다임북은 ㈜박이정출판사의 임프린트입니다.
* 책값은 뒤표지에 있습니다.

# 한국학과 조선학, 그 쟁점과 코리아학

Korean studies

국제고려학회
서울지회 엮음

Ⅰ

패러다임북

　2018년은 한반도에 두 개의 국가가 분리 정립되어 자리를 잡은 지 70년이 되는 해입니다. 1948년 대한민국과 조선민주주의인민공화국이라는 두 분단 국가체제가 시작되면서 코리아는 영토와 체제의 분단을 맞았고, 서로의 불통은 학문의 분단으로까지 이어졌습니다. 분단 70년 동안 한반도에는 두 분단 국가체제에서 진행되는 반쪽짜리 '국학'이 '한국학과 조선학'이라는 이름으로 서로 단절된 채 발전하여 왔습니다. '코리아학'은 코리언(Korean)과 관련된 모든 영역을 연구 주제로 삼는 학문이라고 할 수 있습니다. 하지만 분단으로 말미암아 '코리아학'은 아직까지도 코리언 전체를 포괄하는 온전한 학문으로 나아가지 못하고 있습니다.

　이런 학문의 분단 현실을 안타까워하면서 국제고려학회(International Society for Korean Studies, ISKS)는 1990년 8월 5일 일본 오사카에서 시작했습니다. 일본을 비롯한 해외 코리아학 학자들이 주도하여 한반도의 분단을 극복하고 남북의 학문적 소통을 만들어가기 위해 노력해 온 학술단체입니다. 전 세계에 7개의 지부를 둔 이 학회는 1998년 서울지회에 이어 2000년대에 들어서 평양지부까지 결성되면서, 남북에 지부를 둔 세계 유일의 국제학회로 성장했습니다. 남북관계가 경색되어온 지난 시기 동안에 유일하게 북한 학자들과 교류해오며 코리아학의 국제적 지위를 유지하면서 분단의 경계를 넘어 온전한 코리아학을 실천한 학회입니다.

　그동안 국제고려학회는 한반도의 분단과 그로 인한 '코리아학'의 분단이라는 특수성에 주목하면서 한반도의 통일 및 남과 북 양자 모두를 아우를 수 있는, 더 나아가 해외 각국의 코리언을 포괄할 수 있는 '코리아학'의 정립을 모색해 왔습니다. 국제고려학회 서울지회 또한 이 속에서 지난 20년 동안, 한반도의 분단을 극복하고 남북의 학문적 소통을 만들어가는 한편, 분단국가주의에 의해 규정된 분단학문을 벗어나 온전한 의미에서 '코리아학'을 만들어가기 위해 노력해 왔습니다.

2018년은 국제고려학회 서울지회가 창립한 지 20주년이 되는 해입니다. 1998년 7월 14일 서울지회결성준비위원회 5명과 일본지부 대표를 포함한 30여 명이 모여, 서울지회의 기반을 구축했습니다. 1999년 7월 16일 제1회 전국학술대회를 시작으로 12회의 국내학술대회를 개최하였고, 2018년에는 서울지회 창립 20주년을 기념하기 위해 특별히 국제학술대회를 기획하였습니다. 언어 · 문학 · 역사 · 법률 · 경제경영 · 정치 · 사회 · 철학종교 · 교육 · 과학기술 · 민족통일 · 예술 등 12개 분과로 구성되어 범 학문적 차원에서 코리아학의 전범을 만들고자 세계의 연구자들이 한 자리에 모였습니다. 그리고 분단의 경계를 넘는 코리아학의 길을 모색하는 토론의 장을 펼칩니다.

국제고려학회 서울지회 창립 20주년을 기념하여 각 분야의 전문가들은 지난 20년 동안 이루어졌던 우리의 노력을 되돌아보면서 앞으로 나아갈 길을 모색한다는 취지로 마음을 모았습니다. 2016년 국제고려학회 서울지회는 12개의 분과회를 구성하고, 분과위원장들이 각 분야의 전문가들을 초청하여 "한국학과 조선학, 그 쟁점과 코리아학의 모색"이라는 공동의 연구주제로 이 책을 기획하였습니다. 1권에서는 언어 · 문학 · 역사 · 철학종교 · 예술의 영역에서, 2권에서는 정치 · 법률 · 사회 · 교육 · 민족통일 · 과학기술 영역에서 분단학문의 역사를 반추하고 코리아학의 길을 모색하는 연구성과를 담았습니다.

제1권 언어분과에서는 '남북 언어규범의 현황과 쟁점', 문학분과에서는 '민족문학과 남북문학의 비교 연구', 역사분과에서는 '분단사학의 극복을 위한 모색', 법률분과에서는 '북한의 입법 및 법학연구 동향', 철학종교분과에서는 '북한 종교사상 연구의 현재', 예술분과에서는 '남북 공연 예술의 양상과 과제'를 주제로 정하였습니다. 제2권 정치분과에서는 '북한 정치의 현실과 미래', 법률분과에서는 '북한의 입법 및 법학연구 동향', 사회분과에서는 '북한의 경제체제와 자본주의', 교육분과에서는 '한국 통일교육의 변화와 발전 과제', 민족통일분과에서는 '민족공통성과 통일의 민주적 이념', 과학기술분과에서는 '북한 의학 학술지를 통해 본 북한 보건의료의 현황과 쟁점'을 공동 주제로 구성하였습니다. 책의 필진 또한 한국·중국·일본의 학자들이 함께 참여하여 공동 연구의 의미를 더하였습니다. 이 책은 이제까지 진행되어 왔던 코리아학의 연구성과를 재검토할 뿐만 아니라 한국학과 조선학 사이에 존재하는 쟁점들을 파악함으로써 코리아학으로의 가능성을 모색하고 있습니다.

"한국학과 조선학, 그 쟁점과 코리아학의 모색"이라는 공동 연구를 위해 힘써주신 총 28명의 필진들께 머리 숙여 고마움을 전합니다. 그리고 국제고려학회 서울지회 창립 20주년을 기념하여 많은 도움을 주신 국제고려학회 본부의 연재훈(London University) 회장님과 송남선(오사카 경제법과대학)

부회장님, 아시아분회 서영빈(对外经济贸易大学外语学院) 회장님, 일본지부 정아영(立命館大学) 회장님, 평양지부 서광웅(조선사회과학원) 회장님, 유럽지부 Rainer Dormels(Vienna University) 회장님, 북미지부 Michael Pettid(State University of New York) 회장님, 대양주지부 송창주(University of Auckland) 회장님께 감사드립니다. 이 책을 공동으로 기획하는 데 큰 힘을 보태주신 12개 분과위원장님과 학회 실무자들께도 고마움을 전합니다. 끝으로 코리아학의 발전을 위해 기꺼이 출판을 맡아주신 패러다임북의 박찬익대표와 편집부 선생님들께 감사드립니다.

남과 북은 2018년 4월 27일 '판문점선언'을 기점으로 70년이 넘는 세월 동안 계속된 분단의 적대성을 해소하며 평화와 번영의 미래를 함께 만들어가는 역사적인 출발점에 서 있습니다. 그 역사적 시기에 발맞추어 국제고려학회 서울지회는 창립 20주년을 맞아 새로운 도약의 길로 전진하기 시작했습니다. 과거 역사를 반추하면서 남과 북, 그리고 해외동포와 연대한 통합적 학문으로서 코리아학의 정립 및 국제적 성장을 위한 서울지회의 역할을 미래 지향적으로 만들어가기를 기대합니다.

분단체제를 넘어 평화체제로 나아가는 2018년 7월에
국제고려학회 서울지회장 김성민 씀

## | 차례 |

# 남북 언어 규범과 코리언 언어생활의 차이

# 남북 언어 규범의 어제와 오늘*
## - 북한『조선말규범집』(2010)의 개정과 의미 -

최호철**

## 1. 머리말

남북한 어문 규정의 근간이 된 것은 1933년의「한글 맞춤법 통일안」인데, 이는 민간단체인 조선어학회에서 순전히 조선 사람의 힘을 모아 만든 것으로서 종래의 표음주의를 성문화한 조선총독부의 '普通學校用 諺文綴字法'(1912)에서 형태주의로 전환한 조선총독부의 '諺文綴字法'(1930)에 비해 형태주의적 어원 표시의 규정이 더욱 철저하다.

「한글 맞춤법 통일안」은 분단 이전에 세 번의 개정이 이루어졌는데, 개정의 중심 내용은 사이시옷 표기와 의존적인 단어의 띄어쓰기 문제이다. 세 차례 개정의 결과 사이시옷 표기는 앞말에 받침이 없는 경우에만 ㅅ을 앞말의 받침으로 표기하도록 하였고, 의존적인 단어는 띄어 쓰는 것으로 낙착이 되었다.[1]

---

\* 이 글은 2012년 4월 30일「어문논집」(민족어문학회) 제65호에 실린 것을 수정한 것이다.
\*\* 고려대 국어국문학과 교수

분단 이후 남한은 1988년에 한 번의 개정이 이루어졌는데, 북한은 띄어쓰기 규정에 한한 개정을 포함하여 총 일곱 번의 개정이 이루어졌다. 북한의 첫 번째 개정은 1950년 4월의 「조선어 신철자법」이고, 두 번째 개정은 1954년 9월의 「조선어 철자법」이며, 세 번째 개정은 1966년 6월의 「조선말규범집」이고, 네 번째 개정은 1988년 2월의 「조선말규범집」이다. 그리고 다섯 번째 개정은 2000년의 「조선말 띄여쓰기규범」이고, 여섯 번째 개정은 2003년의 「띄여쓰기규정」이며, 일곱 번째 개정은 2010년의 「조선말규범집」(초판 발행 10월 9일, 2판 발행 12월 23일)이다.

어문 규정의 개정 빈도를 보면 분단 이후 한 번의 개정이 이루어진 남한에 비해 북한은 일곱 번의 개정이 이루어졌다. 남한의 개정은 「한글맞춤법 통일안」 이후 반세기가 지난 시점에서 이루어진 것으로서 그간의 언어 변화와 규정에 따른 서사 생활의 정착화를 감안할 때 개정의 당위성이 충분히 인정된다고 하겠다.[2] 그런데 그동안 북한에서 일곱 번의(띄어쓰기 규정 포함) 개정이 이루어진 것을 단순히 언어 변화와 규정에 따른 서사 생활의 정착화로만 설명하기에는 충분하지 않다.

이러한 측면에서 북한에서 어떠한 이유로 이렇게 개정할 수밖에 없었는가를 살피는 것은 남북한 통일 어문 규정의 작성을 위해 반드시 필요하다고 하

---

1) 1937년 3월 1일의 제1차 개정은 「사정한 조선어 표준말」(1936. 10. 28)에 따라 '부록 표준어'의 제7,8항의 표준말 어휘 전부를 삭제하는 동시에 각 항의 용어와 어례들을 사정한 표준말로써 적절히 수정·정리한 것이고, 1940년 6월 15일의 제2차 개정은 제19항의 '후'를 '추'로 바꾸고, 제30항의 사이시옷을 중간에 모두 쓰도록 하였으며, 제29항의 문구를 수정하고, '부록' 부호를 증보·수정한 것이며(갗후다→갗추다, 맞후다→맞추다, 뒷간→뒤ㅅ간, 움집→움ㅅ집), 1946년 9월 8일의 제3차 개정은 제30항을 이전대로 환원시키고, 보조 용언과 의존 명사는 모두 띄어 쓰도록 한 것이다(뒤ㅅ간→뒷간, 움ㅅ집→움집).

2) 남한의 개정은 1970년 초에 시작하여 1988년에 마무리되었는데, 그 중심된 내용은 현재에 와서 불필요한 규정을 정비하고(빨내, 놀앟다, ㅇ동, 북방, 긔차), 규정의 미비점을 보완하며(자모 순서의 규정, 한자음의 두음 법칙에 관한 규정), 실용상 준수되지 않은 규정을 현실화한 것(ㅂ불규칙, 종결형 어미 '–오', 접미사 '–이', 사이시옷·준말의 표기, 띄어쓰기)이다(최호철 1988:34 각주 3)).

겠다.[3] 이 글에서는 2010년의 개정 내용과 그 의미에 대하여 중점적으로 살필 것인데, 이는 이전에 이루어진 개정의 연속선상에서 기술되어야 할 성질이므로 홍종선·최호철(1998), 최호철(2002, 2004, 2007)을 바탕으로 2010년 이전의 개정 내용과 배경에 대해서도 간략히 논의하며(제2장), 2010년의 개정 내용은 아직 소개되지 않았으므로 그 개정 내용을 구체적으로 기술하고 그 의미를 논의하고자 한다(제3장).

## 2. 2010년 이전 북한 어문 규정의 개정 내용과 배경

「한글 맞춤법 통일안」의 불철저한 형태주의 표기를 비판함으로써 이루어진 「조선어 신철자법」은 이론적인 측면에서 다소 일관성을 갖는 것이었지만 현실적인 사용에서 많은 문제점을 안고 있었다. 따라서 원점에서 다시 시작하다시피 하여 이루어진 「조선어 철자법」이 북한 철자법의 전범이 되었다. 이후 수차례의 개정이 이루어졌는데, 세 번째 개정(1966)의 경우는 이전의 철자법에 대폭적인 손질을 가하여 전체적인 체제를 바꾸고, 내용면에서 세밀한 규정과 자세한 설명을 두었으며, 네 번째 개정(1988)의 경우는 정밀하게 다듬어 내용을 보완하는 정도이다. 그러는 가운데에서도 자모의 규정과 한자어의 'ㄴ, ㄹ' 두음 표기 및 사이시옷 표기의 폐기는 일관되게 유지되고 있다. 그 후 다섯 번째 개정(2000), 여섯 번째 개정(2003)의 경우는 띄어쓰기에 한정되는데 전자는 22개 항목을 9개 항목으로 간략화한 것이며, 후자는 이를 다시 6개 항목으로 조정한 것이다.

---

3)  남북한 공동의 「겨레말큰사전」 편찬 작업에서 논의되는 표기나 발음에 대한 내용은 오로지 「겨레말큰사전」에 한정하여 적용되는 것이고, 이 글에서 말하는 남북한 통일 어문 규정 작성은 남한과 북한이 각기 대내적으로 시행하고 있는 규범을 하나로 통일하는 것으로서 전자와 후자는 목적과 성격에서 차이가 있으므로 이 둘을 구별할 필요가 있다. 따라서 「겨레말큰사전」 편찬 작업에서 논의되는 내용은 '겨레말큰사전 남북공동편찬사업회' 홈페이지(http://www.gyeoremal.or.kr)를 참고하는 것으로 미루고 이 글에서는 후자와 관련해서만 논의할 것이다.

## 2.1. 조선어 신철자법(1950): 형태주의 표기의 강화

「조선어 신철자법」은 「한글 맞춤법 통일안」의 불철저한 형태주의 표기에 대한 비판·검토와 한자 철폐 및 문자 개혁(풀어서 가로쓰기)을 전제한 것으로 '조선 어문 연구회'에서 김두봉의 새로운 견해를 토대로 하여 만든 것이다. 따라서 이는 철자법상 형태주의 원칙을 더욱 강화한 것이 되었다. 그런데 이 철자법은 6·25 동란으로 제대로 실시되지 못했기 때문에 전반적인 서사 생활은 실제로 1954년에 개정된 「조선어철자법」 이후부터 달라졌다고 할 수 있다.

첫 번째 개정인 「조선어 신철자법」에서는 자모의 수에서 종래의 24자에 'ㄲ, ㄸ, ㅃ, ㅆ, ㅉ, ㅒ, ㅖ, ㅒ, ㅖ, ㅚ, ㅟ, ㅢ' 등 12자와 새 자모인 'ㄷ(ㄹ의 맨 위 가로획을 늘인 것), ㅌ(ㄹ의 왼쪽 위를 막은 것), ㅿ, ㆆ, ㅂ(U의 아래에 세로획을 더한 것), 1(아라비아 숫자와 같음)' 등 6자를 추가하여 총 42자로 규정하였다.[4] 겹글자 'ㅘ, ㅝ, ㅙ, ㅞ'가 글자의 수에서 빠진 것은 풀어쓰기를 염두에 두고 이들을 'ㅂㅏ, ㅂㅓ, ㅂㅒ, ㅂㅖ'와 같이 적음으로써 자음과 모음이 결합된 음절로 보기 때문이다. 또한 자음의 명칭은 '기윽, 니은, 디읃, …, 시읏, …, 끼윾, … 씨윴, …' 식으로 일원화하였고, 편의상의 명칭으로 '그, 느, 드, …, 스, …, ㄲ, … 쓰, …' 등을 허용하였다. 그리고 자모의 순서는 'ㄱ, ㄴ, ㄷ, …, ㅍ, ㅎ' 다음에 'ㄲ, ㄸ, ㅃ, ㅆ, ㅉ, ㄷ, ㅌ, ㅿ, ㆆ, U, 1'를 두고 이어서 'ㅏ, ㅑ, …, ㅡ, ㅣ' 다음에 'ㅒ, ㅖ, ㅒ, ㅖ, ㅚ, ㅟ, ㅢ'를 두었다.

새 자모 'ㄷ'는 ㄹ 불규칙 용언의 어간 말음 표기를 위하여, 'ㅌ'는 설측음 표기를 위하여, 'ㅿ'는 ㄷ 불규칙 용언의 어간 말음 표기를 위하여, 'ㆆ'는 ㅅ

---

4) 새 자모는 조선어의 어음 조직과 형태 구조를 깊이 성찰한 결과 생긴 조선어의 표기에 반드시 필요한 문자라고 하면서 그 이점으로 의미와 표기의 완전한 통일, 음운뿐 아니라 성음의 이치에도 부합, 소리가 비슷하고 뜻이 다른 단어의 표기상 구별, 외국어의 근사음 표기 가능 등 네 가지를 들었다(김민수 편 1991:103 재인용).

불규칙 용언의 어간 말음 표기를 위하여, 'ᅌ'는 ㅂ 불규칙 용언의 어간 말음 표기를 위하여, 'ᅵ'는 반모음 'ㅣ'로 바뀌는 'ㅣ' 모음의 표기를 위하여 고안된 것으로서 이는 단어의 표기에서 그 형태를 밝히되 언제나 같게 적는다는 형태주의 원칙을 더욱 충실히 적용하여 활용형의 표기가 달라지는 것을 인정하지 않기 때문이다.

이러한 원칙은 다른 경우에서도 그대로 적용되었는데, 이에 해당하는 것으로는 모음이나 자음이 탈락되는 'ㅜ, ㅡ, ㅎ' 불규칙 용언의 일부 활용형에서 이들 모음이나 자음을 그대로 표기한 것, 사잇소리 현상이 나타나는 단어에서 사이시옷 대신에 두 형태 사이에 이른바 사이표(')를 사용한 것, 한자어 두음에 'ㄴ, ㄹ'의 표기를 인정한 것, '거뭇거뭇, 불긋불긋, 무덤, 주검, 마감' 등을 '검웃검웃, 붉웃붉웃, 묻엄, 죽엄, 막암' 등으로 적은 것, '아지, 웅'의 표기를 '목아지, 박아지, 집웅' 등으로 적은 것, '브'의 표기를 '깃브다, 낫브다, 밉브다, 밧브다' 등으로 적은 것, '앟, 엏'의 표기를 '감앟다, 검엏다, 놀앟다, 눌엏다, 밝앟다, 벍엏다' 등으로 적은 것, '업'의 표기를 '간질업다, 밉업다, 부들업다, 시끌업다' 등으로 적은 것, '달걀, 쇠고기'를 '닭알(발음은 [달걀]), 소고기'로 적은 것 등이다. 그런데 어미 {어}를 '하ー' 뒤에서 뿐만 아니라 'ㅣ, ㅣ, ㅐ, ㅔ, ㅚ, ㅟ, ㅢ' 뒤에서도 '여'로 표기한 것이나 한자음의 'ㅔ' 모음인 '메, 페'를 '메, 페'로 표기한 것은 전체적인 형태주의 표기 원칙을 따르지 않고 있다.

## 2.2. 조선어 철자법(1954): 인위적이고 지나친 형태주의 표기 폐기

「조선어 철자법」에서 큰 변개는 이전의 새 자모 6개가 전면 폐기되고 일부 파생어 어근의 형태를 밝혀 표기한 것들이 이전의 「한글 맞춤법 통일안」의 규정으로 회귀한 것이다. 이는 지나친 형태주의의 표기와 새 자모에 대한 비판에서 말미암은 것인데, 새 자모의 제창은 마르의 언어학을 교조적으로 수용하고 형태를 꼭 같게 하기 위하여 도식적으로 인위적인 조작을 한 것으로서 몰주체성의 발현이라 하여 김두봉을 숙청하기에 이르렀다(김민수 편 1991:109 재인용).

두 번째 개정인 「조선어 철자법」에서는 외래어의 표기 부분을 삭제하여 '조선어 외래어 표기법'(1956)으로 분리하였으며, 총칙에 '띄여쓰기, 표준어, 가로쓰기' 규정의 세 항목을 추가하였다(3. 문장에서 단어는 원칙적으로 띄여 쓴다. 4. 표준어는 조선 인민 사이에 사용되는 공통성이 가장 많은 현대어 가운데서 이를 정한다. 5. 모든 문서는 왼쪽으로부터 오른쪽으로 가로 쓰는 것을 원칙으로 삼는다.).

자모의 수에서 새 자모 6자를 폐기하고 'ㅘ, ㅝ, ㅙ, ㅞ'를 추가하여 총 40자로 규정하였으며, 자음의 명칭은 '끼윾, …, 씨읐, …' 식을 '된기윽, …, 된시읏, …' 식으로 수정하였다. 그리고 불규칙 용언의 표기, '웃, 엄, 암'의 표기, '아지, 웅'의 표기, '브'의 표기, '앟, 엏'의 표기, '업'의 표기는 「한글 맞춤법 통일안」으로 회귀하였다. 또한 준말 표기에서 '가ㅎ다/가타, 다정ㅎ다/다정타, 정결ㅎ다/정결타'와 같이 복수 표기를 인정하였으며, '구태어, 도리어, 드디어, 헤어지다, 헤엄치다' 등은 어미 {어}를 '여'로 적는 뜻에 따라 '구태여, 도리여, 드디여, 헤여지다, 헤염치다' 등으로 표기하였다.

띄어쓰기에서는 이전에 비해 붙여 쓰는 범위가 조금 넓어졌으며, 문장 부호에서 이전에 빠진 '풀이표'가 살아나고 부호의 명칭이 달리 나타나게 되었는데, 특이한 것은 인용부호 " ", ' '을 각각 ≪ ≫, 〈 〉으로 바꾼 것이다. 구개음화와 유음화 및 설측음화에 대한 것을 '제6장 표준 발음법 및 표준어와 관련된 철자법'에 모음으로써 이전의 「조선어 신철자법」과 그 체제를 달리하였다. 이로써 북한에서는 발음법이 철자법과 구분되기 시작하였다.

## 2.3. 조선말규범집(1966): 표기와 어휘 규범의 구분 · 통합

「조선말규범집」은 하나의 단일한 규정으로 된 '철자법'을 독립적인 네 부문으로 세분함으로써 명칭을 '철자법'에서 '규범집'으로 바꾸었는데, 이는 성격상 표기법과 이질적인 발음법을 아우르기 위한 것이었으며, 내용에서 '띄여쓰기, 문장부호법, 표준발음법'을 각립함으로써 각기 총칙과 세칙을 두어 규정이 구체화되었는데, '맞춤법'에서는 사이표(')가 폐기되고, '띄여쓰기'에서는 붙여 쓰는 방향으로 조정되었다. 따라서 이는 전체적인 체제의 조정과 각립한 부문의 구체적인 규정 작성으로 그 개정의 필요성이 인정되게 되었다.

세 번째 개정인 「조선말규범집」에서는 준말 표기에서 복수로 인정하던 것을 '가타, 다정타, 정결타' 형식만 인정하였으며, 사이시옷 대신 사용하던 절음 부호(')를 삭제하고, '나팔(喇叭), 나사(螺絲), 남색(藍色), 노(櫓), 유리(琉璃)' 등과 같이 한자어 두음 표기에서 예외를 인정하였다.

띄어쓰기는 총칙에서 "단어를 단위로 하여 띄여쓰는것을 원칙으로 한다. 그러나 자모를 음절단위로 묶어쓰는 특성을 고려하여 특수한 어휘부류는 붙여쓰기로 한다."로 규정하여 붙여 쓰는 방향으로 대폭 수정하였다. 이에 따라 '작은물병아리, 나도국수나무, 꿩의다리아재비'와 같은 특수한 어휘 부류를 붙여 쓰도록 하였으며, 불완전 명사와 보조 용언은 윗말에 붙여 쓰도록 하였다. 또한 수를 우리 글로 적을 경우에는 '만, 억, 조' 등의 단위에서 띄어 쓰고, 단위만을 우리 글로 적을 때에는 '천, 만, 억, 조' 등의 단위에서 띄어 쓰도록 하였다. 특히 어미 '아, 어, 여'가 붙는 동사나 형용사가 다른 동사나 형용사와 직접 어울러서 동작, 상태 등을 나타내는 것은 붙여 쓰도록 하였으며(돌아가다, 일어나다, 받아물다, 떠받다, 떠오르다, 퍼붓다, 젊어가다, 견디여나다, 버티여내다, 쓸어버리다, 물어보다, 가르쳐주다, 웃어쌓다), '아, 어, 여'가 아닌 다른 어미 뒤에서도 보조적으로 쓰인 동사나 형용사는 붙여 쓰도록 하였다(읽고있다, 읽는가싶다, 읽을가보다, 읽고싶다, 쓰다나니, 오고말고).

문장 부호로 줄임표(…), 밑점(...), 숨김표(ㅇㅇ), 같음표(〃), 물결표(~) 등을 추가하였다.


## 2.4. 조선말규범집(1988): 조정·보완

네 번째 개정인 「조선말규범집」에서는 이전의 규정과 내용상 크게 달라진 점은 없는데, 일부 용어가 고유어로 대체되고(어간→말줄기, 합성어→합친 말, 접(두/미)사→(앞/뒤)붙이, 어근→말뿌리, 한자어→한자말, 의문표→물음표, 감탄표→느낌표), 전체적인 틀에서 '내려쓰기'를 신설함으로써 이전의 4부 체제가 5부 체제로 달라졌다. ㅇ의 편의상의 명칭을 '으'에서 '응'으로 바꾸었는데 이는 모음 'ㅡ'의 명칭과 같아지는 것을 피하기 위해서이다. 사이시옷의 표기를 동철이음의 일부 단어에서 인정하였으며(샛별, 빗바람), 띄어쓰기는 띄어 쓰는 방향으로 일부 조절하였다. 문장 부호로 숨김표에 '×××, ㅁㅁㅁ'을 추가하였으며, '표준발음법'을 '문화어발음법'으로 바꾸었다.


## 2.5. 조선말 띄여쓰기규범(2000): 규정의 간략화와 보조용언의 띄어쓰기

다섯 번째 개정인 「조선말 띄여쓰기규범」에서는 형식적인 면에서 전체 22개 항목이 9개 조항으로 줄어든 것이 하나의 다른 특성이고, 내용적인 면에서 보조 용언을 띄어 쓴다는 것이 또 다른 특성이다. 이는 "지난날 규범이 매 품사별로 띄여쓰기를 규정하면서 너무 세부화하여 복잡성을 가져 오게 했다면 이번 규범은 총괄적으로 총칙과 1항, 2항에서 지적한바와 같이 토가 오는 경우와 서로 다른 품사들사이는 띄여쓰는것을 원칙으로 한것"이라 하였다.

이에 따라 동사, 형용사의 어미 '아, 어, 여' 뒤와 '고' 뒤에 오는 동사를 조사나 어미가가 붙은 단어의 띄어쓰기 규정에 의하여 띄어 쓰게 하였다(남아 있다, 누워 있다, 놓여 있다, 먹고 있다, 가고 있다, 일하고 있다, 공부하고 있다, 들어 오다, 찾아 오다, 가져 오다, 전개되여 오다, 젊어 가다, 들고 가다, 다져 가다, 물어 보다, 먹어 보다, 타죽고야 말다, 만나 보아 알고 있다, 들어 가 집어 올리다, 넘쳐 수행하다, 앞당겨 수행하다, 가면서 말하다, 앉아서 쉬다, 꿩 구워 먹은 자리, 개밥에 도토리신세). 그러나 모든 학술용어는 조사나 어미가 있어도 붙여 쓰도록 하였다.

## 2.6. 띄여쓰기규정(2003): 조정·보완

여섯 번째 개정인 「띄여쓰기규정」에서는 2000년 띄어쓰기 규범의 제1항과 제2항을 합쳐 1항으로 하고, 제3항과 제8항은 2항으로 합치고, 제5항과 제6항은 3항으로 합쳐 전체 6항으로 조정하였다.

## 2.7. 2010년 이전 북한 어문 규정의 개정 의미

이상에서 살펴보았듯이 북한에서 이루어진 어문 규정의 개정은 크게 철자법 시기와 규범집 시기로 구분할 수 있는데, 전자는 하나의 단일한 규정에서 단어 형태의 표기를 중심으로 삼고 발음법, 띄어쓰기, 문장부호를 부수적으로 다룬 것이라면, 후자는 단어 형태의 표기와 같은 비중으로 띄어쓰기, 문장부호법, 발음법을 다룬 것이라 할 수 있으므로 1966년의 「조선말규범집」의 개정은 커다란 전환점이 될 수 있다.

철자법 시기에 이루어진 두 번의 개정은 형태주의 표기의 정도와 관련된 것인데, 1950년의 「조선어 신철자법」은 철저한 형태주의 표기를 규정하고 있다는 점에서 개정의 전환점이 될 수 있으며, 1954년의 「조선어 철자법」은 인위적이고 지나친 형태주의 표기를 지양한다는 점에서 또한 개정의 전환점이 될 수 있다고 판단된다.

규범집 시기에 이루어진 1988년과 2003년의 개정은 직전의 규정을 조정 보완한 것이므로 개정의 커다란 전환점으로 삼기에는 어려움이 있으나, 2000년의 개정은 복잡하고 세부적인 규정을 간략화하고 보조용언을 띄어 쓰 도록 규정한 점에서 개정의 전환점이 될 수 있다고 생각한다.

결국 북한에서 이루어진 1950년, 1954년, 1966년, 2000년의 어문 규정 개정은 각기 자체의 필요성이 충분히 인정되지만, 전자의 둘은 형태주의 표 기의 정도에서 왔다 갔다 한 것이므로「한글 맞춤법 통일안」이후의 명실상 부한 개정은 형태주의 표기를 좀 강화한 1954년의「조선어 철자법」, 전체적 인 체제를 조정하고 각립한 네 부문의 규정을 구체화한 1966년의「조선말규 범집」, 띄어쓰기를 간략화하고 보조용언을 띄어 쓰도록 한 2000년의「조선 말 띄여쓰기규범」이라 할 수 있다.

## 3. 북한「조선말규범집」의 2010년 개정 내용과 의미

「조선말규범집」은 2010년에 들어 개정이 이루어졌는데, 초판은 2010년 10월 9일에 나왔고, 2판은 2010년 12월 23일에 나왔다. 초판은 보지 못하였 으므로 이 글에서 다루는 것은 2판의 내용임을 밝혀 둔다. 여기에서 2010년 의「조선말규범집」을 살핌에 있어 크게 형식적인 측면과 내용적인 측면으로 나누어 고찰할 터인데, 형식적인 측면은 이전의 규정과 비교하여 결과적으로 표기나 발음의 변동을 초래하지 않는 조항의 문구나 예시 항목 또는 조항 번 호를 조정하는 것이고, 내용적인 측면은 조항을 삭제·추가하거나 수정하여 결과적으로 표기나 발음의 변동을 초래하는 실질적인 변개이다. 따라서 형식 적인 측면은 개정의 범위나 그 폭을 가늠할 수 있도록 전체의 해당 항목을 보일 것이며, 내용적인 측면은 각 조항에 따라 구체적으로 논의할 것이다.

## 3.1. 형식적인 측면

이는 조항의 문구를 조정한 것, 예시 항목을 삭제 · 추가 · 교체하거나 배열을 조정한 것, 조항 번호를 조정한 것 등인데, 이에 대한 내용을 정리하면 아래와 같다.

1) 조항의 문구를 조정한 곳
   ㄱ. 맞춤법: 4항.
   ㄴ. 문장부호법: 총칙, 2항 2), 2항 3), 5항 3), 5항 4), 6항 붙임, 7항 2), 8항, 11항 2), 12항, 14항.
   ㄷ. 문화어발음법: 2항 붙임 2), 9항 1), 9항 3), 9항 4)5)6)7), 12~14항, 16~18항, 20항, 22~24항.
2) 예시 항목을 삭제 · 추가 · 교체하거나 배열을 조정한 곳
   ㄱ. 맞춤법: 2항, 6항, 8항, 10항 3), 11항 1), 11항 붙임, 11항 2), 12항 1), 13항 본항, 13항 붙임, 18항, 19항 2), 23항 1)(1), 23항 1)(3), 23항 2)(1), 23항 2)(3), 26항, 27항.
   ㄴ. 띄여쓰기: 1~6항.
   ㄷ. 문장부호법: 1항, 2항 2), 2항 3), 3항, 5항 3), 5항 4), 5항 5), 6항 1), 8항, 9항 3), 9항 6), 11항 2)3), 12항, 13항 1), 14항 3), 16항 붙임, 17항, 18항 1), 19항 2).
   ㄹ. 문화어발음법: 1항, 2항, 2항 붙임 2), 3항, 9항 3)7), 12~14항, 16항, 17항, 21항, 22항 1), 23항, 24항, 29항, 31항 붙임.
3) 조항 번호를 조정한 곳
   ㄱ. 문장부호법: 5~20항, 5항 7), 9항 6).
   ㄴ. 문화어발음법: 7~31항.


## 3.2. 내용적인 측면

이는 '맞춤법, 띄여쓰기, 문장부호법, 문화어발음법' 네 부문에 걸쳐 개정

이 이루어졌는데, 문장부호와 발음법에서 가장 많은 개정이 이루어졌다. 그리고 1988년의 「조선말규범집」 이후 별도로 독립해 있어 소홀히 여겨졌던 2003년의 「띄여쓰기 규정」이 2010년의 「조선말규범집」으로 한데 묶임으로써 1988년의 복잡한 띄어쓰기 규정이 공식적으로 폐기되는 효과를 갖게 되었다.

### 3.2.1. 맞춤법

**3.2.1.1.** 제1항 자음 글자에 대한 편의상의 다른 명칭에서 'ㅇ'의 이름 '응'을 '으'로 바꾸었다.

〈1988〉
자음글자의 이름은 각각 다음과 같이 부를수도 있다.
(그) (느) (드) (르) (므) (브) (스) (응) (즈) (츠) (크) (트) (프) (흐) (끄) (뜨) (쁘) (쓰) (쯔)

〈2010〉
자음글자의 이름은 각각 다음과 같이 부를수도 있다.
(그) (느) (드) (르) (므) (브) (스) (으) (즈) (츠) (크) (트) (프) (흐) (끄) (뜨) (쁘) (쓰) (쯔)

자음 글자의 명칭 '기윽, 니은, 디은, 리을, …' 식에 대한 편의상의 다른 명칭 '그, 느, 드, 르, …' 식은 1950년 규정에서부터 시작되었다. 그런데 1988년 규정에서 자음 글자 'ㅇ'의 편의상의 명칭 '으'를 '응'으로 바꾸었는데, 이는 모음 글자 'ㅡ'의 명칭 '으'와의 혼동을 피하기 위해서였다(최정후·김성근 2005:171). 그런데 2010년 규정에서 이를 다시 '으'로 되돌린 것은 '응'이 초성으로 쓰일 때의 음가를 기준으로 명명한 '그, 느, 드, 르, …' 식과 일치하지 않기 때문에 모음 글자 'ㅡ'의 명칭 '으'와 같아짐에도 불구하고 논리적 타당성을 우선시하여 바로잡은 것이라 하겠다.


**3.2.1.2.** 제15항의 '암, 수'가 붙은 말의 표기에 대한 조문을 제14항의 예외 조문 자리에 두고, 제14항의 예외 조문을 제15항으로 합쳤으며, 사이시옷 표기에 대한 제15항 붙임을 삭제하였다.


〈1988〉

제14항. 합친말은 매개 말뿌리의 본래형태를 각각 밝혀 적는 것을 원칙으로 한다.

    례: 1) 걷잡다, 낮보다, 눈웃음, 돋보다, 물오리, 밤알, 손아귀, 철없다, 꽃철, 끝나다

       2) 값있다. 겉늙다, 몇날, 빛나다, 칼날, 팥알, 흙내

  그러나 오늘날 말뿌리가 뚜렷하지 않은것은 그 본래형태를 밝혀 적지 않는다.

    례: 며칠, 부랴부랴, 오라버니, 이틀, 이태

제15항. 합친말을 이룰적에 ≪ㅂ≫이 덧나거나 순한소리가 거센소리로 바뀌여나는것은 덧나고 바뀌여나는대로 적는다.

    례: 마파람, 살코기, 수캐, 수퇘지, 좁쌀, 휘파람, 안팎

  [붙임] 소리같은 말인 다음의 고유어들은 혼동을 피하기 위하여 아래와 같이 적는다.

    례: 샛별 — 새 별(새로운 별)

       빗바람(비가 오면서 부는 바람)

       비바람(비와 바람)

〈2010〉

제14항. 합친말은 매개 말뿌리의 본래형태를 각각 밝혀 적는 것을 원칙으로 한다.

    례1: 1) 걷잡다, 낮보다, 눈웃음, 돋보다, 물오리, 밤알, 손아귀, 철없다, 꽃철, 끝나다

    례2: 2) 값있다. 겉늙다, 몇날, 빛나다, 칼날, 팥알, 흙내

  ≪암, 수≫와 결합되는 동물의 이름이나 대상은 거센소리로 적지 않고 형태를 그대로 밝혀 적는다.

    례: 수돼지, 암돼지, 수개, 암개, 수기와, 암기와

제15항. 합친말에서 오늘날 말뿌리가 뚜렷하지 않은것은 그 형태를 밝혀 적지 않는다.

례: - 며칠, 부랴부랴, 오라버니, 이틀, 이태
- 마파람, 휘파람, 좁쌀, 안팎

'암, 수'가 붙은 단어와 같이 거센소리로 나는 일부 단어에 대하여 소리대로 표기하지 않고 기본 형태를 적은 것은 형태주의 표기 원칙에 더욱 충실하려는 데에서 말미암은 것으로 판단된다. 그런데 이렇게 개정된 표기는 이미 2000년 「조선말 띄여쓰기규범」의 '자료-2'에서 제시되었고, 그것은 2006년 「조선말대사전」(수정판)에 반영된 것으로서 2010년 개정은 그에 대한 근거 조항을 둔 것이라 하겠다. 그러나 사이시옷 표기 폐기로 말미암아 예사소리 표기와 된소리 발음의 불일치 현상이 존재한 상황에 예사소리 표기와 거센소리 발음의 불일치가 더 추가되어 표기와 발음의 불일치 현상이 더 늘어나는 결과를 초래하였다(강가[강까], 내가[내까], 수개[수캐], 암돼지[암퇘지]).

그리고 사잇소리에 대한 표기로서 분단 이전 규정의 ㅅ을 1950년 규정에서 절음 부호(')로 바꾸고 1966년 규정에서는 이마저도 없애 버렸다. 이것 역시 형태주의 표기 원칙에 충실하려는 것이었는데, 1988년 규정에서는 일부 동철이음어에 대하여 ㅅ을 제한하여 사용토록 하였다. 그런데 사이시옷 표기에 대해서는 원칙적으로 그 표기를 하지 않은 대전제하에 그 예외가 되는 것을 제15항의 붙임만으로는 해결할 수 없는 성질이므로 이와 같이 조항으로 명시하는 방법을 버리고 단어 개별적인 현상으로 넘기게 된 것이라고 판단된다. 따라서 사이시옷을 표기하게 된 단어들에 대해서는 그렇게 적을 근거를 규정으로 명시하지 않음으로써 사이시옷의 표기 여부에 대한 논란은 규정의 차원이 아니라 별도의 다른 차원에서 해결하고자 하려는 의도가 있는 것으로 판단된다. 이는 남북한의 사이시옷 표기에 대한 통일 문제를 논함에 있어 규정에 얽매이지 않고 융통성 있게 대처할 수 있는 길을 열어 둔 것이라고 할 수 있다.

## 3.2.2. 띄여쓰기

제4항에 붙임을 추가하였다.

⟨2003⟩

4항. 수사는 《백, 천, 만, 억, 조》단위로 띄여쓰며 수사뒤에 오는 단위명사와 일부
단어는 붙여쓴다.

    례: ○ 3조 2억 8천만

       ○ 7만 8천 6백 20

       ○ 닭알 3알, 살림집 두동, 학습장 5권

       ○ 70평생, 60나이, 20여성상, 3년세월

       ○ 서른살가량, 20명정도, 100C이하, 150%

⟨2010⟩

제4항. 수사는 백, 천, 만, 억, 조단위로 띄여쓰며 수사뒤에 오는 단위명사와 일부
단어는 붙여쓴다.

    례: – 3조 2억 8천만

       – 7만 8천 6백 20

       – 닭알 3알, 살림집 두동, 학습장 5권

       – 70평생, 60나이, 20여성상, 3년세월

       – 서른살가량, 20명정도, 100C이하, 150%

    [붙임] 수량수자는 옹근수인 경우 왼쪽으로 가면서, 소수인 경우 오른쪽으로 가면서
세단위씩 띄여쓴다.

    례: 1 000 000 000(10억)

       0.002 321 67

    그러나 대상화된 단어이거나 고유명사인 경우 붙여쓴다.

    례: 1211고지, 3000t급배

세 자리마다 반점(,)을 찍는 것이 명문화된 것은 1988년 규정 5항 1)에서인
데, 2010년 규정에서 '붙임'으로 반점(,) 대신 띄어 쓰도록 분명히 한 것은

반점(,)을 찍는 것이 띄어쓰기에 해당하는 것이 아니라 문장부호에 해당하는 사항이므로 반점을 찍는 규정 대신에 띄어 쓰는 규정으로 바꾼 것이라 하겠다. 이는 해당 부문과 그 내용을 일치시키고, 소수점 이하가 세 자리 이상일 때에는 소수점(,)으로 인하여 혼란이 생기는 문제를 없앨 수는 있으나 (1,234,567,89와 1 234,567 89 비교), 일상적인 서사 생활과 관련한 어문 규범에서 다루어야 할 성질이 아니므로 굳이 어문 규범의 조항으로 설정할 필요는 없겠다.

### 3.2.3. 문장부호법

**3.2.3.1.** 점(,)에 관한 제2항 2)에 [참고]를 추가하였는데, 이는 2항 2)의 본 규정(약자나 줄임말 표시)에 대한 예외를 분명히 명시한 것이라 하겠다.

〈1988〉
(2) 략자나 달과 날의 수자가 합쳐져 ≪명사화≫되였거나 그뒤에 자립적인 단어가 올 때에는 그 말마디의 사이에 친다.
　　　례: — ≪ㅌ,ㄷ≫
　　　　　 — 4,25 축구팀
　　　　　　 민족최대의 명절 4,15
　　　　　　 9,9절
　　　　　 — 레, 브, 똘스또이

〈2010〉
2) 략자나 달과 날의 수자가 합쳐서 명사화되였거나 그뒤에 자립적인 단어가 올 때에는 그 말마디의 사이에 친다.
　　　례: — ≪ㅌ,ㄷ≫
　　　　　 — 4,25 축구팀
　　　　　　 민족최대의 명절 4,15
　　　　　　 9,9절

[참고] 과학기술부문에서 생겨나는 준말사이에는 점을 치지 않는다.
     례: DNA(데핵산)
         DVD(디브이디)

**3.2.3.2.** 두점(:)에 관한 제3항 2)를 다른 차원의 내용으로 수정하였는데, 이는 쌍점(:)의 사용 범위를 문장 단위에서 어구 단위로 제한한 것이라 하겠다.

⟨1988⟩
2) 한 문장이 대체로 끝나면서 뒤에 오는 말들이 앞문장을 다시 설명하거나 보충할 때 그 앞문장의 끝에 칠수 있다.
     례: ○ 장내는 바야흐로 흥성거렸다: 손님들이 밀려들고 아이들이 뛰놀고 풍악
            소리가 들리고 하면서…
         ○ 우리 공장에서는 여러가지 제품들을 만들고있다: 옷장, 책장, 걸상,
            신발장, 밥상 등

⟨2010⟩
2) 맞세우는 관계를 표시하거나 단계로 됨을 나타낼 때 친다.
     례: − 배합비률은 1:2로 섞는다.
         두만강:청천강(두만강팀:청천강팀)
         − 10:10(10시 10분)

**3.2.3.3.** 반두점(;)에 관한 제4항을 삭제하였는데, 이는 사용 범위를 어구 단위로 제한한 두점(:)과 마찬가지로 우리글 사용에서 그 필요성을 인정하지 않는 것이라 하겠다.

⟨1988⟩
제4항. 앞 문장안에 이미 반점(,)으로 구분된 말이 여러개 잇달아있고 다음에 다른 측면에서의 말이 련달아 을 때 더 크게 묶어지는 단위를 구분하기 위하여 칠수 있다.

례: ― 상점에는 무우, 배추, 시금치, 쑥갓 등과 같은 남새; 물고기, 미역,
    젓갈 등과 같은 갖가지 수산물; 그리고 여러가지 과실들이 차있었다.
    ― 공장에서는 종업원들의 기술기능수준을 높이는데 많은 힘을 돌렸다.
    로동자들의 기술적 자질, 생산장성, 공장의 발전전망 등을 고려하여
    이 사업을 계획성있게 끌고나갔으며; 직종, 소질, 작업조건 등을 잘
    타산하여 양성반을 조직하여 운영하였으며; 기능이 높고 낮은 로동자들
    을 잘 배합하여 개별전습을 잘하도록 하였다.

**3.2.3.4.** 반점(,)에 관한 제5항 3)에 [참고]를 추가하였는데, 이는 두 단어
가 한 문장 성분을 이루는 경우에는 사용하지 말 것을 규정한 것이라 하겠다.

〈1988〉
3) 죽 들어 말한 단어들사이를 갈라주기 위하여 친다.
    례: ― 도시와 농촌에서, 일터와 마을에서, 학교와 가정에서 생활은 약동하고있다.
        ― 우리는 영화에서 높은 혁명성, 당성, 계급성, 인민성의 본보기를 충분히
        받아안았다.

〈2010〉
3) 문장속에서 같은 성분들사이를 갈라주거나 죽 들어 말한 단어들사이를 갈라주기
위해 친다.
    례: ― 도시와 농촌에서, 일터와 마을에서, 학교와 가정에서 생활은 약동하고있다.
        ― 우리는 영화에서 높은 혁명성, 당성, 계급성, 인민성의 본보기를 충분히
        받아안았다.
        ― 과수원에는 사과, 배, 복숭아 등 과일들이 대단히 많다.
    [참고] 반의어적, 대구적관계에서의 렬거는 반점을 치지 않는다.
    례: ― 앉든가 가든가 해라.
        ― 가는가 마는가 하는 문제
        ― 가느냐 마느냐 빨리 결정하자.
        ― 갈가 말가 하는 태도

**3.2.3.5.** 반점(,)에 관한 제5항 6)8)9)를 삭제하였는데, 이는 시각적인 효과에 초점을 두어 규정했던 것을 문맥으로 해결할 수 있어서 삭제한 것이라 하겠다.

⟨1988⟩

6) 동격어뒤에도 칠수 있다.

　　례: 영광스러운 우리 조국, 조선민주주의인민공화국.

8) 하나의 피규정어에 동시에 관계하는 두개이상의 규정어가 잇달을 때 그것들을 구분하기 위하여 친다.

　　례: ― 한데 뭉친, 아무도 꺾을수 없는 우리 인민의 힘

　　　　― 인민들이 살기 좋은, 번영하는 새 조선을 건설하기 위하여 투쟁하였다.

9) 문장에서 단어들의 관계가 섞갈릴수 있을 경우에는 그것을 구분하기 위하여 찍는다.

　　례: ― 세계 혁명적 인민들은, 새 세계대전을 일으키고 인류에게 헤아릴수
　　　　　없는 참화를 들씌우며 새로 독립한 나라들을 내부로부터 와해시키고
　　　　　책동하는 미제국주의를 반대하여 견결히 싸워나가야 한다.

　　　　― 그는 재빨리, 달리는 차를 잡아탔다.

　　　　― 인민들의 정성이 깃든, 사랑의 위문품을 가득 실어왔다.

**3.2.3.6.** 풀이표(―)에 관한 제9항 4)5)를 삭제하였는데, 이는 문맥으로 해결할 수 있고 맞서거나 대응하는 경우에는 두점(:)으로 대체할 수 있어서 삭제한 것이라 하겠다.

⟨1988⟩

4) 제시어의 뒤에 칠수 있다.

　　례: 우리 생활―그것은 곧 예술이다.

5) 서로 맞서거나 대응하는 관계를 나타낼 때 칠수 있다.

　　례: 공대―의대 축구경기

3.2.3.7. 줄임표를 세 종류로 구분하였는데, 이렇게 줄임표(…)의 사용을 구체적으로 구분하여 명시한 것은 줄인 부분의 크기를 나타내고자 한 것으로 판단된다. 이는 줄어진 부분의 크기를 짐작할 수 있도록 한 점에서 그 효용성이 충분히 인정된다고 하겠다. 그리고 2)의 항목을 삭제한 대신 문장부호 말미에 보충항에 연결점(……)을 두어 줄임표와 구분하고 있다.

〈1988〉

제10항. 줄임표(…)

1) 문장 또는 문장안의 일부 말마디가 줄어진것을 나타내기 위하여 그 줄어진 부분에 석점을 찍는다.

　　　례: ― ≪…갑문건설에서 또다시 조선사람의 본때를 보입시다.≫

　　　　　― 그때 박동무가 있기는 했습니다만…

　　【붙임】 인용하는 글에서 번호 한개, 단어 하나, 문장이나 단락 하나, 표현의 일부를 줄여도 석점(…)으로 표시하는것을 원칙으로 한다.

2) 제목이나 차례의 뒤에 보충하는 설명을 붙일 때 칠수 있다. 이때의 점의 수는 제한이 없다.

　　　례: ― 머리글…………………편집위원회

　　　　　≪우리 말 강좌≫……언어학연구소

　　　　　학계소식……………편집부

〈2010〉

제9항. 줄임표(…, ……, ………)

1) 단락이나 그보다 큰 단위가 줄었을 때에는 석점자리 세개 ≪………≫를 친다.

2) 문장이 줄었을 때에는 석점자리 두개 ≪……≫를 친다.

3) 단어나 문장의 일부 말마디가 줄었을 때 줄어진 부분에 석점 ≪…≫을 친다.

3.2.3.8. 쌍괄호와 꺾쇠괄호(( ),〔 〕)에 관한 제13항 3) 붙임을 삭제하였는데, 이는 대괄호(〔 〕)의 지나친 사용을 제한한 것으로 판단된다.

〈1988〉

【붙임】 꺾쇠괄호는 여러가지 형태로 쓸수 있다.

　　　　례: 〔 〕, 【 】, …


**3.2.3.9.** 규정의 마지막 조항인 제19항 다음에 아래의 보충 내용을 추가하였다.


〈2010〉

보충항들은 다음과 같다.

1) 빗선(/)

빗선은 짝을 이루거나 몫을 표시할 때 친다.

　　　　례: 가/이, 는/은

　　　　　　1kg/3명분, 200J/100g

2) 겹부호 (?!, !!, !?, ?? …)

문예작품의 글과 같이 형상성을 가진 문장에서 감정, 정서를 구체적으로 표시할 때 친다.

　　　　례: ≪대장동무, 서두르지 않아도 됩니다. 이제 곧 승용차가 올겁니다.≫

　　　　　　≪승용차요?!≫(의문과 감탄)

3) 련결점(……)

제목이나 차례의 뒤에 보충하는 설명을 붙일 때 공백을 련결하기 위하여 칠수 있다.

　　　　례: 제1장. 모음의 발음…………………………………1

4) 내려쓰는 글에서의 부호사용법

① 점(.)과 반점(,)은 가로쓸 때와 같이 치되 오른편에 치우쳐 찍는다.

　　　　례: 어　　사
　　　　　　서　　과

　　　　　　가　　배
　　　　　　자
　　　　　　.　　등

② 물음표, 느낌표, 풀이표, 줄임표, 이음표, 물결표는 가로쓸 때와 같이 치되 내려쓰는 글의 가운데에 친다.

례:　≪뭐?백두산!≫

≪야, 백두산이 보인다!≫

평양―신의주

≪어제 온다고 하던데…≫

맑스―레닌주의

3~4번 먹는다 .

③ 인용표, 거듭인용표, 쌍괄호는 가로쓸 때와 같이 치되 내려쓰는 글의 머리부와 끝부분에 친다.

례:　인공지구위성≪광명성2≫호

≪다시한번 평양속도를 창조≫

≪오늘호∧로동신문∨소개≫에

내가 난 해〔2001년〕

④ 두점(:)은 줄임표(…)와의 혼돈을 피하기 위하여 글줄과 가로방향(‥)으로 친다.

례:　주원료‥사탕, 우유

　　이들 항목 중 내려쓰는 글의 부호 사용법은 1988년 규정에서 '가로쓸 때의 규칙을 그대로 적용한다.'로 된 것을 2010년 규정에서 '가로쓸 때의 규칙을

기본적으로 적용한다.'로 수정함으로써 너무 강력한 '그대로'의 표현을 '기본
적으로'로 바꾸어 이에 대한 융통성을 부여한 것으로 보이며, 이 규정에 따라
보충항에서 구체적으로 명문화한 것이라 하겠다.


### 3.2.4. 문화어발음법

**3.2.4.1.** 모음 'ㅢ'의 발음에 관한 제2항 붙임 1)을 분명히 하였는데, 이는
'[ㅣ]와 비슷하게'와 같은 모호한 표현을 분명히 함과 동시에 두 가지 발음을
공식적으로 인정한 것이라 하겠다(남한 규정 5항 참조).


〈1988〉
【붙임】
1) 된소리자음과 결합될 때와 단어의 가운데나 끝에 있는 ≪ㅢ≫는 [ㅣ]와 비슷하게
발음함을 허용한다.
　　　　례: ― 띄우다[띠우다], 씌우다[씨우다]
　　　　　　― 결의문[겨리문], 회의실[회이실], 정의[정이], 의의[의이]


〈2010〉
【붙임】
1) 자음과 결합될 때와 단어의 가운데나 끝에 있는 ≪ㅢ≫는 [ㅣ]로 발음함을 허용한다.
　　　　례: ― 희망[희망/히망], 띄우다[띠우다], 씌우다[씨우다]
　　　　　　― 결의문[겨리문/겨리문], 정의[정이], 의의[의이], 회의[회의/회이]


**3.2.4.2.** 'ㄹ' 발음에 관한 제5항의 말미에 예외 조문을 추가하였다.


〈1988〉
제5항. ≪ㄹ≫은 모든 모음앞에서 ≪ㄹ≫로 발음하는것을 원칙으로 한다.
　　　　례: 라지오, 려관, 론문, 루각, 리론, 레루, 요광로

⟨2010⟩
제5항. ≪ㄹ≫은 모든 모음앞에서 ≪ㄹ≫로 발음하는것을 원칙으로 한다.
　　　례: 라지오, 려관, 론문, 루각, 리론, 레루, 요광로

그러나 한자말에서 ≪렬, 률≫은 편의상 모음뒤에서는 [열]과 [율]로, ≪ㄹ≫을 제외한
자음뒤에서는 [녈], [뉼]로 발음한다.
　　　례: － 대렬[대열], 규률[규율]
　　　　　－ 선렬[선녈], 정렬[정녈], 선률[선뉼]

　이는 'ㄹ'을 표기대로 발음하는 것에 대한 어려움 또는 어색함을 해소하기
위하여 '렬, 률' 한자음에 대하여 표기대로의 발음을 폐기하고 'ㄹ'이 탈락하
거나 'ㄴ'으로 변한 발음을 인정한 것으로 판단된다. 이 또한 표기와 발음의
불일치가 늘어나는 경우에 해당한다(남한 맞춤법 규정 11항 참조).
　그런데 3.2.4.3.에서 보듯이 ㄴ 두음 발음에 관한 제6항은 삭제하였지만
ㄹ 두음에 관한 제5항을 삭제하지 않고 그대로 두고 예외 조문을 추가한 것
으로 보아 아직도 북한에서 한자어 'ㄹ' 두음이나 '렬, 률' 발음에 대한 발음이
자연스러운 것이 아님을 반증한 것이라 하겠다.

　**3.2.4.3.** 'ㄴ' 발음에 관한 제6항을 삭제하였다.

⟨1988⟩
제6항. ≪ㄴ≫은 모든 모음앞에서 ≪ㄴ≫으로 발음하는것을 원칙으로 한다.
　　　례: 남녀, 냠냠, 녀사, 뇨소, 뉴톤, 니탄, 당뇨병

　이는 1950년 규정 이후 굳어진 한자어 두음 표기 'ㄴ'에 대하여 표기대로
발음하는 현실을 반영하여 특별히 규정할 필요가 없다고 생각하여 삭제한 것
이라 하겠다.

**3.2.4.4.** 받침의 발음에 관한 제9항에 예외 조문을 추가하였는데, 이는 1966년 규정 10항 '붙임'에 명시되었으나, 1988년 규정에서 삭제되었다가 2010년 규정에서 다시 살아난 것이다. 이는 국어의 일반적인 발음 규칙이 적용되지 않은 예외적인 사항이다.

〈1966〉
제10항. 모음으로 시작한 토나 접미사의 앞에 있는 받침은 그 모음에 이어서 발음한다.

| | |
|---|---|
| 례: 먹이―[머기] | 부엌에―[부어케] |
| 깎으니―[까끄니] | 받으면―[바드면] |
| 밭에―[바테] | 옷을―[오슬] |
| 잊었다―[이젇따] | 꽃아―[꼬치] |
| 입에―[이베] | 잎을―[이플] |
| 손으로―[소느로] | 몸에―[모메] |
| 발을―[바를] | 깊이―[기피] |
| 삼발이―[삼바리] | |

【붙임】
(1) 그러나 부름을 나타내는 토 ≪아≫앞에 있는 ≪ㅅ≫받침은 [ㄷ]로 발음한다.
    례: 나의 벗아―[버다]
(2) 받침 ≪ㄷ, ㅌ≫뒤에 모음 ≪ㅣ≫가 오는 경우의 발음은 제23항의 규정을 따른다.
제11항. 한자어에서 모음앞에 있는 받침은 그 모음에 이어서 발음한다.
    례: 1) 국영―[구경]    금요일―[그묘일]
          일요일―[이료일] 절약―[저략]
        2) 3.1(삼일)―[사밀]
          5.15(팔일오)―[파리로]
          6.25(륙이오)―[류기오]

〈1988〉
제10항. 모음앞에 있는 받침은 그 모음에 이어서 발음한다.
    례: ― 높이[노피], 삼발이[삼바리], 깎아치기[까까치기], 깎음[까끔]

— 몸에[모메], 뭍에[무테], 조국은[조구근], 조선애[조서나], 꽃을[꼬츨], 입으로[이브로]

— 받았다[바닫따], 밭았다[바탇따], 잊었다[이젇따], 있었다[이썯따]

— 8.18[팔일팔→파릴팔], 6.25[륙이오→류기오], 3.14[삼일사→사밀사]

제11항. 모음앞에 있는 둘받침은 왼쪽받침을 받침소리로 내고 오른쪽받침은 뒤의 모음에 이어서 발음한다.

례: 넋을[넉슬], 닭이[달기], 돐을[돌슬], 맑은[말근], 밟아[발바], 젊음[절믐], 훑어[훌터], 얹으니[언즈니], 없음[업슴], 읊어[을퍼]

⟨2010⟩

제9항. 모음앞에 있는 받침은 뒤소리마디의 첫소리로 이어서 발음한다.

1) 모음으로 시작되는 토나 뒤붙이앞에 있는 받침은 이어서 발음한다. 둘받침의 경우에는 왼쪽받침을 받침소리로, 오른쪽받침을 뒤모음의 첫소리로 발음한다.

례: — 높이[노피], 삼발이[삼바리]

— 몸에[모메], 밭으로[바트로], 꽃을[꼬츨]

— 젖어서[저저서], 갔었다[가썯따], 씻으며[씨스며]

— 닭을[달글], 곬이[골시], 값에[갑세]

— 맑은[말근], 밟아[발바], 읊어[을퍼], 젊은이[절므니]

그러나 부름을 나타내는 토 ≪-아≫앞에서 받침은 끊어서 발음한다.

례: 벗아[벋아→버다], 꽃아[꼳아→꼬다]

2) 한자말에서 모음앞에 놓이는 받침은 모두 이어서 발음한다.

례: — 검열[거멸], 답안[다반], 국영[구경], 월요일[워료일]

— 8.15[파리로], 3.14[사밀싸]

3.2.4.5. 제12항의 '맛있다, 멋있다'의 발음에 관한 조문을 제10항 붙임에 복수 발음을 인정하는 조문으로 두었는데, 이는 국어의 일반적인 발음 규칙에 맞는 발음을 살리기 위한 것이라 하겠다.

〈1988〉

제12항. 홀모음 ≪아, 어, 오, 우, 애, 외≫로 시작한 고유어말뿌리의 앞에 있는 받침 ≪ㄳ, ㄹㄱ, ㅋ, ㄲ≫은 [ㄱ]으로, ≪ㅅ, ㅈ, ㅊ, ㅌ≫은 [ㄷ]으로, ≪ㅄ, ㅍ≫은 ≪ㅂ≫으로 각각 끊어서 발음한다.

> 례: ― 넋없다[넉업따→너겁따], 부엌안[부억안→부어간], 안팎일[안팍일→
>        안파길]
>     ― 옷안[온안→오단], 첫애기[첟애기→처대기], 젖어머니[젇어머니→저
>        더머니], 닻올림[닫올림→다돌림]
>     ― 값있는[갑인는→가빈는], 무릎우[무릅우→무르부]

그러나 ≪맛있다≫, ≪멋있다≫만은 이어내기로 발음한다.

> 례: 맛있다[마싣따], 멋있다[머싣따]


〈2010〉

제10항. 모음 ≪아, 어, 오, 우, 애, 외≫로 시작한 고유어말뿌리 앞에 있는 받침은 끊어서 발음한다.

> 례: ― 부엌안[부억안→부어간], 넋없다[넉업따→너겁따]
>     ― 옷안[온안→오단], 첫애기[첟애기→처대기], 젖어머니[젇어머니→저
>        더머니], 닻올림[닫올림→다돌림]
>     ― 무릎우[무릅우→무르부]

[붙임]

≪있다≫앞에 오는 받침들도 끊어서 발음한다.

> 례: 값있는[갑인는→가빈는]

그러나 ≪맛있다≫, ≪멋있다≫는 이어내여 발음함을 허용한다.

> 례: 맛있다[마싣따/마딛따], 멋있게[머싣께/머딛께]


'맛있다, 멋있다'의 발음에 대하여는 1988년 규정에서 국어의 일반적인 발음 규칙이 적용되지 않은 발음 '맛있다[마싣따], 멋있다[머싣따]'만을 인정하였으나, 2010년 규정에서는 국어의 일반적인 발음 규칙이 적용되는 '맛있다[마딛따], 멋있게[머딛께]'와 함께 '맛있다[마싣따], 멋있게[머싣께]'의 발음도

허용하여 두 가지 발음을 인정하고 있다(남한 규정 15항 참조). 그런데 예시에서 원칙적인 발음을 뒤에 둔 것은 조정되어야 할 것이다(2항 예시, 희망[희망/히망], 회의[회의/회이] 참조).

3.2.4.6. 된소리 발음에 관한 제6장에 새로운 조문을 추가하였는데, 이는 국어의 일반적인 발음 규칙으로서 당연한 것이지만, 된소리로 발음되는 경우를 규정으로 망라하기 위한 것이라 하겠다.

〈2010〉
제12항. [ㄱ, ㄷ, ㅂ]으로 나는 받침소리 뒤에 오는 순한소리는 된소리로 발음한다.
　　　례: － 국밥[국빱], 맏사위[맏싸위], 곱돌[곱똘]
　　　　　－ 흙밥[흑빱], 꽃밭[꼳빧], 없다[업따], 밟끼[밥끼]

3.2.4.7. 된소리 발음에 관한 제14항 붙임을 삭제하였는데, 이는 표기대로 발음하는 것이 당연한 것이므로 특별히 조항으로 삼을 필요가 없다고 생각하여 삭제한 것이라 하겠다.

〈1988〉
【붙임】그러나 사역 또는 피동의 뜻을 나타내는 상토 ≪기≫일적에는 된소리로 발음하지 않는다.
　　　례: 감기다[감기다], 남기다[남기다], 신기다[신기다], 안기다[안기다]

3.2.4.8. 받침 'ㄴ'의 발음에 관한 제24항의 예외 조문을 삭제하였는데, 이는 이런 경우의 발음을 단어 개별적인 사안으로 처리하겠다는 뜻으로 판단된다.

<1988>

그러나 일부 굳어진 단어인 경우에는 그 ≪ㄴ≫을 [ㄹ]로 발음한다.

　　례: 곤난[골란], 한나산[할라산]

**3.2.4.9.** 닮기 현상의 발음에 관한 제8장에 아래의 조문을 추가하였는데, 이는 제5항 'ㄹ' 발음 규정 '≪ㄹ≫은 모든 모음앞에서 ≪ㄹ≫로 발음하는것을 원칙으로 한다.'만으로는 해결될 수 없는 부분을 보충한 것이라 하겠다(남한 규정 19항 참조).

<2010>

제24항. 받침소리 [ㅁ, ㅇ]뒤에서 ≪ㄹ≫은 [ㄴ]으로 발음한다.

　　례: 법령[범녕], 목란[몽난], 백로주[뱅노주]

그러나 모음 ≪ㅑ, ㅕ, ㅛ, ㅠ≫의 앞에서는 [ㄴ] 또는 [ㄹ]로 발음할수도 있다.

　　례: － 식량[싱냥/싱량], 협력[혐녁/혐력]

　　　　－ 식료[싱뇨/싱료], 청류벽[청뉴벽청류벽]

**3.2.4.10.** 닮기 현상의 발음에 관한 제25항을 삭제하였는데, 이는 국어의 일반적인 발음 규칙에 따르거나 표기대로 발음하는 것이 당연한 것이므로 일부러 다른 발음을 보일 필요가 없다고 생각하여 삭제한 것이라 하겠다.

<1988>

제25항. 이상과 같은 닮기현상밖의 모든 ≪영향관계≫를 원칙적으로 인정하지 않는다.

| 례: | (옳음) | (그름) |
|---|---|---|
| ― 밥그릇 | [밥그름] | [박끄름] |
| 밭관개 | [받관개] | [박꽌개] |
| 엿보다 | [열보다] | [엽뽀다] |
| ― 안기다 | [안기다] | [앙기다] |
| 온갖 | [온갇] | [옹갇] |

|         |         |         |
|---------|---------|---------|
| 감기     | [감기]   | [강기]   |
| ― 선바위  | [선바위] | [섬바위] |
| 전보     | [전보]   | [점보]   |
| ― 잡히다  | [자피다] | [재피다] |
| 녹이다    | [노기다] | [뇌기다] |
| 먹이다    | [머기다] | [메기다] |

**3.2.4.11.** 사잇소리에 관한 제9장에 '암, 수'가 앞에 놓인 단어의 발음을 규정한 조문을 새로 추가하였다.

〈2010〉
제26항. 《암, 수》가 들어가 만들어진 단어의 발음은 다음과 한다.
  1) 뒤형태부의 첫소리가 《ㄱ, ㄷ, ㅂ, ㅈ》인 경우는 [ㅋ, ㅌ, ㅍ, ㅊ]의 거센소리로 발음한다.
      례: ― 암돼지[암퇘지], 수강아지[수캉아지], 수평아리[수평아리]
          ― 암기와[암키와], 수돌쩌귀[수톨쩌귀]
  2) 그밖의 겨우 앞형태부가 《수》이면 사이소리를 끼워 발음한다.
      례: ― 수사자[숟사자→수싸자], 수소[숟소→수쏘]
          ― 수나비[숟나비→순나비], 수오리[숟오리→수도리]

'암, 수가 들어간 단어에서 다음에 오는 단어의 기본 형태를 유지하는 차원에서 표기하도록 맞춤법을 수정함으로써 표기대로 발음되지 않은 사항에 대한 불가결한 규정으로 판단된다. 이 또한 표기와 발음의 불일치가 늘어나는 경우에 해당하는데, 이는 이미 2006년 「조선말대사전」(수정판)에 반영된 것으로서 2010년 개정은 그에 대한 근거 조항을 둔 것이라 하겠다. 이는 '암, 수'의 형태를 근거로 이와 관련한 모든 단어의 일정한 발음을 유도할 수 있으므로 조항으로 명시하여도 문제가 될 것이 없다고 하겠다.

## 3.3. 2010년 북한 어문 규정의 개정 의미

이상에서 살펴보았듯이 개정한 2010년 북한 어문 규정에서 내용적으로 달라진 부분은 크게 '암/수'가 붙은 단어의 표기에 대한 규정, 사이시옷의 표기에 대한 규정, 수사의 띄어쓰기에 대한 규정, 문장 부호 '점, 두점, 줄임표, 반두점, 반점, 풀이표, 괄호'에 대한 규정, 내려쓰기에 대한 규정, 'ㄹ 두음, 맛있다/멋있다, 벗아, '암/수'가 붙은 단어에 대한 규정 등인데, '암/수'가 붙은 단어의 발음에 관한 규정은 그런 단어의 발음이 이전과 달라진 것이 아니라 표기를 바꿈으로써 야기되는 문제를 해결하기 위하여 불가피하게 추가된 부분이라 하겠다.

'암/수'가 붙은 단어의 표기에 대한 규정의 추가와 사이시옷의 표기에 대한 규정의 삭제는 형태주의 표기 원칙을 철저히 적용한 것이고, 수사의 띄어쓰기, 문장 부호 '점, 두점, 줄임표', 내려쓰기에 대한 것은 규정을 간소화한 것이며, 문장 부호 '반두점, 반점, 풀이표, 괄호'에 대한 것은 규정을 정밀화한 것이고, 'ㄹ 두음, 맛있다/멋있다, 벗아'의 발음에 대한 규정은 현실 발음을 수용한 것이다.

이 가운데에서 수사의 띄어쓰기, 문장 부호 '점, 두점, 줄임표', 내려쓰기에 대한 것과 문장 부호 '반두점, 반점, 풀이표, 괄호'에 대한 것은 각각의 규정을 간소화하고 정밀화한 것이므로 실질적인 내용의 변화에서는 크게 달라진 것이 아니라고 할 수 있지만, 나머지 '암/수'가 붙은 단어의 표기에 대한 규정과 사이시옷의 표기에 대한 규정 및 'ㄹ 두음, 맛있다/멋있다, 벗아'의 발음에 대한 규정은 새로운 내용을 추가하거나 기존의 규정을 삭제한 것이므로 이에 대해서는 그러한 배경에 대한 의미를 생각해 보지 않을 수 없다.

'암, 수'가 붙은 단어에 대하여 소리대로 표기하지 않고 뒷말의 기본 형태를 밝혀 적도록 한 것은 1950년 철자법에서 천명한 형태주의 표기 원칙에 더욱 충실하려는 데에서 그 외연이 확장된 것이라 할 수 있다. 이는 북한의 맞춤법 총칙에 명시된 "단어에서 뜻을 가지는 매개 부분을 언제나 같게 적는 원칙을 기본으로 하면서 일부 경우 소리나는대로 적거나 관습을 따르는 것을 허용"하는 것에 따라 표기 형태와 실제 발음 중에서 형태를 우선시한 것이다. 따라서 북한은 ㄹ 발음에 대한 규정을 바꿀 수는 있어도 그 표기 형태를 바꾸기는 어려울 것이며, 사이시옷 표기에 대한 규정에서도 역시 마찬가지라 하겠다.

이러한 맥락에서 보면 2010년 북한의 어문 규정의 개정은 표기의 측면에서는 형태주의 원칙의 적용을 확대한 반면 발음의 측면에서는 현실 발음을 수용한 것이라 할 수 있다. 이는 표기의 보수성과 발음의 유연성에 대한 의식이 크게 작용한 것이라고 할 수 있다. 이에 따르면 남북한 어문 규범의 통일 논의에서 북한은 형태주의 표기 원칙을 충실히 적용한 표기를 달리 바꾸는 것에 대해서는 이를 쉽게 수용하지 않을 것으로 판단된다. 따라서 2010년 북한 어문 규정 개정의 의미는 이전의 규정 내용과 달라진 것에 있는 것이 아니라 북한 독자적이든 남북한 합의이든 이후에 어문 규범의 개정이 이루어질 경우에 북한이 취할 수 있는 태도를 보여 준 것에 있다고 하겠다.


## 4. 맺음말

북한의 2010년 「조선말규범집」의 개정 내용을 일견하여 볼 때, 맞춤법에서는 형태주의 표기 원칙에 더욱 충실함으로써 논리적 타당성을 부여하려 하였으며, 띄어쓰기에서는 1988년의 복잡한 규정을 간략화한 2003년의 규정이 규범집으로 한데 묶이지 않음으로써 소홀히 여기게 된 것을 명실상부하게 공식화한 계기가 되었다. 그리고 문장 부호에서 일부 부호는 그 사용을 제한하고 일부 부호는 그 사용을 구체화하였으며, 발음법에서는 형태를 밝히는 표기가 늘어남에 따라 표기와 불일치한 발음에 관한 조항이 명문화되었고 일부 단어는 두 가지 발음을 인정하게 되었다. 그리고 맞춤법과 발음법에서 규정으로 일관되게 처리할 수 없는 조항을 아예 삭제함으로써 단어 개별적인 사안으로 미루는 부분이 생기게 되었다.

결과적으로 2010년 북한의 어문 규정의 개정은 표기의 보수성과 발음의 유연성에 대한 의식이 크게 작용한 것이라고 할 수 있다. 따라서 2010년 북한 어문 규정 개정의 의미는 이후의 어문 규범 개정에서 북한이 취할 수 있는 태도를 보여 준 것에 있다고 하겠다.

# 참고문헌

김민수 편, 『북한의 조선어 연구사 2: 실용분야』, 서울: 녹진, 1991.

북한 국어사정위원회, 『조선말규범집』, 평양: 사회과학출판사, 1988.

북한 국어사정위원회, 『조선말 띄여쓰기규범』, 2000.

북한 국어사정위원회, 『띄여쓰기규정』, 2003.

북한 사회과학원 언어학연구소, 『조선말대사전』(증보판), 평양: 사회과학출판사, 2006.

북한 국어사정위원회, 『조선말규범집』(2판), 2010.

최정후·김성근, 『조선어규범변천사』(조선어학전서 46), 평양: 사회과학출판사, 2005.

최호철, 「북한의 맞춤법」, 『국어생활』 15, 1988.

최호철, 「남북한 통일 표준 발음법 시안」, 김민수 편, 『남북의 언어 어떻게 통일할 것인가』(서울: 국학자료원), 101~118면, 2002.

최호철, 「남북 띄어쓰기 규범 통일에 대하여」, 『한국어학』 25. 343~364면, 2004.

최호철, 「남북 문장 부호의 통일에 대하여」, 『국제고려학』(국제고려학회) 11, 377~396면, 2007.

최호철, 「북한『조선말규범집』의 2010년 개정과 그 의미」, 『어문논집』(민족어문학회) 65. 251~286면. 2012.

홍종선·최호철, 『남북 언어 통일 방안 연구』(문화관광부 연구 보고서), 1998.

# 남북 언어 규범 통일의 두 가지 선결 과제[*]
## – 규범 총칙 및 자모 이름과 순서를 중심으로 –

이상혁[**]

## 1. 서론 : 남북의 언어, 가까이 다가온 어문 규범 통일

　남북정상회담을 계기로 정치적으로 남북 해빙 분위기가 조성되고 있다. 그 여파로 여러 분야에서 교류와 협력이 구체화될 조짐이다. 그 동안 막혀 있던 모든 분야가 모두 마찬가지이겠으나, 무엇보다도 남북 언어의 문제를 다루는 '어문 정책' 분야도 해결해야 할 과제가 적지 않다. 이미 많은 국민이나 독자들이 알고 있다시피 남북의 언어는 이질화되어 있다. 따라서 거시적 측면에서 남북 공통 어문 규범을 제정하는 일이 남북 언어 통일의 과제가 될 것은 자명하다.

　그러나 다른 한편으로 남북이 직접 만나 대화하고 소통하게 되면 동질적인 면이 많다는 점을 우리는 경험적으로 확인할 수 있다. 한편으로 〈겨레말큰사

---

*　이 글은 이상혁(2012, 2013)에서 논의한 내용을 바탕으로 시사적 관점에서 남북 언어 통일 규범의 문제를 맞춤법 총칙 및 자모 이름과 순서 문제에 한정하여 재구성한 것이다. 따라서 일부 내용과 단락은 두 선행 연구를 발췌했다는 점을 밝혀 둔다.
**　한성대 교양교육원 교수

전)과 같은 큰 사업을 추진하는 과정에서 잠정적으로 합의한 내용들을 바탕으로 주어진 과제를 찬찬히 풀어가고 있는 것으로 알고 있다. 그럼에도 불구하고 우리는 겉으로 도드라진 남북 언어의 제반 문제를 좀 더 천착할 필요가 있으며, 그것은 남북이 향후에 서로 머리를 맞대고 풀어가야 할 숙제일 수밖에 없다.

이에 이 글에서는 어문 규범과 관련하여 여러 현안 중에서 남북 규범의 총칙 및 남북 자모의 이름과 그 순서의 차이에 대하여 두루 살펴보고 맞춤법 '총칙' 및 '자모의 이름과 순서'의 통일을 위한 원칙을 선결 과제로 제기하면서 그에 따른 제반 문제를 살펴보고자 한다. 따라서 이러한 논의는 표기 규범에 대한 국어학적 차원을 넘어서 남북 언어 정책 통일에 일조하고자 하는 실천적 목적도 함께 담고 있다는 점을 밝혀 두고자 한다.

## 2. 본론

### 2.1. 통일안(1933)의 총칙과 자모에 대하여

#### 2.1.1. 통일안의 총칙과 맞춤법의 원리

이 장에서는 〈한글마춤법통일안〉(1933)과[1] 관련하여 당시의 〈총론〉[2] 1항을 우선적으로 살펴보고자 한다. 일제강점기에 민간 학술단체인 조선어학회가 제정한 〈통일안〉은 한국어 정책사에서 뜻깊은 언어 정책적 성과이자 당시 '조선어' 규범의 완성이었다. 이 규범을 이 글에서 먼저 제기하는 것은 남북의 어문 규범 통일을 위해 분단 이전의 '통일안 시대'로 돌아가자는 관념적 주장에 동조하고자 하는 논쟁적 측면보다는 이 규범의 역사적 의의를 다시

---

1) 이하 〈통일안〉으로 줄여 부르기로 한다.
2) 〈한글마춤법통일안〉(1933)에서는 '총론'으로 적고 있다.

한번 공유하고자 하는 데 있다.

---

〈한글마춤법통일안〉(1933)

一. 한글 마춤법(綴字法)은 <u>표준말</u>을 그 소리대로 적되, 語法에 맞도록 <u>함으로써</u> <u>原則을 삼는다</u>.

---

〈통일안〉(1933)은 크게 두 가지 원리가 그 총론에 반영되어 있다. 그 하나는 표음주의이고[3] 다른 하나는 형태주의이다. 후술하겠으나, 현행 남쪽의 〈한글 맞춤법〉(1988) 제1장 총칙 제1항은 대체로 이 총론을 계승한 것으로 보아도 무방하다. 위의 표에서 밑줄 친 부분에서 그 표현이 다를 뿐이다. '표준말'은 '표준어'로, '함으로써 원칙을 삼는다'는 '어법에 맞도록 함을 원칙으로 한다'로 수정되었다. 말과 글을 포괄하는 '표준어'로 수정한 것은 '말'에 초점을 둔 '표준말'보다는 더 적절해 보인다. '어법에 맞도록 함을 원칙으로 한다'로 수정한 역시 문장 차원에서 더 자연스러운 문장 표현이라고 이해할 수 있다.

그러나 남북의 통일 규범을 위해서 〈통일안〉의 총론으로 수렴하는 것은 사실상 남쪽의 총칙을 일방적으로 수용하는 결과이기 때문에 온전히 동의하기는 어렵다. '총칙'에 관한 한 새로운 원칙을 마련한다는 것은 통일된 미래를 염두에 둔 것이어야 하기 때문이다. 우선 '표준말'이든 '표준어'이든 북쪽의 '문화어'라는 용어와의 충돌이 불가피하다[4]. 또한 '소리대로 적되'와 같은 표음주의적 원리는 남북의 이견이 없겠으나, '어법'이라는 용어는 두 가지 점에서 채택되기 어렵다고 생각한다. 연규동(1998)에서도 이미 언급한 바와 같이 '어법'은 대체로 '문법'을 의미하는 바, 글자를 운용하는 법칙으로서 맞춤법이

---

3) 연구자에 따라 음소주의라고도 부른다.
4) 이 문제는 맞춤법과는 그 결을 달리하는 공용어 문제로서 이 글에서는 제외하기로 한다.

말을 운용하는 법칙인 '문법'과는 별개의 것이기 때문이다.[5] 다른 하나는 북쪽이 이 용어를 그들의 총칙에서 사용하지 않고 있다는 점이다. '어법에 맞도록 함'에 대한 대안은 '원형을 밝힘'으로 제안한 한글학회안[6], 혹은 '언제나 같게 적는'이라는 표현을 사용한 북쪽의 표현이 표기법 혹은 철자법의 관점에서 언중들에게 쉽게 다가갈 수 있다는 장점도 있다. 이에 대한 논의는 2장에서 좀 더 자세히 다루고자 한다.

그럼에도 불구하고 〈통일안〉은 그 역사적 의의가 있다. 일제강점기에 조선총독부가 조선과 일본의 학자 8명의 조사촉탁원(調査囑託員)을[7] 동원하여 1912년 제정한 규범이 〈보통학교용 언문철자법〉이 먼저 제정되었다.[8] 그러나 그 표기법은 '보통학교용'이라는 제한된 규범의 성격이자 형태주의 원리가 부정된 규범이었다. 일제의 어문 통제의 일환으로 구축된 것이기도 했다. 그것에 비해 〈통일안〉은 우리 손으로 일구어낸 최초의 근대적 어문 규범이자 표기법이라는 점에서 통일 규범을 제정하고자 할 때 수용 여부를 떠나 논의의 출발점이 될 수밖에 없다.

### 2.1.2. 〈통일안〉의 자모 순서와 이름

통일안 각론 제1장은 '자모'의 제목 아래 제1절 자모의 수와 그 순서, 제2절

---

5) 연규동(1998:14) 참조.

6) 1980년에 한글학회에서는 총론을 "한글 맞춤법은 표준말의 각 형태소를 소리대로 적되, 그 원형을 밝힘을 원칙으로 한다"로 제안한 바 있다.

7) 현은(玄檃), 어윤적(魚允迪), 강화석(姜華錫), 유길준(俞吉濬) 등의 조선인 4명과 고쿠분(國分象太郎), 신조(新庄順貞), 시오카와(鹽川一太郎), 다카하시(高橋亨) 등 일본인 학자 4명을 합쳐 도합 8명이다.

8) 일본어로 돼 있는 그 원문은 독립된 문헌으로는 남아 있지 않는 것으로 알려져 있다. 다만, 조선총독부 발행, 〈朝鮮語法及会話書〉의 맨 마지막에 권말 부록으로 실려 있다. (김민수·고영근편, 〈역대한국문법대계〉 제2부17책), 1977). 〈보통학교용 언문철자법〉(1912)는 "京城語を以て標準とす. ... 表記法は表音主義に依り、発音に遠がれる歴史的綴字法等を之を避けたり。(京城語를 標準"으로 하고 "表記法은 表音主義에 依하고 發音에 遠한 歴史的 表記法 等은 此를 避"하고 한자어는 "종래의 표기법을 채용"하기로 했다.

자모의 이름을 다음과 같이 제시하고 있다.

---

제1장 字母

第1節 字母의 數와 그 順序

第1項 한글의 字母의 數는 二十四字로 하고, 그 順序는 다음과 같이 定한다.

ㄱ ㄴ ㄷ ㄹ ㅁ ㅂ ㅅ ㅇ ㅈ ㅊ ㅋ ㅌ ㅍ ㅎ ㅏ ㅓ ㅕ ㅛ ㅠ ㅡ ㅣ

[附記]前記의 字母로써 적을수가 없는 소리는 두개 以上의 字母를 어울러서 적기로 한다.

ㄲ ㄸ ㅃ ㅆ ㅉ ㅐ ㅔ ㅘ ㅟ ㅒ ㅖ ㅘ ㅝ ㅙ ㅞ ㅢ

제2절 字母의 이름

第2項 字母의 이름은 다음과 같이 定한다.

ㄱ 기역 ㄴ 니은 ㄷ 디귿 ㄹ 리을 ㅁ 미음 ㅂ 비읍 ㅅ 시옷 ㅇ 이응 ㅈ 지읒
ㅊ 치읓 ㅋ 키읔 ㅌ 티읕 ㅍ 피읖 ㅎ 히읗 ㅏ 아 ㅑ 야 ㅓ 어 ㅕ 여 ㅗ 오
ㅛ 요 ㅜ 우 ㅠ 유 ㅡ 으 ㅣ 이

[附記] 다음의 글자들은 아래와 같이 이름을 定한다.

ㄲ 쌍기역 ㄸ 쌍디귿 ㅃ 쌍비읍 ㅆ 쌍시옷 ㅉ 쌍지읒

---

통일안(1933)의 자모 순서와 이름도 잘 살펴보면 대체로 현행 남쪽의 한글 맞춤법(1988)과 유사함을 알 수 있다. 제1장 제목을 '자모'로 설정했기 때문에 '한글'이라는 표현을 사용하였고, 자모의 수는 24자로 한정하여 겹자모는 따로 규정했다. 또한 자모의 '수와 순서'를 자모의 '이름'로 구별하여 먼저 서술하였다. 자모의 이름은 'ㄱ 기역 ㄴ 니은 ㄷ 디귿..., ㅏ 아 ㅑ 야 ㅓ 어..., 쌍기역 ㄸ 쌍디귿 ㅃ 쌍비읍...' 등으로 삼아 현행 남쪽의 한글 맞춤법의 자모 명칭과 순서의 근간이 되었음을 알 수 있다. 남북이 분단된 후 이 〈통일안〉을 제정했던 조선어학회와 적지 않은 그 구성원들이 남쪽을 선택하면서 총칙과 함께 그들의 자모 의식이 자연스럽게 계승되었기 때문으로 추정된다. 그에 반하여 북쪽은 한동안 〈통일안〉 규범을 따르다가 1954년에 조선민주주의인민공화국 과학원 조선어 및 조선문학 연구소에서 정한 조선어 맞춤법 규정

인 '조선어철자법' 이후 남쪽과 다른 길을 가게 되었다.[9] 당연히 자모의 명칭과 순서도 우리와는 다른 길을 갈 수밖에 없었다. 이에 대한 자세한 논의는 다음 절에서 다루기로 하겠다.

## 2.2. 현행 남북 규범 총칙과 자모에 대하여

### 2.2.1 현행 남북 규범의 총칙과 맞춤법의 원리

| 〈한글 맞춤법〉(1988)[10] | 〈조선말규범집〉(1988, 2010) |
|---|---|
| 한글 맞춤법은 표준어를 소리대로 적되, 어법에 맞도록 함을 원칙으로 한다. | 조선말맞춤법은 단어에서 뜻을 가지는 매개 부분을 언제나 같게 적는 원칙을 기본으로 하면서 일부 경우 소리나는대로 적거나 관습을 따르는것을 허용한다. |

〈한글 맞춤법〉(1988)은 남쪽 국립국어원 누리집의 어문규정 관련 〈한글 맞춤법〉 제1장 총칙 제1항에 대한 해설로 총칙1항에 대하여 다음과 같이 서술되어 있다.

한글 맞춤법의 대원칙을 정한 것이다. '표준어를 소리대로 적는다'라는 근본 원칙에 '어법에 맞도록 한다'는 조건이 붙어 있다. 표준어를 소리대로 적는다는 것은 표준어의 발음 형태대로 적는다는 뜻이다. 맞춤법이란 주로 음소 문자(音素文字)에 의한 표기 방식을 이른다. 한글은 표음 문자(表音文字)이며 음소 문자다. 따라서 자음과 모음의 결합 형식에 의하여 표준어를 소리대로 표기하는 것이 근본 원칙이다.[11]

---

9) 조선어의 어음 조직, 문법 구조 및 어휘 구성에 나타난 변화를 고려하여, 종래 조선어 철자법의 규준으로 인정되던 '한글맞춤법 통일안'에 적지 않은 수정을 가하였다고 밝히고 있다.

10) 통시적 시각에서 이상혁(2012)에서는 본문 1장~5장에 걸쳐 〈예의〉의 '종성부용초성'과 〈한글 맞춤법〉 제1장 총칙 제1항의 관계, '예의'의 훈민정음 자모와 〈한글 맞춤법〉 제4항의 관계, '예의' 및 '해례'의 병서법과 한글맞춤법 제4항 [붙임1]과의 관계, 〈해례〉 '용자례'와 한글맞춤법 [붙임2]의 관계, 〈해례〉 '종성해' 및 '합자해'와 〈한글 맞춤법〉의 제30항 'ㅅ' 표기의 관계에 대하여 〈훈민정음〉(1446)이 남쪽의 서사규범인 〈한글맞춤법〉(1988)의 원형이라는 점을 주장한 바 있다.

이 해설의 맥락을 그대로 이해하고 존중하면 '어법에 맞도록 한다'는 조건과 표준어를 소리대로 표기하는 것이 근본 원칙으로 구성돼 있다. 원칙이 표음주의적 관점이고 조건이 형태주의적 관점이다. 피상적으로 보면 북쪽의 총칙과는 원칙이 뒤바뀌어 있다. 위의 표에서 보는 바와 같이 '뜻을 가지는 매개 부분을 언제나 같게 적는 원칙'과 '일부 경우 소리나는대로 적거나 관습을 따르는것을 허용'한다는 북쪽의 총칙과 모순된 듯이 보인다. 실제로 이것과 관련된 표기법의 근간은 남북이 다르지 않지만, 남쪽의 총칙에 대해 그 해설이 다소 모호하기 때문에 빚어진 결과로 추측된다. 또한 남쪽은 〈통일안〉(1933)의 총칙을 거의 그대로 수용하여 그 당시 표현을 존중한 반면 북쪽은 그 총칙의 표현을 대폭 바꿔 형태주의를 강조하였다. 정리해 보면 오히려 내용상으로는 북쪽의 총칙이 형태주의를 원칙으로 삼고 있고 표음주의를 허용 규정으로 보고 있다는 점에서 역사적 흐름에 비추어 볼 때,〈훈민정음〉(1446)의 근본 표기 정신에 가깝다고 볼 수도 있다.

이러한 논란은 〈훈민정음〉(1446)에서 제일 처음으로 등장하는 표기법 규정은 "종성부용초성(終聲復用初聲)"과도 무관하지 않다. "종성부용초성(終聲復用初聲)"의 의미를 형태주의적 관점에서 이해하게 되면 '음절의 끝소리는 그 첫소리(어두자음)을 다시 사용한다'로 번역되어야 할 것이다. 그러나 표음주의적 관점에서 바라보면 〈훈민정음〉 '종성해'에서 언급한 'ㄱㅇㄷㄴㅂㅁㅅㄹ八字可足用也'과 관련하여 '음절의 받침은 (따로 만들지 아니하고 8개의 자음만을) 다시 사용한다'로 번역될 수도 있기 때문이다. 그러나 대체로 "종성부용초성(終聲復用初聲)"의 의미가 세종의 표기법 정신이고 거시적 규정이라면 맞춤법에서는 '형태주의'가 근간이 되는 규정으로 다시 남북 통일 규범의 총칙을 성문화할 필요가 있다.

현행 북쪽의 맞춤법은 〈조선말규범집〉(1988)과[12] 〈조선말규범집〉(2010)

---

11) http://www.korean.go.kr/09_new/dic/rule/rule01_01.jsp 국립국어원 누리집을 참고할 것.

의 서사규범이다. 최근 북쪽에서는 〈조선말규범집〉(2010)을 출간하여 〈조선말규범집〉(1988)을 개정하였다. 〈조선말규범집〉(1988)은 총 다섯 부분으로 돼 있었으나 '맞춤법'(총칙, 7장 27항), '띄여쓰기규정'(총칙, 5장 6항), '문장부호법'(총칙, 19항), '문화어발음법'(총칙, 10장 31항)' 네 부분으로 간소화하였다. 특히 띄어쓰기 규정이 22항에서 6항으로 대폭 간소화된 점이 주목할 만하며 맞춤법은 1항이 늘었고, 문장부호법과 문화어발음법은 1항이 준 것으로 확인되었다.13) 이 〈조선말규범집〉의 원형 역시 〈훈민정음〉(1446)이라고 말할 수 있는데 〈훈민정음〉의 규정에 대응하여 〈조선말규범집〉 각 항에 해당 내용이 반영돼 있다.

최호철(2012)에서는 그 개정의 대강을 "북쪽의 2010년 「조선말규범집」의 내용을 일견하여 볼 때, 맞춤법에서는 형태주의 표기 원칙에 더욱 충실함으로써 논리적 타당성을 부여하려 하였으며, 띄어쓰기에서는 1988년의 복잡한 규정을 간략화한 2003년의 규정이 규범집으로 한데 묶이지 않음으로써 소홀히 여기게 된 것을 명실상부하게 공식화한 계기가 되었다. 그리고 문장 부호에서 일부 부호는 그 사용을 제한하고 일부 부호는 그 사용을 구체화하였으며, 발음법에서는 형태를 밝히는 표기가 늘어남에 따라 표기와 불일치한 발음에 관한 조항이 명문화되었고 일부 단어는 두 가지 발음을 인정하게 되었다"고 밝히고 있다.

이상으로 남북의 총칙을 중심으로 그 차이를 살펴보았다. 양쪽의 총칙에 대한 검토 및 그 통일의 필요성을 제기하는 것은 당연히 향후 남북 단일 규범

---

12) 〈조선말규범집〉(1987)은 〈조선어 철자법〉(1954)을 개정한 것으로 1966년 6월에 북쪽 국어사정위원회에서 제정한 것을 1987년 5월 15일에 다시 개정한 것이다. 총 다섯 부분으로 '맞춤법'(총칙, 7장 26항), '띄여쓰기'(총칙, 5장 22항), '문장부호법'(총칙, 20항), '문화어발음법'(10장 31항), '내려쓰기'로 구성돼 있다. 북쪽에서 '맞춤법'이라는 용어는 남쪽에서처럼 표기법 전체를 가리키는 용어이면서도 띄어쓰기를 제외한 글자의 적기에 한정해서 사용되기도 한다.

13) 〈조선말규범집〉(2010) 개정에 대한 전반적인 논의는 최호철(2012)을 참고할 것.

의 총칙을 마련하기 위함이다. 그것은 형태주의를 근간으로 하고 표음주의를 허용으로 삼고자 하는 의지가 반영된 것이어야 한다. 이것은 남쪽 총칙 규정의 중의성을 해소할 수 있는 것임과 동시에 북쪽에서 표현한 '뜻을 가지는 매개 부분을 언제나 같게 적는 원칙'을 '우리말의 형태를 언제나 같게 적되'로 수정함으로써 필자의 관점에서 그 부자연스러운 표현에 대한 수정의 요구이기도 하다. '조선말'과 '한글'이라는 일치하지 않는 표현에 대한 대안은 '우리말'로 대체하였다. 남북의 총칙이 본질적으로 서로 모순되지 않기 때문에 이 부분에 대한 수정 및 통일안을 다음과 같이 제안해 볼 수 있다.

| 〈남북 통일안 총칙 제안〉 |
| --- |
| '우리말 맞춤법은 우리말의 형태를 언제나 같게 적되, 소리대로 적는 것을 허용한다' |

### 2.2.2. 현행 남북의 자모 순서와 이름

남북의 자모 순서와 이름의 차이는 서로 다른 두 규범의 해당 규정을 비교하는 것으로 가능할 것이다. 아래 보는 바와 같이 남쪽은 〈한글맞춤법〉(1988) 제2장 '자모'의 제4항이고, 북쪽은 〈조선말규범집〉(1988, 2010)의[14] 제1항이다.

| 〈한글 맞춤법〉(1988) | 〈조선말규범집〉(1988, 2010) |
| --- | --- |
| 제4항 한글 자모의 수는 스물넉 자로 하고, 그 | 제1항 조선어자모의 차례와 그 이름 |

---

14) 조선민주주의인민공화국 국어사정위원회에서 펴낸 『조선말 규범집』(2010)은 1966년에 같은 제목으로 처음 나온 이래로 크게 1987년, 2010년에 개정이 있었다. 이 규범집은 '맞춤법, 띄어쓰기 규정, 문장부호법, 문화어발음법'으로 구성되어 있다. 2010년 개정이 이루어진 것은 그동안의 띄어쓰기 규정에 관한 다양한 변화를 정리하여 반영했기 때문이다.

| 〈한글 맞춤법〉(1988) | 〈조선말규범집〉(1988, 2010) |
|---|---|
| 순서와 이름은 다음과 같이 정한다. | 은 다음과 같다. |
| ㄱ(기역) ㄴ(니은) ㄷ(디귿) ㄹ(리을) ㅁ(미음) ㅂ(비읍) ㅅ(시옷) ㅇ(이응) ㅈ(지읒) ㅊ(치읓) ㅋ(키읔) ㅌ(티읕) ㅍ(피읖) ㅎ(히읗) / ㅏ(아) ㅑ(야) ㅓ(어) ㅕ(여) ㅗ(오) ㅛ(요) ㅜ(우) ㅠ(유) ㅡ(으) ㅣ(이) | ㄱ(기윽) ㄴ(니은) ㄷ(디읃) ㄹ(리을) ㅁ(미음) ㅂ(비읍) ㅅ(시읏) ㅇ(이응) ㅈ(지읒) ㅊ(치읓) ㅋ(키읔) ㅌ(티읕) ㅍ(피읖) ㅎ(히읗) |
| [붙임1] 위의 자모로써 적을 수 없는 소리는 두 개 이상의 자모를 어울려서 적되, 그 순서와 이름은 다음과 같이 정한다. | ㄲ(된기윽) ㄸ(된디읃) ㅃ(된비읍) ㅆ(된시읏) ㅉ(된지읒) |
| ㄲ(쌍기역) ㄸ(쌍디귿) ㅃ(쌍비읍) ㅆ(쌍시옷) ㅉ(쌍지읒) / ㅐ(애) ㅒ(얘) ㅔ(에) ㅖ(예) ㅘ(와) ㅙ(왜) ㅚ(외) ㅝ(워) ㅞ(웨) ㅟ(위) ㅢ(의) | ㅏ(아) ㅑ(야) ㅓ(어) ㅕ(여) ㅗ(오) ㅛ(요) ㅜ(우) ㅠ(유) ㅡ(으) ㅣ(이) ㅐ(에) ㅒ(얘) ㅔ(에) ㅖ(예) ㅚ(외) ㅟ(위) ㅢ(의) ㅘ(와) ㅝ(워) ㅙ(왜) ㅞ (웨) |
| [붙임2] 사전에 올릴 적의 자모의 순서는 다음과 같이 정한다. | |
| 자음 ㄱ ㄲ ㄴ ㄷ ㄸ ㄹ ㅁ ㅂ ㅃ ㅅ ㅆ ㅇ ㅈ ㅉ ㅊ ㅋ ㅌ ㅍ ㅎ | 자음글자의 이름은 각각 다음과 같이 부를수도 있다. |
| 모음 ㅏ ㅐ ㅑ ㅒ ㅓ ㅔ ㅕ ㅖ ㅗ ㅘ ㅙ ㅚ ㅛ ㅜ ㅝ ㅞ ㅟ ㅠ ㅡ ㅢ ㅣ | (그) (느) (드) (르) (므) (브) (스) (응) (즈) (츠) (크) (트) (프) (흐) (끄) (뜨) (쁘) (쓰) (쯔) |

남북의 자모 순서와 관련된 역사적 측면을 살펴보기 위해서 〈훈민정음〉 (1446)에서 제시된 '훈민정음'의 전체 자모의 배열과 비교해 보자.

牙音 ㄱㅋㅇ / 舌音 ㄴㄷㅌ / 脣音 ㅁㅂㅍ/ 齒音 ㅅㅈㅊ / 喉音 ㅇㆆㅎ / 半舌音 ㄹ 半齒音 ㅿ / ·ㅡㅣ ㅗ ㅏ ㅜ ㅓ ㅛ ㅑ ㅠ ㅕ (28자)

〈훈민정음〉(1446)에서 초성은 아음, 중성은 'ㆍ'에 한정해서 보면 'ㄱ牙音 如君字初發聲, … ㆍ如呑字初發聲'과 같은 방식으로 규정돼 있다. 창제 당시 자모의 순서 중 초성은 전통적인 오음의 방식에 따라 배열돼 있음을 알 수 있다. 현재 남북의 자모 배열과는 다르다. 중성의 경우도 천지인 'ㆍㅡㅣ'

세 글자를 기본자를 바탕으로 하여 각 기본자의 순차적인 결합 방식에 따라서 초출자와 재출자의 차례로 제시되어 있음을 알 수 있다. 역시 남북의 자모 배열과는 다르다. 그런 점에서 〈한글맞춤법〉(1988)의 자모 순서는 〈훈민정음〉(1446)의 배열 방식을 따르지 않고 있음을 알 수 있다. 오히려 〈훈몽자회訓蒙字會〉(1527) 범례의 '언문자모'에서 드러난 '초종성통용팔자(初終聲通用八字)', '초성독용팔자(初聲獨用八字), 중성독용십일자(中聲獨用十一字)'의 규정이[15] 발전적으로 계승되었다. 그 점은 북쪽의 〈조선말규범집〉(2010)도 대동소이하다.

또한 〈한글맞춤법〉에는 사전에 올리는 자모의 순서를 규정해 놓고 있지만 〈조선말규범집〉에는 그런 구체적인 규정이 없다. 〈한글맞춤법〉의 경우 [붙임1]을 설정해 놓는 까닭에 불가피하게 [붙임2]가 필요하게 되었지만, 필자가 보기에 [붙임2]는 사전에서 규정할 것이지 맞춤법 규정에 나올 것은 아니라고 판단된다. 자모의 수를 24자로 한정하고 겹자모를 따로 규정한 탓이다. 그에 반해 북쪽은 자모의 차례에 그런 붙임이 없다. 사전에서 자모의 차례는 〈조선말대사전〉(2006)에서 일러두기의 형식으로 다음과 같이 정해 두고 있다. 이 방안이 훨씬 합리적이다. [붙임2]의 번거로움도 해소할 수 있어서 맞춤법 자체가 간결하게 된다.

---

10. 올림말을 배렬한 자모의 차례와 맞춤법[16]
1) 자모의 차례
ㄱ, ㄴ, ㄷ, ㄹ, ㅁ, ㅂ, ㅅ, (ㅇ), ㅈ, ㅊ, ㅋ, ㅌ, ㅍ, ㅎ, ㄲ, ㄸ, ㅃ, ㅆ, ㅉ,
ㅏ, ㅑ, ㅓ, ㅕ, ㅗ, ㅛ, ㅜ, ㅠ, ㅡ, ㅣ, ㅐ, ㅒ, ㅔ, ㅖ, ㅚ, ㅟ, ㅢ, ㅘ, ㅝ,
ㅙ, ㅞ
※ ( ) 안의 자모는 받침의 경우에만 해당한다.

---

15) 初終聲通用八字 : ㄱ, ㄴ, ㄷ, ㄹ, ㅁ, ㅂ, ㅅ, ㅇ / 初聲獨用八字: ㅋ, ㅌ, ㅍ, ㅈ, ㅊ, ㅿ,
　ㅇ, ㅎ / 中聲獨用十一字 : ㅏ, ㅑ, ㅓ, ㅕ, ㅗ, ㅛ, ㅜ, ㅠ, ㅡ, ㅣ, ·
16) 〈조선말대사전〉(증보판, 2006)의 일러두기에서 발췌한 것이다.

이 내용을 살펴보면 우리의 사전과는 달리 북쪽의 사전은 자음 중심의 올림말 구조에서 벗어나 있다는 점에는 상대적으로 남쪽보다 훈민정음 창제 당시의 '용자례' 시각에 더 가깝다. 우선 'ㅇ' 음가가 없다고 전제하고 사전 올림말 자모에서 그것을 제외하고 있다. 음가 중심의 관점을 취하고 있는 것이다. 자음뿐만이 아니라 모음도 올림말 자모로 자음과 대등하게 그 자격을 부여하고 있다. 결국 북쪽은 자모의 순서에서 40개 자모를 각각 존중해서 위와 같은 배열을 보여주고 있는 셈이다. 〈한글 맞춤법〉에서는 24자로 우선 자모를 제한하다 보니 [붙임1]로 나머지 자모의 순서를 다시 언급해야 하는 번거로움이 생겨 버린 것이다. 그 반면에 북쪽은 자모의 수 40자를 규정하고 그 자모의 수에 따라서 사전에 올릴 적의 순서도 그대로 유지하고 있다. 그런 점에서 상대적으로 북쪽의 자모 순서가 일관되어 있다.

훈민정음 창제 당시에 초성과 중성에 대한 자모 명칭이 구체적으로 드러나지 않아서 당시에 초성과 중성을 어떻게 불렀는지 구체적으로 확인하기 어렵다. 다만 홍기문(1946)에서는 〈훈민정음(국역본/언해본)〉(1459)에 드러나 아래와 같은 우리말 번역을 근거로 당시에 자모 명칭을 훈민정음 창제 당시의 자모 명칭을 'ㄱ, ㅋ, ㅇ, …' 등으로 추정하였다.

ㄱ눈 엄쏘리니 君ㄷ字처섬펴아나눈소리ㄱ트니 굴봐쓰면虯ᄠᅡᆼᄫ字처섬펴아나눈소리ㄱ트니라
〈훈민정음(국역본/언해본)〉(1459)

그런데 〈통일안〉(1933)과 현행 남북의 규정은 〈훈몽자회訓蒙字會〉(1527) 범례의 '언문자모'에서 드러난 명칭을 대체로 수용하였다. 다만 여기서 주목할 것은 '其役, 池末, 時衣'로 표기된 세 자모이다. 당시 우리식 한자의 음과 훈으로 발음한 결과를 남쪽은 '기역, 디귿, 시옷'으로 그대로 수용하고 계승하였다. 이것은 자모 이름에 대한 남쪽의 규정이 역사적 보수성에 기대고 있음을 보여준다. 아래와 같이 북쪽과 같은 명칭으로 하고자 하는 의견이 있었

다는 점에서 이 명칭에 대한 남북의 합의는 쉽게 가능할 것으로 전망해 볼 수 있다.

한글 자모(字母)의 수와 차례 및 이름은 통일안(한글 맞춤법 통일안)에서와 마찬가지로 하였다. 글자 이름에서, '그, ㄷ, ㅅ'도 나머지 글자의 경우처럼 '기윽, 디읃, 시읏'으로 하자는 의견이 있었으나, 기억하기 쉽도록 한다는 것이 오랜 관용(慣用)을 바꾸어야 할 이유가 되지 않기 때문에, 관용대로 '기역, 디귿, 시옷'으로 하였다.17)

그에 반해서 북쪽은 '기윽, 디읃, 시읏'으로 자모 이름을 규정하고 있기 때문에 남쪽과 차이를 보이고 있다. 북쪽은 역사적 전통성보다는 다른 자모 명칭과의 일관성을 위해 실용적 합리성에 따라서 이름을 정한 것으로 이해된다. 그것은 곧 소위 '인민'들의 자모 습득 용이성과 수월성을 염두에 둔 측면과 무관하지 않을 것이다. 또한 북측의 자모 이름 규정과 관련하여 위의 표에서 보는 바와 같이 "자음글자의 이름은 각각 다음과 같이 부를수도 있다. (그) (느) (드) (르) (므) (브) (스) (응) (즈) (츠) (크) (트) (프) (흐) (끄) (뜨) (쁘) (쓰) (쯔)"는 규정을 추가로 정하고 있음을 알 수 있다. 이것은 오히려 홍기문(1946)과 관련지어 볼 때 훈민정음 창제 당시의 명칭을 추측하여 반영한 조처가 아닌가 한다. 이 안도 남북 통일 자모 이름으로 삼을 만하다. 복수 명칭이 걸림돌이 되지 않기 때문이다.

결국 〈통일안〉(1933)과 남쪽은 〈훈몽자회〉에서 이미 관습적으로 굳어져 사용돼 왔던 명칭을 규범으로 삼은 셈이고, 북쪽은 〈훈몽자회〉에서 드러난 명칭을 자모 명칭의 일관성에 초점을 맞춰 규범에 반영한 것이다. 자음글자 이름'에 한해서는 〈훈민정음(국역본/언해본)〉(1459)의 우리말 번역을 보고 복수의 명칭을 따로 설정한 것으로 추정해 볼 수 있다.

---

17) http://www.korean.go.kr/09_new/dic/rule/rule01_02.jsp 국립국어원 누리집을 참고할 것.

겹자음 명칭과 관련해서는 〈훈민정음〉(1446) 당시 '초성'을 어떻게 이해할 것인가 하는 문제가 남북이 다소 갈린다. 남쪽은 〈통일안〉(1933)의 명칭을 계승하고 기본적으로 '자모'라는 문자 개념에 바탕으로 두고 'ㄲ(쌍기역) ㄸ(쌍디귿) ㅃ(쌍비읍) ㅆ(쌍시옷) ㅉ(쌍지읒)'이라는 명칭을 규정했다. 그 반면에 북쪽은 'ㄱ牙音如君字初發聲'와 'ㄱ는 엄쏘리니君ㄷ字처섬펴아나는 소리 ㄱ트니 골바쓰면虯<u>ㄱ꾸ㅸ</u>字처섬펴아나는<u>소리</u>ㄱ트니라'에서 보는 바와 같이 창제 당시에 초성을 '소리' 중심으로 보고자 했다. 따라서 병서자에 대한 이름을 'ㄲ(**된**기윽) ㄸ(**된**디은) ㅃ(**된**비읍) ㅆ(**된**시읏) ㅉ(**된**지읒)'로 규정하고 '된'이라는 음성학적 개념을 병서자 명칭 앞에 설정한 것이다. 이것은 남북이 서로 자모를 바라보는 관점의 차이다. 남쪽은 자소(grapheme) 중심, 북쪽은 음소(phoneme) 중심을 바탕으로 '초성'을 인식의 결과로 볼 수 있다. 궁극적으로 이 이름은 남북이 서로 복수 명칭을 인정하는 방향으로 나가는 것이 서로의 언어학적 견해를 존중하는 일일 것이다. 전체적으로 우리의 '한글 자모'와 북쪽의 '조선어 자모'라는 시각이 여기서 갈리는 것이나, 본질적으로는 남북의 차이가 없다. 앞에서도 언급한 바와 같이 이 경우도 '우리말' 자모라는 대안이 있을 수 있다.

## 2.3. 남북의 규범 총칙과 자모, 그 통일을 위하여

남북의 규범 총칙 및 자모의 이름과 순서를 선결 과제로 통일해야 함을 강조하는 것은 다음과 같은 이유이다. '총칙'이라는 규범의 거시적 틀을 우선 합의해야 나머지 맞춤법 세칙에 대한 수많은 조항들도 쉽게 풀릴 수 있기 때문이다. '총칙'에 대한 남북의 합의가 복잡한 세칙을 통일해 줄 수 있는 돌파구 역할을 하자는 것이다. 표기법 원리에 대한 근본적인 언어관에 대한 남북의 차이가 없기 때문에 어쩌면 '총칙'에 대한 것도 표현 문제에 불과할 수도 있다. 그러나 한번에 그리고 단박에 제반 맞춤법 문제를 모두 해결할 수 없다면 '총칙'에 대한 성문화된 합의를 먼저 선포하여 통일하는 것은 나머지 문제를 풀어가는 시발점이다.

그것과 아울러 통일 규범에서 가장 핵심적이고 상징적인 '자모의 이름과 순서'의 문제를 우선적으로 본보기로 보여주는 실천적 합의야말로 또한 맞춤법을 넘어 통일 사전의 표제어 배열 문제도 함께 해소해 가는 과정이 될 수 있다. 그런 의미에서 김민수(2002)에서는 남북 언어통일의 3원칙을 제시한 바 있는데 그 원칙은 통일을 위해 시사하는 바가 크다.

첫째, 남북의 규범이 다른 것은 유열을 논하여 승부를 가리려 하지 말고, 상호주의에 입각하여 승패가 없는 절충으로 이끌어야 할 것이다.[18]
둘째, 남북이 절충을 하지 못하거나 안 될 것은 사활을 걸고 싸우지 말고 남북의 제안을 복수로 수용하는 방안을 널리 활용하여야 할 것이다.[19]
셋째, 남북의 절충이 불가능할 경우 제3의 기준이나 방안을 채택할 수 있다.

이러한 남북 언어통일의 3대 원칙은 '자모의 순서와 이름'에 대한 통일 방안 마련을 위한 중요한 잣대가 될 수 있을 것이다. 그러나 위에서 제안한 통일 '총칙'과는 달리 '자모의 순서와 이름'에 대한 통일안을 이 글에서 구체적이고 명시적으로 제안하는 것은 그리 바람직하지 않다. 이유는 두 가지 때문이다. 대중들에게는 전면적으로 공개되지 않았지만, 이미 합의된 〈겨레말대사전〉공동편찬위원회의 자음(초성), 모음(중성), 받침(종성)의 배열 순서와 그 이름이 우선적으로 존중될 필요성이 있기 때문이다. 또한 남북 어문규범의 정리와 통일에서 때로는 미시적 영역을 어느 한 연구자나 전문가의 일방적 논리나 주장보다는 집단 지성의 토론과 숙의를 거친 결과물로 만들어내는

---

18) 이미 선례가 있다. 국제표준화기구(ISO)의 요청으로 1992년에 로마자 표기법 단일안에서 남쪽의 모음 표기안과 북쪽의 자음 표기안이 상호주의의 입장에서 합의된 바가 있다.
19) 이미 우리가 실천하고 있는 표준어 규정에서 복수 표준어 정책을 다양한 영역에서 남북으로 확대하는 방안이다.

것도 의의 있는 일이기 때문이다. 그 의견 중 하나의 거친 제안은 이 글의 본문 속에 녹아들어 있음을 첨언하고자 한다.


## 3. 결론

이상으로 우리는 남북 어문 규범의 총칙 및 자모 이름과 순서 문제를 통일하기 위하여 〈통일안〉(1933)과 남북 현행 맞춤법에 드러난 총칙 및 자모 이름과 순서의 차이를 살펴보았다. 그와 아울러 총칙에 관한 한 근본적인 인식의 차이가 없음을 대체로 확인하고 어문 규범의 선결 과제로서 남북 통일의 총칙을 제안해 보았다. 또한 민감한 문제이기는 하나, 자모 이름과 순서에 대한 남북의 인식 차이를 확인하고 그에 대한 실마리를 남북이 존중하는 역사적 전거를 통해서 추정해 보고자 했다.

위와 같은 선결 과제에 대한 결실을 맺기 위해서는 '통일어문규범' 제정을 위한 제도적 장치가 다른 한편으로 선제적으로 이루어져 한다. 국어기본법 제13조 '국어심의회' 관련 규정의 개정을 포함한 국어기본법 전면 개정 추진하여 '국어기본법'을 '통일한국어(조선어)[20]기본법(안)'으로 명칭 변경을 준비하면서 북쪽과 논의를 진행해야 한다. 그래서 결국은 어문 규범 정책을 총괄하는 "통일어문규범 분과위원회의 설치와 운영"을 통해 구체적인 결과물로서 통일 시대의 새로운 언어 환경에 필요한 '통일어문규범의 제정'이라는 과업을 절차에 따라 준비하고 시행해야 할 것이다.

또한 우리 남북 어문 규범 문제의 통일에 대한 논의에서 그동안 간과하고 있는 두 가지가 있다. 이 문제는 이 글에서 논의하지 않았으나, 향후 남북 규범의 통일 과정에서 필수적으로 제기되고 숙의해야 할 부분이다. 그 하나

---

20) 아마도 언어 명칭의 통일 문제가 향후 남북의 규범 통일과는 별도로 가장 민감한 난제가 될 것이다.

는 남북 언어 명칭의 통일 문제이다. '한국어'도 '조선어'도 그 답이 되기는 어려울 것이다. '한글'도 '조선글'도 역시 남북이 충돌하는 명칭 문제이다. 또한 남북 문제가 단순히 남과 북의 문제가 아니라 일제강점기와 분단 이후 흩어진 우리 동포들의 디아스포라와도 밀접한 연관이 있다. 그런 의미에서 이미 규범이 마련된 중국 재중동포(조선족)의 견해와 입장도21) 고려해야 할 것이다.

어문 규범의 통일, 갈 길이 멀다. 그러나 이제 규범의 통일을 포함한 언어의 통일은 저 너머가 아니라 바로 우리 코앞의 과제로 성큼 다가왔다. 당면한 실천의 문제로 우리에게 역사적 책무를 부여하고 있다. 이제는 관성적인 태도, 정치적 입장에 따라 좌지우지 되지 않고 미래를 보고 묵묵히 가야 한다. 가까이 다가온 통일의 길에 우리의 지혜를 모을 때다.

---

21) 일본 재일교포의 특수성, 다시 말하면 민단과 총련의 언어 수용 태도의 차이 때문에 그들의 규범은 따로 성문화되어 있거나, 언어 공동체 안에서 따로 합의된 규범이 없는 것으로 알고 있다. 각각 남북의 언어 규범을 준용하고 있다.

# 참고문헌

김민수 편(1991), 『북한의 조선어 연구사 2: 실용분야』, 서울: 녹진.

김양진(2003), "남북한 맞춤법 통일방안", 『남북한 어문규범과 그 통일방안』, 국학자료원.

북한 국어사정위원회(1988), 『조선말규범집』, 평양: 사회과학출판사.

북한 국어사정위원회(2010), 『조선말규범집』(2판), 2010.

북한 사회과학원 언어학연구소(2006), 『조선말대사전』(증보판), 평양: 사회과학출판사.

연규동(1998), 『통일시대의 한글맞춤법』, 도서출판 박이정.

이상혁(2009), "'한국어' 명칭의 위상 변천과 그 전망", 「국제어문학」(국제어문학회) 46집, 165~188면.

이상혁(2012), "〈훈민정음〉(1446)과 어문규정(1988)의 역사적 상관성 연구", 「한성어문학」 31집, 57~82면.

이상혁(2013ㄱ), "〈보통학교 조선어급한문독본〉(1915)권1과 〈언문철자법〉(1912)-조선어 학습 방침과 규범 통제를 중심으로-", 「우리어문」 43집, 141~166면.

이상혁(2013ㄴ), "남북 서사규범의 역사성과 그 상관 관계 연구", 「한성어문학」 32집, 45~66면.

최호철(1988), 「북한의 맞춤법」, 『국어생활』 15, 1988.

최호철(2012), 「북한 『조선말규범집』의 2010년 개정과 그 의미」, 『어문논집』(민족어문학회) 65, 251~286면.

# 북한 드라마 「우리 이웃들」을 통해 본
# 남북 언어

서민정*

## 1. 평창에서 만난 남북의 언어 (차이)

지난 2월 평창 동계 올림픽에서 여자 아이스하키 단일팀의 성사는 국내는 물론이고 세계인들의 이목을 집중시켰다. 당시 남한 선수들의 인터뷰에서 자주 언급되었던 것은 남북의 언어 차이에 대한 질문이었다.[1] 개인전이 아닌 단체전이기 때문에 무엇보다 선수들과의 의사소통이 매우 중요한 스포츠이기 때문이다. 먼저 선수들은 남북의 아이스하키 용어가 다르다는 점을 언급했다. 예를 들면 북한에서는 아이스하키 용어인 '패스'를 '연락하라', '골리'는 '문지기', '버터플라이 막기'를 '나비막기'라고 한다는 것이다. 서로 다른 언어를 소통할 수 있게 하는 것이 우선 과제였기에 남북 코치진은 3쪽짜리 아이스하키 용어집을 만들어 사용했다고 한다. 이것으로 선수들은 '처음에는 언

---

*    일본 히토쓰바시대 대학원 언어사회연구과 박사과정
1)    "남북 단일팀 비밀병기는 아이스하키 용어집", 「노컷뉴스」, 2018. 2. 9; "北선수들, 다른 이별이라서 더 슬펐던 것 같아요.", 「시사자키 전광용입니다」, CBS 라디오, 2018. 3. 13.

어가 달라 고생을 했지만 여러 번 되풀이되다 보니 자연스럽게 이해할 수 있었다'고 답했다.

이것은 아이스하키 용어를 외래어 그대로 사용하는 남한과 우리말로 바꾸어 쓰는 북한의 언어 특징을 보여주는 하나의 사례이다. 하나의 용어가 의미하는 바는 같은데 남북이 다르게 '표기'하는 것이라고도 할 수 있다. 따라서 아이스하키라는 스포츠에서 쓰이는 전문용어의 차이는 즉 '표기'의 차이에 불과한 것으로, 선수들의 인터뷰에서도 알 수 있듯이 시간이 지남에 따라 자연스럽게 이해할 수 있었을지도 모른다.

그렇다면 선수들의 일상 대화에서의 언어 차이는 없었을까? 한 선수는 '생각보다 단어가 많이 달라서 일상 대화할 때도 이해 못 한 부분이 되게 많았다'고 하며 '조금 놀라웠었다'고 말했다.[2] 이 인터뷰는 일상 대화에서 '어휘'의 차이로 인한 의사소통의 어려움에 대해 언급한 것인데 남북의 일상 어휘에도 상당한 차이가 있다는 점을 시사한다. 아마 선수들은 훈련이나 시합 때 쓰인 전문용어의 차이보다 일상 대화에서 소통의 어려움을 더 느꼈을지도 모른다. 왜냐하면 전문용어보다 일상 어휘는 사용 영역이 훨씬 넓고 다의적인 것이 많기 때문이다. 또한 북한에서만 사용되는 독특한 표현 방식으로 인해 소통이 전혀 되지 않는 어휘도 있었을 것으로 보인다.

북한 선수들과 직접 대화를 해 본 선수들의 인터뷰에서도 알 수 있듯이 남북 언어 차이에서 가장 두드러진 것은 '어휘'이다. 특히, 일상 언어에서의 어휘 차이가 가장 크다고 할 수 있기 때문에 일상 언어를 통한 어휘와 그 사용 양상에 대한 분석이 필요하다.

---

2) "30년 만의 평창올림픽 성과와 남은 과제", KBS〈공감토론〉, 2018. 2. 28.

## 2. 북한의 일상 언어를 볼 수 있는 드라마

이 글에서 일상 언어란, 일상생활에서 실제로 발화된 것을 말한다. 비슷한 개념으로 사회언어학 용어인 '자연발화'(unplanned discourse)[3]가 있다. 사회언어학에서는 일상생활에서 실제로 발화된 내용을 그대로 녹화나 녹음을 해서 자료로 이용한다. 어떤 지역의 언어 변이 혹은 실제 언어 사용 양상 등을 분석할 때 쓰이는 방법의 하나이다.

북한이라는 특수한 지역의 일상 언어를 연구하는 것은 쉽지 않은 일이다. 북한 사람들의 '자연발화'를 자료로 하는 것이 현실상 불가능한 상황이기 때문에 북한의 일상 언어를 사회언어학적 시각에서 분석을 시도한 연구는 없었다고 해도 과언이 아니다.

이러한 이유로 북한 언어에 대한 자료 및 분석 대상은 주로 인쇄 매체에 집중되었다. 특히 남북 언어 차이에서 가장 두드러진 특징이라 할 수 있는 '어휘'차원에 주목한 연구로는 사전, 신문, 교과서 등의 자료 분석을 통한 비교 및 대조 연구가 주를 이루었다.[4] '어휘'연구이기에 글말 즉 문어체를 중심으로 '표기'나 사전적 의미 비교에 집중한 것으로 보인다. 실제 언어생활에서 그 어휘의 사용 양상까지 살피는 것은 그리 간단치 않았을 것이다.

그런데 2016년『남북 언어의식 조사 보고서』에 의하면 전문가의 57.7%가

---

3) 岩田裕子, 重光由加, 田村泰美, 『概説社会言語学』ひつじ書房, 2013, pp.291-292. "자연스러운 상호작용을 통해 얻어진 것으로 발화계획이 없는 '자연발화'(unplanned discourse)를 말한다."

4) 대표적인 연구로는 홍사만, 『북한 문화어 어휘 연구『조선문화어사전』분석』경북대 출판부, 2003; 정옥란, 「북한 고등중학교 국어 교과서의 어휘 연구」, 조선대 국어국문학과 박사논문, 2007; 강보선, 「국어교육에서의 북한 어휘 교육 연구」, 『국어교육연구』제45집, 2009; 扈貞煥, 「北韓語 語彙整理 研究 : 理論과 實際」, 第19屆中韓關係國際學術研討會 中華民國韓國研究學會, 2010; 김수현, 「남북 어휘의 의미 차이 연구: 사전의 명사 표제어를 중심으로」, 『국제어문학회 학술대회 자료집』5, 2011; 김은정, 「남북한 어휘의 형태 의미론적 비교 연구 −남한의 한국어 교재와 북한의 조선어 교재를 중심으로−」, 한국외국어대학교 대학원 국어국문학과 박사논문, 2016.

최근까지 수행한 남북 언어 관련 사업 중 '남북한 생활 언어 비교 연구'를 개선, 추가로 수행되어야 할 사업이라고 응답했다.[5] 지금까지 남북 언어 연구가 다양한 방면에서 상당한 양이 축적되어 왔는데 이 보고서에 의하면 '생활 언어' 연구의 필요성이 제기되고 있다는 것을 알 수 있다. '생활 언어'는 말 그대로 생활에서 쓰이는 언어로 아마도 일상생활의 언어, 혹은 일상 언어를 뜻하는 말로 바꿀 수 있으리라 생각된다. 다시 말해 '글말'연구가 아닌 '입말' 연구를 뜻하는 것으로 보인다.

그렇다면 북한의 '일상 언어'를 연구하기 위해서는 어떠한 방법이 있을까?

첫 번째, '탈북자'의 언어 분석이 있다. 남북 언어의 경계에 서 있다고 할 수 있는 '탈북자'의 언어 연구는 매우 의미 있는 연구임에 틀림없다. 남북에서 언어 생활을 경험한 적이 있는 사람들이기에 누구보다 그 언어 차이에 대해 잘 알고 있을 것이기 때문이다. 하지만 탈북자의 언어를 '북한의 일상 언어'로 보기에는 다소 무리가 있다. 왜냐하면 탈북자들의 다양한 출신지로 인한 방언적 요소, 장기간에 걸친 탈북 경로, 남한 정착과정에서의 언어 접촉 등으로 인한 언어변이의 가능성도 배제할 수 없기 때문이다. 엄밀히 말하자면 언어 사용자로서 '탈북자'는 남한에 온 순간 '북한 사람'이라고 할 수 없는 외부적인 요인이 있기 때문에 '북한의 일상 언어 연구'로 볼 수 있을지는 고민해 볼 필요가 있다.[6]

---

5) 2016년에 '국립국어원'에서 발간한 보고서로 일반인(만 19세 이상 성인 남녀 2,021명), 접촉국민(북한이탈주민과 접촉한 경험이 있는 일반인 200명), 북한이탈주민(2016년 2월까지 입국한 북한이탈주민 305명), 전문가(남북 언어 통합 관련 전문가 50명)을 대상으로 한 조사이다. 전문가를 대상으로 국립국어원에서 최근까지 수행한 남북 언어 관련 사업 중 문제점이나 개선 방안, 추가로 수행되어야 할 사업이 무엇인지를 질문한 결과, '남북한 생활언어 비교 연구'가 57.7%로 가장 높고, 다음으로 '남북 방송언어 사용 연구'와 '남북 언어 문화 비교 연구'(각 11.5%), '외국 언어 통합 사례 비교 연구'(7.7%) 등의 순으로 높게 나타났다.

6) 따라서 '탈북자' 언어 연구 중 '어휘'를 중심으로 한 연구는 주로 남한 정착을 위한 탈북자들의 언어 및 어휘 교재 개발을 위한 연구로 확장되는 경향이 있다. 대표적인 연구로는 강보선(2013), '북한이탈주민 대상 교육용 어휘의 유형 및 선정 방법 연구", "국어교육학연구" 제47집. 권순희(2014), '북한이탈주민 언어 사용 실태와 교육 지원 방향", "이화어문논집" 제34집.

두 번째, '입말'을 토대로 한 자료 분석이 있다. 영화나 텔레비전 드라마가 이에 해당한다고 할 수 있다. 영화나 드라마는 자료로서 연구 범위가 고정되어 있어 객관성을 담보하고 있다고 할 수 있다. 또한 대중문화라는 측면에서 대중성을 띠고 있는 장점이 있다.

따라서 이 글에서는 북한의 일상 언어를 분석하기 위한 자료로 텔레비전 드라마를 선택했다. 텔레비전 드라마가 영화보다 일상생활을 소재로 하여 현실을 반영하는 작품이 많기 때문이다. 또한 텔레비전이라는 매체는 영화보다 접근이 쉽기 때문에 더욱 대중적이라 할 수 있고 언어 또한 '대중의 언어'로 쓰였을 가능성이 높다. 물론 영화나 텔레비전 드라마 속의 대화는 아무리 자연스럽다고 해도 제작자에 의해 인공적으로 만들어진 것이므로 엄밀히 말하면 '자연발화'라 할 수 없다.[7] 하지만 북한 일상 언어 연구에 있어서 현실적인 한계를 극복하기 위한 대안으로 자료로서의 가치는 충분히 있다고 판단하였다.

이 글에서는 일상 언어라 할 수 있는 북한의 텔레비전 드라마를 통해 남북 언어 차이와 북한 언어의 특징에 대해 분석하려고 한다. 특히 남북 언어에서 가장 두드러진 차이라 할 수 있는 '어휘'를 중심으로 그 사용 양상을 살펴보는 데 중점을 두었다. '어휘'는 그 사회상을 반영하고 있기 때문에 북한의 어휘와 그 사용 양상을 살펴보는 것은 북한 사회의 일면을 볼 수 있는 것으로 사회언어학적 분석이 가능한 지점이기도 하다.

---

7) 『概説社会言語学』ひつじ書房, 2013, p. 292.

# 3. 북한의 '텔레비죤극'과 선행연구

## 3.1. 북한의 드라마, '텔레비죤극'이란?

북한에서 텔레비전 드라마는 '텔레비죤극'으로 불리는 것으로 '텔레비죤극예술'의 하나이다. 황갑수[8]에 의하면 "텔레비죤극예술이란 전자공학의 과학기술적원리의 도움 속에 화면을 형상수단으로 인간과 그 생활을 극적방법으로 반영하는 예술작품을 통털어 말한다"고 한다. 북한 자료에 따르면 '텔레비죤극예술'에는 '텔레비죤소설'과 '텔레비죤영화', 그리고 '텔레비죤극'이 있다.[9]

『문학예술사전(하)』에서 '텔레비죤극'을 다음과 같이 정의하고 있다. "**대사를 기본수단**으로 하여 형상한 극적인 생활을 텔레비죤의 예술수단을 통하여 보여주는 텔레비죤문예편집물. 텔레비죤방송예술이 발전하면서 무대극의 중계와는 다른 텔레비죤의 특성에 맞는 텔레비죤극이 발생하였다. 텔레비죤영화가 행동의 예술로서의 영화적특성을 가지고있고 텔레비죤소설이 묘사문학으로서의 소설의 유한 속성을 가지고있다면 텔레비죤극은 대사를 기본형상수단으로 한다는데 그 특성이 있다…(중략)… 텔레비죤극은 촬영기로 모든것을 구체적이면서도 가깝게 보여주기때문에 의상, 분장, 장치 등을 **실생활에서처럼 진실하게** 할 것을 요구한다…."[10]

북한의 '텔레비죤극'은 '대사를 기본수단'으로 '실생활에서처럼 진실하게' 표현하는 것이 특징인 매체라 정리할 수 있겠다.

---

8) 황갑수, '텔레비죤극예술(1)', "조선예술" 1993년 4호. P.57-58.
9) '텔레비죤소설'은 묘사문학으로, '텔레비죤영화'는 행동문예로서의 특성을 가지고 있다.
10) 『문학예술사전 (하)』, 과학백과사전종합출판사, 1993, 155-156쪽, 강조는 필자.

## 3.2. 선행연구를 통해 본 북한 드라마 분석

북한 드라마는 2000년대에 들어서 비로소 연구되기 시작하였다. 이전에는 북한 텔레비전 방송에 대한 시청 제한이 있었기에 접근이 어려웠으리라 짐작된다. 초기의 대표적인 연구로는 이주철(2002)[11]이 있다. 이주철은 2000년 11월부터 2001년 2월까지 방영된 21편(112회분)의 드라마의 형식과 주제의 특징을 정리하여 조선노동당의 체제 선전의 내용과 목적에 대해 분석하였다. 이 연구에서는 드라마가 영화보다 일상생활을 반영하는 경향이 상대적으로 높다고 지적하며, 이에 따라 일상생활에 대한 묘사가 많아질 수밖에 없으며, 일상의 모습을 보다 구체적으로 표현하는 것이 가능하다고 하였다. 또한 소설과는 달리 현재의 사회 현실을 시각적으로 보여준다는 점에서 북한 사회를 이해하는 방법의 하나로 '드라마 읽기'의 장점에 대해 언급하였다. 드라마가 현실을 반영하고 있다는 측면에서 '드라마 읽기'를 적용한 연구로는 남화순 (2003)[12]이 있다. 남화순은 2001년부터 2003년까지 방영된 15편의 드라마를 통해 국가·가정·개인의 차원으로 북한 사회의 변화 양상에 대해 분석하였다.

2000년대 후반에 들어서면서 드라마 제작이 축소되어서 그런지 이후 북한 드라마 연구는 더 이상 진행되지 않았는데 김정은 정권이 집권을 하기 시작하면서 북한 드라마 읽기를 통한 북한 사회 연구는 다시 시작되었다. 또한 북한 드라마를 하나의 예술 문학으로 인식하면서 장르 규정에 대한 연구도 나오고 있다.

김미진(2013)[13]은 텔레비전 드라마는 수용자와 가장 가깝게 만나며 가장 손쉽게 접할 수 있는 문학예술의 하나인데 다른 문학과 영화보다 연구되어

---

11) 이주철, 「조선중앙TV드라마 연구」, 『국제고려학회 서울지회 논문집』, 2002.
12) 남화순, 「북한 텔레비전 드라마를 통해 본 사회 변화 연구」, 경남대학교 북한대학원 문화언론 전공 修士論文, 2003.
13) 김미진, 「북한TV드라마의 유과 체계」, 『한국문화기술』 제16호, 2013.

있지 않다는 점을 지적하고 북한 방송 체계와 텔레비전 드라마의 북한 고유의 장르 규정에 대해 고찰하였다.

강민정(2014)[14]은 김정은 정권 이후 방영된 드라마 3편의 내용 분석을 통해 현 정권의 현실 문제와 정치적 한계에 대해 분석하였다. 강민정은 북한 드라마가 체제를 선전, 선동하고 이를 통해 체제 결속력을 높이기 위해 수용자의 공감이 요구될 수밖에 없다는 점을 고려하여 북한 사회를 살아가는 인민들의 공감을 요구하는 현실적 문제가 드라마에 반영될 수 있다고 언급하였다.

안지영, 진희관(2015)[15]은 북한 청년의 사회진출 실태 분석을 위해 영화 및 드라마를 자료로 하였다. 이들의 연구에서는 북한의 '예술영화'와 텔레비전 드라마에 해당하는 '텔레비죤극, 텔레비죤련속극'을 편의상 '북한 영화'로 통칭하여 장르를 세밀하게 구분하지는 않았다. 하지만 드라마 및 영화를 통한 기존의 연구에 대해서는 '북한 영화'가 정치선전예술이므로 실상을 파악하기 힘들 것이라는 우려를 불식하고 영화 이면의 사회 현실을 포착해냈다고 평가하였다.

Jean H. Lee(2017)[16]는 북한의 TV 드라마가 단순한 엔터테인먼트 이상의 의미가 있으며 당과 정책의 핵심 메신저 역할을 함으로써 중대한 정치적 역할을 수행하고 있다고 하였다. 김정은 정권에 들어서 방영된 드라마 4편 「우리이웃들」, 「소년탐구자들」, 「소학교의 작은 운동장」, 「귀중히 여기라」의 내용 분석을 통해 이전의 정권과 달리 가족, 일상생활, 청년 같은 소재에

---

14) 강민정, 「김정은 체제 북한 TV드라마의 욕망—'기다리는 아버지'(2013), '소년탐구자들'(2013), '소학교의 작은 운동장'(2014)을 중심으로」, 『통일인문학』 60, 2014.

15) 안지영, 진희관, 「김정일 시기 북한 영화 및 TV드라마로 본 청년의 사회진출 양상과 함의」, 『한국문화기술』 제19호, 2015.

16) Jean H.Lee, 「Soap Operas and Socialism: Dissecting Kim Jong-un's Evolving Policy Priorities through TV Dramas in North Korea」, 『KOREA ECONOMIC INSTITUTE OF AMERICA" ACADEMIC PAPER SERIES』, 2017.

초점을 맞추고 있으며 이것이 북한의 새로운 프로파간다의 방식이라고 분석하고 있다.

지금까지 북한 드라마에 대한 연구를 보면 주로 북한 사회 읽기를 위한 하나의 방법으로 시도되고 있다는 것을 알 수 있다. 하지만 현실을 반영한다는 측면에서 드라마라는 자료를 북한 언어 연구에서는 분석 대상으로 하는 연구는 없었다. 북한 언어 연구는 '입말'보다 '글말'을 중심으로 연구되는 경향을 보이기 때문이다. 따라서 드라마의 대사 즉, '입말'을 분석하는 것은 북한 언어 연구에 있어서 큰 의의가 있다고 할 수 있다.


## 4. 북한 드라마 「우리 이웃들」이란?

본 연구에서 분석 대상인 「우리 이웃들」은 2013년 조선 중앙 텔레비전에서 방영된 북한 드라마이다.[17] 이 드라마는 '승강기 운전공'[18]으로 일하고 있는 여자 주인공 '수현'과 별거 중인 남편 '길수'의 갈등을 주변 이웃들의 도움으로 해소하며 가족의 중요성을 일깨워주는 작품이다. 가족과 이웃을 소재로 하는 만큼 일상생활에서 자주 접할 수 있는 장면과 대사가 많고 다소 유쾌하고 코믹한 요소도 포함된 점이 특징이다.[19]

「우리 이웃들」은 남한 방송국에서도 소개된 바 있는데 MBC 『통일전망

---

17) 「우리 이웃들」은 조선중앙텔레비전에서 2013년 2월 17일에 방영되었고, 2018년 2월 18일, 19일에 재방영되었다.

18) '승강기 운전공'은 승강기 즉 엘레베이터를 관리하는 일을 하는 사람을 뜻한다. 이 드라마에서는 엘레베이터 관리 이외에 아파트 주민들을 위해 가스통, 배추, 물까지 운반해주는 등의 일까지 맡아서 하고 있다.

19) Jean H. Lee(2017)는 「우리 이웃들」을 'The Family Sitcom: Our Neighbors'로 표현하였다. 'Soap Operas and Socialism: Dissecting Kim Jong-un's Evolving Policy Priorities through TV Dramas in North Korea', "KOREA ECONOMIC INSTITUTE OF AMERICA" ACADEMIC PAPER SERIES.

대』20)에서 북한의 최신 드라마로, KBS『남북의 창』21)에서도 북한 주민들 사이에서 높은 인기를 얻고 있는 드라마로 소개되기도 하였다. 북한에서는 DVD22)로도 제작되었다.

드라마의 내용상 가족 간의 대화 혹은 이웃 주민들 사이의 대화가 대부분이고 주로 일상생활의 모습을 담아낸 장면이 많기 때문에 북한의 '실제'의 언어생활을 엿볼 수 있는 자료라 할 수 있다. 물론 실제의 언어생활과 완전히 같다고 단정할 수는 없지만 드라마 대사는 자연스러운 발화를 목적으로 쓰이기 때문에 분석 자료로서 충분한 가치가 있다고 판단하였다.

## 5. 「우리 이웃들」을 통해 본 일상 언어의 어휘와 그 사용 양상

지금까지의 연구에서는 남북 어휘 차이에 대해서 다음과 같이 분류하였다.

최용기(2007)23)는 남북 어휘 차이에 대해 ①형태가 다르고 뜻이 같은 말 ②형태는 같고 뜻이 다른 말 ③남북에서 새로 생겨난 어휘로 크게 나누어 설명하였다. 김은정(2016)은 남북에서 현재 사용 중인 외국인을 위한 한국어 교재의 어휘를 비교하여 남북한 언어 이질화 정도를 확인하였다. 언어정책의 변천 과정과 남북한의 언어 순화 운동을 중심으로 남북한 어휘 변화 양상을 살펴보았다. 달라진 남북의 어휘 차이는 최용기와 같이 분류하여 분석하였다.

정옥란(2007)24)은 북한 중학교 국어 교과서 어휘에 대한 계량적 연구를

---

20) MBC『통일전망대』[영화로 만나는 북한] 2013. 3. 4, 2013. 3. 11(554회, 555회).

21) KBS『남북의 창』[요즘 북한은] '북한도 드라마 시청률 전쟁?' 2013. 8. 3.

22) https://static1.squarespace.com/static/52f78b62e4b0b3416ffbaf0a/t/5a3792ef816
5f5e58aacc4a1/1513591545285/NKorea-TV+Dramas-OurNeighbors1-.jpg?format
=750w, 2018. 4. 1 검색

23) 최용기, 「남북한의 언어 차이와 동질성 회복 방안」, 『국학연구』 제10집, 한국국학진흥원, 2007.

24) 정옥란, 「북한 고등중학교 국어 교과서의 어휘 연구」, 조선대 국어국문학과 박사논문, 2007.

통해 기본 어휘 양상과 전체적인 분포 및 어휘 체계를 파악하였다. 또한 남북한 어휘 차이를 ①표기법에 의한 차이 ②합성어 조어법에 의한 차이 ③어휘정리와 단어만들기에 의한 차이 ④사회 체제에 의한 차이로 나누었다.

강보선(2009)[25]은 남한 어휘와 차이 나는 것을 중심으로 북한 교과서에 소개된 북한 어휘의 유형을 ①형태는 같으나 뜻이 완전히 다른 말 ②같은 뜻을 공유하나 서로 다른 뜻도 가지고 있는 단어 ③기본 뜻은 같으나, 한쪽에만 뜻이 추가된 단어 ④뜻은 같지만 형태가 완전히 다른 단어 ⑤뜻이 같고 형태가 비슷한 단어 ⑥뜻이 같고 표기법이 다른 단어 ⑦북한에서만 사용되는 단어로 구분하였다.

연구자들마다 어떠한 기준과 목적을 가지고 어휘를 분류하느냐에 따라 그 구분에 다소 차이가 있으나 주로 교과서나 교재 등의 언어규범에 의해 쓰여진 어휘를 분석한 것으로 사전적 의미 차이에 중점을 둔 분석한 것이라 할 수 있다.

본 연구에서는 「우리 이웃들」에서 실제로 발화된 언어 즉, '입말'에 해당하는 어휘 분석인 만큼 사전적 의미만으로는 그 차이를 설명할 수 없는 경우가 있다. 실제 언어생활에서는 반드시 언어규범에 맞는 언어만을 사용하는 것은 아니기 때문이다. 따라서 남북의 대표라 할 수 있는『표준대국어사전』[26]과 『조선말대사전』(1992)을 참고로 하되 사전적 의미뿐만 아니라 드라마의 내용 및 문맥상의 의미를 파악하여 어휘의 차이와 그 사용 양상에 대해 분석하였다.

분석 대상의 어휘로는 「우리 이웃들」에서 발화되는 대사 중에서 남북 언어 차이와 북한 언어의 특징을 보여준다고 판단되는 것이다. 연구자 개인의 직관에 의한 기준이자 판단이기는 하지만 남북의 사전적 의미를 참고하여 객관

---

25) 강보선, 「국어교육에서의 북한 어휘 교육 연구」, 『국어교육연구』 제45집, 2009.
26) 국립국어원 홈페이지에서 검색하였다. http://stdweb2.korean.go.kr/main.jsp(2018. 3. 3 열람함).

성을 확보하려 노력하였다. 드라마에 나오는 어휘만을 대상으로 하므로 한정적인 사례 분석이기는 하지만 북한 언어의 특징을 일반화할 수 있는 것이라 할 수 있다.

분석 대상의 어휘는 크기 표기 · 의미 · 표현으로 구분하였다. 1. 표기에서는 사이시옷과 두음법칙으로 인한 맞춤법의 차이, 외래어 표기법의 차이를 볼 수 있는 사례를 다루었다. 2. 의미에서는 남북의 사전적 의미 비교만으로는 의미의 차이를 읽어낼 수 없는 어휘를 포함하였다. 구체적으로는 ① 같은 의미를 가지고 있지만 다른 의미로도 쓰이는 어휘, ② 형태는 같으나 의미가 전혀 다른 어휘, ③ 의미는 같지만 형태가 다른 어휘로 나누었다. 3. 표현은 ① 북한에서만 통용되는 어휘, ② 군사용어를 통한 비유, ③ 관용적 표현으로 나누어 북한 언어의 특징을 볼 수 있는 어휘를 사례로 들었다.

## 5.1. 표기의 차이

표기의 차이로는 남북의 서로 다른 언어규범의 차이를 볼 수 있는 어휘를 사례로 들었다. 대표적인 차이라 할 수 있는 사이시옷 표기와 두음법칙의 인정 여부, 그리고 서로 다른 외래어 표기법에 대해 나열한 사례이다. 그리고 '표기'의 차이만으로 설명할 수 없는 어휘 '고뿌'와 '컵'에 대해서는 1.3에서 언급하였다.

### 5.1.1. 사이시옷과 두음법칙
1) **비자루** 대신 눈가래를 가지고 나오시오.
2) 그들이 한 가정이라는 걸 안 이상 왜 갈라져 사는지 그 **리유**부터 알고 우리 이웃들이 빨리 대책을 세워야 될 게 아니오.
3) 참으로 **리해**하기 힘들구나.
4) 임자보다 된장 한 술 더 먹은 **년장자**로서.

남한에서는 '비자루'는 '빗자루'로, '리유', '리해', '년장자'는 각각 '이유', '이해', '연장자'로 표기한다.

## 5.1.2. 외래어 표기법

5) 야, 나도 **로라스케트** 타고 싶구나

6) 부위원장동자기 과업주고 간 50호 **뽐프장** 양식이…

7) 일이 이렇게 된 바엔 직장 세대들의 **바께쯔**를 우리 승강기 앞에 가져다 놓게 해 주세요.

8) ① 술은 여기에 있소. 가서 **고뿌**나 좀 가져오오.

　② 한 **고뿌** 쭉 냅시다.

　③ 한 **고뿌** 더!

roller skate, pump, bucket, cup을 각각 북한식으로 표기한 것이다. 즉, 롤러스케이트, 펌프, 바께쓰('양동이'로 순화됨), 컵과 다른 표기로 남북한 외래어 표기의 차이를 보여주는 사례이다. 8)의 '고뿌'는 일반적으로 '컵'의 북한식 표기로 알려졌는데 사실 표기 이외의 의미의 차이도 볼 수 있는 사례이다. 4.1.3에서 남북에서 '고뿌'와 '컵'의 표기 및 의미가 어떻게 다르게 사용되었는지 설명하겠다.

## 5.1.3. '고뿌'와 '컵'

· '優勝 "**컵**" 返還式' (1925. 1. 19 「동아일보」)

· '今年度 떼비스**컵** 庭球戰에 出場하기로 申請한 나라는' (1928. 1. 15 「동아일보」)

· '조선인 남자 한 명이 "**컵**"일개를 사고 또 다른 그릇을 사려고' (1927. 4. 8 「동아일보」)

· '재료 레몬이나 柚즙 한**컵** 설탕 二**컵** 물 六**컵**'  (1932. 9. 2 「동아일보」)

위의 글은 분단 이전 사용된 '컵'의 사례를 「동아일보」 기사에서 발췌한 것이다. '컵'은 '우승컵', '그릇', '분량을 세는 단위'와 같은 용법으로 쓰였으며 오늘날 남한에서 사용되는 의미와 크게 다르지 않다. 하지만 당시 식민지 지배를 받고 있던 조선에서 '컵'은 일본식 발음 '고뿌'로 바뀌게 되는 상황을 맞이하게 된다.

국어학자 이극로는 외래어 정화의 필요성에 대해 다음과 같이 지적하였다. *"…西洋語가 日本語化 한 것이 朝鮮에 들어와서 이미 널리 퍼진 것은 이를 테면 "컵"을 "고뿌"라든지 "비어"를 "비루"라는 따위는 그대로 쓰려니와 이제 새로 들어 오는 것은 이를 터면 "택시"를 "다구시"라는 따위는 本音대로 쓰는 것이 올다…"27)* 당시 외래어가 조선에 들어오면서 '일본어화'한 어휘들에 대해 '본음대로' 쓰자는 주장인데 위의 기사대로 당시 이미 널리 퍼진 '고뿌'는 해방 이후에도 우리 생활에서 자주 볼 수 있는 어휘로 남게 된다.

· '대구역전에 있는 명월관은 유리창이 깨어지고 '**고뿌**'가 불결하다는 등 위생시설이 좋지 못하다는 이유로 대구서에서 허가를 취소하였는데…' (1956. 7. 17 「경향신문」)
· '어느 **고뿌**에나 염통이 들어있었다. **고뿌**에는 종이쪽이 붙여져 있었는데…'  (1959. 1. 31 「동아일보」)

하지만 '고뿌'는 '언어순화운동'이 활발하게 추진되는 70년대에 들어서 바꾸어야 할 '일본어의 잔재'의 대상28)이 되면서 오늘날의 '컵'으로 다시 '순화

---

27) 이극로, "外來語의淨化" 「동아일보」, 1931. 1. 1
28) 국어순화용어자료집(1997)의 일본어투 생활 용어에서 순화 및 표준화 대상어는 '고뿌', 순화어 및 표준화 용어로는 '잔', '컵'으로 게재되어 있다.

아닌 순화'되며 자취를 감추게 된다. '일본어화' 된 어휘가 원어로 돌아간 경우가 된다. 그렇다면 북한에서 '고뿌'의 운명은 어떻게 되었을까? 다음은 「우리 이웃들」에서 '고뿌'가 등장한 대사이다.

① 술은 여기에 있소. 가서 **고뿌**나 좀 가져오.
② 한 **고뿌** 쭉 냅시다.
③ 한 **고뿌** 더!

①에서 '고뿌'는 술을 따르는 '그릇'의 의미로, ②는 술을 마시는 '행위'로, ③에서는 술의 양을 세는 '단위'로 쓰이고 있다. 언뜻 보기에 '고뿌' 대신 남한의 '컵'과 바꾸어 써도 무방할 것 같으나 드라마 내용상 술을 마시는 자리에서 등장한 '고뿌'를 대신 사용할 경우 부자연스러워진다. 남한에서 위와 같은 대화라면 '(술)잔', '한잔하다', '한 잔'과 같이 술과 관련지어서는 '컵' 보다는 '잔'을 쓰는 것이 자연스럽기 때문이다. '고뿌'와 관련된 어휘로는 '고뿌놀음', '고뿌술' 등이 있는데 사전적 의미로는 각각 '(술을 마실 때 작은 술잔으로가 아니라)고뿌로 마시는 노릇', '고뿌로 마시는 술'을 뜻한다. 즉, '고뿌'는 그릇의 한 종류인 '컵'인 의미로 쓰이는 '물고뿌', '맥주고뿌'뿐만 아니라 '술잔'을 뜻하는 말로, 그것도 '작은 잔이 아닌'의 의미가 내포된 '술잔'으로 쓰이고 있다는 것을 알 수 있다.

그럼 북한에서 '고뿌'를 '순화'하려는 노력은 없었을까? 북한의 '언어정화운동'의 하나였던 '우리말 다듬기 지상토론'29)의 내용을 예로 들어보겠다.

---

29) '우리말 다듬기 지상토론'은 북한에서 '언어정화운동'이 가장 활발하게 이루어졌던 시기인 1966년부터 1973년까지 '노동신문'에 장기연재된 기사이자 당시 북한 사람들의 언어감각을 엿볼 수 있는 자료이기도 하다.

1) 고뿌세척기—고뿌가시개 (408회, 상품이름)
2) 비커(화학실험에서 주로 물에 푼 액을 다루는데 쓰는 그릇, 고뿌모양으로 되여있다)—실험고뿌 (424회, 화학용어)

1)의 경우 '고뿌'를 '세척하는 기계'를 '고뿌가시개'로 바꾸는 것에 대한 토론내용이다. 여기에서 '고뿌'는 바꾸어야 할 말이 아니라 '세척'이라는 한자어를 우리말로 바꾸자는 내용이다. 2)에서도 '고뿌모양'의 비커를 '실험고뿌'라고 하자는 내용인데, 위 두 사례에서 보아도 '고뿌'를 다른 말로 바꾸려는 의도로 보이지 않는다. 이 당시에 '고뿌'는 이미 정착된 말로 '순화대상'이 아니었던 것이다.

그렇다면 북한에서 '컵'은 어떠한 의미로 쓰이고 있을까? '컵'의 사전적 정의는 다음과 같다.

【컵】　① 경기나 경연같은데서 우승한 단체나 개인에게 상으로 주는 큰 잔 비슷하게 생긴 공예품. 모양과 재질은 여러가지가 있다.
　　　　② →고뿌.

기본적으로 '컵'은 '상으로 주는 큰 잔'의 의미로 사용되고 있으며, 그 외에는 '고뿌'와 같은 의미로 쓰이기도 한다. '고뿌'의 남한 표기는 '컵'이지만 이 사례를 통해 '표기의 차이'는 '기호의 차이' 뿐만 아니라 '의미의 차이'로도 볼 수 있는 사례이다. 표기뿐만 아니라 의미가 분화됨에 따라 어휘 사용 양상도 달라졌기 때문이다.

## 5.2. 의미의 차이

의미의 차이에서는 남한 사전에는 등재되어 있으나 사전적 의미 비교만으로는 그 차이를 알아내기 어려운 어휘로 4.2.1. 같은 의미를 가지고 있지만 다른 의미로도 쓰이는 어휘, 4.2.2. 형태는 같으나 그 의미가 전혀 다르게 쓰이는 어휘로 나누었다. 4.2.3.에서는 의미는 같지만 형태가 다른 어휘를 사례로 들었다.

### 5.2.1. 같은 의미를 가지고 있지만 다른 의미로도 쓰이는 어휘

**1) 생활**

(1) 그런데 가끔 어떤 가정들에서는 자그마한 말다툼이 집안의 화목과 이웃들의 마음 속에 그늘을 주는 웃지 않을 수 없는 일들이 벌어지곤 합니다. **생활**이니까요. 우리의 이야기도 역시 웃지 않을 수 없는 그 **생활**에서부터 시작됩니다.

(2) 여자: 야, 좀 가만 있으라요, 그래도 병원 소독약 냄새보다야 이 향수 냄새가 더 좋지 뭘 그래요.

남자1: 어, 좋아 좋아

(승강기 문이 열려있는 것을 보고)

아이구 미안합니다.

남자2: **생활**인데요 뭘.

(3) 남자1: 아니, 아주머닌요?

남자2: 뭐 잘못됐다던지, 갈라졌다던지. **생활**이니까요.

남자1: **생활**?

(4) 여자3: 너 혹시 남편 없니?

여자4: (웃는다)

여자3: 내가 괜히 공연한 걸 묻지 않았…(니)?

여자4: 일없어, **생활**이 그런 걸 뭐.

(5) 우리는 **생활**에서 가끔 놀라지 않을 수 없는 일에 부닥치곤 합니다.

(6) 나도 우리 학교 음악 소조 은경 학생의 아버지가 10층 3호 아저씨일 줄은 꿈에도 생각을 못했어요. 그러고 보면 **生活**이란 참…

(7) 동네 사람들에게 짐이 되지 않게 직장에서나 인민반 **生活**에서나 언제나 앞장 서길 바라네.

'생활'은 이 드라마에서 빈번하게 등장한 어휘이다. 위의 사례에서 쓰인 '생활' 은 (1)인생, 일상 (2)사생활, 일상 (3)사생활 (4)인생, 사실, 현실 (5)인생, 일상 (6)인생 (7)활동 등의 의미를 포함하고 있는 어휘로 생각할 수 있다. 다음은 '생활'의 사전적 정의이다.

| 남한사전 | 북한사전 |
|---|---|
| ① 사람이나 동물이 일정한 환경에서 활동하며 살아감. <br> ② 생계나 살림을 꾸려 나감. <br> ③ 조직체에서 그 구성원으로 활동함. <br> ④ 어떤 행위를 하며 살아감. 또는 그런 상태. | ① 《생활이란 바로 자주성을 위하여 자연을 정복하고 사회를 개조하는 사람의 창조적활동이며 투쟁이다.》(《김정일선집》 12권, 49페지) <br> ② 먹고 입고 쓰고 사는것. <br> ③ 생물이 자기 기능을 하면서 살아가는것. <br> ④ 일정한 사회적단위나 분야의 성원으로서 살며 활동하는것. <br> ⑤ 둘러싸고있는 실제적현실. <br> ⑥ 사람이나 사회가 체험하거나 이루어놓은것의 총체. <br> ⑦ 사회의 전반적 또는 개별적측면에서의 활동이나 움직임. |

북한 사전에서 '생활'의 사전적 의미 ① "생활이란 바로 자주성을 위하여 자연을 정복하고 사회를 개조하는 사람의 창조적 활동이며 투쟁"이라는 의미가 부여됨에 따라 남한의 '생활'보다 의미 영역이 확대되었다. 북한에서는 최고지도자의 말에서 나온 어휘의 의미가 사전의 의미에도 영향을 미치기도 하

는데 위의 사례에도 해당되는 어휘라 할 수 있다.[30] 이 드라마에서 9번이나 등장한 어휘인 만큼 일상생활에서도 자주 사용되는 어휘로 추측된다.

### 2) 토론

(1) 남편: 뭐? 내가 당신을 무시한다고?

아내: 이번 일도 그렇지요. 고모네 집에 경일이 데리고 가는 걸 언제 한 번 나하고 **토론**해 봤어요?

남편: 허 참, 내가 뭐 영 돌아오지 못할 길 떠난다고 **토론**하고 말고 한 단 말이요. 솔직히 당신을 무시하는 건 당신이오.

(2) 너무 고집쓰지마. 자식은 자식이고 남편은 또 남편이야. 그러니 이제부 터 마음 가다듬고 새 출발 시작해. 그래서 우리 철이 아버지랑 **토론**해 봤는데… 10층 3호. 그 사람 말이야….

'토론'의 사전적 정의로는 다음과 같다.

남한: 어떤 문제에 대하여 여러 사람이 각각 의견을 말하며 논의함.

북한: ① (회의나 출판물 등에)어떤 문제에 대한 주장, 견해, 의견, 경 험 등을 발표하는것.

② (어떤 문제를 풀기 위하여) 서로 토의하거나 상론하는 것.

(1)에서 '토론'은 (아이를 데리고 고모네 집에 데리고 가는 일을)'이야기'하 거나 '상의'해 본 적이 있느냐는 대화에서 언급이 되었다. (2)에서도 남편과 의 '이야기'나 상의'를 하는 것을 '토론'이라고 하였다. 여기에서 '토론'은 아

---

30) 『김정일선집』 12권은 1987년 4월 ~ 1989년 6월 사이에 발표된 것이다. 따라서 이후에 나온 사전적 의미에 포함되었다. 참고로 1973년에 발간된 『조선문화어사전』(사회과학출판사)에서 생활의 사전적 정의로는 ①먹고 입고 쓰고 사는것과 같은 살림살이 ②생물이 자기 기능을 놀면서 살아가는 것 ③사회의 한 성원으로서 이러저러하게 활동하며 살아가는 것이 있다.

이를 데리고 고모네 집에 데리고 가거나, 혼자 사는 친구에게 소개시키기 위한 목적으로 누군가에 대해 이야기 할 때 사용되었다. 남한에서 '토론'은 주로 '공적인 영역'에서 사용되는데 북한에서는 '공적인 영역'뿐만 아니라 지극히 '사적인 영역'에서도 사용되는 것을 알 수 있다

### 3) 가정방문

(1) 왜? 난 뭐 **가정방문** 오면 안되나?

(2) 그래도 상하수도 지배인이랑 구역인민 부위원장이 **가정방문** 왔는데 뭘 좀 대접하지 않겠소?

(1)과 (2)에서는 이웃 주민들이 별거 중인 부부의 화해를 위해 남편과 아내의 집에 갑자기 찾아가는 장면의 대사이다. 남한에서는 '가정방문'은 "학교 교사나 소년 보호 기관의 직원이 학생의 가정 환경을 이해하고 학부모와의 협조를 위하여, 학생의 가정을 방문하는 일"의 의미로 교육용어에 해당하는데 북한에서는 일상에서도 쓰이는 어휘라는 것을 알 수 있다.

### 4) 의견상이

그러던 그들이 오늘날에 와선 자그마한 **의견상이**를 해서 가정이 화목치 못하고 지어 갈라져 산다니 참으로 리해하기 힘들구나.

'의견상이'는 "의견이 서로 맞지 않고 다른 것"을 뜻하는 것으로 남한사전에는 없으나 북한사전에만 등재되어 있는 어휘이다. 위 대사는 한 부부의 갈등을 문제로 하는 부분으로 '의견상이'를 '말다툼', '부부싸움'으로 바꿀 수 있다.

### 5) 제기

(1) 급한 수술이 **제기**돼서 밤에 불려나갔는데.

(2) 그래서 우리 세대주가 어제 승강기 사업소에 정식 **제기**를 했어요.

(3) 듣자하니 수연동무는 승강기 사업소 지배인한테 정식으로 **제기**했다면서? 내일부터 다른 아파트 승강기 운전공으로 돌려달라고 말이오.

(4) 경일이 엄마 다른 아파트 운전공으로 옮겨가겠다고 사업소에 **제기**한 거 알아?

'제기'의 남북한 사전적 정의는 다음과 같다.

남한: ① 의견이나 문제를 내어놓음. ② 소송을 일으킴.

북한: (해결이나 토의 등을 위해서)어떤 문제나 의견을 내놓는 것 또는 그 문제나 의견.

내용상 '수술이 생기다', '사업소에 부탁하다, 의뢰하다' 등의 의미로 해석할 수 있는데 남한에서 '제기'는 '문제를 제기하다', '소송을 일으키다' 등의 의미로 쓰이는 것과는 다르게 사용되고 있다는 것을 알 수 있다.

### 6) '동자질'과 '동자일'

남자 1: 저녁 근무교대 때 내 손으로 **동자질**을 한 적이 얼마나 되는 줄 아오?

남자 2: 하긴, 아내도 없는 썰렁한 집에 혼자 들어가서 아들녀석을 기다리며 저녁 **동자질**이나 하자니 쓸쓸할테지.

여자 1: 엊그제 소학교 음악 교원이 된 댁의 따님이 집의 **동자일**도 맡아한다는 것도 다 알고 있습니다.

남북에서 쓰이는 '동자'는 "밥 짓는 일"을 뜻한다. 북한에서 '동자질'은 '부엌일'과 같은 의미로 쓰이며 "부엌에서 만드는 여러가지 일"을 뜻하는 말이고, 남한에서는 "부엌에서 밥 짓는 일을 낮잡아 이르는 말"로 쓰이고 있다. 위의 사례에서 '부엌일'을 남자에게는 '동자질'로, 여자는 '동자일'로 표현하고 있는데 남자가 부엌일을 하는 것을 비하하는 의미로 쓰이고 있다. 북한에서는 해방 직후 남녀평등에 대한 법률적 · 사회적 체제가 구축되었는데 가정내에서는 남녀평등이 이루어지지 않았다는 것을 유추해 볼 수 있는 사례이다.

### 7) 쓸다

그럼 돈을 훔친 녀석을 곱다고 **쓸어줘야** 옳겠습니까?

위에 해당하는 '쓸다'의 사전적 의미로 남한에서는 "가볍게 쓰다듬거나 문지르다", 북한에서는 "손으로 어루만져 문지르다"의 뜻이 있다. 여기에서는 아들을 쓸어주는 것을 잘한 일을 칭찬할 때 쓰는 말로 쓰였다.

8) 정말 **쉽지 않은** 여자로구만.

위의 사례의 '쉽다'는 남북에서 주로 '~않다'와 함께 쓰이는 말로 "예사롭거나 흔하다"는 의미를 지니고 있다. 여기서는 주민들의 일을 돕고 희생하는 승강기 운전공을 칭찬하는 대사로 쓰였다.

### 5.2.2. 형태는 같으나 의미가 다른 어휘

1) 하긴 점심밥을 **번지었으니**…

'식사를 거르다'의 의미로 쓰이는 '번지다'는 남한 사전 뜻풀이에는 있지만 일상에서 잘 사용되지 않는 말이다.

2) 그렇게 마음 착한 여자 나한텐 왜 안 **태였을까**?

'태이다'는 "(무엇이)생겨 차례지다[31]"란 뜻으로 여기서는 마음 착한 여자를 왜 만나지 못했을까? 왜 나에게 오지 않았을까?의 의미로 쓰였다.

3) 작전이 **튀지** 말아야겠는데…

'튀다'는 "《(계획하거나 예정한 일이)제대로 되지 않고 어그러져나가다》를 비겨 이르는 말"로 '계획한 일이 어그러지지 말아야 하는데…'로 해석할 수 있다.

4) 남자1: 아니, 내 아들 내가 교양하는데 왜 **삐치러** 드는 겁니까?
　　남자2: 뭐? **삐친다고**? 자네 정말 말 다 했나?

'삐치다'는 '비치다'를 세게 이르는 말로 "(남의 일이나 말에) 참견하다"의 의미로 쓰였다.

### 5.2.3. 의미는 같지만 형태가 다른 어휘

**1) 감동되다**

아들: 왜요? **감동 안 되나요**?

아버지: 진짜 **감동될 뻔했구나**.

딸: 오빠야, 아버지가 그 시를 듣고 감동 됐나? 진짜 **감동될 뻔했댔는데**…

**2) 배워주다**

엄마: 너 그거 학교에서 배웠니?

딸: 아니, 오빠가 **배워줬어**.

---

31) '차례지다'의 사전적 정의는 "(일정한 차례나 기준에 따라) 몫으로 배당되다"이다.

남한에서는 '감동하다' 혹은 '감동받다'의 의미를 가진 어휘를 북한에서는 '감동되다'로 쓰고 있다. '배워주다'는 북한에서는 "가르쳐서 알게 하다"는 뜻인데 남한에서 '가르쳐주다'와 같은 의미로 사용되고 있는 어휘이다. '감동되다'와 '배워주다'는 남한의 '감동하다' 혹은 '감동받다'와 의미는 같지만 형태가 다른 어휘라 할 수 있는데 이러한 어휘 사용으로 인해 문체에도 영향을 주고 있다는 것을 알 수 있다.

## 5.3. 표현의 차이

'표현'의 차이에서는 남한 사전에는 없는 어휘로 4.3.1. 북한에서만 통용되는 어휘, 4.3.2. 군사용어를 통한 비유, 4.3.3. 관용적 표현으로 나누었다.

### 5.3.1. 북한에서만 통용되는 어휘

1) 당신은 빨리 **분주소**에 알려

잃어버린 아이를 찾기 위해 마을 사람들이 소동을 벌이는 장면에서 '분주소'라는 어휘가 등장한다. '분주소'의 사전적 의미는 "사회 안전 기관의 하부 말단 단위의 하나"인데 '분주소'에 미아신고를 해야 한다는 맥락에서 사용되고 있다. 남한의 '파출소'와 비슷한 기능을 하는 기관이다.

2) 오늘 **오점** 맞았어? 고저 매일 **오점**만 맞아.

'오점'의 사전적 의미는 "5계단 시험채점법에서 가장 높은 성적"의 뜻으로 아버지가 아들에게 학교에서 시험에서 높은 점수를 받으라는 뜻에서 쓰이고 있다.

3) 너 이제 학술**소조**에 가야겠구나

'소조'의 사전적 의미는 "(같은 목적이나 지향 밑에 조직되는) 작은 집단이나 조직"으로 남한에서 학교 '동아리'나 '동호회'정도의 뜻으로 이해할 수 있다. 이 드라마에서는 '학술소조'이외에도 '음악소조'로도 등장한다.

4) 운전공 동무, 내 당에서 **포치사업**이 있어서 가는데 동네 사람들에게 가스통들이 도착했다고 좀 알려줘.

'포치'의 사전적 의미는 "무엇을 벌려 놓거나 널어 놓는다는 뜻으로 어떤 사업에 앞서 일정한 사람이나 집단 또는 단위들에 분공을 주고 사업의 목적과 의의, 해야 할 일의 내용, 그 수행방도 등을 알려주어 앞으로 사업이 이루어지도록 짜고 드는 것"을 이르는 말이다.

5) **세포등판**에 지원물자 가지고 가셨다더니 언제 오셨습니까?

'세포등판'은 강원도 세포군을 중심으로 조성된 북한 최대 규모의 축산기지를 뜻하는 고유명사이다. 참고로 '등판'은 "등성이의 평평하게 넓은 곳"을 의미하는 말이다.

6) 또 무슨 일에도 너무 **덤벼치면서** 승강기 문을 자꾸 두드려 꾸중을 듣곤 하는 상하수도 지배인도 참 좋은 분들이란다.

'덤벼치다'는 남한 사전에는 '북한어'로 등재되어 있는 말이다. 북한 사전에서 '덤벼치다'는 "헤덤비며 돌아치다"는 사전적 의미가 있다. 남한의 의미로는 '공연히 바쁘게 서두르며 나대며 여기저기 다니다'라는 뜻이다. '상하수도 지배인'역을 맡은 인물의 성격을 뜻하는 말로 쓰이고 있다.

7) 아이 1: 나도 아버지가 헛소리를 쳤다고 어머니에게 말했다가 **빵짝나고** 말았어.

아이 2: 내가 쓴 시가 아니라는 것이 **빵짝나서** 난 욕 많이 먹었어.

'빵짝나다'는 북한 사전에 없는 어휘로 '거짓이 들통나다' 혹은 '탄로나다'의 의미로 쓰였다. 아이들의 대화에서 나온 것으로 보아 아이들이 주로 쓰는 어휘일 가능성도 있다.

8) 아주머닌 뭘 안다고 **삐치각질**이요?

'삐치각질'은 사전에 없는 어휘로 "(남의 일이나 말에) 참견하다"의 의미를 가진 '삐치다'에서 나온 말로 추측된다. 내용상 말참견 하는 것을 시비조로 이르는 말로 보인다.

### 5.3.2. 군사용어를 통한 비유

1) 그런데 웬일들이십니까? **명예위병대같이 쭉 늘어서서…**
2) 내가 연료 공업소 소장에게 2, 3일 안으로 주민용 연료 공급을 끝내라고 독촉을 했더니만 글쎄 퇴근도 안 하고 **전투를 벌린다누나.**
3) 보도시간에 보니까 세포등판 **개간전투가 굉장하더만요.**

1)의 '명예위병대'는 "국가적인 큰 의식이나 또는 다른 나라의 중요한 대표를 맞거나 보내거나 할 때에 경의를 표하기 위하여 일정한 격식으로 배치되어 행사를 진행하는 위병대"를 말한다. 새로 이사 오는 주민을 맞이하는 이웃들이 줄 지어 있는 모습을 보고 비유적으로 쓴 말이다. 2), 3)에서 등장한 '전투'는 '적과 싸움'을 의미하는 군사용어뿐만 아니라 "무엇을 쟁취하거나 발전시키기 위한 격렬한 활동"의 의미로도 쓰이고 있다. 내용상 2)는 밤 늦게까지 일을 열심히 하고 있다는 의미로, 3)은 개간사업이 잘 진행되고 있다는 의미로 쓰이고 있다. 이와 같이 군사용어를 통한 비유가 일상 생활에서도 빈번히 사용되고 있는 것을 알 수 있다.

### 5.3.3. 관용적 표현

1) 남자1: 그렇다고 **이발이 영 안 먹어들어가는**[32] 걸 어떻게 하겠습니까?

　　남자2: 그럼 어떻게 하든 **먹어들어가도록** 해야지 어? 안되겠어.

'이발(=이)이 안 들어가다'는 남한에는 없는 표현으로 북한에서는 "어떤 작용을 주어도 도무지 반응이 없는 것을 형상적으로 이르는 말"이다. '안 들어가다'를 '안 먹어들어가다'로 씀으로써 강조하는 의미가 담겨있으며 여기서는 아무리 말을 해도 들으려 하지 않는 남자 주인공의 강경한 태도에 대해 쓰인 표현이다.

2) 요만한 난관에 물러서서 **발목을 삔단** 말이오?

'발목을 삐다'는 남한 사전에도 북한 사전에도 없는 표현으로 내용상 '쉽게 포기하다'라는 뜻으로 쓰였다.

3) **몸 까기** 위해서 운동한다고.

'까다'는 "살이 빠지고 여위어지다"는 뜻으로 '몸(을)까다'는 '살을 빼다'의 의미로 쓰이고 있다.

4) 임자처럼 여기서 **맥을 다 뽑고** 나면 그 다음엔 무슨 기력으로 계단을 걸어 올라가?

북한 사전에서 '맥(을) 뽑다(=빼다)'는 "기운이나 힘이 빠지게 하다"라는 의미로 쓰인다.

---

32) '먹어들다'는 '상대방에게 납득되거나 접수되다'라는 뜻인데 남한의 '먹혀들다'의 북한식 표기라 할 수 있다.

5) 인민반 사업에 자기 한 **몸을 내댄** 10층 3호.

'몸을 내대다'의 '내대다'의 사전적 의미는 "내여놓고 바칠 각오를 하다"라는 뜻으로 위의 경우 인민반 사업에 '몸 바쳐 희생하였다'의 의미로 쓰였다.

6) 내가 뭐 오늘 **재세나 부리자고** 이런 말 하는 건 아니야

북한 사전에서 '재세'는 "어떤 힘이나 세력, 명예 등에 등대고 같잖게 건방지거나 교만하게 구는 것"을 뜻하는 어휘로 주로 '재세를 부리다' 혹은 '재세가 심하다', '재세하다'로 쓰인다. 소설〈홍길동〉[33])에서 '양반 재세를 부리고 있다'와 같이 쓰였으나 남한에서는 일상생활에서는 거의 사용되지 않는 말이다. 남한 사전에도 '북한어'로 분류되어 있는 어휘이다.

7) 뭐가 잘난 데가 있다고 **흰목을 뽑는** 거야?

북한 사전에서 '흰목을 뽑다(=빼다)'는 "희떱게 뽐내며 목을 빼두르다"의 뜻으로 '으스대면서 잘난 체 하다'의 의미로 쓰이고 있다. 『(한국 현대소설) 소설어사전』[34])에 등재되어 있는 말로 '내가 장사라구 흰목을 빼다가 거짓말이란 타박을 받구 쑥 들어갔다'[35])와 같이 쓰였다.

8) 임자보다 **된장 한 술 더 먹은 년장자**[36])로서.

사전에는 없는 표현으로 드라마의 내용상 듣는 이 보다 본인이 더 나이가

---

33) 「동아일보」에 연재된 '소설 〈홍길동〉(762)'의 내용에서 인용. 1974년 9월 6일자.
34) 『(한국 현대소설)소설어사전』(1998, 김윤식, 최동호, 고려대학교 출판부): 1906년 이인직이 발표한 『血의淚』로부터 1995년 등단한 전경린의 「평범한 물방울 무늬 원피스에 관한 이야기」에 이르기까지 우리나라 현대 소설에서 실제로 사용된 소설 어휘와 문장 용례를 가려 엮은 사전이다.
35) 『소설어사전』, 1475쪽, 홍명희 〈임꺽정〉에서 인용.
36) 남한 표기: 연장자.

많다는 표현으로 사용되었다.

9) **마음씨 고운 며느리 동네 시아버지 열 둘이라더니.**

북한 속담 '인정에 겨워 동네시아비가 아홉이다'와 같은 뜻으로 쓰인 표현으로 보인다. 사전적 정의로는 "낡은 사회에서, 쓸데없이 인정을 헤프게 쓰다가 여러 서방을 맞아서 한 동네에 시아비가 아홉이나 되는 망칙스러운 신세가 되고 말았다는 뜻으로, 《절조없이 굴다가 자기 신세를 망치고 남의 손가락질을 받게 됨》을 형상적으로 이르는 말"이다. 이 드라마에서는 아파트 주민들을 위해 헌신한 아내를 칭찬하는 동네 사람들 앞에서 자신의 아내가 못마땅해 비꼬는 듯한 말투로 쓰였다.

10) **복 속의 복을 모르고** 사랑 속에 투정질이라고.

'복속에서 복을 모른다'는 북한에서 만들어진 속담으로 "《너무 행복에 겨워 그 속에 취하게 되면 불행하던 지난날의 처지를 잊어버리거나 오늘의 행복을 모르는 지경에 이르게 된다는 것》을 교훈적으로 이르는 말"이다. 이 드라마에서는 아내가 없는 남자가 사소한 일로 다툼을 해 별거중인 부부에게 가정의 소중함을 모른다는 뜻으로 한 말이다.

## 6. 결론

이 글은 북한 드라마 「우리 이웃들」의 대사 분석을 통해 남북 언어 차이와 북한 언어의 특징을 고찰하는 것을 목적으로 하였다. 실제 발화되는 일상 언어라 할 수 있는 드라마 대사를 통해 남북 언어에서 가장 두드러진 차이인 '어휘'와 그 사용 양상에 대해 살펴보았다.

분석 대상 어휘를 크게 표기·의미·표현으로 나누었다. 표기에서는 남북의 서로 다른 언어규범으로 인한 표기법의 차이를 볼 수 있는 어휘를 사례로 들었다. 그 중에는 '고뿌'와 '컵'처럼 표기법의 차이뿐만 아니라 의미의 차이까지 볼 수 있는 어휘도 있었다. 의미에서는 남한에서도 쓰이지만 그 사용 양상이 달라 부자연스럽게 느껴지는 어휘를 사례로 하였다. 사전적 의미가 한쪽에만 확대 혹은 축소된 어휘와 어휘의 사용 영역이 다른 어휘였다. 실제 발화된 어휘의 사용 양상을 통해 그 의미 비교를 할 수 있었다. 표현에서는 북한 체제에서 만들어낸 '사회방언'의 성격을 띤 어휘와 군사용어나 문학작품에서 사용되는 어휘를 주로 다루었다. 군사용어나 문학작품에 나오는 어휘가 일상에서도 사용되는 것이 특징적이었다. 정리하자면 표기에서는 언어규범의 차이를, 의미와 표현에서는 북한 사회 문화적 요인에 의한 차이를 볼 수 있었다.

끝으로 실제 발화된 일상 언어를 통해 그 어휘의 사용 양상을 분석하는 것으로 남북 언어 차이뿐만 아니라 북한 사회 문화를 이해하는 데 도움이 되었으면 한다.

# 참고문헌

강보선, 「국어교육에서의 북한 어휘 교육 연구」, 『국어교육연구』 제45집, 2009.

강보선, 「북한이탈주민 대상 교육용 어휘의 유형 및 선정 방법 연구」, 『국어교육학연구』 제47집, 2013.

강민정, 「김정은 체제 북한 TV드라마의 욕망─'기다리는 아버지'(2013), '소년탐구자들'(2013), '소학교의 작은 운동장'(2014)을 중심으로」, 『통일인문학』 60, 2014.

김미진, 「북한TV드라마의 유과 체계」, 『한국문화기술』 제16호, 2013.

김수현, 「남북 어휘의 의미 차이 연구: 사전의 명사 표제어를 중심으로」, 『국제어문학회 학술대회 자료집』 5, 2011.

김은정, 「남북한 어휘의 형태 의미론적 비교 연구─남한의 한국어 교재와 북한의 조선어 교재를 중심으로─」, 한국외국어대학교 대학원 국어국문학과 박사논문, 2016.

권순희, 「북한이탈주민 언어 사용 실태와 교육 지원 방향」, 『이화어문논집』 제34집, 2014.

남화순, 「북한 텔레비전 드라마를 통해 본 사회 변화 연구」, 경남대학교 북한대학원 문화언론전공 修士論文, 2003.

안지영·진희관, 「김정일 시기 북한 영화 및 TV드라마로 본 청년의 사회진출 양상과 함의」, 『한국문화기술』 제19호, 2015.

이주철, 「조선중앙TV드라마 연구」, 『국제고려학회 서울지회 논문집』, 2002.

정옥란, 「북한 고등중학교 국어 교과서의 어휘 연구」, 조선대 국어국문학과 박사논문, 2007.

최용기, 「남북한의 언어 차이와 동질성 회복 방안」, 『국학연구』 제10집, 한국국학진흥원, 2007.

홍사만, 『북한 문화어 어휘 연구 『조선문화어사전』 분석』, 경북대 출판부, 2003.

扈貞煥, 「北韓語 語彙整理 硏究 : 理論과 實際」, 第19屆中韓關係國際學術硏討會 中華民國韓國研究學會, 2010,

황갑수, 「텔레비죤극예술(1)」, 『조선예술』, 1993년 4호.

Jean H.Lee, 「Soap Operas and Socialism: Dissecting Kim Jong-un's Evolving Policy Priorities through TV Dramas in North Korea」, 『KOREA ECONOMIC INSTITUTE OF AMERICA" ACADEMIC PAPER SERIES』,

2017.

岩田裕子, 重光由加, 田村泰美, 『概説社会言語学』 ひつじ書房, 2013.

"This work was supported by the Core University Program for Korean Studies through the Ministry of Education of the Republic of Korea and Korean Studies Promotion Service of the Academy of Korean Studies (AKS-2016-OLU-2250001)."

# 민족문학과
# 남북문학의
# 비교

# 민족문학의 두 얼굴

## — 한국문학과 조선문학의 헤게모니 쟁투로서의 개념사 —

김성수*

## 1. 문제제기: 한국문학인가 조선문학인가

이 글은 코리아반도(한반도/조선반도)의 이남 한국문학과 이북 조선문학을 통합한 코리아문학을 민족문학으로 호명하는 것이 가능한지 개념사적으로 검토하는 것을 목적으로 한다.

2018년 현재, 우리나라-한반도-동북아 정세는 '봄이 왔다'고 해도 좋다. 2018년 남북정상회담과 '판문점선언' 후 북미정상회담을 통한 평화체제로의 도정에 들어섰기 때문이다. 2017년 한때 국지전 직전까지 갔던 일촉즉발의 신냉전(新冷戰) 치하에서 얼어붙었던 한반도 정세도 해빙되고 '내부 냉전'으로 남남갈등에 시달렸던 우리 사회 분위기도 달라졌다. 문학장(작품, 문단, 학계, 수용자)과 학계의 북한 인식도 일대 전환의 결정적 계기를 맞고 있다.

불과 반년 전이었던 2017년 11월 27일 북한의 대륙간탄도미사일(ICBM)

* 성균관대 학부대학 글쓰기교수

발사 실험 당시 미국 트럼프 정권의 '코피 전략'(북한에 대한 정밀 폭격 등)이 검토되어 전쟁 직전까지 갔던 한반도였다. 2018년 김정은 국무위원장의 신년사(1.1)에서 남북 대화 재개를 제의한 이후 문재인 대통령의 전격적인 화답, 평창올림픽 공동 입장과 남북 단일팀 및 삼지연관현악단 공연, 특사 김여정 방남과 정의용 방북 특사를 통한 남북정상회담과 북미정상회담 합의, 남측 예술단의 평양 화답 공연(4.1~3)까지 일사천리로 남북 및 한반도 평화 정착의 계기를 마련 중이다. 한반도에서 국지적 전쟁 발발 직전까지 갔던 북핵 위기(2017.9.3. 6차 핵실험과 11.27 대륙간탄도미사일 시험발사가 최고조 위기였다)가 2018년 2월의 평창 동계올림픽을 분기점 삼아 2018 남북정상회담(2018.4.27., 5.26) 성공과 판문점선언, 북미정상회담(2018.6.12)과 한반도 평화 정착을 위한 후속조치로 이어져 남북 교류·협력과 평화체제가 정착될 것으로 예상된다.

북미정상회담은 한반도 비핵화 합의 후 정전협정과 분단체제를 종식시키는 방향으로 전개될 것이다. 1953년 7월 27일의 정전협정에 따른 '휴전'상태를 끝내는 '종전선언'과 그를 이은 평화협정과 북미 수교, 그래서 완성된 평화체제를 실질적으로 정착시키기 위한 경제적 토대로서의 한반도/동북아 경제 공동체 등이 이루어질 터이다. 그리고 이 모든 과정과 병행하여 사회 문화적 교류와 협력이 추진될 것이다. 그를 위해서는 가능하면 이른 시기(가령 2019년 상반기 속도전으로) 5.24조치(2010)의 해제와 국가보안법의 고무 찬양죄나 특수자료 소지죄 등을 개정(또는 시행령이라도 현실화), 폐지해야 한다. 북한에서 나온 모든 간행물을 무차별적으로 불온간행물 또는 특수자료로 취급했던 공안통치적 금제를 해제/해체해야 비로소 온전한 문화교류의 물적 기반이 마련된다. 나아가 재월북작가의 복권과 사회주의 작품의 복원까지 가능하도록 비학문적 비예술적 금기를 풀어야 한다.

이러한 정세 하에서 남북한 문학·예술·문화를 전공하는 학자로서 분단 70년을 획기할 새로운 반전의 호흡을 가다듬을 때가 되었다. 신해빙기(新解

氷期)에서 다시 평화체제 구축으로 도약하려는 중차대한 격동의 시기 와중에서 남북 문화 교류의 돌파구를 지혜롭게 찾아보자는 객관적 요구를 안고 있다. 이 글은 바로 이러한 2018년 봄 한반도의 신해빙 급류 정세를 적극 반영하는 맥락에서 '우리' 문학을 다시 보자는 문제의식을 가지고 남한과 북조선에서 코리아문학을 어떻게 호명하며 담론화하는지 개념사적으로 접근하는 것을 목적으로 한다.

주지하다시피 남북은 서로를 '대한민국/조선민주주의인민공화국' 대신 '북한/남조선'으로, 같은 언어조차 '한국어/조선어'로 달리 호명한다. 서로 같은 혈연, 언어, 문화 공동체인 '한겨레' 민족을 말하면서 실상은 자기중심적으로 민족을 전유하는 과정에서 왜곡이 생기는 것은 분단체제 하에서 필연적이다. 정치 경제 사회 문화적 분단체제가 고착되면서 개념조차 분단되었다. 게다가 개념의 분단체제는 남북이 비대칭적이기까지 하다. 가령 민족문학의 '민족' 그리고 '문학'개념이 남북에서 불균등하게 사용되고 있는 것이다.

북한에서는 민족개념의 전유와 변용을 1967년 정치적 반대파의 소멸을 결과한 유일사상체계가 확립된 이후 공식적으로 국가가 독점했다. 반면, 남한에서는 민족주의란 이데올로기를 분단의 극복을 지향하는 진보 · 좌파진영이 전유하면서 민족개념을 생산하는 두 주체로 국가와 정치적 반대파의 공간인 시민사회가 경쟁하는 구도가 형성되었다. 따라서 개념의 분단체제의 구조에서, 남북한 두 국가의 민족개념을 둘러싼 적대적 공존과 더불어 북한의 국가와 남한 시민사회가 생산한 민족개념의 암묵적 명시적 연대를 발견할 수 있다. 이 구조의 비대칭은 개념의 분단체제 속에서 활동하는 행위자들의 개념을 매개로 한 남북한 사이의, 남한 내부의 사회적 · 정치적 갈등에 투사되었다.[1]

따라서 정치 사회 영역뿐만 아니라, 문화 특히 문학예술에서도 민족문학,

---

1) 구갑우, 「한반도 민족 개념의 분단사」, 구갑우 외 공저, 『한(조선)반도 개념의 분단사 : 문학예술편 1』, 사회평론아카데미, 2018., 24~25면.

민족예술을 자기중심적으로 전유하는 과정에서 개념 선점의 쟁투가 생기기도 한다. 따라서 식민지 근대의 산물인 '민족문학'이란 용어 개념이 분단 이후 남북에서 어떻게 분화했는지 그 양상을 규명하면 문학 장르에서 개념의 분단사 실상을 알 수 있다. 이는 앞으로 씌어질 통일된 민족문학사 편찬을 위한 기초이론 수립이 될 터이고, 궁극적으로는 언젠가 가시화될 평화체제 이후 국가연합 단계와 사회 문화적 통합의 근거로 작동되기에 유의미한 것이다.

이 글에서 제안하는 개념 분단사는 민족문학이라는 동일한 용어 개념이 남북 분단으로 인해서 한국문학과 조선문학으로 분화되어 배타적 자기중심주의에 기반을 둔 채 상대를 원천배제하는 식으로 전혀 다른 활용 용례를 보인다는 착상에서 출발한다. 이 경우 남북이 '민족/민족문학'이라는 같은 개념을 자기중심으로 전유하려고 상호 경쟁하는 헤게모니 쟁투를 부각시킬 수 있다.

가령 코리아에서는 민족문학 개념 자체부터 문제가 된다. 민족문학은 내셔널 리터러처(National Literature)와 코리언 리터러처(Korean Literature)로 영역할 수 있는데, 분단된 경우는 양가적이다. 영어로 번역하면 코리아문학 하나인데, 분단된 국가 양측에서 그것은 한국문학, 남북한문학, 조선문학, (남)한국-(북)조선문학 중 어느 것을 지칭하는 것인지 논란거리다. 중국, 일본, 미국 학자 등 제3자가 보기에 'KOREA반도'는 '한반도/조선반도'로 불리고 '우리 민족문학'은 '한국문학/조선문학'으로 따로 불린다. 또는 '남북한문학/북남조선문학'으로도 호명할 수 있다. 둘은 동일한 대상을 분단 당사국의 자기중심적 입장에 따라 다르게 부르는 것이다.[2)]

개념과 용어의 활용 정황(context)을 역사적으로 분석하는 개념사(Con-

---

2) 김성수, 「'(민족)문학' 개념의 남북 분단사」, 김성수 외 3인 공저, 『한(조선)반도 개념의 분단사: 문학예술편 2』, (주)사회평론아카데미, 2018, 12~13면. 이 발표문 상당 부분이 이 글의 후속작업, 연장선상이자 보완이다.

ceptual History)에서, '한국문학/조선문학'은 '민족문학'의 동의어가 아니라 오히려 반대어가 된다. 개념사 주창자 R. 코젤렉(Reinhart Koselleck)의 주장처럼 개념사는 연대기적으로 상이한 시대에서 연유하는 한 개념의 의미가 지닌 다층적 특징을 규명하는 시간적 켜(temporal layers)를 고려하기 때문이다.[3] 때문에 코리아반도 밖에서 한국어(조선어)와 한글로 발화되는 '민족문학'이란 동일 개념도 서울과 평양에서 발화될 때는 각기 '한국문학'과 '조선문학'을 지칭하게 된다. 문제는 '민족문학'이란 개념을 안고 '한국문학'과 '조선문학'을 각각 호명할 때 그 속내는 상대를 배제한 자기 '지역'문학만을 지시하는 점이다. 반도 이남 이북의 일부 지역밖에 대표하지 못하는 발화자가 마치 자기만 전체를 호명하는 것처럼 일반화의 오류를 범하는 셈이다. 개념사적으로 볼 때 분단된 남북 주민, 한반도의 그 누구도 한반도 전체를 대표할 수 없는데도 관습적으로 자기가 전체를 대변한다고 착각/강변하는 것이다.

코젤렉에 따르면 독일어 개념사(Begriffsgeschichte)의 문제의식은 같은 개념을 사용하는 분단 독일, 동서독의 학문적 소통이 필요하다는 데서 출발한 것이다. 그의 실제 개념사 사전 제1권 『문명과 문화』 결론 제10장 전망을 보자.

1945년 이후 동독과 서독에서는 포괄적인 의미에서 개념을 단일화하려는 시도가 증가한다.

서독에서의 시도는 독일의 '문화' 개념에 대한 서유럽적 '문명'에 대한 적대적 입장으로부터 분리시키려는 것이었다. 동독에서는 아마도 소련의 영향을 찾아볼 수 있었던 것 같다. 즉 러시아어에서 'kultura'는 19세기 이래로 '문명'에 대한 반대 의미가 발전되지 않은, 포괄적인 상위 개념이었던 것이다.

단일화의 시도는 문명 개념을 두고도 행해진다. 서독에서는 포괄적인 개념이 선전됨으

---

[3]  라인하르트 코젤렉, 한철 옮김, 『지나간 미래』, 문학동네, 1998.

로써 '문화'와 '문명'이 거의 동의어로 나타난다. 독일민주주의공화국DDR에서는 '문화'에 대한 반대어가 고안되지는 않지만 '문명'이 경향적으로 뒤로 밀려나게 된다.(중략)

이렇게 '문화'와 '문명'을 동의어화하는 방향으로 단일화하려는 시도는, 다른 국민언어들에서는 경향적으로 좀 더 많은 구분이 이루어졌던 시기였기 때문에, 다소 시대착오적인 면을 지니고 있었다. 사실 이러한 시도들은 관철될 수도 없었다.[4]

'개념사' 주창자의 독일어권 개념에 대한 1945년 이후의 '분단과 통합'사 인식은 주창자의 문제의식을 잘 보여준다. 그런데 놀랍게도/또는 너무도 당연하게도 동아시아 한중일 3국의 개념사를 비교 연구하는 우리나라 어느 학자도 남북한 개념의 분단사에 대한 관심은 별로 없는 것 같다. 이런 문제의식 하에 남북한 민족문학 개념의 분단사를 개관하기로 한다.

남북의 민족문학 개념 분단사를 보면 전에는 같은 조상이었던 식민지시기 조선문학을 분단 이후 한국문학과 조선문학(식민지시기 조선문학과 다른)으로 억지 구별한 사실도 없지 않다. 따라서 정치 군사적 국토 분단과 사회문화적 민족 분열이 민족문학이란 언어문화를 인위적 작위적으로 차별화하고 시나브로 배타시, 금기시했던 사실도 간과할 수 없다. 가령 자기 사회의 구성원(nation people)을 서로 '국민/인민'으로 구별해서 부르는데, 한국사람이 스스로를 인민이라 하고 북한사람이 스스로를 국민이라고 잘못 호명하면 자기 체제에서 분명 '비—국민, 비—공민'으로 내몰릴 수도 있을 정도이다. 따라서 코리아반도에서 민족문학이란 호명 자체가 문화정치적 행위가 된다.

그럼에도 불구하고 민족문학의 근본을 이루는 언어공동체의 힘은 위력적이다. 무엇보다도 2018년 제3차 남북정상회담 당시 남북 두 정상의 '숲속 정자 위의 단독 회담'을 떠올려보자. 전 세계에서 유일하게 통번역이 전혀 필요 없는 우리말글/언어의 힘을 가시적으로 확인할 수 있는 장면이었다. 그 어떤

---

4) R. Koselleck, 안삼환 역, 『코젤렉의 개념사 사전 1 : 문명과 문화』, 푸른역사, 2010, 204~214면.

배석자도 필요 없는 양국 지도자 간의 인간적 신뢰가 '핵무력'을 능가하는 소프트파워일 터. 그 힘의 원천은 다름 아닌 우리말글(한국어/조선어, 한글)의 공동체의식인 셈이다.

물론 2018년 전지구적 시점에서 '민족'이란 개념 자체가 4차 산업혁명기에 접어든 21세기 문화적 다원주의 대세와 걸맞지 않는 20세기 낡은 산물인 점은 분명하다. 하지만 세계 유일의 분단국가인 우리로서는 언어/혈연공동체의 재통합이라는 명제를 온몸으로 실감할 수 있던 것도 엄연한 사실이다. 지나간 동족상잔의 비극, 전쟁 공포와 불안, 그것을 정치적으로 악용하려는 분단/냉전 편승세력의 준동에 맞선 탈공포 · 탈불안 · 믿음의 문화정치가 새삼 그 위력을 보였으니까.

어떻게든 한반도 화해무대의 판을 깨려는 분단/냉전 편승세력에 맞선 지도자의 평화체제를 향한 진정성 담긴 눈빛은 핵무기나 국가경쟁력 같은 수치로 계산되지 않는 '문화'의 힘을 보여준다. 국토 분단과 민족 분열 70년의 전방위적 금제에도 꿋꿋하게 생명력을 지닌 우리말글(한국어/조선어 Spoken Korea와 한글 Written Korea, Korean letter)라는 언어공동체의 구심점이야말로 민족문학 개념 분단과 재통합을 논하는 이 글의 입론을 뒷받침하는 현실적 힘이다.


## 2. 분단 전후 민족문학의 헤게모니 쟁투로서의 한국문학과 조선문학 개념사

1948년 8,9월에 3.8선 이남에는 대한민국이, 이북에는 조선민주주의인민공화국이 수립되면서 코리아반도에 분단체제가 들어섰다. 이는 5,60년대 냉전체제와 결을 같이 하여 지금까지 남북한 민중을 옥죄었다. 분단체제 하 남북한의 '민족문학' 개념은 이념적 쟁투와 분화 양상을 보였다.

분단 직후 남북한 문학의 이상은 식민지 잔재를 청산한 토대 위에서 자주적 민족국가를 건설하고 그 토대 위에서 통일된 민족문학을 창작으로 실천하는 일이었다. 문제는 민족문학의 실질적인 내용에서 거리가 컸고 논란이 있었다. 먼저 이남을 보면 조선문학가동맹의 민주주의 민족문학론과 조선청년문학가협회의 순수주의 민족문학론의 좌우 이념 대립이 있었다. 김동리 대 김병규 김동석의 좌우익 문학 논쟁의 본질은 표면적으로 같은 민족문학을 호명하면서 실제 내면으로는 '계급문학과 순수문학'을 배타적으로 지향했다는 점이다. 이는 해방직후 프로문맹과 조선문학가동맹 출신 작가 다수가 월북했기 때문에 벌어진 현상이다.

이남에서 민족문학 개념을 둘러싼 이념 논쟁은 좌익 대부분이 월북하고 지하로 잠적하여 더 진전되지 않았다. 임화 김남천 등 남로당계 조선문학가동맹 출신 다수가 월북한 후 조선청년문학가협회 주도자인 김동리의 순수문학론이 '(순수주의적) 민족문학' 담론의 최후 승리자로 남았다. 그 결과 이른바 '생의 구경적 형식' 탐구라는 반근대적 초역사적 담론이 남한 민족문학 개념의 주된 내포로 자리잡게 되었다. 청록파 출신 조지훈이나 중간파 백철 등의 민족문학론이 일부 제기되었으나, 김동리, 조연현, 곽종원 등의 '(순수주의적) 민족문학' 개념의 현실적 위력 앞에 별다른 힘을 발휘하지 못했다. 결국 해방직후 발 빠르게 민족문학 개념을 선점했던 좌익, 조선문학가동맹 출신 다수의 월북 이후 민족문학론의 담론주체는 청문협(=문협 정통파) 중심의 우익이 되었다.

이북에선 민족문학론 찬반 논쟁이 벌어져 나중에 월북한 조선문학가동맹 출신 임화, 김남천, 이원조의 민주주의 민족문학론 대신, 먼저 월북한 북조선문학예술총동맹의 이데올로그 안막, 윤세평의 (신)민주주의 민족문학론이 주류로 자리잡았다. 북문예총의 민족문학 이념의 미학적 지향은 김남천의 '진보적 리얼리즘'의 대타항으로 한효의 '고상한 리얼리즘' 예술방법이 한때 모색되었다. 당시 북한은 아직 사회주의체제가 아니라 과도기적인 인민민주주의체제였다. 따라서 사회주의 리얼리즘 문학예술의 보편이론인 스탈린의 규정인, '내용에서 사회주의적, 형식에서 민족적'이란 정식화를 북한 특수성에 맞춰 '내용에서의 민주주의적, 형식에서의 민족적'으로 변개한 것이다. 안막은 인민민주주의 문화는 민족의 영토, 생활환경, 생활양식, 언어습관 전통과 민족성에 의하여 민족형식을 통합함으로써 "내용에 있어서 신민주주의적, 형식에 있어서 민족적"이라는 모택동식 신민주주의문화론에 더 적합하다고 주장하였다. 당시 북한이 도달한 신민주주의문화란 '무산계급과 무산계급문화가 영도하는 인민대중의 반제국주의적 반봉건주의적 문화'이기에 무산계급만이 영도할 수 있는 것이고 자산계급이 영도하는 문화는 인민대중에 속할 수 없다고 한 것이다.[5]

해방직후 북한에 건설될 신문화는 "무산계급이 영도하는 인민대중의 반제 반봉건의 문화이며" 그것은 세계무산계급의 사회주의적 문화혁명의 일부분이란 주장은 거의 공식화된 것으로 평가된다. 왜냐하면 윤세평, 이청원 등도 "우리가 건설할 민족문화는 민족적 형식 위에 인민의 민주주의적 내용이어야 한다."는 주장을 반복해서 싣고 있기 때문이다.[6] 하지만 이들 논란은 당 문예정책노선의 교통정리에 따라 1948년 10월부터 (신)민주주의 민족문학과 고상한 리얼리즘 대신 해방기 처음부터 아예 '사회주의적 사실주의 문학'을 출발했다는 식의 '역사 다시 쓰기'로 추인되었다.

북한에서 사회주의적 사실주의문학과 병행해서 민족문학 담론이 재등장한 것은 6.25전쟁기 남북 작가 예술가 연합대회(1951.3, 평양) 후 북문예총이 문예총으로 통합 출범한 때였다. 임화는 사회주의체제가 아닌 남한까지 포용 통합하기 위하여 다시 민족문학론을 호명했지만, 전후 패전처리 책임용으로

---

5)  안막, 「조선 민족문화 건설과 민주주의 노선」, 『해방기념평론집』, 1946.8. 이선영 외편, 『현대문학비평자료집』 제1권(이북편 1945~50), 태학사, 1993, 107~117면 재수록.

6)  윤세평, 「신민족문화 수립을 위하여」, 『문화전선』 제2집, 1946.10, 51~58면 ; 이청원, 「조선 민족문화에 대하여」, 『문화전선』 제2집, 1946.10, 42~50면 참조.

남로당계 숙청이 이루어지는 과정에서 바로 이 부분이 정치적 비판의 빌미가 되었다. 즉 임화, 이태준, 김남천, 이원조 등 조선문학가동맹 출신이 '종파분자 및 부르주아미학사상 잔재'로 비판받을 때 그의 민족문학론이 내포한 '유일조류론'이 반계급적 반인민적 편향을 지닌 계급문학 부정론으로 일방적으로 매도당한 것이다. 이것이 빌미가 되어 북한에서는 한동안 민족문학 개념이 금기시되기도 하였다.

더욱이 1967년 주체사상의 유일체계화 이후 종래의 사회주의적 사실주의 문학조차 외연과 내포가 달라졌다. 인민성·계급성·당파성 3요소를 통한 전형화원리에 입각한 사회주의 리얼리즘 보편미학을 버리고 개인숭배라 할 수령론을 포함해서 왜곡 강화하였다. 가령 '인민성·계급성·당파성' 대신 '인민성·로동계급성·당성' + '수령에의 충실성'을 북한만의 주체미학으로 승화시키고 특수성을 보편이라 강변하였다. 문학사적 합법칙성을 말할 때도 카프를 중심으로 한 계급문학 전통을 괄호에 넣고, 대신 김일성과 그의 '혁명가정' 창작물이나 항일빨치산 투쟁기 예술선동을 '항일혁명문학예술'로 호명하여 문학사의 '유일' 전통으로 삼으면서 민족문학의 설 자리는 더욱 더 좁아졌다.

전쟁이 끝난 1953년 이후 1980년대 말 남북한의 소통 재개 전까지 30여 년간 남북 두 체제는 적대관계를 심화시켰다. 이 시기 민족문학 개념의 쟁투는 어떠했을까? 순수문학론이 문단을 제패한 남한국문학이나 임화 트라우마 때문에 민족문학을 금기시한 북조선문학에서 코리아문학 통합의 개념사는 존재하지 않았다. 다만 1960년 4.19혁명이나 1989년 남북작가회담 결행 당시 남북의 소통 상징으로 민족문학의 이름이 동시 호명된 적이 있을 뿐이다.

분단체제가 강화·내면화된 후 체제 경쟁·대결기였던 적대적 분단기(1968~87)에는 민족문학 개념의 분단이 더욱 고착화되었다. 남한 유신체제와 주체사상에 기초한 북한 유일체제의 독재강화와 적대적 공존 시대에 민족문학 개념이 국가주의, 국수주의적으로 왜곡되기도 하였다. 다만 남한은 유신체제와 5공정권 하 국민문학화한 관제적 민족문화 담론에 시민사회의 민족문학 개념이 대항담론화한 점이 특기할 만하다.

북한에서는 1950년대 금기어였던 '민족문학'이란 개념이 1960년 4.19혁명 이후 4,5년간 남한과의 소통을 상징하는 정치적 의도를 가지고 일시 부활되었다. 하지만 1960,70년대 북한문학 비평사의 담론 추이를 보면 민족문학에 대한 속내는 반제 반미문학이나 자민족중심주의를 그렇게 부른 정도였다. 특히 자민족중심주의적 성향은 유일체제 하 '주체사상에 기초한 문예리론 체계' 속에 강하게 작동했다는 점에서, 우리가 관심을 가지는 민족문학 개념의 일정 부분을 자의적으로 포섭했다고 평가할 수 있다. 실제로 김정일, 『주체문학론』(1992)을 보면, 북한의 '사회주의민족문학'이란 주체문예이론만 유일 절대시해야 '순결성과 혁명성'을 튼튼히 지킬 수 있으며, '인민대중의 자주위업 수행'에 이바지하는 사상적 무기로서의 전투적 기능과 역할을 할 수 있다고 한다7).

우리가 관심을 가지는 민족문학 개념을 일부 담긴 했지만 기실 외부 사상, 문화와의 다양한 접촉과 화학적 결합을 두려워하는 공포와 배타성을 숨기지 않는데서 민족주의의 부정적 성향을 미루어 짐작할 수 있다.

가령 김정일의 「혁명과 건설에서 주체성과 민족성을 고수할데 대하여」(1997) 발표 1주년을 맞아 주체문학론이 지닌 '주체성과 민족성'을 정리한 평론을 보자. 북한에서는 '조선혁명' 건설과정에서 '인민대중의 지향과 요구에 맞는 새로운 민족문학'을 창조하고 건설하는 문제가 매우 중요하다고 한다. 그래서 당은 북한 문학을 '자주시대의 지향과 요구에 맞는 새로운 민족문학, 주체적인 민족문학'으로 건설하는 문예노선을 일관되게 견지하였단다. 그렇다면 종래의 임화식 민족문학이 아닌 새로운 민족문학, 주체적인 민족문학이란 과연 무엇일까?

---

7)  김정일, 『주체문학론』, 조선로동당출판사, 1992, 2면.

주체적인 민족문학은 인민대중이 자기 운명의 주인으로 력사무대에 등장한 새 시대, 자주시대의 지향과 요구에 맞는 인민적이며 혁명적인 문학이며 민족자주정신으로 일관되고 자기 인민의 민족적 지향과 요구를 반영한 민족적인 문학이다.

(중략) 우리 문학을 자주시대의 지향과 요구에 맞는 새로운 민족문학, 주체적인 민족문학으로 건설하기 위하여서는 주체성과 민족성을 철저히 지키고 구현하여야 한다. 민족문학 건설에서 주체성을 견지한다는 것은 문학 창작과 건설에서 제기되는 모든 문제를 인민대중 자신이 주인이 되어 자주적으로, 창조적으로 개척하고 해결해나간다는 것이며 민족성을 살린다는 것은 자기 민족문학의 고유하고 우수한 특성을 보존 발전시키고 그것을 문학 창작과 건설의 모든 분야에 구현해나간다는 것이다. 문학의 주체성과 민족성에는 민족자주정신과 민족문학의 전통이 구현되어 있다. 문학의 생명으로 되는 주체성을 견지하기 위하여서는 민족적 특성을 잘 살려야 하며 민족성을 살리는 문제는 주체성을 고수하는 데로 지향될 때 옳바로 해결될 수 있다. 주체성은 민족문학의 얼굴이며 정신이라고 말할 수 있다. 주체성에 의하여 민족문학의 고유한 특성이 살아나며 민족의 정기와 기상이 뚜렷이 표현된다. 문학에서 민족성은 자기 나라 인민의 심리와 정서, 언어와 풍습을 비롯하여 생활과정에 구체적으로 드러나는 고유한 특성을 반영하는 것으로써 나타난다.[8]

하지만 주체문학의 민족문학적 요소를 긍정적으로 평가하긴 어렵다. 왜냐하면 그때의 민족문학이란 엄밀하게 말해서 남한까지 배제한 '김일성 민족'만의 선민의식과 타 민족 타 인종을 반제 반외세로 배타적으로 적대하는 폐쇄적인 자민족중심주의의 산물이기 때문이다. 민족국가 단위로 세상이 돌아가던 20세기는 특히 사회주의 이상은 1989년 베를린장벽이 무너지고 1992년 구 소련이 해체되면서 과거사가 되었다. 21세기 지구화시대의 현실에서 이른바 북한식의 '주체성과 민족성을 고수'하는 문제는 세계화 추세와 국제주의에 배치되는 것이다. 북한에서 강변하는 민족 자주성을 지키고 민족적 특성을 살리는 문제란 기실 신앙 차원의 개인숭배와 자력갱생으로 비정상국가체제

---

8) 방형찬, 「문학 창작에서 주체성과 민족성을 고수할데 대한 사상과 그 독창성」(론설), 『조선문학』 1998.6, 7~9면.

를 운영하는 문화적 상징 정도로 작동된다고 해석하는 것이 타당하리라.

북한에서 민족문학이 배타적 자민족중심주의와 반제 반미문학의 외피로 왜곡된 반면, 남한에서는 1970~80년대 반독재 저항담론으로 기능하였다. 즉 20년 넘게 이어진 박정희-전두환 군부독재정권이 작위적으로 내세운 '민족문화' 담론의 국민문학적 지배에 맞선 시민사회의 대항담론으로 민족문학 개념이 내부 헤게모니 다툼을 보였던 것이다. 그 선봉에는 50년대 최일수의 외로운 민족문학론 외침을 60년대 계승하여 70년대 내내 반파쇼 민주화투쟁의 문학적 상징으로 삼은 백낙청 등『창작과비평』그룹의 민족문학론이 자리 잡고 있다.

백낙청은「민족문학 이념의 신전개」(1974)[9]에서 민족문학이 민족 구성원 모두가 창작 향유하는 민족의 문학이라는 평범한 존재론적 규정을 비판하고, 그것이 정치적 위기의식의 산물이기에 민족 구성원의 생존과 인간적 발전을 위한 문학이 되어야 한다는 가치론적 지향을 분명히 한 것이다. 또한 유신독재체제 하 민족문학을 잘못된 체제 모순을 비판 폭로하는 등 그때그때의 구체적인 정세에 의해서 규정되는 역사적인 개념임을 분명히 했다. 나아가 한 국민족의 위기적 상황을 규정하는 가장 핵심적인 문제는 바로 민족분단이고, 민족분단의 극복과 이를 위한 민주주의의 성취를 민족문학의 현 단계 과제라고 강조했다.[10] 백낙청의 체계화는『민족문학과 세계문학』(1978) 이후 10여 년간『창작과비평』진영의 염무웅, 임헌영, 구중서, 최원식 등으로 확산 체계화되어, 군부독재 시대의 시민사회의 우회적 대항 담론으로 기여하였다. 그것은 박정희, 전두환 군부독재정권의 '민족문화' 담론의 국민문학적 지배 이데올로기화에 맞선 시민사회의 대항담론[11]으로 작동되는 가치 지향적 민

---

9) 백낙청,「민족문학 이념의 신전개」,『월간중앙』1974.7호(『민족문학과 세계문학』, 창작과비평사, 1978 재수록) 참조.

10) 백낙청,「민족문학의 현단계」,『창작과비평』1975. 봄호. 이 글 때문에 긴급조치 위반으로 필화사건이 되었다.

족문학 개념이라고 평가할 수 있다.


## 3. 분단기 민족문학 개념의 소통과 교류, 그 고단했던 역정


분단기 내내 인위적으로 장벽에 막혔던 남북의 민족문학 개념의 소통과 교류가 시도된 것은 1960, 1989, 2005년 세 차례였다. 교류 제안만 이루어진 것이 1960년, 1989년이었고, 실제 성사된 것은 2005, 6년이었다. 남북한의 통일 열기는 1989년 문익환, 황석영, 임수경 방북사건으로 상징되는 시민사회의 전향적 통일운동에 촉발되어 고조되었다가 1992년 말 구 소련의 몰락으로 열기가 급격히 사라질 때까지 3, 4년간 최고조에 달했다. 1989~1993년에 족출한 『창작과비평』『실천문학』『사상문예운동』『녹두꽃』 등 문예매체에 담긴 민족문학론은 70년대 『창작과비평』그룹의 소시민적 담론 차원과는 차별화되었다. 민족문학 개념의 내포에 민중성, 당파성이 개입되었고 창작방법에 리얼리즘 미학이 민중적 리얼리즘, 노동자계급현실주의, 당파적 현실주의 등으로 분화되어 헤게모니 쟁투가 일어났다. 다른 한편 노동(자)문학의 부각 등 문예대중화가 활성화되고 북한문학이 소개되면서 통일 열기와 맞물렸다. 이 지점에서 노태우 6공 정권 당국의 국가보안법을 동원한 공권력 저지를 뚫고 남북한 문학의 소통과 교류가 민족문학의 명분으로 활성화되었다.

가령 1988년 7월 2일 7.4남북공동성명 16주년을 맞아 민족문학작가회의의 회장단(회장 김정한, 부회장 고은·백낙청)이 남북작가회담을 제창한 바 있다. 이듬해 2월 17일 북한 조선작가동맹 중앙위원회가 평양방송을 통해 남북 작가뿐만 아니라 해외동포 작가까지 포함하는 '범민족작가회의'를 열 것에 역제안하는 공개서한을 통일원을 통해 전달하였다. 민족문학작가회의는 작

---

11) 이하나, 「1970~1980년대 '민족문화' 개념의 분화와 쟁투」, 『개념과 소통』 18, 한림과학원, 2016.12. 참조.

가회담 준비위원회를 구성하고 3월 27일 예비회담 대표 5명을 선정하여 판문점에서 예비회담을 열자고 제안하였으나 문공부·통일원·한미연합사에서 허가할 수 없다고 하여 회담이 무산되었다.[12]

이에 북한 작가는 민족문학의 남북 소통과 교류를 막은 남한 당국을 맹비난하였다.[13] 통일운동을 위해 방북했다가 투옥된 황석영을 북한에서 수행했던 최승칠 시인에 의하면 자주통일운동은 배타적인 이기주의 때문에 민족을 분열시킨 침략자, 압제자를 반대하여 민족 단합을 갈망하는 문학이 바로 "애국적인 민족문학이면서 동시에 세계적 높이의 문학일 것이다."라고 일갈한다. 당시 북에서 내놓은 민족문학 소통과 교류 내역을 보면, 가령 합동창작집과 평론집 교류, 서사시 공동 창작을 예로 들 수 있다. 남북 통일의 어떤 주제와 구성안을 사전에 합의하고 서사시의 앞부분은 북의 시인이 쓰거나 뒷부분은 남쪽 시인이 써서 각각 현지 출판물에 발표하고 그것을 남북 혹은 제3국에서 합본 출판하자는 제안도 흥미롭다.

2018년 시점에서 남북 양쪽 문건을 비교해볼 때 1989년 당시 민족문학 소통·교류·협력의 헤게모니를 쥔 쪽은 북한이었다고 판단된다. 당시 북한의 문예총 백인준 위원장과 최영화 제1부위원장, 작가동맹 통일문학 담당 조정호 부위원장은 남한의 민예총 대변인이며 민족문학작가회의 지도위원인 황석영과 민족문학 소통과 교류 문제를 놓고 의견을 모은 뒤 '민족문학을 통일적으로 발전시킬데 대한 합의서'를 작성하고 쌍방이 서명한 문건을 교환했다

---

12) 염무웅(문학평론가·영남대 교수), 「남북 문화교류에 대하여」(권두에세이), 『창작과비평』 1990. 겨울호, 22면.

13) "우리는 북과 남의 작가, 예술인들의 접촉과 문화교류를 촉진하여 나라를 자주적으로 통일하는 문제를 먼 해방직후부터 줄기차게 주장해왔다. 조선문학예술총동맹(문예총)과 조선작가동맹은 대회나 중요회의에서는 물론 정세발전의 여러 계기마다에서 이 문제를 계속 제기했다. 그러나 남쪽의 제도권 문화단체들의 지도성원들은 통일문제에는 소경에 귀머거리인 민족불감증환자들이어서 그랬는지, 아니면 권력자들의 랭엄한 눈총에 기가 질려서 그랬는지 한번도 호응한 적이 없었다." 최승칠, 「혈맥은 가를 수 없다 – 공화국을 방문한 황석영과 지낸 나날을 돌이켜보며」(수기), 『조선문학』 1991. 1, 45~61면.

는 것이다. 당연한 말이지만 통일 지향의 민족문학을 남북 공동으로 발전시키기 위해서는 작가들이 자주 만나는 것이 절실하다. 황석영은 북한 문예총·작가동맹이 남한 민예총·민족문학작가회의와만 회담을 가질 것이 아니라 필요한 경우에는 남쪽의 순수문학진영 보수파인 예총·문협과도 회담을 병행하는 것이 좋겠다는 의견까지 냈다는 대목에서 진정성을 확인할 수 있다.[14]

1990년 전후 시기 민족문학론과 관련지어 주목할 사실은 담론 차원이 아닌 실천적인 남북 작가 교류의 공유점으로 민족문학 개념이 활용되었다는 점이다. 1989년 북한 조선문학예술총동맹 산하 조선작가동맹 통일문학분과의 남북작가회담 제의에 대한 호응과 준비과정에서 나온 민족문학 담론의 일시적 부각은 특기할 만하다. 당시 백낙청, 고은, 현기영 등 창비 담론의 이데올로그들과 민족문학작가회의 조직의 명의로, 1970년대 이래 '광의의 민족문학' 담론을 현실적 남북교류 실천의 힘으로 작동시킨 사실은 그 자체로 높이 평가할 수 있다. 다만 아쉬운 것은 주지하다시피 남한 당국의 강력한 저지로 남북작가회담이 실제로 실현되지는 못했다는 사실이다.

민족문학 담론이란 상징적 문화정치가 실제로 남한 사회의 진보적 변혁을 이끌었던 현실적 힘은 거기까지였다. 1987년 6.29 이후의 절차적 민주주의의 회복과 뒤이은 노동자 대투쟁, 그리고 1992~96년 소련을 비롯한 동구에서 현실 사회주의의 급격한 몰락으로 말미암아 세상이 달라졌다. 남한사회 내부의 노사관계를 정당하게 풀어가자는 계급모순 해결과 분단체제하 남북한 주민의 민족모순을 극복하겠다는 변혁적 열정은 1990년대 중반부터 현실적 위력을 잃었다. 이에 따라 민족사적 위기의식과 민족 성원의 미래 삶의 발전을 위한다는 명분의 가치론적 민족문학 개념은 물적 토대를 상당부분 상

---

14) 이상의 평가는 염무웅, 최승칠 등 1990년 전후 남북 문예지의 통일 담론과 민족문학 소통 교류 협력 담론을 정리한 중간결론이다. 2018년 7월 13일 상허학회 학술대회에서 자세한 전말을 보고할 예정이다. 「1990년대 초 문예지의 '통일' 담론 전유방식 비판(feat.『조선문학』과의 매체사적 대화)」, 『'90년대라는 역설, 억압의 장치와 문화의 재구성 : 상허학회 학술회의 발표논문집』, 한국외대, 2018.7.13.(예정)

실하였다. 이른바 '87년체제'와 거대담론의 급락 이후 민족/민족문학 담론이 급격하게 쇠퇴한 것이다. 2000년대 이후 민족문학론은 중진자본주의=아류 제국주의화한 한국의 부정성이 반영된 배타적 자민족중심주의 담론으로 규정되면서, 한국사회의 다문화주의에 역행하는 낡은 이념으로 치부되기까지 하였다.[15]

2004~6년 남북 언어와 문학의 교류 협력 사업에서 물적 토대를 마련한 민족어 민족문학 통합 담론이 재등장하였다. 2000년을 전후해서 김대중 정부의 대북포용책인 '햇볕정책'으로 분단체제가 균열되고 남북한 사이에 소통과 교류라는 획기적 변화가 생기자 이에 따라 민족문학 담론의 일시적 부활이 있었다. 2000년 6월, 분단체제를 근본적으로 뒤흔든 6.15 공동선언 이후 선언의 어문적(語文的) 외연으로서의 민족작가대회(2005), '6.15민족문학인협회' 결성(2006), 『겨레말큰사전』 남북공동편찬사업'(2004~) 등이 실행되었던 것이다.

분단 70년동안 민족문학 개념의 분단사에서 가장 획기적인 사건은 2005년 7월 평양, 백두산에서 열린 민족작가대회와 2006년 10월 30일 '6.15민족문학인협회' 결성이다. 작가대회의 합의사항으로는 남과 북, 해외 문학인들의 공동 조직으로 '6.15민족문학인협회'를 결성하고 기관지 『통일문학』을 새로 편집 발간하며, 매년 '6.15통일문학상'을 수여하자는 것이었다.[16]

2006년 10월 30일 결성된 6.15민족문학인협회는 남북 교류사에서 분단(1948) 이후 최초로 조직된 남북 민간인 단일 단체조직이라는 의의를 갖는

---

15) 1974년 11월 유신체제 하 비판적 지식인 작가들의 저항단체로 출범한 자유실천문인협의회가 1987년 6월항쟁의 성과로 9월 민족문학작가회의라는 진보적 문인조직으로 확대 개편되었다가, 2007년 12월 한국작가회의로 개명한 것이 남한사회에서 '민족문학'의 문단적 위상의 사적 변모를 잘 보여주는 한 사례라 하겠다. 문단과 학계에서 한때 비판적 진보성을 상징했던 민족문학이란 개념이 지구촌시대에 맞지 않는 낡은 배타적 자기중심적 산물로 밀려난 셈이다.

16) 2005년 작가대회에서 남·북·해외 대표가 합의한 3가지 사업 중 앞의 두 사업은 2006~8년에 이행했으나 협회조직은 개점휴업인 채 중단되었고 기관지 발행은 2호 배포 후 3호로 무기한 휴간 상태, 3번째 사업인 문학상 수상은 시행 시도조차 하지 못했다.

다. 해방 후 처음으로 구성되는 민족문학인 단일조직이자 문학적 경향성을 초월하는 범 문단조직이다. 남측에선 한국문인협회와 민족문학작가회의의 대표가 공동회장단에 포함되고, 북측에선 조선작가동맹 대표가 회장을 맡았으니, 남북 문인을 대표하는 통합단체로 일컬을 만하다. 이로써 남북 문화예술 교류는 교류의 형식과 내용 면에서 진일보했다고 높이 평가할 수 있다.[17] 즉, 교류사업이 일회적인 것에서 지속적인 것으로, 일방적인 것에서 공동의 것으로, 이벤트성 행사에서 조직화된 사업 차원으로 일대 비약하게 되었다. 이는 기나긴 통일운동사에 특기할 일이지만 추후 전개될 문화 교류의 차원과 형식을 바꾸게 될 것이다. 더욱이 전문가들 사이에 최소한 30년 이상 걸릴 것이라 예상하는 '남북 간의 통합프로세스' 1단계 교류·협력 단계나 2단계 평화 공존·동거단계를 넘어서 3단계 남북연합 단계의 초기형태까지 단숨에 밀고 나아갔다는 희망까지 갖게 만들었던 것이다.

문학분야에서는 1년만에 작가대회와 협회 결성이 일련의 조직적 단계로 '속도전'으로 진행되었으며, 다음 단계로 2008년 1월과 7월에 기관지 『통일문학』 창간호와 제2호가 발간되었다. 이 정도면 소통과 교류 차원을 넘어서서 협력과 연합 단계까지 진전된 셈이다. 하지만 너무 나갔다. 남북 작가의 민족문학 교류는 딱 거기까지였다. 후속 단계인 '6.15통일문학상' 수상사업은 협회 운영과 기관지 편집과정에서의 갈등과 그보다 더 엄혹한 정치 현실의 압박 속에서 남북관계 전체가 소원해지고 적대시되면서 요원한 일이 되고 말았다.

주지하다시피 2008~17년까지 분단체제를 해체하고 평화체제로 이행하려던 남북관계 진전은 이명박-박근혜 정부라는 보수정권 하에서 '잃어버린 10년'이 되고 말았다. 이전까지 '소통-교류-협력-연합'까지 갔던 통합 프로세스가 소통을 위한 상호 '이해와 화해' 단계 이전인 의도적 무시나 전쟁 직전

---

17) 김성수, 「북한 현대문학 연구의 쟁점과 통일문학의 도정」 『어문학』 91호, 한국어문학회, 2006.3. 참조.

의 적대관계까지 퇴행했던 신냉전체제가 도래했던 것이다. 그래서 불과 반년 전인 2017년 말까지도 민족문학의 '교류—협력—연합'은 성급한 낙관론에 근거한 선취된 이념형의 발상이었다고 자기비판해왔다. 2005년 민족작가대회와 2006년 6·15민족문학인협회 결성 및 기관지『통일문학』창간이라는 실체를 과잉 평가한 낙관적 발상이었다는 반성이 그것이다.

## 4. 결론: 신해빙기 한국·조선문학의 대립적 통합체로서의 민족문학 (불)가능성

지금까지 코리아반도의 야누스 격인 민족문학의 두 얼굴을 '한국문학과 조선문학' 개념의 헤게모니 쟁투사로 개관하였다. 물론 이는 남한국문학과 북조선문학의 코리아문학 통합의 개념사를 전제한 것이다. 민족이 공유하는 모국어를 자신의 활동 근거로 삼는 문학인, 작가가 분단을 극복하고 통일을 앞당기는 일에서 해야 할 임무는 무엇일까.

2018년 현재, 오랜 냉전·분단체제를 끝내고 평화체제 정착을 향한 남북관계의 획기적인 진전이 눈앞에 닥쳤는데도 '민족문학' 개념의 미래는 밝지 않다고 고백하지 않을 수 없다. 앞으로 씌어질 통일된 민족문학사 또는 남북 통합 문학사 자체가 당위일 뿐이고 강박관념의 산물, 즉 이념형일 수 있다. 어쩌면 민족문학이라는 개념 자체가 지니고 있는 근본적인 언어적 운명인지도 모른다. 그래서 서영채는 이를 두고 "누구나 차지하고 싶어하는 텅빈 성소"[18]라는 표현을 썼다. 한편으로는 탈근대 문화적 다원주의 시대와는 어울

---

18) 서영채,「한국 민족문학론의 개념과 역사에 대한 소묘」(2002),『문학의 윤리』, 문학동네, 2005, 74면. "민족문학론은, 그것이 제기된 시기나 논자들의 입장에 따라 민족주의문학일 수도 있고, 민주주의문학일 수도 있고, 국수주의문학이나 민중문학일 수도, 순수문학이나 본격문학일 수도, 진보적인 문학일 수도 있으며, 단순히 개별 민족의 문학을 지칭하는 포괄적인 용어일 수도 있다. 정치적으로는 정반대되는 입장이나 상이한 문학관이 민족문학이라는

리지 않는 시대착오적인 '단일 민족의 신화' 같은 근대적 민족국가 단위의 사고 잔재이며, '만들어진 전통'의 허상일 수 있다.

다른 한편으로는 다양한 문학적 현상과 작가 작품들 사이에 일종의 정전, 교과서, 문학사를 살펴보면 분단 현실은 더욱 낙관적이지 않다. '자연언어' 우리말은 남북을 아우르는 '한겨레'란 민족 감정과 직결되므로 공동체의식의 든든한 밑바탕이 되기도 하지만, 반대로 정치체제가 강제한 '규범언어' '표준어/문화어'는 이질화가 적지 않기 때문이다. 문학 또는 민족문학도 남북 주민들이 즐기는 노래와 이야기는 자연스런 공감대가 많지만 교과서에 실린 정전화된 시, 소설, 희곡(극문학)은 차이가 크다. 그래서 '『겨레말큰사전』 남북공동편찬사업' 같은 통일사전이 소중하게 느껴진다.

민족문학 담론의 또다른 기반인 민족 개념의 해체와 비대칭 문제도 무시할 수 없다. 남한에서 민족 개념은 급격하게 약화되어 쇠퇴 해체 국면이다. 전통적인 '단일민족주의, 단일민족국가주의, 민족주의, 국가주의'를 지양하고 대신 세계적 추세인 다국가 · 다민족 · 다인종 · 다언어 포용책, 가령 '이주노동자', '북한이탈주민'을 모두 포용하는 탈민족적 다문화주의를 표방하고 있다. 우리 사회가 민주화 세계화 탈근대화될수록 민족 개념은 해체되고 경계는 허물어진다. 민족이란 호명 자체가 신세대와 낡은 세대를 가르는 징표가 될 정도이다.

반면 여전히 혈연적 '단일민족주의'를 강조하면서도 한편으로는 일민족 이국가 또는 일민족국가 이체제연방을 표방하는 북은 '조선민족제일주의, 김일성민족'19) 등의 담론에서 엿보이듯이 자신들만의 배타적 수세적 선민의식에

---

하나의 용어 속에서 충돌하기도 했으며, 경우에 따라 민족문학은 모든 문학인들과 문학사가들이 지향해야 할 최고의 가치를 지닌 용어일 수도 있고, 이제는 시효 만료된 구호에 불과한 것일 수도 있다. 그래서, 근 한 세기에 이르는 민족문학론의 전개과정을 전체적으로 조망해보면, 민족문학이라는 용어는 흡사 다양한 입장과 견해들이 쟁탈전을 벌이는 하나의 고지처럼, 혹은 다양한 관심과 주장이 조우하고 충돌하는 텅 빈 공간처럼 보인다." (51~52면)

19) 북한 문건을 분석해보면 그들이 호명하는 '조선민족'이란 한반도 남북 주민 전체를 포괄하는

사로잡혀 있다. 1980년대 구축한 '조선민족제일주의'(1989)[20] 담론과 체제 수호를 위한 주체 · 선군체제 하에서 강고하게 짜여진 배타적 성격의 주체문학 · 선군문학 담론체계 내에서 '민족'의 함의가 너무나 달라졌다. 같은 혈연 · 역사 · 언어를 공유한 민족을 호명하지만 그것은 대외적인 슬로건일 뿐이지 대내적으로는 이북 지역 주민을 넘어선 반도 전체 시각은 갖추지 못했다.

현재 북한의 민족문학 담론은 주체문예이론의 유일사상체계에 함몰 · 포섭되어 있다고 해도 과언이 아니다. 가령 '주체성은 민족문학의 얼굴이며 정신'이라는 『주체문학론』 한 대목을 인용할 때,[21] 그 함의는 남한을 포괄한 한민족 전체를 상정하는 것이 아니라 '김일성민족'이라는 북한 주민만 지칭한다. 이는 배타적 선민의식이거나 수세적 내부단합용 호명방식으로 풀이할 수 있다. 광명백과사전에서도 북한은 자신의 문학적 정체성을 '주체사실주의문학'이라 규정하고 그 특징을 부연 설명하면서 '사회주의민족문학'이란 '우리민족끼리'의 레토릭을 보태넣었을 뿐이다.[22] 여기에 남북한 주민 및 전 세계의 이산(Diaspora) 한겨레까지 포용할 대연방의식은 존재하지 않는다.

2018년 현재 주체문학 · 선군문학 담론체계 내에서 민족을 일컬을 때 속내는 이미 북한 주민만 지칭하게 된 셈이니 진정한 민족문학의 현실 기반은 부

---

것이 아니라 이북 지역주민만 호명하는 '김일성민족'이란 선택 개념이다. 겉으로는 여전히 단일민족을 표방하면서도 기실 속내는 이남 주민을 배제한 민족분열 논리를 공공연하게 표방하는 자기모순을 숨기지 못한다. 거울이론처럼 우리도 크게 다르지 않으며 심한 정도가 더하다.

20) 「정론: 민족의 징표」, 『남조선문제』, 1985. 5.; 리규린, 「친애하는 지도자 김정일 동지께서 독창적으로 밝히신 민족의 개념에 대한 리해」, 『사회과학』, 1986. 2.; 고영환, 『우리민족제일주의론』, 평양출판사, 1989. (서재진, 「주체사상의 형성과 변화에 대한 새로운 분석」, 『통일연구원연구총서』, 2001.12. 98면, 재인용.)

21) 미상, 「"주체성은 민족문학의 얼굴이며 정신이다."–김정일」(명언해설), 『문학신문』 2006.3.18, 2면.

22) "사회주의문학, 주체사실주의문학은 사회주의적 내용과 민족적 형식이 결합된 것이다. 이런 문학을 사회주의민족문학이라고 한다." 리기원 외 편, 『광명백과사전 6 : 주체적 문예사상과 리론』, 백과사전출판사, 2008, 52면 참조.

재한다. 현재 북한에서는 조선민족제일주의 '태양민족/김일성민족' 담론이 전유되고 있다. 선군정치로 주체체제 유지와 3대 세습에 성공한 후 주체문학·선군문학의 프레임 속에 민족문학 개념을 철저히 자기중심적으로 포섭·전유한다.

2018년 현재 코리아반도는 지난 100년 사이 가장 결정적인 '민족문학'의 전환기를 맞고 있다. 한편으로 최첨단 정보화사회·지구촌시대인 현 시점에서 다문화주의에 맞지 않는 낡고 배타적 관념이라고 외면·배척되면서도, 다른 한편에서 평화체제를 가시화시킬 중요한 소프트파워로서 언어의 힘을 무시할 수 없기에 '소통' 수단이자 마음 통합의 문화정치적 상징으로 민족문학을 소환하지 않을 수 없다. 민족문학 개념의 분단사는 여전히 현재진행형이지만 이번 기회에 어떻게든 분단이 해체되고 경계가 허물어질 터이다.

이 시점에서 당위적인 결론밖에 내릴 수 없지만, 남북 간 민족문학의 소통·교류·협력을 활성화시켜 문학 주체의 새로운 과제로 통일문학 시대를 준비하는 일은 '기성세대의 당위'가 아니라 '청년세대 신세대의 놀이, 게임'으로 진화했으면 한다. 지난 2000년 6.15선언으로 흥분했던 민족/통일 담론의 일시적 부활이 오히려 민족/통일 담론의 급격한 소멸을 가져온 역사의 아이러니를 반복하면 안 되기 때문이다. '헬조선'의 젊은이들까지 기꺼이 즐거워하는 평화체제 하의 통일, 모두 환영하는 문학이 아니라면 민족문학 개념의 분단사는 영원히 해체되지 않을 것이다.

# 참고문헌

구갑우, 「한반도 민족 개념의 분단사」, 구갑우 외 공저, 『한(조선)반도 개념의 분단사
  : 문학예술편 1』, 사회평론아카데미, 2018.
김명인, 「시민문학론에서 민족해방문학론까지- 1970-80년대 민족문학비평사」, 『사
  상문예운동』 1990년 봄호, 풀빛사, 1990.2.
김성수, 「'(민족)문학' 개념의 남북 분단사」, 김성수 이지순 천현식 박계리 공저, 『한(조
  선)반도 개념의 분단사: 문학예술편 2』, (주)사회평론아카데미, 2018.
김용락, 『민족문학 논쟁사 연구』, 실천문학사, 1997.
김정일, 『영화예술론』, 조선로동당출판사, 1973.
김정일, 『주체문학론』, 조선로동당출판사, 1992.
김지영, 「문학 개념 체계의 계보학: 산문 분류법의 변화과정을 중심으로」, 『민족문화연
  구』 51, 고려대 민족문화연구원, 2009.
나인호, 『개념사란 무엇인가: 역사와 언어의 새로운 만남』, 역사비평사, 2011.
남원진, 「남한/이북의 민족문학 담론 연구(1945-1962)」, 『북한연구학회보』 제10권
  제1호, 북한연구학회, 2006.
박찬모, 「민족문학론과 민족주의 문학론, 그리고 "민족문학 담론"」, 『현대문학이론연
  구』 31, 현대문학이론학회, 2007.
박찬승, 『한국개념사총서 5 : 민족 · 민족주의』, 소화, 2016.
백낙청, 「민족문학론과 리얼리즘론」, 『한국근대문학사의 쟁점』, 창작과비평사, 1990.
사회과학원, 『주체사상에 기초한 문예리론』, 사회과학출판사, 1975.
서재진, 「주체사상의 형성과 변화에 대한 새로운 분석」, 『통일연구운 연구총서』, 통일
  연구원, 2001.
오창은, 「"민족문학" 개념의 역사적 이해」, 『미학예술학연구』 34, 한국미학예술학회,
  2011.
이주미, 「북한의 민족의식과 민족문학」, 『한민족문화연구』 21, 한민족문화학회,
  2007.5.
이하나, 「1970~1980년대 '민족문화' 개념의 분화와 쟁투」, 『개념과 소통』 18, 한림과
  학원, 2016.12.
장세진, 「개념사 연구는 무엇을 욕망하는가 –한국 근대문학/문화 연구에의 실천적

개입 양상을 중심으로」, 『개념과 소통』 13, 한림과학원, 2014.

전승주, 「1920년대 민족주의문학과 민족 담론」, 『민족문학사연구』 24, 민족문학사학
　　회, 2004.

전승주, 「1980년대 문학(운동)론에 대한 반성적 고찰」, 『민족문학사연구』 53, 2013.

정과리, 「민중문학론의 인식구조」 『문학과 사회』 1988. 봄 창간호.

조선문학가동맹 엮음, 『건설기의 조선문학』, 조선문학가동맹, 1946.

최용석, 「민족문학론의 시기 구분에 따른 전개 양상 고찰 −해방 전후부터 80년대까지
　　의 민족문학론을 중심으로」, 『국학연구논총』 12, 택민국학연구원, 2013.

최원식, 『문학』(한국개념사총서 7), 소화, 2012.

한중모 · 정성무, 『주체의 문예리론 연구』, 사회과학출판사, 1983.


Anderson, B., 윤형숙 역, 『민족주의의 기원과 전파』, 나남, 1991.

Feres Junior, Joao, "The Expanding Horizons of Conceptual History: A New
　　Forum," Contributions to the History of Concepts Vol.1 No.1,
　　International Conference on Conceptual History, 2005.

Feres Junior, Joao, "For a critical conceptual history of Brazil: Receiving
　　begriffsgeschichte," Contributions to the History of Concepts Vol.1 No.2,
　　International Conference on Conceptual History, 2005.

Koselleck, R., 『지나간 미래』, 한철 역, 문학동네, 1998.

Liu, Lidya H.(리디아 리우), 민정기 역, Translingual Practice: Literature,
　　National Culture, and Translated Modernity—China, 1900~1937,
　　Stanford: Stanford UP, 1995.

Said, E. W., 『오리엔탈리즘』, 박홍규 역, 교보문고, 1991.

# 북한 고전문학 자료 현황과 연구 동향*

김종군**

## 1. 서론

북한의 고전문학에 대하여 진단하는 것은 아직은 무리일 수 있다. 그러기에는 우리가 가진 자료가 지나치게 제한적이며, 그나마 접할 수 있는 자료로 판단했을 때, 적어도 고전문학 분야는 인력적인 측면이나 다양성의 측면에서 북한의 연구역량이 남한에 미치지 못한다는 판단 때문이다. 이러한 상황에서 북한의 고전문학 연구 성과를 진단하는 것은 또 다른 과오를 낳는 일일 수 있어 불안하다.

그러나 분단이 지속되는 상황에서 자료가 제한적이라고 방치해 둘 수만도 없는 처지다. 오랜 역사 속에서 같은 작품을 향유해 온 민족이지만 70여 년의 분단이 지금까지 함께해 온 장구한 문화공동체의 본질을 위협하고 있기 때문이다. 언어의 이질화가 표면적으로 문제가 되어 그 대책으로『겨레말큰사전』편찬 사업이 연차적으로 진행 중이다. 그러나 함께했던 고전문학 작품

---

* 이 글은 2010년 5월 31일『온지논총』25집((사)온지학회)에 실린 논문을 수정 보완한 것이다.
** 건국대 통일인문학연구단 HK교수

에 대한 해석과 평가, 교육이 이질화되는 것은 심각하게 표면화되지는 않지만 그 부작용이 내밀하고 장기적일 것으로 판단된다. 이런 이유에서 통일을 염두에 두었을 때 북한의 고전문학 자료와 연구동향에 관심을 가져야 한다. 적대적 분단 체제로 자료를 자유롭게 공유하지 못하지만 각자가 발굴 수집하고 연구해온 성과들만이라도 교류하고자 하는 노력이 절실히 요구된다.

북한 고전문학 자료의 국내 유통은 그 기간도 길지 않고 통로도 제한적이다. 현재까지도 북한에서 출판된 자료들은 특수자료로 분류되어 일상에서 쉽게 접할 수 없는 실정이고, 1988년 해금 이후 영세 출판사들이 유행처럼 영인 자료를 내던 것도 이젠 뜸해진 실정이다. 중국이나 일본 등 해외에서 자료를 구하려 하여도 검색과 보안의 통제가 많아 여의치 않은 실정이다.

1988년 이후 북한 문학에 대한 연구는 제한적으로 이루어졌다. 현대문학 분야를 중심으로 북한의 문학작품을 소개하는 성과가 있었고,[1] 고전문학 분야에서는 북한 문학사를 소개하거나 남한과의 비교를 시도하였고,[2] 통일문학사 기술을 위한 방안을 제시하는 성과[3]들로 모아진다. 그러나 이러한 연

---

[1] 성기조, 「북한문학 40년사 -시·소설분야」, 『동양문학』 2, 동양문학사, 1988; 윤재근·이형기 외, 『북한의 현대문학』 Ⅰ·Ⅱ, 고려원, 1990; 한국문학연구회, 『1950년대 남북한 문학』, 평민사, 1991; 김재용, 『북한 문학의 역사적 이해』, 문학과 지성사, 1994 등이 대표적이다.

[2] 설성경·유영대, 『북한의 고전문학』, 고려원 1990; 최철·전경욱, 『북한의 민속예술』, 고려원, 1990; 민족문학사연구소, 『북한의 우리문학사 인식』, 창작과 비평사, 1991; 김종군 외, 『고전문학을 바라보는 북한의 시각』(고전산문1, 고전산문2, 고전시가), 박이정, 2011~2015 등이 있다.

[3] 이복규, 「북한의 문학사 서술양식」, 『국제어문』 9·10합집, 국제어문학연구회, 1989; 설성경, 「남북한 문학사의 비교」, 김열규 외, 『한국문학사의 현실과 이상』, 새문사, 1996; 황패강, 「남북문학사의 과제」, 『한국 고전문학의 이론과 실제』, 단국대 출판부, 1997; 설성경·김영민, 「통일문학사 서술을 위한 단계적인 방안 연구」, 『통일연구』 제2권 제1호, 연세대학교 통일연구원, 1998; 김대행, 「북한의 문학사 연구—문학의 역사를 보는 시각」, 『시와 문학의 탐구』, 역락, 1999; 조규익, 「통일시대 한국고전문학사 서술의 전망」, 『온지논총』 11, 온지학회, 2004; 신동흔, 「남북 고전문학사의 만남을 위하여」, 건국대 통일인문연구단 편, 『분단극복을 위한 인문학적 성찰』, 선인, 2009; 김종군, 「남북문학사의 고소설 형성론에 대한 비교」, 건국대 통일인문연구단 편, 『분단극복을 위한 인문학적 성찰』, 선인, 2009 등이 있다.

구 성과도 북한의 자료와 연구물을 접할 기회가 제한적이라 크게 진척되지 못했다.

그런 가운데 문학의 각 영역별로 연구 성과4)를 내기 위한 노력들이 지속되고 있다. 또한 제한된 자료 수집 경로의 문제를 타개하고자 탈북민을 대상으로 구전설화 조사5)가 이루어지기도 하고, 일부 대북 관련 기관에 소속된 연구자들은 방북 과정에서 얻은 자료를 활용하여 북한의 문예 상황을 소개6)하기도 하였다. 그러나 이 역시 온전한 면모를 살피는 성과라고 할 수 없으며 개괄 수준에 머물러 있다.

그러나 통일을 대비하여 남북 공통의 문학교재나 문학사 서술을 위한 노력은 지속되어야 하므로 불안함과 갑갑함 속에서도 북한의 고전문학 자료와 연구 성과물을 찾아 나서야 한다. 이 글에서는 북한의 고전문학 자료 중 공식적이든 비공식적이든 국내에서 접할 수 있는 자료에 주목하였다. 그나마 북한 자료를 가장 많이 소장한 통일부 북한자료센터의 소장 자료를 위주로 자료 목록을 정리해 보고, 그 실상을 파악할 필요가 있다. 원전자료는 남한에 소재한 것과 일치하는 것이 많으므로 제한적이나마 정리가 가능하다고 본다. 문제는 연구 성과에 대한 것이다. 출판 매체의 수가 남한에 비해 월등히 적고 연구자의 규모가 파악되지 않은 상황에서 연구 성과나 동향을 진단하는 일을 쉽지 않아 보인다. 북한의 고전문학을 일별한 『조선문학사』와 학문적 성과를 정기적으로 발행하는 『김일성종합대학학보(어문학)』, 『조선어문』 등의 학술지에 수록된 주목할 만한 논문을 대상으로 연구동향을 가늠하는 수밖에 없다.

이에 북한 학계에서 고전문학의 위상과 역할에 대한 연구동향은 리창유의

---

4) 정병헌, 「북한의 구비전승」, 『북한민속 종합조사보고서』, 문화재관리국, 1997; 김화경, 『북한 설화의 연구』, 영남대출판부, 1998; 권도희, 『북한의 전통음악』, 서울대출판부, 2002; 한정미, 『북한의 문예정책과 구비문학의 활용』, 민속원, 2007.

5) 김기창·이복규, 『분단이후 북한의 구전설화집』, 민속원, 2005.

6) 전영선, 『북한 민족문화정책의 이론과 현장』, 역락, 2005; 정창현, 『북녘의 사회와 생활』, 민속원, 2007.

「우리 식 문학건설에서 고전문학이 노는 중요역할」7)을 논의대상으로 삼고, 구비설화에 대한 연구동향은 리동원의 「설화양식의 분화발전에 대한 고찰」8)을 대상으로 삼는다. 그리고 고전소설에 대한 연구동향은 북한에서 가장 근년에 집필된 17세기 문학사인 김하명의 『조선문학사』4 9)를 살피는 것으로 대신하고자 한다. 이들이 각 영역의 대표성을 담보하는가 하는 문제가 있을 수 있지만 북한의 연구물 출판이 대체로 중앙당의 지침에 따라 진행되므로 이들이 당의 입장을 대신한다고 보고 논의를 진행하고자 한다.

북한 고전문학 전체에 대한 자료와 연구동향을 파악하는 일은 보다 많은 시간과 노력을 필요로 하므로 혼자서 단시간에 해낼 수 없다. 이에 그 영역을 제한하여 우선 고전서사에 대한 검토를 먼저 진행하고자 한다.


## 2. 북한의 고전문학 자료 발굴 및 남한의 유통 현황

### 2.1. 북한의 자료 발굴 현황

북한의 문학 자료는 대체로 현대문학에 치중된 측면이 강하다. 국가 체제를 옹호하고 인민을 교육하는 차원에서 현대의 시나 소설, 가극의 창작이 주를 이루었다. 그러므로 출판이나 작품에 대한 연구도 현대문학에 집중되어 있다. 그 가운데 고전문학 자료 발굴은 엄두가 나지 않았을 것이고, 일제강점기를 포함한 분단 전 남북이 공유했던 자료들이 연구의 대상이 되었다. 그 가운데 월북 또는 납북 학자를 포함한 재북 국문학자, 민속학자들에 의해 1960년대까지 남한보다 훨씬 활발하게 고전문학 관련 연구서들이 발간10)된

---

7) 리창유, 「우리 식 문학건설에서 고전문학이 노는 중요역할」, 『조선고전문학연구』1, 문예출판사, 1993.
8) 리동원, 「설화양식의 분화발전에 대한 고찰」, 『김일성종합대학학보(어문학)』, 2008년 1호.
9) 김하명, 『조선문학사』4, 사회과학출판사, 1992.

사실은 주목할 필요가 있다. 그러나 이 세대를 뒷받침하는 연구 역량이 부족했던지 1970년 이후에는 당 주도의 문학사 서술을 제외하고는 주목할 만한 연구서를 출간하지 못하는 실정이다.

한편 기존에 존재하던 국문학 자료를 정리하고 번역하여 『조선고전문학선집』을 출판한 성과를 이룩하였다.

국립문학예술서적출판사에서는 1958년부터 1960년까지 3년 간에 걸쳐서 『조선고전문학선집』 33권을 출판하게 되는 바 이는 우리의 고귀한 문화유산 발굴사업에서의 하나의 큰틀 대거이다. 33권집으로는 『고가요집』(1), 『김만중작품선집』(15), 『옥루몽』(11,17), 『이규보작품선집』(7,8), 『고대전기설화집』, 『가사집』, 『한시선집』(상,하), 『홍길동전·전우치전』, 『정철·박인로·윤선도 작품선집』, 『고대중세단편선집』, 『춘향전·흥보전·심청전』, 『장화홍련전·두껍전』, 『림경업전·류충렬전』, 『기행문선집』, 『청구영언·해동가요·가곡원류』, 『창선감의록』, 『박연암작품선집』(상,하), 『정다산작품선집』이다.[11]

이리하여 이 기간에(1945~1960) 윤세평을 비롯한 우리 문예학자들의 공동 노력에 의하여 풍부한 우리나라의 시가 유산들과 〈춘향전〉, 〈심청전〉, 〈흥보전〉, 허균의 〈홍길동전〉, 김만중의 〈사씨남정기〉, 〈구운몽〉 등을 위시하여 19세기의 〈배비장전〉, 〈채봉감별곡〉에 이르기까지 오랜 옛날부터 우리 인민에게 친숙한 고전국문소설들과 『조선속담집』, 『민요집』(1,2)을 비롯한 한문고전작품들이 1954~1959년 동안만도 102종이나 출판되었으며, 현재 우리의 풍부하고 방대한 민족고전작품들을 집대성한 『조선고전문학선집』이 계속 간행되고 있다.[12]

1960년대 이전의 고전문학 출판 사업은 남한에 비해 북한이 체계적이었다

---

10) 한 효의 『조선연극사개요』(1956), 신영돈의 『우리나라의 탈놀이』(1957), 김일출의 『조선민속탈놀이연구』(1958), 고정옥의 『조선구전문학연구』(1962), 권택무의 『조선민간극』(1966) 연구 성과를 꼽을 수 있다.

11) 「『고전문학선집』 33권이 발간되다」, 『문학신문』 1959년 5월 7일.

12) 「해방 후 15년간 문학평론이 거둔 성과」, 『문학신문』 1960년 10월 7일.

고 판단된다. 비록 특이한 새 자료는 눈에 띠지 않지만 고가요 · 가사 · 시조 · 설화 · 고전국문소설 · 한시 · 한문학 문집 · 기행수필 등을 국문학 갈래별로 유형 분류하여 편집하였고, 국문문학 위주로 출판이 이루어졌다. 그 가운데 국문학적으로 가치 있는 한문학은 이른 시기에 일사천리로 번역하여 출판한 열의가 돋보인다. 이들 자료는 그 가치를 인정받아 해금 조치 후 남한의 출판계가 서둘러 영인 보급한 대상이었다.

그 후 1970년대에 들어 북한에서는 고전문학 자료 발굴 사업이 시작되었다. 그 결과에 대한 평가는 다음과 같다.

1970년대에 들어서서는 문예계의 역량을 총동원하여 이 사업을 총화하면서 힘입게 벌림으로써 전국 방방곡곡에 흩어져 빛을 보지 못하고 인멸되어 가던 수천수만의 귀중한 유산들을 단 몇 해 사이에 발굴, 수집 정리하여 정확히 평가 처리하였다. 그리하여 우리의 민족문화 보물고를 더욱 풍부히 하고 우리 인민의 유구한 역사와 문화를 더욱 빛내일 수 있게 하였으며 우리나라 문학예술 연구에 필요한 자료 토대를 더욱 튼튼히 축성하는 데 이바지하였다.[13]

잠시 휴지기를 거친 북한의 고전 출판 사업은 1970년대 발굴 자료와 1980년대에 들어 당 차원에서 본격적인 발굴조사 사업과 맞물려 『조선고전문학선집』 2차분 출판 성과를 보였다.

우리 당의 현명한 령도와 세심한 보살핌 속에서 고전문학자료 발굴조사 및 연구 사업에서는 커다란 성과들이 이룩되였다. 최근 년간에만도 새로 발굴조사한 고전문학자료들을 보충하여 『조선고전문학선집』이 출판되고 있으며 수많은 연구론문들과 고전소설 윤색본들, 민화집들과 사화전설집들이 출판되여 독자들의 사랑을 받고 있다. (중략) 1984년부터 1985년까지 아직 학계에 알려져있지 않았거나 이름만 알려져있던 200여종에 달하는

---

13) 김하명, 「당의 현명한 영도 밑에 우리 나라 문학예술이 걸어온 자랑찬 50년」, 『조선어문』, 1994년 4호, 12쪽.

고전소설들이 새로 발굴조사되였으며 500여종에 달하는 고전소설들의 내용이 기본적으로 장악되였다. 그가운데는 가치있는 단편소설들로부터 세계굴지의 가장 큰 분량의 장편소설들도 들어있다.[14]

이 발굴조사 사업은 김정일이 직접 주관[15]한 것으로 판단된다. 고전문학 전문가들로 '민족문학유산발굴조사집단'을 구성하여 1984년부터 1989년까지 대규모로 이루어진 사업으로 보여진다. 이 시기에 와서 새로운 자료 발굴에 대한 지침이 김정일에 의해 마련[16]된 것으로 보인다.

이를 통해 확보한 자료를 정리 분석하여 '전 90권으로 된『조선고전문학선집』과 100권의『조선현대문학선집』을 성과적으로 발행[17]하였다고 과시하고 있다. 『조선고전문학선집』2차분에는 기존 60년대에 출간된『조선고전문학선집』1차분에 포함된 작품들을 좀 더 인민들이 편리하게 볼 수 있도록 가로쓰기 형식으로 바꾸고 문체로 보완하였다. 아울러 그 동안 발굴한 고전소설 작품들을 포함시켜 지속적으로 출간하고 있다. 그런데 여기서 고전소설은 원문 그대로 수록한 것이 아니라 독자의 편의를 고려하여 체계를 갖추었다. 먼저 현대적 감각에 맞도록 지명과 인명을 설정하고 대화체 형식을 보완한 윤색문이 실리고, 그 다음 원문을 그대로 수록했으며, 그 다음에 원문의 주해를 덧붙이는 형태로 체제 통일을 꾀하고 있다. 『조선고전문학선집』2차분은 현재까지 지속적으로 출간되는 중인데 아직 연구사에서는 크게 반영되지 못하

---

14) 조선문학창작사 고전문학실, 『고전소설해제』1 서문, 문예출판사, 1988, 5쪽.

15) 고전문학전문가들을 망라한 민족문학유산 발굴조사집단을 친히 무어주시고 1984년부터 1989년까지 공화국북반부에 있는 고전문학자료들에 대한 발굴조사사업을 기본적으로 끝낼 데 대한 원대한 구상을 담은 현명한 방침을 제시하시였다(조선문학창작사 고전문학실, 『고전소설해제』1 서문, 문예출판사, 1988).

16) 문화와 예술은 일정한 력사적시대와 사회제도, 사람들의 정치경제생활과 생활풍습을 반영하는것만큼 우리는 과거의 문화유산을 계급적립장에서 비판적으로 보아야 합니다. 그렇다고 하여 민족문화유산을 덮어놓고 무시하거나 부정해도 안됩니다(김정일, 『사회주의 문학예술에 대하여』제21권, 81~82쪽).

17) 김하명, 위의 글, 10쪽.

고 있는 실정이다.

유산발굴사업을 통하여 무엇보다도 지금까지 알려지지 않았던 〈하진량문록〉, 〈사성기봉〉, 〈쌍천기봉〉, 〈옥린몽〉 등의 대장편 소설들과 반침략 애국 주제의 〈백학선전〉, 〈녀중호걸〉, 〈현수문전〉, 〈홍계월전〉, 〈왕제홍전〉, 민족주의 의식을 고취한 〈삼국리대장전〉, 〈신유복전〉, 〈남윤전〉, 예리한 사회·정치적 문제를 취급한 〈황백호전〉, 〈옥포동기완록〉 등의 장중편소설들이 수많이 새롭게 발굴되었다. 지금까지 우리나라 고대·중세 문학사에서 〈구운몽〉, 〈옥루몽〉 등의 몇몇 장편소설들과 김시습의 『금오신화』에 실린 단편소설들을 포함하여 수십편의 고전소설이 소개되었다는 사정을 고려할 때 문학사적으로 가치 있는 장중편소설만도 백수십여 편을 새로 발굴, 조사한 것은 참으로 민족문학유산 발굴사업에서 이룩된 자랑찬 성과가 아닐 수 없다.[18]

새롭게 발굴한 자료를 미처 윤색과 정리하지 못하여 출판되지는 않았지만 백 수십여 편이 발굴되었다고 하니 좀 더 그 자료를 기다려서 논의를 진행해야 할 형편이다.

현재까지 북한의 문학사와 『조선고전소설해제』 1, 2, 3집에 표제어나 작품론으로 수록된 작품이 280여 편에 달한다. 이 가운데 남한에서 찾아볼 수 없는데 북한에서 새롭게 발굴한 작품들은 다음 정도[19]이다.

〈강로전〉, 〈귀영전〉, 〈금섬전〉, 〈금수기몽〉, 〈김해진전〉, 〈난초재세기연록〉, 〈백흑란〉, 〈부용헌〉, 〈부인관찰사〉, 〈서씨전〉, 〈석일태전〉, 〈설용운전〉, 〈섬노장전〉, 〈섬노전〉, 〈염라왕전〉, 〈옥봉쌍인〉, 〈옥포동기완록〉, 〈왕제홍전〉, 〈임진병란기〉, 〈전욱치전〉, 〈조일선전〉, 〈조창전〉, 〈진문공〉, 〈창낭전〉, 〈축빈설〉, 〈칠선기봉〉, 〈학강전〉, 〈한태경전〉, 〈황백호전〉, 〈황설현전〉

---

18) 김철환, 「고전문학의 찬란한 개화 발전」, 『문학신문』, 1992년 5월 8일.
19) 조희웅, 「북한소재 고전소설 서목 검토」, 『한국고전소설과 서사문학』, 집문당, 1998, 91~92쪽.

## 2.2. 남한의 자료 유통 현황

북한의 고전문학 연구 성과물과 자료 출판물은 1988년 해금 이후 공식적이건 비공식적이건 다양한 통로로 남한에 유통되었다. 이러한 유통구조는 북한의 자료를 접할 기회를 부여한다는 측면에서는 긍정적이라 하겠지만 출판사나 연구자별로 체제를 변경하거나 해제를 붙이는 바람에 그 온전한 실체를 파악하는 데는 무리가 따른다. 남한의 대중들이 해득하기 편하게 손을 댔다면 그 부록으로 북한의 원전 형태도 그대로 영인해 주는 편이 자료로서의 가치가 있을 듯하다.

먼저 북한에서 출판된 문학사는 대체로 최근 본까지 남한에서 영인 혹은 해제본으로 출판되었다. 그 출판 현황은 다음과 같다.

① 과학원 언어문학연구소 문학연구실, 『조선문학통사』상·하, 과학원출판사, 1959 (화다, 1989).
② 사회과학원 문학연구소, 『조선문학사』 전3권, 과학백과사전출판사, 1977~1981 (이회문화사, 1998).
③ 김일성종합대학 편, 『조선문학사』1·2, 김일성종합대학출판사, 1982(천지, 1989).
④ 정홍교·박종원·류만, 『조선문학개관』1·2, 사회과학출판사, 1986(진달래, 1988).
⑤ 『조선문학사』 1~16, 사회과학출판사(과학백과사전출판사), 1991~2012(국내 일부 영인출간).

북한에서 출간된 '조선문학사'는 북한의 사회 변혁 운동 시기에 따라 그 초점이 달라진다. 북한은 1970년 11월에 있었던 제5차 당대회에서 주체사상을 역사적 원리로 강조하기 시작한다. 그리고 제6차 당대회(1980년 10월)에서는 주체사상을 유일사상으로 규정하고 당의 지도 이념으로 내세우면서 사회주의적 보편성을 약화시킨다.

이러한 북한 사회의 변혁은 문학사에도 그대로 투영되는데, 1959년 출판된 ①에서는 '맑스—레닌주의적 방법'을 표방하여 간명하게 문학사를 서술해야 한다고 제시하고 있다. 아울러 김일성의 교시 인용도 절제되어 나타난다. 그런데 제5차 당대회를 거친 후에 출판된 ②,③,④,⑤에서는 '수령의 형상 창조 문학 사관'을 표방하면서 주체사상을 문학사 서술의 원리로 강조하고 있다. 그리고 김일성 교시의 표현 방식도 모두 큰 글자로 장황하게 인용하고 있다.[20] 그 결과 1970년을 기점으로 북한의 문학사 서술 시각과 작품명의 명명 방식이 확연히 달라진 것을 확인할 수 있다.

이들 중 가장 최근에 집필된 ⑤는 6권과 7권이 각각 1999년, 2000년에 출간되어 국내 영인본에서는 누락되었다. 그리고 2012년에 1990년대 문학을 다룬 16권이 발간되어 국내에 유입된 상황이다. 남한에서 북한의 문학사나 연구동향을 파악하는 자료로 가장 활발하게 활용되는 자료들이고, 통일문학사 서술 방안이라는 주제의 연구 성과들이 다수 산출되었다.

북한 고전소설의 자료와 연구사를 파악할 수 있는 자료는 남한의 출판사에 의해 해제되거나 재편집되어 다소 혼란을 가져온다.

① 김춘택, 『조선고전소설사연구』, 김일성종합대학출판사, 1986.(『우리나라 고전소설사』, 한길사, 1993, 박희병 해설)
② 조선문학창작사 고전문학실, 『고전소설해제』1・2・3, 문예출판사, 1988, 1992, 1993.(『한국고전소설해제집』上・下, 보고사, 1997)

이 자료들은 북한의 고전소설 연구 성과를 파악하는데 유익하다. ①은 저자의 박사논문으로, 출판사에서 활자만 재편집하였으므로 저자가 의도한 대로 북한의 고전소설사를 한눈에 살필 수 있다. 또한 말미에 박희병교수의 해설이 첨부되어 남한 문학사와의 비교도 돕고 있다. ②는 총 3권으로 출판된 내용을 출판사에서 임의로 상・하 2권으로 재편집하여 그 서지 사항을 온전

---

20) 김일성종합대학 편, 임헌영 해설, 『조선문학사』1・2, 천지, 1989, 4~6쪽 참조.

하게 파악하는데 문제가 있다. 특히 북한의 자모음 체계에 따라 3권으로 분권된 것을 남한의 자모체계 재편집하여 2권으로 묶어 다소 혼란을 야기하고 있다. 그래도 이 자료가 국내에 소개되어 193종의 북한 소재 고전소설의 실체를 온전히 파악할 수 있어 연구자들에게 큰 도움이 되고 있다. 그런데 3권의 경우는 통일부 북한자료센터나 국회도서관에도 아직 확보되지 못한 상태이다.

1958년부터 출판된 『조선고전문학선집』 1차분은 남한 출판사에 의해 영인 보급되어 일부 연구자들이 소장하여 연구에 활용하고 있다. 1983년부터 출판을 시작한 『조선고전문학선집』 2차분 100권은 보리출판사에서 『겨레고전문학선집』으로 재편집 출판하고 있다. 2009년 현재까지 총 39집까지 출판된 상태이다. 출판사 대표는 '북녘 학자와 편집진의 뜻을 존중하여 크게 고치지 않고 그대로 내는 것을 원칙으로 삼았다. 다만 남과 북의 표기법이 얼마쯤 차이가 있어 남녘 사람들이 읽기 쉽게 조금씩 손질했'고 재편집의 방침을 서문에서 명시하고 있다. 그리고 설화나 시가집의 경우 책 제목을 한글로 풀어서 달아서 북한 출판 자료의 분위기를 제거하였다. 대중서로 기획되었으므로 이렇게 재편집된 것으로 판단된다.

그 외 북한 구비문학 자료는 연구자들의 수요를 고려하여 일부 출판사에서 영인하여 보급한 경우가 있지만 위의 경우처럼 대대적인 기획으로는 나아가지 못했다. 아울러 아동물 역시 남한에서 출판이 쉬이 이루지지 못하고 있다. 이는 구비설화 자료나 아동물의 경우 북한 체제를 옹호하고 우상화 자료로 윤색 개작된 경우가 많아서 남한 대중을 위한 출판 대상이 되기에는 제약이 있었기 때문으로 보인다.

## 3. 북한의 고전문학에 대한 인식과 연구 동향

### 3.1. 고전문학의 위상과 역할

북한 문학사에서 고전문학의 위상과 역할은 현대문학에 비해 위축되어 있다. 이는 북한의 당 주도 혁명 사업이나 인민의 교화에 봉건 체제에서 창작된 작품들의 활용도가 제한적일 수밖에 없는 이유도 있는 듯하다. 이에 북한의 고전문학 연구자들도 주체문학론에 고전문학이 어떻게 기여[21]할 것인가 고민한 흔적을 찾을 수 있다. 이는 북한에서의 고전문학 위상과 역할을 진단할 수 있는 주목할 자료이므로 고찰할 필요가 있다.

① 문제의식 : 우리 식 주체사실주의문학건설에서 고전문학의 역할과 고전문학과 현대문학과의 관계는 현 시기 주체적문예이론의 가장 기초적인 문제의 하나인 동시에 창작 실천상 중요한 문제이다.
② 고전문학의 범위 : 고전문학유산에 봉건사회와 그 이전시기에 씌어진 작품들을 기본으로 하면서도 근대시기와 일제강점시기에 씌어진 고전문학형식의 작품들까지 망라[22]시킬 수 있다.
③ 주체문예이론에서 고전문학의 역할 : 주체의 문예이론은 사회주의적 내용과 민족적 형식의 결합을 실현하기 위한 근본방도의 하나로 내용과 형식의 모든 요소에서 민족적 특성을 적극 살려나가는데 대하여 밝혀주고 있다.
　　㉠ 민족적 성격[23]

---

21) 리창유, 「우리 식 문학건설에서 고전문학이 노는 중요역할」, 『조선고전문학연구』1, 문학예술 종합출판사, 1993, 2~16쪽.
22) 이에 대한 당의 지침으로 "고전문학예술유산 가운데는 고대로부터 시작하여 중세기와 근대의 사회현실을 반영한 것도 있고 일제식민지통치시기를 반영한 것도 있으며 인민대중이 창조한 것도 있고 착취계급이 창조한 것도 있다."(김정일, 『주체의 문학론』, 73쪽)를 제시하고 있다.
23) 이에 대한 당의 지침으로 "조선사람은 색이 진한 것보다 연하고 선명한 것을 좋아하고 선율은 유순한 것을 좋아합니다. 이것이 조선사람들의 민족적 감정과 정서입니다. 이러한 민족적 감정과 정서를 무시하고서는 가극을 진실로 우리 인민의 기호에 맞는 인민적인 것으로 창조할 수 없습니다."(김정일, 『주체의 문학예술에 대하여』 3권, 402쪽)를 제시하고 있다.

- 용맹성과 자기희생 : 고전소설들에 등장하는 긍정인물들의 형상인 용감성, 헌신성, 애국주의정신을 계승[24]하고 있다.
- 진리에 대한 탐구, 정의 사랑, 자기희생적이고 고상한 도덕적 품성, 예절이 밝다.[25]

ⓛ 민족생활의 진실한 묘사에도 깊은 관심 필요
- 생활관습 묘사 : 음력설, 추석을 비롯한 민속명절, 음식들, 민족고유의 혼례법, 복식, 다양한 민속놀음들, 밝은 달밤 시내가에서 울려나오는 구성진 버들피리소리, 그네뛰는 부녀들, 씨름판의 건장한 농부들 등 이 모든 것은 역사적으로 형성된 민족적 정취를 한층 부각시켜준다. 국가적 조치에 따라 지난날 자취를 감추었던 여러 가지 민속놀이들이 더욱 생생한 민족적 색채를 띠고 되살아나 우리 인민의 생활을 보다 흥겹게 하고 있다.[26]
- 애정륜리 묘사 : 인민들의 생활관습, 도덕, 애정륜리문제와 혼인제도를 비롯한 생활의 중요한 부분 잘 그려야 한다. 특히 고전문학에는 근친결혼, 삼각련애가 결코 없었고, 본인들의 자유로운 의사에 따라 해결할 것을 열렬히 지향한다.[27]
- 조국산천 묘사 : 민족적 긍지와 자부심을 자아낼 수 있게 하는 노래를 비판적으로 계승 발전 시켜야 한다.

ⓒ 예술적 형식 분야 : 전통적으로 씌여온 우리 민족 고유의 언어표현수법, 예술적 구사, 문학작품의 구성방식과 양상, 형태적 특성 등 예술적 형식의 분야에서도 인민적이며 진보적인 특성을 옳게 살려쓰는 것.
- 고유한 말과 글 사용
- 형상구성방식 : 이야기선이 굵고 갈등 명백하고 심각하다. 〈사성기봉〉의 경우 생활화폭의 시공간영역이 대단히 넓고 기승전결이 명백하다.
- 행복한 결말 구조 : 긍정적인 인물들의 리상적인 생활 찬미하며 운명선을

---

24) 그 예로 〈임진록〉, 〈백학선전〉의 긍정적 주인공은 장편소설 〈피바다〉, 〈꽃파는 처녀〉, 희곡 〈혈분만국회〉, 서사시〈백두산〉에 등장하는 긍정적 인물과 상통한다고 하였다.

25) 그 예로 〈장릉혈사〉와 〈신숙주부인전〉을 들고 있다.

26) 그 예로 장편소설 〈대지의 아침〉 1부의 정월대보름 씨름, 그네뛰기, 널뛰기, 연놀이는 〈춘향전〉을 연상시킨다고 하였다.

27) 그 예로 〈춘향전〉, 〈신유복전〉, 〈리대봉전〉, 〈녀중호걸〉, 〈김해진전〉, 〈백학선전〉, 〈하진량문록〉, 〈김진옥전〉 등을 들 수 있는데, 순수사랑을 그린 소설은 극히 드물며 특히 현대문학에 와서는 더더욱 연애소설을 찾아볼 수 없게 되었다고 평한다.

비극적으로 처리하지 않고 행복한 결말로 처리한다. 현실생활 중시하면서도 미래 귀중히 여긴다.

– 인민의 랑만적 지향은 선을 긍정하고 인간의 선량한 량심을 소중히 여기는 미덕에서 출발하여 환상적 수법을 사용한다.

이상은 고전문학 연구자로서 주체문예이론에서 고전문학의 역할을 적극적으로 개진한 논문 내용이다. 현대문학과의 대비구조에서 ②와 같이 그 범위를 어디까지 잡을 것인가에 대해 고민하고 있다. 이에 김정일의 지시를 논거로 들어 고전문학의 형식을 갖추었다면 근대시기 및 일제 강점기에 창작된 작품도 포괄해야 한다는 견해이다. 이는 남한에서 개화가사나 근래까지 존재한 규방가사를 고전문학에 소속시키지 않는 시각과는 대조적이다.

특히 주체문예이론에서 민족적 특성을 강조하면서 ⓒ의 국가적 조치로 사라졌던 민속놀이를 적극적으로 복원해야 한다는 견해에서 북한 문예 이론의 큰 변화를 읽을 수 있다. 아울러 순수한 자유 연애소설이 창작되지 않는다고 우려하는 목소리에서도 지금까지 획일적일 것으로 생각되던 북한의 문예창작 관점의 변화를 감지할 수 있다.

이러한 주체문예이론은 남한에서 지속적으로 논의되어 온 전통계승론과 상통하는 측면이 강하다. 특히 민족적 심성이나 민족적 형식에 대한 견해는 서로 일치하는 바가 많으므로 남북한의 연구 시각과의 소통 지점으로 활용할 여지가 크다고 본다.

## 3.2. 구전설화의 대한 인식과 자료 현황

북한의 구전설화에 대한 인식은 남한과 크게 다르지 않다. 그 발생과 분화 발전에 대한 관점이 상통하는 측면이 크다. 북한의 설화문학 갈래는 '신화와 전설·민화와 재담, 소화, 우화와 동화 등 다양한 갈래를 이루면서 분화 발전'하였다고 본다. 그리고 '하나의 형태, 양식에서도 생활내용과 제재, 이야기 전개 방식과 수법 등에서 각이한 양상적인 차이를 보여주면서 여러 변종을 가진다'[28]고 보고 있다. 다음은 최근에 들어 설화의 유형에 대해 선언적으로 명시한 내용이다. 이를 통해 북한 구전문학계의 변화를 읽을 수 있을 듯하다.

① 신화는 신을 주인공으로 내세우고 그의 무제한한 활동무대 우에서 인간세계와 결부하여 굴절시켜 보여준 비현실적인 환상적인 이야기이다. 우주세계와 천지개벽, 창세기적 내용을 담은 오랜 신화일수록 신화성이 강하며 원시인간들의 자연과의 투쟁, 즉 수렵과 채집, 농경과 그 생활질서 등을 반영한 후기 신화일수록 보다 인간생활에 접근하였다. 가장 오래된 신화는 〈환웅신화〉, 〈해모수신화〉로, 원시시대에 창조되어 고대국가의 시조왕을 하늘신의 후예로 신성화하기 위한 요구에서 건국설화 형식의 시조왕전설과 결부되었다.

신화 발생에 대한 시각은 남북한이 크게 다르지 않아 보인다. 다만 남한에서는 건국신화로 명명하는 〈단군신화〉나 〈동명왕신화〉를 '시조왕전설'로 명명하고, 그에 삽입되어 있는 부계(父系) 이야기를 〈환웅신화〉나 〈해모수신화〉로 명명하는 것이 특이하다. 이러한 시각은 남한의 일부 학자들에 의해서도 제기된 문제로, 북한의 시각이 좀 더 문학원론적인 입장을 취하고 있다고 볼 수 있다. 한편 신화에 대해 언급하면서 우주세계와 천지개벽, 창세기적인 내용을 담은 신화를 염두에 두고 있으면서도 그 실례를 들지 않고 있어 안타깝다. 남한 학계의 경우 2000년대에 들어서 서사무가로 갈래지었던 이에 관련된 내용들을 창세신화나 무속신화로 명명하면서 연구에 적극적으로 끌어들인 것과 대조적이다. 아마도 무가를 '신가(神歌)'로 지칭하면서 민요의 하위 범주에 두는 북한의 시각은 우리의 풍부한 신화 유산에 온전한 평가를 가한다고는 볼 수 없겠다.

---

28) 리동원, 「설화양식의 분화 발전에 대한 고찰」, 『김일성정합대학 학보(어문학)』, 2008년 1호.

② 전설은 인민설화문학의 주류로서, 그 첫 모습은 고대시조왕전설이다. 전설은 신의 세계로부터 인간세계에로 생활무대를 바꿀 뿐만 아니라 신화적 환상으로부터 중세기적 환상으로 표현형식과 수법을 점차 이전시켰다. 중세기적 환상은 비현실적이고 꾸며낸 것이지만 인간의 선하고 아름다운 것에 대한 지향으로부터 그렇게 되기를 바래서 환상적인 것을 끌어들인 데서 생겨낸 형상 수법의 하나이다. 전설은 처음에 사람과 그 주위세계를 해석하고 설명하려는 데로부터 발생한 것만큼 인물, 풍물, 지물, 유적유물 등에 대한 원인과 그 상황을 밝히는 것으로 이야기가 시작되었으며, 또 그 원인과 결부시켜 사람과 주위세계의 래원과 운명의 결말을 사건적으로 흥미있는 이야기거리로 꾸며내게 되었다.

  인물전설—력사이야기(사화)와 일정한 관계 속에서 발전
  력사전설—야사, 야담형식으로 엮어지며 일화와 환상적 요소 첨가
  지물전설—지형지물에 대한 형상적 해석, 지명전설이 다수
  풍물전설—유적유물과 기이한 동식물 래원 해석

북한의 설화문학에서 가장 큰 비중을 두는 갈래가 전설로 보인다. 그 발생 분화에 대한 관점은 남한과 크게 다르지 않고, 세부 분류항목도 거의 유사하다. 이는 북한의 문예이론이 '창작의 형식면에서 사실주의를 기반으로 하고, 내용면에서 사회주의적 경향성, 즉 당성·계급성·인민성을 중시해야 한다'[29]는 것과 전설의 갈래적 특성이 부합하기 때문으로 보인다. 이야기에 대한 증거물을 설명하기 위해 만들어졌다는 사실주의적 특성과 세계와 대결하는 과정에서 좌절하는 민중의 삶을 그린다는 서사구조, 대상에 대한 궁금증을 설명해 준다는 내용적인 측면이 계급성을 드러내고 인민교화로 나아가는 문예이론과 맞아떨어진다.

그 결과 북한에서 출간된 구전문학 자료집 가운데 가장 많은 수를 차지하는 것이 『조선사화전설집』이다. 최근까지 총 22집이 국내에 들어왔고, 또 다른 제목으로 지속적으로 출판되고 있다. 그 내용은 역사적인 이야기(사화)로, 역사서나 야사에서 소재를 취해서 창작하는 형식을 띠고 있다. 인물전설에

---

29) 통일부 편, 『북한이해 2009』, 2009, 200쪽.

대한 자료는 『조선력사일화집』을 주목할 수 있다. 시대별로 고조선의 여옥에서부터 조선의 이제마까지 총 74건을 표제어로 삼아 이야기를 창작하고 있다. 1994년과 1995년에 출판된 이 자료는 '준박사 김정설'에 의해 집필되었는데, 교수·박사인 김하명이 심사한 것으로 서지 사항이 명시되어 있다. 지물전설로 분류할 수 있는 자료는 『백두산전설』류로, 그림전설까지를 포함하면 수십 종이 출간되었다. 여기에는 백두산 일대의 지형지물에 대한 전설과 아울러 김일성 가계의 우상화 내용도 새로 창작되고 있다. 이와 같이 전설이라는 갈래는 인민의 교양학습 수단으로 활용 가치[30]를 인정받는 갈래임을 확인할 수 있다.

③ 민화(민담)는 전설이 보편화되는 과정에 평범한 사람들에 대한 이야기, 인정세태 생활과 관련된 항간의 이야기가 대중적으로 창조 전승되면서 생겨난 설화양식의 하나이다. 평범한 백성들 속에 일어난 아름다운 소행과 선악관계, 생활세태적인 이야기를 제재로 하여 못살고 불우한 것을 동정하고 어질고 지혜롭고 정의로운 것을 찬양하며 악한 것을 징계하는 데로 돌려졌다. 평백성에 대한 흥미있고 재미나는 이야기라는 데로부터 민담이라고 부르게 되었다. 민화는 전설이 나온 이후 시기, 즉 설화 창조 경험이 축적되어 가장 평범한 생활적인 이야기를 예술화하여 문학적 이이야기로 꾸며낼 수 있는 그런 력사적 단계에서 갈라져 나왔다고 할 수 있다.

정설적인 민화 —불우하고 가긍한 정상을 동정하여 환상을 섞음, 심청, 장화홍련.

풍자해학적 민화 – 풍자재담과 소화와 엉켜돌아감.

북한의 설화 분화에 대한 시각은 지나치게 역사발전 단계를 강조하는 측면이 보인다. 민담의 발생에 대해서도 『삼국사기』나 『삼국유사』의 설화들 중 전형적인 민화라고 할 수 있는 것이 없다는 시각이다. 민담이 고려시기 패설집 등에서 성행하다가 조선에 와서 전설에 못지않은 가장 보편적인 양식으로

---

30) 이에 대한 논의는 한정미, 『북한의 문예정책과 구비문학의 활용』, 민속원, 2007, 95~132쪽에 잘 정리되어 있다.

자리매김하였다고 보는 입장이다. 그래서 '야담'과 통용된다고 언급하고 있다. 그 예로 『어우야담』과 『청구야담』을 들고 있는데, 남한에서는 문헌설화·야담·한문단편 등으로 명명하며 구전설화와는 구별하는 관점과는 크게 다르다고 할 수 있다. 야담집에 수록된 이야기들이 물론 민간에서 전승되는 이야기를 수용한 경우도 있지만 편찬자의 개인 창작으로 볼 작품들이 다수이므로 따로 구분하는 것과는 대조적이라 할 수 있다. 곧 창작된 이야기까지도 민담의 범주에서 보는 시각이다.

④ 재담은 재치있게 꾸며진 기지있는 이야기, 탈놀이나 인형극에서 양반이나 중을 풍자 해학하는 데서 유래, 점차 어리석고 미련하기 그지없는 흉물스러운 자들을 기지있게 풍자 해학한 민담류, 근대에 와서 『팔도재담집』이 묶여지면서 양식에서의 명명으로 고착되었다.

⑤ 소화는 우스운 이야기로, 근대에 와서 잡지에서 표제화하여 자료를 실었다. 희극적인 인물의 어리석거나 우습강스러운 행위를 대상으로 하여 폭소를 터지게 하는 것만큼 육담과 함께 풍자해학적인 재담과도 통한다. 다 같이 웃음을 환기시킨다는 데서 공통적이며 희극적인 인물과 사실, 사건을 대상으로 하여 이야기를 기지있게 그리고 명랑하고 통쾌하게 끌고나간다는 데서 서로 통한다.

재담과 소화를 해학적인 민담류에서 독자적인 갈래명칭으로 자리매김하고 있다. 특히 그 발생을 역사적으로 추단하여 15세기 이후 독자적으로 분화하였다고 보고, 민화의 분화 발전과 함께 새롭게 형성공고된 독자적인 양식으로 분류하고 있다. 이러한 견해는 도덕성을 강조하고 애정윤리에 대해 강한 규범성을 보이는 북한의 문예이론에서 다소 벗어나는 경향으로 보인다. 특히 육담을 주로 다룬 소화집 『꽃바람』을 '륜리설화집'으로 표제화하여 출간31)한

---

31) 김정설 집필, 『꽃바람』, 2.16예술교육출판사, 2003의 머리글에 "꽃바람은 꽃시절에 이는 바람이다. 인생의 꽃바람은 인생의 꽃시절인 처녀총각 시절에 일어난다. … 처녀의 꽃시절은 총각의 꽃바람에 매듭 짓고 총각의 꽃시절은 처녀의 꽃바람에 매듭 짓는다."로 육담집의 출판

예도 보인다. 여기에 수록된 이야기는 〈중매의 유래〉, 〈기생이 한 판결〉, 〈함정에 빠졌던 단군〉, 〈처녀의 것과 총각의 것〉, 〈신랑감〉, 〈할가말가바위〉, 〈처녀의 약속〉, 〈새짐 벗고〉, 〈노래보다 아름다운 처녀 필란의 의리〉, 〈개 견 자〉, 〈성미 급한 사위〉, 〈열두고랑〉, 〈가장 적합한 혼사〉, 〈신선고삐〉, 〈대동강에 반다 선남〉, 〈울며 겨자 먹기〉, 〈미인의 명은 짧은가〉, 〈무우를 먹고 아이를 낳은 처녀〉 등이다. 이들 이야기는 남녀의 성기에 대한 언어유희, 쑥맥인 사위, 노총각이 장가간 이야기 등 문헌 육담과 유사한 분위기를 자아내고 있어 기존에 보아왔던 북한의 출판물과는 차이를 보인다. 아울러 단군을 끌어들여 혼속을 설명하는 등 창작적인 요소도 발견할 수 있어 출판물의 변화를 감지할 수 있다.

⑥ 우화는 교훈을 추구할 목적으로 인간생활을 의인화하여 어리석은 자를 깨우쳐주며 정면 비판보다는 우회적 방법을 쓰게 되면서 의인화된 상징적 형상을 창조하게 되었으며 교훈적인 이야기를 제재로 하여 짧고 단도직입적인 구성형식을 갖추게 되었다.

⑦ 동화는 어른들이 력사적으로 전하여 오는 이야기 가운데서 아이들의 년령 심리적 특성에 맞게 흥미를 끌 수 있는 설화들을 골라 "옛말"로 들려주다가 점차 이야기줄거리를 기이하고 환상적으로 창조해 내게 되었다.

북한의 설화 갈래에서 우화와 동화에 대한 비중이 크게 보인다. 문예에서의 교훈성을 강조하는 입장에서 동식물에 빗대어 인간을 교화하는 우화를 높게 평가한다고 볼 수 있다. 아울러 동화에 대해서는 평양지방의 〈잉어보은전설〉이 〈구슬을 찾아온 개와 고양이〉 동화로 개작되었다는 구체적인 예시를 통해 독자적인 설화 양식의 등장을 설명하고 있다. 그러면서 지난 시기 동화를 동식물 민담 영역으로 취급하였지만 세계적인 범위에서도 보편성을 띤다

---

의도를 밝히고 있다.

고 강조하고 있다. 이러한 시각은 남한의 설화 분류 체계에 비해 비교적 세분화되어 있으며, 그 분화 발생에 대한 논리가 다소 억척스럽지만 명확하게 제시되고 있다.

남한의 경우는 문학 연구에 있어서 갈래 형성에 대한 이론이야 학자들마다 다양하게 제시되고, 논쟁을 거친다. 그러나 북한의 경우 이러한 양식에 대한 논의가 당 주도의 선언처럼 명시되고 있어 좀 더 고찰할 필요가 있다.

### 3.3. 고전소설 연구 동향

북한의 고전소설에 대한 연구동향 전반을 논의하기에는 지면이 부족한 관계로 여기서는 본격적인 소설에 대한 논의가 이루어진 17세기를 대상으로 삼는다. 가장 최근의 자료가 김하명의 『조선문학사』4[32]이므로 이를 대상으로 그 서술 태도를 고찰하고자 한다.

북한의 문학사에서는 조선 후기를 세기별로 분할하여 논의하고 있다. 현전하는 작품의 분량이 이전 시대에 비해 월등히 많고 실증적인 연구가 가능하기 때문으로 생각된다. 특히 17, 18세기의 문학사에서는 소설에 대한 논의가 장황한 편이다. 북한 문학사에서 17세기 고전소설을 논의하는 특징적인 면모는 다음과 같이 정리할 수 있다.

① 17세기 고전소설의 활발한 창작을 임진, 병자 전란 후의 사회 변모에 따른 창작 욕구에서 비롯한 것으로 보고 있다. 전란 후 민족적 및 계급적으로 각성되어 사회적으로 적극적인 진출을 시작한 인민들은 소설 분야에서는 자기 계급의 미학적 요구를 제기하였으며 그 발전에 여러모로 작용하였다고 소설 발흥의 배경을 설명하고 있다. 그래서 이러한 시대적 요구에 따라서 17세

---

32) 김하명, 『조선문학사』4, 사회과학출판사, 1992.

기 초엽에 들어서면서 훈민정음으로 표시된 국문소설이 새롭게 발생하고 발전하게 되었다고 평한다. 그리고 이 시기 소설은 일순간에 생성된 것이 아니라 전시대 김시습이나 임제의 소설 창작 역량을 발전적으로 계승한 것으로 인식하고 있다.[33]

② 북한에서는 17세기 고전소설의 존재를 『화몽집』이라는 소설집을 통하여 찾고 있다. 여기에는 〈주생전〉, 〈운영전〉, 〈영영전〉, 〈동선전〉, 〈몽유달천론〉, 〈원생몽유록〉, 〈피생몽유록〉, 〈금화령회〉, 〈강로전〉 등 9편의 작품이 실려 있다고 그 실체를 언급하고 있다.

남한 문학사에서 17세기 고소설의 존재는 개별 작품이 필사되어 전하는 것으로 파악하고 있다. 그런데 북한에는 16, 17세기 작품으로 보이는 9편의 소설이 수록된 『화몽집』이라는 소설집의 존재를 언급하고 있다.

이 소설집의 편찬자는 밝혀져 있지 않으며 편찬연대로 명확한 것을 알 수는 없으나 책의 앞머리에 '천계 6년에 작품들을 싣는다'는 기록이 있는 것으로 보아, 천계 6년 즉 1626년 이전 시기에 씌여진 작품들을 수록하였다는 것을 짐작할 수 있다. 이 소설집에서는 임제의 작품인 〈원생몽유록〉과 같이 명백히 16세기에 창작된 것도 수록되어 있으나 나머지 대부분 작품들은 그 소재로 보나 일부 남아 전하는 관계 자료들로 보아 17세기 초엽에 창작된 것으로 짐작된다. 『화몽집』의 편찬은 그만큼 17세기에 와서 다양한 주제의 소설작품들이 활발히 창작되었다는 것을 말해준다.

③ 17세기 소설 문학 발전의 중요한 징표로 주제영역의 확대와 사회적으로 의의 있는 문제들을 주제로 하는 작품들이 많이 창작되었다고 논의하고 있다. 그리하여 '반침략 애국투쟁 주제의 소설', '사회비판과 개혁지향을 반영한 소설', '애정윤리 주제의 소설' 등으로 주제별 갈래를 분류하고 있다.

---

33) 김하명, 위의 책, 158쪽.

이 작품들을 주제별로 분류해보면 〈임진록〉, 〈박씨부인전〉, 〈임경업전〉 등은 일본 또는 여진 침략자들을 반대하여 싸운 우리 인민의 반침략 애국투쟁을 주제로 하였고, 허균의 〈홍길동전〉과 작자불명의 〈전우치전〉은 봉건사회의 계급적 모순을 기본 갈등으로 하여 인민들의 해방적 지향을 반영한 사회 정치적 주제를 다루고 있으며, 〈사씨남정기〉, 〈구운몽〉은 역시 이조 봉건사회 제도의 불합리성과 모순이 얽혀 있는 가정 윤리적 및 애정 윤리적 주제의 작품들이다. 17세기 이조 봉건 사회에 있어서 반침략 애국투쟁을 비롯한 이 모든 주제 분야는 당대 사회 현실을 직접 반영한 것으로서 이렇게나 인민들의 이해관계와 관련되어 있으며 사회적으로 중요한 의의를 가지었다.

17세기에 창작된 한문소설의 주제 분야도 국문소설의 그것과 별로 다른 것이 없다. 윤계선의 〈몽유달천록〉이 임진조국전쟁에서 공훈을 세운 애국자들을 찬양한 반침략 애국투쟁 주제의 작품이라면, 허균의 〈남궁선생전〉, 〈순군부군의 말을 듣고서-순군부여신의 원한〉, 〈장생전〉, 〈장산인전〉, 박동량의 〈임꺽정전〉 등은 당대 봉건사회 제도의 모순을 폭로 비판하면서 인민들의 해방적 지향을 반영한 사회 정치적 주제의 작품들이며, 류영의 〈운영전〉, 작자불명의 〈영영전〉 등은 남존여비, 존비귀천의 봉건 사회 도덕으로 하여 이루어지지 못한 청춘 남녀들의 애정 윤리에 대한 문제를 주제로 하고 있다. 소설집 『화몽집』에 수록되어 전하는 작자불명의 〈동선전〉은 애정윤리 주제와 반침략 애국투쟁 주체가 결합된 독특한 주제 사상적 내용을 담고 있다.[34]

④ 17세기 고전소설사의 획기적 특징으로 국문소설의 출현을 들고 있다. 〈홍길동전〉이나 〈사씨남정기〉 등을 논의하면서 지나치게 국문소설의 출현을 강조한 나머지 국문본, 한문본이 현전하는 경우는 대체로 국문본을 원전으로 평가하는 과오를 범하고 있다.

⑤ 문헌설화집 속의 일부 작품을 편의에 따라 단편소설로 논의하고 있다. 이는 남한보다 소설에 대한 인식이 광범위하게 설정된 결과라고 할 수 있다. 그리하여 잡기류에 실려있는 임꺽정 토벌 고사를 〈임꺽정전〉이라는 단편소설로 보고 중요하게 평가하고 있으며, 『어우야담』의 일부 이야기와 『요로원야화기』이야기를 단편소설로 보고 논의하고 있다.[35]

---

34) 김하명, 위의 책, 161쪽.

〈임꺽정전〉은 16세기 중엽 양반 통치배들을 반대하여 무장을 들고 일어나 싸운 농민무장대의 두령 임꺽정의 전기적 자료에 기초한 단편소설로 평가한 다. 금계군 박동량에 의해 찬술된 『기재잡기』 3권 말미에 수록되어 『대동야승』 제51권에 전한다. 남한에서는 도적 임꺽정의 토포 상황을 기술한 것으로 서, 설화적인 요소들이 많은 작품으로 보는[36) 반면에, 북에서는 인민의 갈망을 대변하는 훌륭한 단편소설로 보고 있다. 다음은 북한에서 〈임꺽정전〉에 대해 내리는 평가이다.

〈임꺽정전〉은 임꺽정이 이조 봉건 사회에서 가장 비천한 백정출신으로서 농민들을 규합하여 무장부대를 꾸리고 봉건 양반 통치배들의 착취와 압제를 반대하는 의로운 투쟁을 조직 전개하는 과정을 생활적 화폭으로 그리면서 17세기의 사회 정치적 변혁과 반봉건 투쟁의 인민적 성격을 예술적으로 일반화하였다. 지난 시기 전기소설 작품들이 흔히 주인공의 경력에서 특이한 사실들을 엮어 인물을 소개하는데 머물렀다면 이 소설은 농민무장대의 조직자, 지휘자로서의 임꺽정의 활동을 인민들과의 연관관계에서 그리면서 그 성격적 특성을 드러내 보여주는 모를 박아 예술적 재창조를 실현하였다. 이로하여 단편소설 〈임꺽정전〉은 17세기의 선진적 지향을 반영하고 있는 진보적 문학의 새로운 성과로 된다. 〈홍길동전〉이나 〈전우치전〉의 주인공들이 다 도술을 써서 당시 피착취 인민대중의 반봉건적 지향을 실현하는데 이바지하는 것으로 그려본 낭만주의적 형상이 라면 〈임꺽정전〉의 주인공은 아무런 환상적 계기도 없이 생활과 성격이 논리에 맞게

---

35) 17세기 초 류몽인의 『어우야담』에는 패설단계의 작품들과 함께 단편소설로 볼 수 있는 작품들이 들어 있으며 국문본과 한문본이 따로 있다. 그리고 17세기 후반기 박두세의 창작으로 전하는 단편소설 『요로원야화기』도 또한 한문본과 국문본이 전한다. 그런데 이 작품들의 국문본은 번역투가 전혀 없고 실상 어느 것이 원작이고 번역인지를 분간하기 어려울 만큼 서로 자기의 독특한 문체를 가지고 있으며 약간씩 내용상 차이도 있다. 국문단편소설 『요로원야화기』는 서울에 과거보러 갔다가 돌아오는 행색이 초췌한 시골양반과 의관이 선명하고 말을 타고 호사하는 서울 양반이 요로원의 한 주막에서 만나 서로 주고받는 이야기를 통하여 당시 양반들의 거드름, 인민들에 대한 가렴주구, 매관매직, 재판제도의 불공정성, 사색당쟁의 반인민적 성격을 폭로하고 있다. 『요로원야화기』는 이렇게 사회적 의의가 있는 문제를 예술적으로 재치있게 풀어나가고 있으며 본격적인 단편소설의 풍격을 갖춘 국문소설이라는 점에서 문학사적으로 의의가 크다(김하명, 위의 책, 242, 252쪽).
36) 김현룡, 『한국문헌설화』2, 건국대출판부, 1998, 453쪽.

현실 그대로의 구체성을 가지고 진실하게 그려낸 사실주의적 형상이다.37)

⑥ 작가에 대한 추정이 남한에 비해 쉽게 이루어지고 있다. 〈운영전〉의 작가를 '류영'으로 당연시하고 있다. 이러한 견해는 남한에서도 일부 논의된 경우는 있으나 현재는 작가미상으로 논의를 미루는 입장과는 차별된다.

소설 〈운영전〉은 일명 〈수성궁몽유록〉이라고도 하며 그 작자와 창작연대에 대해서는 지난날 문예사가들에 의하여 논의가 적지 않았으나 청파사인 류영에 의하여 17세기 초에 창작된 것으로 보는 것이 옳다. 소설 〈운영전〉은 먼저 기본 사건의 직접적인 관계자가 아닌 제 3자의 인물 류영을 등장시키고 그가 어떻게 남녀 주인공을 만나 그들의 비극적인 사랑이야기를 듣게 되는가 하는 과정을 생활적 화폭으로 그려보이면서 이야기가 시작된다. 류영은 소설의 시작과 마감 장면에서 등장인물로서 그려져 있으나 작품의 기본 사건과는 아무런 관계도 없고 그 주제 해명에 직접 작용하는 것이 없으며 다만 그 이야기를 들어서 전하는 사람, 작가의 기능을 수행하고 있다는 것을 알 수 있다.38)

이와 같은 특징을 가진 북한의 17세기 고전소설사에서 개별 작품에 대한 평가는 다소 편협된 방향으로 흐르고 있다. 체제옹호를 위한 아전인수격의 평가로, 애국주의를 강조하고 반봉건사상에 대해 높은 의미를 부여하는 실정이다. 반면에 인간의 순수한 내면을 다룬 애정소설에 대해서는 가치로운 것으로 평가하고 있다.


## 4. 결론

북한 고전서사에 대한 자료와 연구동향의 전모는 지금보다 훨씬 자유로운

---

37) 김하명, 앞의 책, 212쪽.
38) 김하명, 위의 책, 213~216쪽.

교류가 이루어진 다음에야 논의가 가능할지 모른다. 이러한 논의들이 또 하나의 억지 착오일 수 있다는 불안감이 크다. 연구 성과를 글로 접하는 것과 직접 대면하고 논쟁하는 가운데 파악하는 것이 다를 수 있다. 남북의 평화체제가 눈앞에 다가온 시점에서 북한의 고전문학자와 토론하는 학술회의가 조만간 도래할 것으로 기대한다.

북한의 문학 연구가 김일성의 교시나 김정일의 지시, 주체문예이론 등의 제약을 강하게 받아 획일화되었다는 견해가 일반적이다. 그러나 문학 창작의 경향성이 변화하는 것처럼 고전문학 작품에 대한 평가 시각도 달라질 수 있다. 당 주도로 모든 것이 재단되는 사회라고 해도 김일성 시대와 김정일 시대의 분위기는 다를 수 있다. 그 기미를 문학에 대한 평가에서 찾을 수 있지 않을까? 주체사상 이후 문학 갈래로서 판소리가 삭제되었다가 다시 극문학의 일부로『조선문학사』6[39])에 등장하고 있으며, 국가 조치에 의해 금지되었던 민속놀이를 민족의 생활문화로 다시 복구하는 변화를 움직임도 있다고 하였다. 애정윤리와 도덕성을 강조하는 가운데서도 대중의 흥미를 위한 육담을 다수 포함한 소화집이 출판되기도 한다. 이러한 변화는 분단 이후 이질화되었다고 단정해 버린 북한 문학에 대한 평가와 남한의 연구가 만날 수 있는 접점이 아닐지. 이러한 접점을 찾기 위해 불안함과 갑갑함 속에서도 지속적인 관심이 가져야 할 것이다.

---

39) 김하명, 『조선문학사』6, 과학백과사전종합출판사, 1999.

# 참고문헌

「조선어문」(2005-2009), CD본, 사회과학출판사 & 조선메디아, 2009.

「김일성종합대학학보(어문학)」(1997-2009), CD본, 김일성종합대학출판사 & 조선메디아, 2009.

과학원 언어문학연구소 문학연구실, 『조선문학통사』상·하, 과학원출판사, 1959(국내 유통—화다, 1989).

김일성종합대학 편, 『조선문학사』1·2, 김일성종합대학출판사, 1982(국내 유통—천지, 1989).

김정설 집필, 『꽃바람』, 2.16예술교육출판사, 2003.

김춘택, 『조선고전소설사연구』, 김일성종합대학출판사, 1986(국내 유통—『우리나라고전소설사』, 한길사, 1993).

김하명, 「당의 현명한 영도 밑에 우리 나라 문학예술이 걸어온 자랑찬 50년」, 『조선어문』, 1994년 4호.

리동원, 「설화양식의 분화 발전에 대한 고찰」, 『김일성종합대학학보(어문학)』, 2008년 1호.

리창유, 「우리 식 문학건설에서 고전문학이 노는 중요역할」, 『조선고전문학연구』1, 문학예술종합출판사, 1993.

사회과학원 문학연구소, 『조선문학사』 전3권, 과학백과사전출판사, 1977~1981(국내 유통—이회문화사, 1998).

정홍교·김하명·류만 외, 『조선문학사』 1~16, 사회과학출판사(과학백과사전출판사), 1991~2012(국내 영인출간).

정홍교·박종원·류만, 『조선문학개관』1·2, 사회과학출판사, 1986(국내 유통—진달래, 1988).

조선문학창작사 고전문학실, 『고전소설해제』1·2·3, 문예출판사, 1988, 1992, 1993(국내 유통—『한국고전소설해제집』上·下, 보고사, 1997).


권도희, 『북한의 전통음악』, 서울대출판부, 2002.

김기창·이복규, 『분단이후 북한의 구전설화집』, 민속원, 2005.

김대행, 「북한의 문학사 연구—문학의 역사를 보는 시각」, 『시와 문학의 탐구』, 역락,

1999.

김재용, 『북한 문학의 역사적 이해』, 문학과 지성사, 1994.

김종군, 「남북문학사의 고소설 형성론에 대한 비교」, 건국대 통일인문학연구단 편, 『분단극복을 위한 인문학적 성찰』, 선인, 2009.

김종군 외, 『고전문학을 바라보는 북한의 시각』(고전산문1), 박이정, 2011.

김종군 외, 『고전문학을 바라보는 북한의 시각』(고전산문2), 박이정, 2012.

김종군 외, 『고전문학을 바라보는 북한의 시각』(고전시가), 박이정, 2015.

김현룡, 『한국문헌설화』2, 건국대출판부, 1998.

김화경, 『북한 설화의 연구』, 영남대출판부, 1998.

민족문학사연구소, 『북한의 우리문학사 인식』, 창작과 비평사, 1991.

설성경 · 유영대, 『북한의 고전문학』, 고려원 1990.

설성경, 「남북한 문학사의 비교」, 김열규 외, 『한국문학사의 현실과 이상』, 새문사, 1996.

설성경 · 김영민, 「통일문학사 서술을 위한 단계적인 방안 연구」, 『통일연구』제2권 제1호, 연세대학교 통일연구원, 1998.

성기조, 「북한문학 40년사 −시 · 소설분야」, 『동양문학』 2, 동양문학사, 1988.

신동흔, 「남북 고전문학사의 만남을 위하여」, 건국대 통일인문학연구단 편, 『분단극복을 위한 인문학적 성찰』, 선인, 2009.

윤재근 · 이형기 외, 『북한의 현대문학』 Ⅰ · Ⅱ, 고려원, 1990.

이복규, 「북한의 문학사 서술양식」, 『국제어문』 9 · 10합집, 국제어문학연구회, 1989.

전영선, 「북한의 한문학 연구동향과 한문 교육, 고전소설 연구 현황」, 『한국문화기술』 6, 한국문화기술연구소, 2008.

전영선, 『북한 민족문화정책의 이론과 현장』, 역락, 2005.

정병헌, 「북한의 구비전승」, 『북한민속 종합조사보고서』, 문화재관리국, 1997.

정창현, 『북녘의 사회와 생활』, 민속원, 2007.

조규익, 「통일시대 한국고전문학사 서술의 전망」, 『온지논총』 11, 온지학회, 2004.

조희웅, 「북한소재 고전소설 서목 검토」, 『한국고전소설과 서사문학』, 집문당, 1998.

최웅권, 『북한의 고전소설 연구』, 지식산업사, 2000.

최철 · 전경욱, 『북한의 민속예술』, 고려원, 1990.

통일부 편, 『북한이해 2009』, 2009.

한국문학연구회, 『1950년대 남북한 문학』, 평민사, 1991.
한정미, 『북한의 문예정책과 구비문학의 활용』, 민속원, 2007.
황패강, 「남북문학사의 과제」, 『한국 고전문학의 이론과 실제』, 단국대 출판부, 1997.

# 재일조선인 시인 金時鐘의 언어 세계
## - 2000년 이후 작품을 중심으로 -

오카자키 료코*

## 1. 들어가며[1]

金時鐘[2](1929-)은 재일조선인 1세이자 일본어로 문학활동을 하는 시인이다. 그는 식민지 조선에서 태어나고 자랐지만, 일본의 교육을 받으며 그 누구보다도 더 일본인이 되려고 노력한 황국소년이었다. 따라서 일본어와 일본의 시에 익숙해짐으로써 일본어는 그의 의식을 지배하는 언어가 됐다. 1945년

---

\*   일본 리츠메이칸대 문학연구과 박사과정

1)   먼저 본고에서 사용하는 명칭에 대해 언급하고자 한다. 본고에서는 재일동포와 한국어를 金時鐘의 언급에 따라 "재일조선인"과 "조선어"로 사용한다. 하지만 金時鐘이 대담 중에서 "在日"이라고 할 때는 구어이기 때문에 "자이니치"로 표기한다. 다음으로 "제주(제주도) 4·3 사건(항쟁)"에 대해 여러 견해가 있지만 본고에서는 "제주 4·3"을 사용한다. 金時鐘은 『朝鮮と日本に生きる(조선과 일본에 살다)』(2016)에서 「四·三事件」이나 「四·三」으로 표기하고 있다.

2)   金時鐘의 주요한 창작시집은 다음과 같다. 『地平線』(1955), 『日本風土記』(1957), 『新潟』(1970), 『猪飼野詩集』(1978), 『光州詩片』(1983), 『「在日」のはざまで』(1986), 『化石の夏』(1998), 『わが生と詩』(2004), 『境界の詩』(2005), 『再訳 朝鮮詩集』(2007), 『失くした季節』(2010), 『朝鮮と日本に生きる』(2015).

해방 후 그는 처음으로 자신이 조선인이라는 현실과 마주해, 일본인이 되려고 했던 자신에게 거리를 두기 시작했다. 이 때부터 조선인으로서의 정체성에 눈을 떠, 조선어를 되찾으려고 조선어 습득에 힘을 쓰기 시작했다. 그 후, 1948년에 일어난 제주 4·3으로 인해 당시 남조선노동당의 일원이었던 金時鐘은 일본으로 넘어왔다. 그는 식민지시기에 심어진 일본어를 재일조선인 관점으로 재해석하려고 노력하는, 이른바 일본어의 탈식민지화를 시도하려고 한 작가로 잘 알려져 있다.

金時鐘에 대한 연구는 1970년대 후반 磯貝治良와 梁石日을 중심으로 시작됐다. 특히 梁石日은 잡지『ヂンダレ(진달래)』에서 함께 활동을 했던 경험을 토대로 金時鐘의 언어 세계와 정체성에 대해 논했다.[3] 2000년대에 들어, 細見和之는 디아스포라의 관점으로 구체적인 작품 분석을 한 金時鐘론을 발표했다.[4] 또 吳世宗은 金時鐘 고유의 서정에 대해 분석하기도 했다.[5] 최근에는 浅見洋子가 金時鐘의 시마다 주석을 달아가며 각 시집의 주제를 분석하는 작업을 한 것[6]이나, 權保慶이 金時鐘과 한국 근대시인 김지하 (1941-)[7]와의 관계성에 대해 논한 것 등 金時鐘론이 매우 다양하다.

이와 같이 현재까지 수 많은 선행연구가 축적되어 있다.[8] 선행연구의 대

---

3) 梁石日,「金時鐘論」,『アジア的身体』, 青峰社, 1990, pp.126-218.

4) 細見和之,『ディアスポラを生きる金時鐘』, 岩波書店, 2011.

5) 吳世宗,『リズムと抒情の詩：金時鐘『長篇詩集新潟』の詩的言語を中心に』, 藤原書店, 2010.

6) 見洋子, 2013年度博士学位申請論文『金時鐘の言葉と思想：注釈的読解の試み』, 大阪府立大, 2013.

7) 權保慶,「金時鐘における民衆と諷刺 ――九七〇年代の金芝河との連をめぐって―」,『朝鮮学報』제240호, 朝鮮学会, 2016, pp.41-70.

8) 한국에서의 金時鐘에 관한 선행연구는 다음과 같은 것을 들 수 있다. 남승원,「金時鐘 시의 공간과 역사 인식 ―제주에서 니이가타(新潟)까지」,『영주어문』32권0호, 영주어문학회, 2016, 77-96쪽; 김계자,「金時鐘 시의 공간성 표현과 '재일'의 근거」,『동악어문학』제67집, 동악어문학회, 2016, 177-204쪽; 고명철,「구미중심의 근대를 넘어서는 아시아문학의 성찰」,『비평문학』제54호, 한국비평문학회, 2014, 7-29쪽; 하상일,「비판적 현실 인식과 민족 정체성의 회복: 재일 디아스포라 시문학의 역사와 현재」,『계간 시작』제11권 제4호,

부분은『地平線(지평선)』(1955),『新潟(니이가타)』(1970),『猪飼野詩集(이카이노 시집)』(1978) 등 1950년대부터 1990년대까지의 작품을 연구 대상으로 한 것이다. 하지만 金時鐘은 최근에 들어 더욱 더 활발한 창작 활동을 전개하고 있다.[9] 그럼에도 불구하고 2000년대 이후에 간행된 새로운 작품을 대상으로 한 연구는 적은 상태이기에 본고에서는 지금까지 연구 대상으로 다뤄지지 못한 2000년 이후의 작품에 초점을 맞추고자 한다. 특히 金時鐘의 언어 세계를 구성하고 있다고 생각되는 조선어에 대한 고찰은 아직 충분히 못하고 있다. 또한 2000년 이후 그의 윤동주(1917-1945) 시 번역 작업을 분석하거나 그것과 창작시집에 연관성을 논한 것은 거의 없다고 할 수 있다. 따라서 본고에서는 金時鐘의 언어 세계, 특히 조선어와의 관계에 대해 살펴보고자 한다.

먼저 최근에 발간된『朝鮮と日本に生きる(조선과 일본에 살다)』(2016)와『「在日」に生きる("재일"을 살다)』(2018)를 중심으로 조선어에 대해 언급한 내용을 살펴보고자 한다. 그 다음으로 2004년에 발간된 윤동주 시집 번역본을 살펴보고 金時鐘이 윤동주와 그의 시를 어떻게 받아들였는지에 대해 고찰하겠다. 그리고 번역시에서 볼 수 있는 金時鐘의 "고향"의 개념에 초점을 맞춰, 번역시와 창작시와의 연관성을 논하고자 한다.

---

천년의시작, 2012, 24-43쪽.

9)  최근에 발표된 金時鐘의 작품은『朝鮮と日本に生きる ―済州島から猪飼野へ』(岩波書店, 2015), 佐高信, 『「在日」を生きる』, (集英社, 2018),『幻の詩集.復元にむけて : 詩集「日本風土記」「日本風土記II」』(藤原書店, 2018),『背中の地図 金時鐘詩集』(河出書房新社, 2018) 등을 들 수 있다.

## 2. 산문을 통해 보는 조선어

### 2.1. 金時鐘의 언어 세계

일본에 와서 金時鐘은 1950년에 일본공산당에 입당했고 그 조직 하에 있던 재일본조선인연맹의 일원으로서 문학활동 등 각종 문화활동에 참여했다. 문학활동으로 1953년부터 1959년까지 발간된 잡지『진달래』에 일본어 시와 평론 등을 발표했다. 그런데 1955년 재일본조선인연맹이 1국1당 원칙을 내세우며 일본공산당을 벗어나 조선민주주의인민공화국 산하 조직이 됐고, 이에 따라 문학활동도 조선어로 해야 한다는 방침을 내리게 됐다. 이에 반해 金時鐘은『진달래』에서 자신의 정체성과 언어 세계에 대해 다음과 같이 언급했다.

조선어의 시 다운 시는 하나도 못 썼습니다 …생략… 저는 재일이라는 부사를 갖고 있는 조선인입니다. …생략… 저는 국어를 의식적으로 조선어라고 자신한테 말하는 것으로 인하여 조선어가 국어가 됩니다.10)

이 때부터 金時鐘은 재일조선인으로서 일본어로 시를 쓰기로 결심했고, 재일본조선인총연합회를 떠나 스스로 문학활동을 하며 식민지시기에 뿌리내린 일본어를 재정립하려고 노력했다. 이 과정에서 일본어와 조선어 어느 쪽도 아닌 스스로 창조한 "재일조선인어로서의 일본어(在日朝鮮人語としての日本語)"라는 언어 세계를 만들어 갔다. 본 장에서는 金時鐘의 언어 세계에 대해 정리하고 특히 金時鐘과 조선어의 관계에 대해 고찰하고자 한다.

---

10) 원문: "朝鮮の詩らしい詩は一向に書けませんでした。…省略… 私は在日という副詞をもつた朝鮮人です。…省略… 私は、国語を意識的に朝鮮語であると云い聞かせることによつて朝鮮語が国語になつています(金時鐘「盲と蛇の押問等−意識の定型化と詩を中心に」復刻版『ヂンダレ』18호, 不二出版, 2008, pp.2-8)"

먼저 金時鐘이 사용하는 언어를 크게 네 가지로 분류하고자 한다. 즉 심어진 "일본어", 빼앗긴 "조선어", 부모로부터 전해진 "생리(生理)언어", "재일조선인어으로서의 일본어"이다. 구체적으로 말하자면, 그가 식민지 조선에서 일본어 교육을 받아 일생 그의 의식을 지배한 언어가 심어진 일본어고, 해방 후에 조선인으로서의 정체성으로 찾으려고 새로 배웠던 것이 빼앗긴 조선어였다. 그럼에도 불구하고 그는 심어진 일본어에서 벗어날 수 없었고 "일본어에 대한 보복(日本語への報復)"이라는 개념을 가지고 일본어로 문학활동을 하기로 했다. 그중에서도 그의 언어 세계의 기저에 있는 것이 부모로부터 전해진 "생리언어"이다. 그리고 "재일조선인어으로서의 일본어"는 그가 빼앗긴 조선어를 되찾고 심어진 일본어를 해체하는 과정에서 의식적으로 창조한 일본어다. 이에 대해 金時鐘은 "자신의 말이란 무엇인지에 대해 열심히 생각하게 됩니다. 나는 재일조선인어으로서의 일본어라고 말해 왔습니다"[11]라고 언급하고 있다.

다음으로 金時鐘의 언어 세계를 시기별로 세 가지로 나누어 생각해보고자 한다. 먼저 제 1기(1955-1969년)는 그가 일본어로 문학활동을 하며, 조직에서 비판을 받으면서도 재일조선인으로서 일본어로 문학활동을 하고자 했던 시절이다. 제 2기(1970-1999년)는 일본어도 조선어도 아닌 "재일조선인어으로서의 일본어" 사용을 주장하며 의식적으로 이것을 작품에 드러내던 시절이다. 제 3기(2000년-현재)에서는 "일본어에 대한 보복"의 개념을 명확히 내세우기 시작했다. 그리고 제주 4·3의 체험했다는 고백하기 시작했던 것도 바로 이 시기다. 그와 동시에 조선 근대시를 번역했다는 것도 주목할 만하다. 이 시기에 金時鐘은 자신의 언어 세계를 다시 한번 발전시킬 수 있었다고 할 수 있다. 다음에서 2000년 이후 金時鐘이 자신의 언어 세계에 대해

---

11) 원문: "自分の言葉とは何かを必死で考えるようになりました。ぼくは"在日朝鮮人語としての日本語"という言い方をしてきています(金石範, 金時鐘著, 文京洙編『なぜ書きつづけてきたかなぜ沈沈してきたか : 済州島四·三事件の記憶と文学』, 平凡社, 2001)."

어떻게 언급하는지에 대해 살펴보고자 한다.


## 2.2. 2000년 이후의 언급

### 2.2.1. 해방과 언어

金時鐘이 발표한 문학 작품은 크게 두 가지로 나눌 수 있다. 하나는 번역시를 포함한 시 작품이고 다른 하나는 수필이나 대담의 기록으로 그의 삶과 사상을 알려주는 산문이다. 특히 2000년 이후 金時鐘은 자신의 사상과 제주 4·3에서의 체험을 고백하기 시작했다. 그 후부터 조선에 있었을 때의 일들을 자세히 알려주는 수필이 나왔다.

여기서는 최근에 발표된 자전적 요소가 강한 『조선과 일본에 살다』(2016)와 그의 언어 세계와 사상을 많이 드러낸 대담의 기록 『"재일"을 살다』(2018)을 살펴보자고 한다. 『조선과 일본에 살다』에서는 주로 어린 시절과 도일 후까지의 사건들에 대해 언급하는 것에 비해 『"재일"을 살다』에서는 도일 후부터 현재에 이르기까지 일본 사회와 문학계에 대한 그의 경험과 생각을 이야기하는 것이 특징이다.

앞에서 말한 것과 같이 『조선과 일본에 살다』에서는 金時鐘의 어린 시절이 많이 언급된다. 그에 따르면 金時鐘은 부산에 있는 해변의 함바(飯場)[12]에서 태어나, 세 살 때 원산에 있는 할아버지에게 보내졌다. 그리고 어머니가 식당을 운영하던 제주도로 가서 1937년에는 보통학교에 입학했다. 1942년에는 광주에 있는 사범 중학교에 입학했다. 그로부터 삼년 뒤에 해방을 맞이하게 된다. 이와 같이 金時鐘은 부산, 원산, 제주, 그리고 중학교 입학 뒤에는 제주와 광주를 오가게 됐다.

해방 직전까지 중학교에서 황민화 교육을 받았던 金時鐘이 해방을 어떻게

---

12) 노동자들이 단체로 거주하며 숙식을 해결하던 합숙소와 같은 간이 건물.

받아들였을까. 그리고 그와 더불어 일본어에 대한 인식이 어떻게 변했을까. 金時鐘은 2015년에 해방에 대해 다음과 같이 언급했다.

그로부터 70년 가까이 지났음에도 "나는 무엇으로부터 해방되었는가"라는 자문은 지속됩니다. …생략… "해방"은 좋든 싫든 내 일본어를 닫은 변전(変転)이었습니다만, 일본어가 길러낸 감성까지 바꾼 이변(異変)은 아니었습니다.[13]

이것은 해방으로부터 70년이 지나도록 金時鐘 개인은 식민지 지배에서 해방되지 못 했다는 것을 의미한다. 특히 "일본어"나 일본어를 통해 길러진 감성으로부터 해방되지 못했다고 그는 말한다. 이는 『"재일"을 살다』에서도 계속 이야기 되고 있다.

저의 전쟁체험이 간단하게는 과거 완료형이 되지 않습니다. …생략… 일본어라는 것은 저의 골수까지 스며드는 언어입니다. 지금도 사물을 생각할 때는 가슴 속에서 소용돌이 치고 있는 것을 일본어에 대조시켜서 자신의 말을 찾아내는 과정을 거칩니다.[14]

위에서도 드러나듯, 金時鐘에게는 식민지 지배와 전쟁 체험이라는 것이 아직까지도 끝나지 않았음을 알 수 있다. 또 그가 말을 창조하는 과정에 대해서도 설명하고 있는데, 그것은 마음 속에 있는 것을 "일본어"와 대조시킨 후에 "자기의 말"을 찾아내는 것이라고 한다. 金時鐘은 "일본어"와 "자기의 말"

---

13) 원문: "あれから七〇年近くがったにもかかわらず何から私は解放されたのか、という自問は依然としてつづいています。…省略…「解放」はいやおうなく私の日本語を閉ざした異変ではありましたが、日本語で培われた感性まで変えた変転ではありませんでした(金時鐘, 『朝鮮と日本と生きる』, 岩波文庫, 2015, pp.67-68, 윤여일역『조선과 일본에 살다』, 돌베개, 2016, 74-75쪽)."

14) 원문: "僕は体がなかなか過去完了形にはならないんですね。…省略… 日本語というのは僕の骨にまで沁みている言葉です。今でも物事を考えるときには胸のうちで渦を巻いているものを、日本語に対照させて、自分の言葉を探し出すというプロセスになっていますのでね。(金時鐘, 『「在日」を生きる』, 集英社, 2018, p.20)"

을 구별한다. "일본어"는 "자기의 말"을 찾아내는 과정에서의 일종의 검문이라고 이해할 수 있고, 그렇다면 "자기의 말"은 그 검문을 통과한 후의 "재일조선인어로서의 일본어"라고 해석할 수 있을 것이다. 위와 같이 해방 직후부터 현재까지의 金時鐘의 언어 세계에 대해 살펴보았다. 그렇다면 해방 이전의 언어 세계, 특히 金時鐘과 조선어의 관계는 어땠을까.

### 2.2.2. 유소년기의 조선어

본고에서는 金時鐘의 언어를 구분하며 "조선어"를 빼앗긴 조선어라고 의식적으로 표현했다. 그가 식민지 조선에서 일본어로 언어 의식을 지배당했다고 하더라도 어린 시절을 조선에서 보냈다면 일상생활 속에서는 조선어를 사용했을 것이라고 추측해 볼 수 있다. 그래서 빼앗긴 조선어의 대상이 되는 조선어가 어떤 것인지 검토하거나 그것에 대한 언급을 살펴보는 것은 金時鐘에게 조선어의 세계가 어떠한 형태로든 존재한다는 것을 의미한다. 실제로 金時鐘은 해방 전까지 사용했던 조선어에 대해 다음과 같이 언급한다.

조선에서 태어나 조선의 부모가 계신 곳에서 자랐으면서도 자신의 나라에 대해서는 도통 아무것도 몰랐습니다. 후일 어머니는 외동아들인 너를 생각해 아버지도 잠자코 계셨던 거라며 무마해주셨습니다. 말도 토착어인 제주방언밖에 못하고 글자도 가나다라의 가 하나 한글로는 받아쓰지 못하는 나였습니다.[15]

이 언급에 따르면 金時鐘은 황국소년으로 일본어에 심취해 있으면서도 일상생활에서는 제주말을 사용했다는 것을 알 수 있다. 그래서 일상적 회화에

---

15) 원문: "朝鮮で生まれて朝鮮の親許で育っていながら, 自分の国についてはからっきし何も知りませんでした。後日, 母はひとりっ子のお前を思ってお父さんも黙っていたのだと取り成してくれてはいましたが, 言葉も土着語の済州弁しか話せず, 文字もアイウエオのアひとつ, ハングルでは書き取れない私だったのです。(金時鐘, 『朝鮮と日本と生きる』, 위의 책, p.4, 여일역 『조선과 일본에 살다』, 위의 책, 9쪽)"

서는 제주말을 쓰며 학교에서는 일본어를 썼다고 추측된다. 실제로 金時鐘은 학교에서 일본 선생님에게 "違います(그렇지 않습니다)"고 대답해야 할 때 조선어 "아닙니다"를 그대로 번역해서 "いいえ(아닙니다)"라고 말하는 바람에 선생님에게 혼이 났다는 일본어 실패담을 이야기했다.[16] 이처럼 어린 시절 金時鐘은 조선어에서 일본어로 번역이 필요했다.

또 학교에서 일본어와 조선어를 섞어서 쓰는 말장난이 유행했다는 추억에 대해서도 언급한다. 예를 들면 "배가 고메 고메(쌀쌀) 아프다"고 하며, "살살"과 비슷한 발음인 "쌀"을 일본어로 바꿔서 "고메(米)"라고 하던 말장난이 있었다고 한다. 그것에 대해 金時鐘은 "일본어를 얼버무린 불손함이 당대 자신이 할 수 있는 만큼의 반발이었다"[17]고 회상한다. 이 말장난은 해방 후 그가 일본어를 이화(異化)하려고 실천하는 모습과 동일하다고 할 수 있다. 어릴 때부터 일본어에 지배된 환경에 있어도 일본어와 조선어 사이를 왔다갔다 한 결과, 이런 익살적 언어 감각을 가질 수 있었다고 생각된다.

金時鐘이 조선어와 일본어를 가지고 말장난을 할 수 있을 만큼의 조선어를 가지고 있었다는 것을 알게 됐다. 金時鐘의 조선어는 그의 의식에 들어갈 기회를 빼앗겼지만 어린 시절에 경험한 조선어는 여전히 기억 속에 남아 있는 것이다. 즉 金時鐘에게 유소년기의 조선어 체험은 일본어를 이화할 때 큰 도움이 되었을 것이다.


### 2.2.3. 생리(生理)언어

조선어와 金時鐘이 독자적 언어 세계를 창조할 때 중요한 언어로 "생리(生理)언어"를 들 수 있다. 예를 들면 金時鐘은 해방 후, 황국소년이었던 자신에게 조선인으로서의 정체성을 소생시켰던 것은 아버지가 불렀던 조선어 "클

---

16)  金時鐘, 『わが生と詩』, 岩波書店, 2004, pp.18-20.
17)  金時鐘, 『朝鮮と日本と生きる』, 위의 책, pp.15-17.

레멘타인의 노래"라고 말하며 이것이 "생리언어"라고 언급한다. 또 그는 "생리언어"에 대해 "사전을 사용해도 알 수 있다는 것이 아니다. 삶의 전승을 공통적으로 가지고 있는 사람들끼리 서로 공명하는, 즉 몸의 소통 방식이다"[18]고 설명한다. 역시 2018년에 발표된 『"재일"을 살다』에서도 金時鐘은 계속해서 "생리언어"에 대해 다음과 같이 언급한다.

전쟁의 끝난 후에도 계속 일본에서 살았던 "자이니치(在日)"에게도 그런 마음이 있다고 생각합니다. 말에는 "생리언어"라는 것이 있고 그것은 저의 조어이지만, 그것을 통해 자이니치 안에서 세대를 넘어 전승되는 지향이나 감각적인 것이 있습니다.[19]

이 인용문에 따르면 "생리언어"란 것은 金時鐘이 조선과 일본에서 살아가면서 몸으로 체득한 "지향"이나 "감각" 과 같은 "언어"라는 것을 알 수 있다. 또한 金時鐘은 그 예로 다음과 같은 이야기를 소개한다. 일본 사람이 가지고 있는 칭찬하는 문화나 "いいえ(아닙니다)"의 문화와 비교하면서 재일조선인의 문화에 대해 언급한 부분이다.

자이니치(在日)가 많이 모여 사는 동네에서 아기를 안고 있는 어떤 엄마와 만났다고 하면, 연배가 있는 아주머니들은 아이한테 "귀여운 아이다"고 하지 않습니다. 오히려 그 반대입니다. 아이의 뺨을 꼬집으며 "아이고, 이 못난 녀석"이라고 말합니다. 귀여운 것을 귀엽다고 말하지 않습니다.[20]

---

18) 원문:"辞典を操って分かるような代物ではない。暮らしの伝承を共通して持ち合わしている者同士がひびき合う、あの体ごとの了解のこと。(金時鐘, 『「在日」のはざまで』, 立風書房, 1986, p.445)"

19) 원문:"戦後に育った在日の人たちにも、そういう思いはあると思います。言葉には生理言語というものがあって、『生理言語』とは僕の造語ですが、それを通じて、在日のなかで世代を越えて受けがれる好みや感のようなものがある。(金時鐘, 『「在日」を生きる』, 위의 책, pp.86-87)"

20) 원문: "生活の密集している、在日の集住地なんかで、赤子を抱いたお母さんと出たとしますよね。年のいったおばさんたちは、『可愛い子だ』とは言わない。むしろ逆なのよ。赤子のをつねりながら『この出来そこないが』などと言うんです。可愛いことを可愛いとは言わない。(金時

그 후에 金時鐘은 이와 같은 말을 일본 사람에게 하면, 그 말의 의미가 통하지 않는다고 언급한다. 이와 같이 재일조선인 사이에서만 이해되는 "언어"가 金時鐘이 말하는 "생리언어"다. 그것은 조선어와 일본어라는 국가 단위의 언어가 아니며 "언어"라는 범주 바깥에 있는 개념이라고 할 수 있다. 金時鐘에게는 유소년기에 자연스럽게 아버지로부터 이어 받은 "클레멘타인의 노래"나 재일조선인 동네에서 쓰이는 일본 사람에게는 통하지 않는 말 등 누가 가르쳐주지 않아도 몸으로 체득한 언어다. 이런 언어감각이 심어진 "일본어"를 재정립하는 실마리가 되었을 것이다. 따라서 "생리언어"는 金時鐘이 "재일조선인어로서의 일본어"를 만들어갈 때 중요한 언어라고 볼 수 있다. 그러면 지금까지 살펴보았던 "조선어"나 "생리언어"는 그의 작품에서 어떻게 나타나고 있을까. 다음 장에서 구체적으로 작품 분석을 하면서 고찰하고자 한다.


## 3. 윤동주 시 번역을 통해 보는 조선어

### 3.1. 윤동주에 대한 金時鐘의 평가

金時鐘이 재일조선인으로서 일본어로 시를 써가는 과정에서 조선 근대시를 번역한 두 작업도 중요하다. 하나는 윤동주의 시를 번역한 것이고, 다른 하나는 식민지 시기 일본에서 발표된 김소운 (1907-1981)의 『朝鮮詩集(조선시집)』(1954)을 재번역한 것이다. 그는 2004년에 윤동주의 『空と風と星と詩(하늘과 바람과 별과 시)』(1948)를 번역해서 발표했고, 2007년에는 김소운의 『조선시집』을 다시 번역한 『再訳 朝鮮詩集(재역 조선시집)』을 발표했다. 이 두 가지 번역은 金時鐘이 2000년 이후에 조선 근대시를 번역하며

鐘, 『「在日」を生きる』, 위의 책, pp.87-88)"

조선어와 다시 만나게 된 중요한 작업이고, 이후 金時鐘의 언어 세계와 창작시에 영향을 주었을 것이다. 본고에서는 특히 金時鐘이 처음으로 번역한 윤동주의 시에 주목해보고자 한다. 먼저 金時鐘이 윤동주를 어떻게 바라보았는지에 대해 살펴보고 실제로 金時鐘이 윤동주의 대표적인 시「序詩」를 어떻게 번역했는지에 대해 살펴보고자 한다. 그리고 마지막으로는 번역시와 창작시를 비교분석해 번역시에 나타난 그의 사상과 창작시와의 연관성을 검토해 보겠다.

金時鐘이 윤동주에 대해 언급한 수필로는 번역본『하늘과 바람과 별과 시』[21]의 권말에 있는「解説に代えて ─尹東柱生と詩の光芒(해설을 대신하여 -윤동주 생과 시의 광망)」(2012)과『わが生と詩(나의 생과 시)』(2004)를 들 수 있다. 여기서는 특히 전자를 분석함으로써 金時鐘이 윤동주를 어떻게 인식하고 어떻게 평가하는지 살펴보겠다.

金時鐘은 당대 상황과 시들을 고려하면 윤동주의 시는 1930년대 식민지하라는 시대 의식과 동떨어진 나긋나긋하고 연약한 소망과 중얼거림을 모아놓은 시집으로 받아들여졌을 것이라고 본다.[22]

그러면 金時鐘은 시대 상황과 무관해 보이는 윤동주의 중얼거림을 어떻게 이해하려고 했을까. 먼저 金時鐘은 윤동주를 "민족 저항의 상징"이라는 이미지로 생각하는 것을 비판한다. 그는 윤동주가 "식민지주의에 저항하는 시인"이라고 이해하는 것은 독자가 만든 이미지고, 이 측면이 강조되면 윤동주 시의 본질을 제대로 알 수 없다고 지적한다.[23] 그러면서 자신이 윤동주의 시를

---

21) 金時鐘은 2004년에 윤동주의 번역 시집『하늘과 바람과 별과 시』(もず工房)을 발표한 뒤, 2012년에 문고판으로『하늘과 바람과 별과 시』(岩波文庫)를 발표했다. 양자를 비교하면 행간이나 구두점은 변경된 부분이 있지만 시어가 바뀐 부분은 거의 없다고 할 수 있으며 선별된 시 작품들은 대부분이 동일하다. 반면 2012년판에서는 金時鐘이 尹東柱에 대해 깊이 고찰한 글「解説に代えて ─尹東柱生と詩の光芒(해설을 대신하여 ─윤동주 생과 시의 광망)」이 게재된다.

22) 金時鐘,「解説に代えて ─尹東柱生と詩の光芒」,『空と風と星と詩：尹東柱詩集』, 岩波書店, 2012, pp.163.

번역한 목적과 이해하는 방식에 대해 다음과 같이 언급한다.

　윤동주의 시 그대로의 위상을 확인하는 것이 저에게 먼저 필요합니다. 윤동주가 옥사한 후에도 저는 지금까지 일본어로 시를 쓰며, 현대시라는 시의 사조 안에 있는 사람입니다. 같은 시인이라는 입장에서 70년 전의 윤동주 시와 21세기 초반 현재의 시, 그것도 일본어에 시달리고 있는 조선인인 제 시와의 격차를 확인함으로써 윤동주의 시와 그 특질을 찾아내야 한다고 생각하고 있습니다.24)

　金時鐘은 자신과 비슷한 시기에 태어났고, 식민지 조선에서 끝까지 조선어로 시를 썼던 윤동주와 해방 후부터 현재까지 일본어로 시를 쓰는 자신을 비교함으로써 윤동주 시를 이해하고자 했다. 그리고 金時鐘은 구체적으로는 윤동주가 가지고 있는 시 창작 방법과 서정의 질을 살펴보아야 한다고 주장한다. 金時鐘은 윤동주의 시 창작 방법에 대해 다음과 같이 논하고 있다.

　자세히 읽으면 윤동주의 시는 정감(情感)과 서정(抒情)을 혼동하는 근대 서정시가 아니고 그 방법에 있어서도 매우 뛰어난 현대시와 같은 사상의 가시화를 이뤄냈습니다. "사상의 가시화"라는 것은 생각하는 것이나 마음에 있는 것을 눈으로 볼 수 있는 것과 같이 그리는 것입니다. 근대 서정시와 현대시의 차이를 한마디로 말하자면 마음을 노래하는 것이냐, 마음을 그려내는 것이냐의 차이입니다.25)

　金時鐘은 윤동주의 시는 정감이 많이 드러난 시로 읽을 수 있지만, 자세히 읽으면 "사상의 가시화"를 실천한 "현대시"라고 언급한다. 여기서 말한 "현대시"는 정감을 드러낸 "근대시"와 대립하는 것으로 생각된다. 따라서 金時

---

23) 위와 같은 책, pp.168-169.

24) 위와 같은 책, pp.167.

25) 원문: "念を入れて読むと、尹東柱の詩は情感と抒情を混同するような近代抒情詩ではなく、手法的にもすぐれて現代詩的な、思考の可視化を成り立たせています。「思考の可視化」とは、考えていることや思っていることを目に映るように描き出すということです。(金時鐘、『空と風と星と詩：尹東柱詩集』、위와 같은 책, p.165)"

鐘은 윤동주를 근대에 살면서도 마음 속에 있는 것을 보여주는 시작(詩作) 방법을 사용한 현대시인이라고 평가하는 것이다.

그러면 金時鐘은 윤동주의 어떤 시를 통해 "현대시"라고 평가하는 것일까. 金時鐘은 마음을 그려낸 시 중 하나「自画像」을 예로 든다. 아래는 윤동주의 「自画像」 원문과 金時鐘의 번역본이다.

| 윤동주 「自画像」 | 金時鐘역 「自画像」 |
|---|---|
| 산모퉁이를 돌아 논가 외딴우물을 홀로 찾아가선<br>가만히 들여다 봅니다.<br><br>우물속에는 달이 밝고 구름이 흐르고 하늘이펼치고<br>파아란 바람이 불고 가을이 있습니다.<br>그리고 한 사나이가 있습니다.<br>어쩐지 그 사나이가 미워져 돌아갑니다.<br><br>돌아가다 생각하니 그 사나이가 가엽서집니다.<br>도로가 들여다 보니 사나이는 그대로 있습니다.<br>다시 그 사나이가 미워져 돌아갑니다.<br>돌아가다 생각하니 그 사나이가 그리워집니다.<br><br>우물속에는 달이 밝고 구름이 흐르고 하늘이<br>펼치고 파아란 바람이 불고 가을이 있고<br><br>追憶처럼 사나이가 있습니다. | 麓の隅を廻り ひそまった田のかたわらの 井戸をひとり訪ねては<br>そおっと覗いて見ます。<br><br>井戸の中には 月が明るく 雲が流れ 空ががり<br><br>青い風が吹いて 秋があります。<br>そしてひとりの 男がいます。<br>どうしてかその男が憎くなり 帰っていきます。<br><br>帰りながら考えると その男が哀れになります。<br>引き返して覗くと その男はそのままいます。<br><br>またもやその男が憎くなり 帰っていきます。<br>道すがら考えると その男がいとおしくなります。<br>井戸の中には月が明るく 雲が流れ 空ががり<br>青い風が吹いて 秋があって<br><br>追憶のように 男がいます。 |

이 시에서 우물 안을 보는 "나"와 우물 안에 보이는 "사나이"는 분열된 "나"로 생각할 수 있다. 윤동주는 이 "나"가 또 하나의 "나"인 "사나이"로부터 떠나가다가 다시 가까워지는 장면을 그려낸다. 이 시에 대해 金時鐘은 "나"와 "나"의 분신을 보이는 대상으로 객체화(客体化)하는 방법을 사용했다고 설명한다. 그리고 시인의 사념(思念)을 독자가 볼 수 있는 영상으로 그려낸 시라고 평가한다. 또 金時鐘은 윤동주의 시작(詩作) 방법에 대해 다음과 같이 설명한다.

윤동주의 청순한 심정에 대해 많이 생각하느라 간과되어 버린 것이 그의 내면적 언어입니다. 윤동주는 시를 쓴 자신과 마음 속에 있는 자신에게 늘 대화를 시킵니다. 조심스럽게 보면 작품마다 계속 자기 자신에게 반문(反問)한다는 것을 알 수 있습니다.[26]

이에 따르면 金時鐘은 윤동주를 당시 식민지주의에 대한 "저항 시인"이 아닌 뛰어난 현대시인으로 평가한다는 것을 알 수 있다. 그는 윤동주가 정감을 그대로 표현하는 것이 아니라 정감이나 사상을 어떤 대상에 투영해서 그려내는 방법을 사용했다는 것이다. 金時鐘은 정감을 그대로 시에 표현하거나 일본 단가(短歌)나 하이쿠(俳句)가 전통적으로 서정을 담은 것을 비판하는 단가(短歌)적 서정을 부정하는 시론을 가지고 있다.[27] 따라서 金時鐘의 윤동주론에서 알 수 있는 것은, 자신과 윤동주의 시작 방법에서 공통성을 찾아내 윤동주에 대해 새로운 평가를 했다는 것이다. 다음에서는 金時鐘이 윤동주의 대표적인 시 「序詩」를 어떻게 번역했는지 살펴보고자 한다.

---

26) 원문: "尹東柱の清純な心情を慮るあまり、とかく見落としてきたのが彼のこの内面言語です。尹東柱は詩を書いている自分と、自分の心の奥の自分とをいつも話させます。気をつけて読めば、どの作品にも自己への問い返しが織りなされていることを感じ取れるはずです。(金時鐘, 『わが生と詩』, 위와 같은 책, p.77)"

27) 呉世宗, リズムと抒情の詩：金時鐘「長篇詩集新潟」の詩的言語を中心に』, 藤原書店, 2010.

## 3.2. 「序詩」 번역본 고찰

지금까지 윤동주 시집 『하늘과 바람과 별과 시』의 일본어 번역본은 여러차례 발표됐다. 大村益夫는 2013년까지 윤동주 시를 번역했던 伊吹鄕, 上野潤, 宇治鄕毅, 金時鐘 등을 거론하며 번역의 문제점, 특히 「序詩」의 일본어역에 대해 지적한다. 여기서는 大村益夫가 논한 것을 참고로 金時鐘의 「序詩」 번역본을 분석하고자 한다. 아래는 「序詩」 원문과 金時鐘의 번역본이다.28)

| 윤동주 「序詩」 | 金時鐘 역 「序詩」 |
|---|---|
| 죽는 날까지 하늘을 우러러<br>한점 부끄럼이 없기를,<br>잎새에 이는 바람에도<br>나는 괴로워했다.<br>별을 노래하는 마음으로<br>모든 죽어가는것을 사랑해야지<br>그리고 나한테 주어진 길을<br>걸어가야겠다.<br><br>오늘밤에도 별이 바람에 스치운다. | 死ぬ日まで天を仰ぎ<br>一点の恥じ入ることもないことを、<br>葉あいにおきる風にさえ<br>私は思い煩った。<br>星を歌う心で<br>すべての絶え入るものをいとおしまねば<br>そして私にえられた道を<br>歩いていかねば。<br><br>今夜も星が 風にかすれて泣いている。 |

金時鐘이 번역한 「序詩」를 살펴볼 때, 세 가지 구절에 주목할 필요가 있다. 첫 번째는 "죽는 날까지 하늘을 우러러", 두 번째는 "모든 죽어가는 것을 사랑해야지", 세 번째는 "오늘밤에도 별이 바람에 스치운다."이다. 金時鐘은 이 문장들을 "死ぬ日まで天(천)を仰ぎ", "すべての絶え入る(끊어지는)ものをいとおしまねば", "今夜も星が風にかすれて泣いている(스치면서 울고 있다)."라고 번역했다.

---

28) 金時鐘은 번역할 때 1955년에 정음사에서 발표된 윤동주 『하늘과 바람과 별과 시』를 참고로 했다고 언급한다. 본고에서의 원문 인용은 2016년에 발표된 정음사 복각판 『하늘과 바람과 별과 시』를 참고 했다.

大村益夫는 金時鐘의 번역이 기존 번역을 피하기 위해 무리한 표현을 사용했다고 언급하면서, "모든 죽어가는 것을 사랑해야지"에서 "絶え入る(끊어지는)"가 "죽다"라는 뜻으로 이해될 수 있는지에 대해 의문을 던졌다. 그리고 "오늘밤에도 별이 바람에 스치운다."에서 "かすれて泣いている(스치면서 울고 있다)"는 원문에 없는 시어이며 역자의 감정이 들어가 있다고 비판한다.[29] 이런 비판을 참고하며, 金時鐘 번역의 배경에 있는 사상을 고려하면서 번역시를 분석하고자 한다.

金時鐘은 "죽는 날까지 하늘을 우러러"에 대해 「序詩」안에서 나온 "하늘"은 "天(천)"으로 번역해야 하며, 윤동주 시에 자주 나오는 "하늘"을 "空(하늘)"과 "天(천)"으로 구별해야 한다고 다음과 같이 주장했다.

조선어에서 하늘(空)도 천(天)도 "하늘"이라고 합니다. 문화를 공유한다는 것은, 글쓴이의 사람의 생활 실태도 고려해야만 합니다. 「死ぬ日まで空(하늘)を仰ぎ」는 틀린 것입니다. 왜냐하면 윤동주는 경건한 크리스천이었기 때문입니다 …생략… 자신을 돌아볼 때 우러러보는 것은 "천(天)"이라는 개념에 의해 움직이게 될 때입니다.[30]

이와 같이 金時鐘은 윤동주의 배경이나 사상을 고려하면서, 시어를 선택해 번역했다는 것을 알 수 있다.

다음으로는 金時鐘이 "모든 죽어가는 것을 사랑해야지"에서 "死ぬ(죽다)"라는 말을 쓰지 않고 "絶え入る(끊어지는)"라는 말을 선택한 이유를 살펴보겠다. "死ぬ(죽다)"는 생물이 "죽다"를 의미한다고 생각된다. 그에 비해 "絶

---

29) 大村益夫, 「朝鮮文学の翻訳―尹東柱『序詩』の翻訳を中心に」徐勝, 小倉紀蔵編『言葉のなかの日韓関係 : 教育・翻訳通訳・生活』, 2013, pp.146-159.

30) 원문: "朝鮮語ではたしかに空も天も「ハヌル」とはいいます。文化を共有するということは、書いた人の生活態も考慮に入れなくてはならない。「死ぬ日まで空を仰ぎ」では間違いなんですね。なぜならユンドンジュは敬虔なクリスチャンでありました。…省略…自分を見つめ直すとき仰ぎ見るのは「天」という念につきうごかされているときです。(金時鐘, 細見和之, 藤井たけし, 「日本語の未来,詩の未来」, p.59)".

え入る(끊어지는)"는 생물과 무생물 모두 다 대상이 되는 말이다. 또 원래 시의 "모든 죽어가는 것"이란 문장에서 "죽다"의 주어는 "것"이다. 먼저 이 "것"이 무엇인지 알아볼 필요가 있다. 윤동주의 시 중에 「별 헤는 밤」이라는 시가 있으며 내용은 다음과 같다. 자신의 이름을 흙 위에 써보고, 그것을 흙으로 덮어버린다. 봄이 오면 그 이름이 묻힌 곳에서 풀이 무성할 거라는, 절망적인 세상에서 새로운 미래를 기대하겠다는 내용이다. 윤동주는 1941년 일본에 오기 전에 성을 일본식으로 바꿨다. 「序詩」와 「별 헤는 밤」이 이런 시대 상황에서 쓰여졌다고 생각하면 "모든 죽어가는 것"으로 표현되는 "것"은 윤동주의 이름, 주변의 사람들, 고향 등이라고 생각해 볼 수 있다. 그래서 金時鐘이 "絕え入る(끊어지다)"라고 번역한 이유를 단순히 사람이나 생물이 "죽다"라는 이미지에 한정시키지 않고 생물과 무생물 모두에 표현할 수 있는 "絕え入る(끊어지다)"를 선택했다고 추측해볼 수 있다.

마지막으로 金時鐘이 "오늘밤에도 별이 바람에 스치운다。"의 "스치운다"를 "かすれて泣いている(스치면서 울고 있다)"고 번역한 것에 대해 살펴보자. 원작에서는 "별"이 "울다"는 뜻을 찾을 수 없다. 이런 번역의 배경으로 두 가지를 생각해볼 수 있다. 하나는 金時鐘이 "스치운다"를 "스치다"와 "울다"로 해석한 가능성이다. 다른 하나는 金時鐘이 "별"과 "바람"이 스치는 상태를 소리로 연상해서 "별"이 "울다"라는 의역을 했다는 것이다.

이상으로 金時鐘이 「序詩」를 어떻게 번역했는지에 대해 살펴보았다. 앞서 말한 것과 같이 金時鐘은 윤동주가 현대시인이라고 주장했다. 구체적으로 윤동주는 식민지 지배 상황 속에서 "단가적 서정"이 유행하는 가운데 감정적인 것을 없애고 자신을 다른 것으로 대상화하는 기법을 갖고 있었다는 것이다. 金時鐘은 그 기법을 번역에서도 살려내려고 한 것으로 생각된다. 金時鐘은 "죽다"를 "絕え入る(끊어지다)"라고 번역하며 무생물까지도 포함해서 연상시키려고 했다. 그리고 "かすれて泣いている(스치면서 울고 있다)"의 "울다"는 감정을 표현하는 것 같이 보이지만, "내"가 우는 것이 아니라 "별"

이 울고 있는 것이다. 그래서 누군가의 감정을 "별"에 대입시켰다고 설명할 수도 있다. 이런 金時鐘의 번역에서 보이는 특징은 그가 찾아낸 "사상의 가시화"나 "자신의 대상화" 등이 윤동주를 이해한 방식의 결과물이라는 것이다. 지금까지 金時鐘이 윤동주와 그의 시를 어떻게 해석했는지에 대해 살펴보았다. 다음에서는 金時鐘의 번역시와 창작시의 연관성을 "고향"이라는 관점에서 생각해보고자 한다.

### 3.3. 번역시와 창작시의 연관성

윤동주의 시에서는 고향에 대해 쓴 시를 다수 볼 수 있다. 예를 들면 「또 다른 故鄉」은 "고향"에 돌아간 날 밤에 있었던 일에 대해 쓴 시이며 그 마지막은 "아름다운 또 다른 고향"에 간다는 결심을 하는 것으로 시가 끝이 난다. 그리고 「별 헤는 밤」에는 어머니에게 말하는 부분이 있고 "당신은 멀리 북간도에 계십니다"는 자신의 고향 "북간도"라는 지명도 등장한다. 그리고 특히 주목할 만한 것은, 「흰 그림자」에 나온 "제고장"이라는 시어다. 金時鐘은 윤동주의 시에 나온 "제고장"을 "자기의 재소(己の在所)"라고 번역했다. 이와 관련해서 2010년에 金時鐘이 발표한 창작 시집 『失くした季節(잃어버린 계절)』[31]에도 "在所(재소)"라는 말이 등장한다. 여기서는 양자의 시 내용과 "고향" 개념을 비교 분석함으로써 金時鐘이 번역한 "己の在所(자기의 재소)"라는 말에 대해 검토하자고 한다. 먼저 윤동주의 「흰 그림자」와 金時鐘의 번역시는 다음과 같다.

---

31) 金時鐘, 『失くした季節』, 藤原書店, 2010.

| 윤동주 「흰 그림자」 | 金時鐘역 「白い影」 |
|---|---|
| …생략… | …省略… |
| 괴로워하든 수많은 나를 | 悩んできた多くの私を |
| 하나, 둘 제고장으로 돌려보내면 | ひとつ、ふたつと己の在所に送り帰せば |
| 거리모통이 어둠 속으로 | 街角の暗がりの中へ |
| 소리 없이 사라지는 흰 그림자, | 音もなく消えてゆく 白い影、 |
| …중략… | …省略… |

　이 시는 "내"가 괴로워하는 "나"를 "제고장"에 보내는 것으로 "흰 그림자"가 정화되고, "나"는 방에서 "양"이 풀을 뜯는 것과 같이 학문에 힘쓴다는 뜻으로 해석 할 수 있다. 이 시가 1942년에 쓰여졌다는 것을 고려하면, 윤동주가 일본에 유학을 와서 자기 고향을 생각하면서도 현실과 마주보려고 노력하는 자신의 마음을 그렸다고 볼 수도 있다. 이 시에 나오는 "제고장"은 괴로워하는 "나"를 정화해주는 이상적인 세계라고 볼 수 있지만, 金時鐘은 "제고장"을 "자기의 재소"로 옮겼다. "재소"라는 시어는 "고향"이나 "이상향"의 뜻이 없다고 읽힐 수도 있는데도 자신이 존재하는 장소라는 의미의 시어를 선택했다. 金時鐘은 왜 이런 번역을 했을까.

　金時鐘의 창작시에서 "재소"가 어떤 식으로 나오는지 살펴보자. 『失くした季節(잃어버린 계절)』(2010)에 있는 「帰郷(귀향)」에도 "在所(재소)"라는 표현이 나온다. 다음과 같은 구절이다.

| 金時鐘 「帰郷」 | 필자역 「귀향」 |
|---|---|
| 故里(ふるさと)が | 고리가 |
| 帰り着くところであるためには | 돌아가는 장소로 있기 위해서는 |
| もう一度ダムに沈む在所(ざいしょ)を持たねばならない。 | 다시 댐에 가라앉는 재소(在所)를 가져야 한다. |
| …省略… | …생략… |
| 故里が | 고리가 |
| 帰り着くであるためには | 돌아갈 수 있는 나라로 있기 위해서는 |
| 遠く葬る故郷をもう一度持たねばならない。 | 멀리 매장하는 고향을 또 가져야 한다. |

위와 같이 金時鐘은 "고리(故里)"와 "재소(在所)", "고향(故鄕)"을 구별했다. 金時鐘은 댐에 가라앉는 "재소"를 가져야 하고, "고향"은 멀리 매장해야 한다고 말했다. 이 시에서 표현된 고향을 뜻하는 시어를 정리하면 "고리"는 개념적 고향을 의미하고, "재소"와 "고향"은 고향의 개념을 구체적으로 설명해주는 것과 동시에 다양한 고향의 모습을 보여주는 역할을 하고 있다.

다시 윤동주와 金時鐘이 가지고 있는 "고향"의 개념을 비교해보면, 윤동주의 "고향"은 "나"를 보내는 장소로 이상적, 정신적인 곳을 의미한다. 그럼데 金時鐘은 "제고장"을 "자기의 재소"라고 번역함으로써 자신이 존재하는 장소라고도 이해될 수 있는 시어를 선택했다. 또 金時鐘의 창작시에서 볼 수 있는 것과 같이 그에게 "고향"은 단순히 이상적이거나 정신적인 곳만이 아니었다. 오히려 金時鐘에게 "고향"은 부정의 대상이기도 하다. 그 이유는 金時鐘에게 "고향"과 식민지 조선에서 황국소년이었던 과거가 연결되기 때문이라고 생각할 수 있다. 반대로 "댐에 가라앉는 재소를 가져야 한다"는 것은 金時鐘이 일본에서 재일조선인으로 살아가야겠다는 의지를 표현한 것으로 볼 수 있다. 자신이 존재하는 장소에서 정체성을 찾아내야 하는 金時鐘에게 "제고장"은 "자기의 재소"였다고 할 수 있다. 이와 같이 金時鐘은 윤동주의 원시에서 나온 "제고장"이라는 시어를 일본어로 번역할 때 자신의 "일본어"와 "고향"의 개념을 대조시키면서 "자기의 재소"라는 "자신의 말"을 선택했을 것이다. 그것이 金時鐘의 창작시에게서도 시어로 쓰이게 됐다고 할 수 있다.


## 4. 나가며

본고에서는 金時鐘 언어 세계의 일부인 조선어를 산문과 번역시 작품으로 나눠 고찰했다. 먼저 제 2장에서는 근년에 발간된 수필집이나 대담록을 통해 살펴보았다. 金時鐘은 최근 들어, 유소년기의 조선어에 대한 추억과 그 때부터 길러진 "생리(生理)언어"에 대해 계속해서 언급하고 있다는 것을 알게 됐다.

　다음으로 제 3장에서는 2000년 이후 金時鐘이 조선어와 다시 마주보는 기회가 된 윤동주 시 번역 작업에 대해 고찰했다. 金時鐘은 윤동주를 "현대시인"으로 재평가하고 이런 윤동주의 시 창작 방법을 최대한 고려하여 번역했다는 것을 확인할 수 있었다. 특히, 정감을 드러내지 않고 생각을 객체화시키는, "사상의 가시화"를 사용했음을 알 수 있었다. 또 金時鐘의 번역시에서 나타난 "고향"의 개념에 대해 살펴보았다. 윤동주의 "제고장"을 "己の在所(자기의 재소)"로 번역한 배경에는 金時鐘의 재일조선인으로서의 입장과 사상이 있다고 생각된다. 그리고 이 시어가 그의 창작시에서는 쓰여졌다는 것을 생각하면, 金時鐘은 조선어 "제고장"을 통해 자신의 "고향"을 표현하는 "자기의 재소"라는 시어를 발견했다고 말할 수 있을 것이다.

　제 2장에서도 언급하였듯이 金時鐘은 "가슴 속에서 소용돌이 치고 있는 것을 일본어에 대조시켜서 자신의 말을 찾아"내며 그 자신의 언어를 만든다고 했다. 한편, 그에게 유소년기의 조선어 체험이 여전히 진하게 남아있고, 부모로부터 이어 받은 "생리언어"역시 존재한다는 것을 고려하면, 그가 언어를 만드는 과정에 "조선어"와 "생리언어"가 역할을 하고 있다고 볼 수 있다. 따라서 金時鐘이 일본어로 창작 활동을 하면서 일본어를 재정립할 때, 조선어의 역할은 적지 않았을 것이다. 金時鐘의 언어 세계, 그리고 일본어를 고찰할 때에는 그의 일본어와 조선어의 관계성에 대해 생각하는 것이 앞으로 중요한 과제가 될 것이다.

## 참고문헌

金時鐘, 『「在日」のはざまで』, 立風書房, 1986.

梁石日, 「金時鐘論」, 『アジア的身体』, 青峰社, 1990.

金石範, 金時鐘著, 文京洙編, 『なぜ書きつづけてきたかなぜ沈してきたか：済州島四三事件の記憶と文学』, 平凡社, 2001.

金時鐘, 細見和之, 藤井たけし他, 「日本語の未来,詩の未来」, 『立命館大学言語文化研究』16권1호, 立命館大際言語文化究所, 2004.

金時鐘, 『わが生と詩』, 岩波書店, 2004.

_____, 『空と風と星と詩：尹東柱詩集』, もず工房, 2004.

_____, 『再訳 朝鮮詩集』, 岩波書店, 2007.

_____, 「盲と蛇の押問等−意識の定型化と詩を中心に」, 『復刻版ヂンダレ』18호, 不二出版, 2008.

_____, 「私の作品の場と『流民の記憶』」, 『復刻版ヂンダレ』16호, 不二出版, 2008.

_____, 『金時鐘四時詩集 失くした季節』, 藤原書店, 2010.

呉世宗, 『リズムと抒情の詩：金時鐘「長篇詩集新潟」の詩的言語を中心に』, 藤原書店, 2010.

細見和之, 『ディアスポラを生きる金時鐘』, 岩波書店, 2011.

金時鐘, 『空と風と星と詩：尹東柱詩集』, 岩波書店, 2012.

浅見洋子, 2013年度博士学位論文『金時鐘の言葉と思想：注釈的読解の試み』, 大阪府立大学, 2013.

金石範, 金時鐘著, 文京洙編『なぜ書きつづけてきたかなぜ沈してきたか：済州島四三事件の記憶と文学』, 平凡社, 2015.

大村益夫, 「朝鮮文学の翻訳—尹東柱『序詩』の翻訳を中心に」徐勝, 小倉紀蔵編『言葉のなかの日韓関係：教育・翻訳通訳・生活』, 2013.

愛沢革, 「尹東柱,詩による抵抗の充と苦」, 『抗路』1호, クレイン, 2015.

金時鐘, 『朝鮮と日本に生きる—済州島から猪飼野へ』, 岩波書店, 2015.

権保慶, 「金時鐘における民衆と諷刺—一九七〇年代の金芝河との連をめぐって—」, 『朝鮮学報』, 제240호, 朝鮮学会, 2016.

金時鐘, 佐高信, 『「在日」を生きる』, 集英社, 2018.

윤동주, 『하늘과 바람과 별과 시 —원본 대조 윤동주 전집』, 연세대학교출판부, 2005.
金時鐘 지음, 윤여일 옮김, 『조선과 일본에 살다』, 돌베개, 2016.

# 심훈의 '주의자 소설' 삼부작과
# 코민테른 '12월 테제'*

이해영**

## 1. 심훈의 중국 체험과 '주의자1) 소설' 사이의 거리

심훈의 장편소설 『동방의 애인』과 『불사조』는 그의 중국 체험을 소재로 하고 있으며 주의자들의 사랑 즉 붉은 연애와 그들의 불굴의 투쟁을 다룬 것으로 하여 『조선일보』 연재 중, 일제의 검열에 의해 중단 된 것으로 익히 알려져 왔다. 즉 1919년 경성고등보통학교 4학년 재학 시, 3.1 만세운동에 가담하여 투옥된 심훈이 집행유예로 출옥 후, 1920년 겨울, 중국으로 탈출하였고 1923년 여름까지 선후로 북경, 상해, 남경을 거쳐 항주의 지강대학에 머물렀으며2) 이 기간 동안 민족주의자, 무정부주의자, 사회주의자들과 교유하

---

* 이 논문은 2014년 대한민국 교육부와 한국학중앙연구원(한국학진흥사업단)을 통해 해외한국학중핵대학육성사업의 지원을 받아 수행된 연구임(AKS-2014-OLU-2250004).
** 중국 해양대 한국어과 교수

1) 여기서 주의자는 사회주의자를 지칭하는 것이며 '주의자 소설'이란 사회주의자들의 사랑과 혁명투쟁 등을 다룬 소설을 지칭한다.
2) 심훈의 중국으로의 탈출 시점에 대해서는 1919년 겨울이라는 설과 1920년 겨울이라는 설

였고 사회주의사상을 받아들였다는 것이다.3) 또한 이러한 체험과 사상적 편력이 그의 소설 창작의 소재이자 바탕이 되었다는 것이다. 여기서 유의할 점은 상해에서의 한인 사회주의자들의 애정과 투쟁을 그린『동방의 애인』은 심훈의 중국 체험과 직결되는 것이지만 식민지 조선 국내에서의 사회주의자들의 애정과 투쟁을 다룬『불사조』에는 정작 중국 체험이 직접적으로 드러나지 않는다는 점이다. 그럼에도 기존의 평가는 "귀국 이후 그의 문학 활동이 본격적인 궤도에 진입하여 중국에서의 성찰적 인식을 「동방의 애인」, 「불사조」와 같은 소설을 통해 이끌어낼 수 있었던 것도 바로 이러한 중국에서의 생활이 가져다준 의미 있는 결과였다"4)라고 하면서『불사조』역시 심훈의 중국 체험의 산물임을 확인하고 있다. 이는 그의 소설들에서 드러나는 사회주의사상이 중국 체험의 연장과 계속임을 전제로 한 것이다.

그런데 심훈은 그의 중국 체험과 관련하여 이 두 편의 소설 외에 중국 체류 시기에 쓴 것으로 추정되는 시 「北京의 乞人」, 「鼓樓의 三更」, 「深夜過黃河」, 「상해의 밤」, 「돌아가지이다」 등 5편5), 부인 이해영에게 보낸 편지 속에 동봉한 「겨울밤에 내리는 비」, 「기적(汽笛)」, 「전당강 위의 봄밤」, 「뻐꾹새가 운다」 등 4 편의 시가 있다. 문제는 중국 체류 시기의 시편들에는 역사적 주체로서의 자각, 식민지 청년의 혁명에 대한 열정과 고뇌 및 절망과 회의

---

두 가지 견해가 있으며 두 견해 모두 나름대로의 근거를 갖고 있는 것으로 그의 중국행 시기에 대해서는 아직 실증적 확인이 명확히 이루어지 못한 상태이다. 그러나 그의 귀국 시점이 1923년 여름이전이라는 데는 대체적으로 이견이 없다. 이에 대해서는 유병석, 「심훈의 생애 연구」, 『국어교육』제14호, 한국국어교육연구회, 1968, 14쪽; 한기형, 「백랑(白浪)'의 잠행 혹은 만유─중국에서의 심훈」, 『민족문학사연구』35, 민족문학사학회, 2007, 442면; 하상일, 「심훈과 중국」, 『비평문학』55, 2015, 203~204쪽; 하상일, 「심훈의 중국 체류기 시 연구」, 『한민족문화연구』제51집, 2015, 78~80쪽; 하상일, 「심훈의 생애와 시세계의 변천」, 『동북아 문화 연구』49, 2016, 97쪽 참조.

3)  최원식, 「沈熏研究序說」, 『한국근대문학을 찾아서』, 인하대학교출판부, 1999, 250~251쪽.
4)  하상일, 「심훈의 중국 체류기 시 연구」, 『한민족문화연구』제51집, 2015, 101쪽.
5)  이 5편의 시는 심훈의 유고 시집『그날이 오면』에 수록되어 있는데 그가 모든 시의 창작 말미에 적어놓은 연도에 근거하면 중국 체류 시, 창작한 것이 분명하다.

를 동반한 뼈아픈 자기 성찰의식 등이 뚜렷이 드러나고 있는데[6] 반해 사회주의사상은 거의 체현되지 않았다는 것이다.[7] 그렇다면 그의 중국 체험을 소재로 한 위의 두 편의 소설에 드러나는 뚜렷한 사회주의사상은 대체 어디서 온 것일까? 여기서 우리는 심훈의 중국 체험이 이루어진 1920년부터 1923년이라는 시점과 두 편의 소설이 발표된 1930년, 1931년이라는 시점 사이에 놓인 무려 7년이라는 시간적 거리를 주목해볼 필요가 있다. 두 편의 소설로 하여금 연재 중, 일제의 검열에 의해 중단되도록 한 강렬한 사회주의사상은 두말할 것도 없이 귀국 후의 7년간이라는 시간의 누적이 만들어낸 것일 것이다. 이 7년간은 심훈에게 있어서 영화와 소설 사이를 넘나드는 창작의 모색기이기도 했을 것이고 또한 그가 1920년대 초 중국에서 접한 사회주의사상의 모종 심화와 전환이 일어나는 시간이었을 것이다.

심훈의 중국 체험에 대한 기존의 연구는 체험과 소설 창작의 시점 사이에 놓인 이 시간적 괴리와 변화에 대해 그다지 주목하지 않았다. 지금까지 심훈의 중국 체험에 대한 연구는 주로 중국 체류 시기에 쓴 시가 작품에 집중되어 있으며 중국 체험의 산물이라고 하는 두 편의 소설에 대한 연구는 매우 소략하게 이루어졌다. 그나마 중국 체험을 직접적으로 드러낸 『동방의 애인』에 대해서는 그 주인공의 원형,[8] 문학과 국가의 관계,[9] 사회주의자들 간의 분

---

6)  심훈의 중국 체류기 시편들에 나타난 작가의식 내지 사상적 경향에 대해서는 하상일의 위의 논문들 참조.

7)  이와 관련하여 하상일은 "1920년 갑작스런 심훈의 중국행은 당시 상해를 중심으로 전개되었던 사회주의 독립운동과 어떤 관련성을 맺고 있었던 것으로 보인다. 그렇다면 그는 중국으로 떠나기 전부터 이미 사회주의 사상의 기초적 토대를 형성하고 있었다고 짐작할 수 있는데, 1920년대 사회주의 보급과 전파에 중요한 역할을 했던 『共濟』 2호(1920.11)의 〈懸賞勞動歌 募集發表〉에 '丁'으로 선정되어 게재된 「로동의 노래」에서 그 단초를 확인할 수 있다"고 보았다.(하상일, 「심훈의 생애와 시세계의 변천」, 위의 글, 97~98쪽.) 이 시에 대해 한기형은 "민족주의적 구절"과 "사회주의적 노동예찬이 공존하고 있"는 것으로 해석하였다.(한기형, 「'백랑(白浪)'의 잠행 혹은 만유—중국에서의 심훈」, 위의 글, 444~445쪽.)

8)  『동방의 애인』의 주인공의 원형에 대해서는 주인공 박진이 박헌영을 모델로 했을 것이라는 견해(최원식, 「沈熏研究序說」, 『한국근대문학을 찾아서』, 인하대학교출판부, 1999, 250쪽.)

파투쟁과 노선 투쟁에 대한 심훈의 고민과 회의 및 그에 대한 심훈 나름의 통합으로의 견해[10) 등 어느 정도 진전된 연구가 이루어졌으나 『불사조』의 경우는 중국 체험의 산물이라고 하면서도 그것이 구체적으로 어떻게 중국 체험과 연결되는지에 대한 연구는 전무한 상황이다. 이는 두 편의 소설이 검열로 인해 연재 도중 중단됨으로 미완으로 남은 것, 심훈의 중국에서의 행적이 정확한 기록의 부재로 말미암아 완전히 복원되지 못한 것 등에도 그 원인이 있다. 이런 맥락에서 본고는 기존 논의의 기초 위에서 심훈의 중국 체험과 소설 창작의 시점 사이에 놓인 7년간이라는 시간적 거리와 사상적 누적과 변화 및 전환의 계기를 주목하면서 그러한 전환의 계기가 무엇인지를 살펴보는 것을 목표로 한다. 이를 위해 본고는 심훈의 사회주의사상이 집중적으로 체현된 『동방의 애인』, 『불사조』, 『영원의 미소』[11) 세 편[12)의 소설을 연구대상으로 심훈 소설에 나타나는 사회주의사상을 살펴보고 그의 중국 체험의 연장으로서의 사회주의 사상의 심화와 전환의 계기를 주목하고자 한다.

---

와 주인공 김동렬이 박헌영을 모델로 했다는 견해(하상일, 「심훈과 중국」, 위의 글, 218쪽)가 있다. 그 외, 김동렬이 박헌영을 모델로 했고 x씨는 이동휘를 모델로 했으며 심훈은 박헌영의 행적을 서사적인 골격으로 삼으면서도 혁명운동의 방향은 이동휘의 민족적 사회주의 노선을 지지했다는 견해(한기형, 「서사의 로칼리티, 소실된 동아시아─심훈의 중국체험과 『동방의 애인』」, 『대동문화연구』 제63집, 2008, 432쪽)도 있다.

9)  한기형, 「서사의 로칼리티, 소실된 동아시아─심훈의 중국체험과 『동방의 애인』」, 위의 글.
10) 하상일, 「심훈과 중국」, 위의 글.
11) 『영원의 미소』는 심훈의 중국 체험과는 직접적 연관이 없는 것으로 알려져 왔으나 소설이 주의자의 투쟁을 다루고 있고 또 강렬한 사회주의 사상이 드러나고 있는 점, 그리고 심훈의 사회주의 사상이 중국 체험의 연장이고 계속이라는 점으로 미루어 본고의 연구대상으로 삼고자 한다.
12) 『동방의 애인』, 『불사조』, 『영원의 미소』 등 세 편의 소설 모두 주의자들의 투옥 체험과 불굴의 의지, 출옥 후의 열렬한 투쟁을 다루었다는 점에서 이 세편의 소설을 "심훈의 주의자 소설 삼부작"으로 묶어 본고의 연구대상으로 삼는다.

## 2. 심훈의 '주의자 소설' 삼부작이 포획한 조선 사회주의의 방향

### 2.1. 사회주의 혁명을 통한 계급해방과 민족해방의 동시 추구

심훈은 흔히 "민족적 사회주의자" 내지 "사회주의의 민족화"를 추구한 것으로 알려져 있으며 그의 사상적 경향에 대해서는 아직도 이렇다 할 명쾌한 결론을 내리지 못하고 있다. 이는 심훈에게 있어서 민족과 계급 두 문제가 동시에 사유되고 있었음을 의미한다.

심훈의 소설 『동방의 애인』에서 주인공 동렬은 "'조선놈'이란 것이 사랑하는 사람을 껴안지도 못하게 했습니다. '무산자'라는 것이 여자를 거느릴 자격까지 우리에게 빼앗아 갔습니다"[13]라고 외친다. 이를 두고 한기형은 동렬에게 '민족'과 '계급'은 같은 차원의 문제로 인식되고 있다고 지적하였다.[14] 실제로 심훈은 그의 여러 소설들에서 이 '조선', '조선 놈'에 대해 언급하면서 그것을 계급문제와 연결시켰다. '아아 사랑이 죄다. 조선 놈에겐 사랑을 받는 것도 무거운 고통일 뿐이다!', '지금 우리 조선엔 이런 처지를 당하고 있는 부모가 몇 천으로 헤일 만큼 많습니다. 참 정말 기막힌 형편에서 죽도 살도 못하는 사람이 여간 많지 않은데 우리가 울고 서러워만 한다고 억울한 일이 피겠습니까?', '먹는다는 것 굶어 죽지 않기 위한 우리의 노력이란 인생으로서 더구나 조선 사람으로서는 가장 큰 고통이요 또한 고작 가는 비극이다', '그만 사정으로 자살을 한다면 조선 사람은 벌써 씨도 안 남았게요'[15]라는 외

---

13) 심훈, 『동방의 애인』, 『동방의 애인·불사조』, 한국: 글누림, 2016, 89쪽.
   (『동방의 애인』은 1930년 10월 21일부터 1930년 12월 10일까지 《조선일보》에 총 39회 연재되었음. 작품은 아무런 언급이 없이 연재가 중단되었음. 글누림은 이를 저본으로 전집을 출간하였음. 본고에서는 글누림에서 출간한 전집을 텍스트로 함.)
14) 한기형, 「서사의 로칼리티, 소실된 동아시아─심훈의 중국체험과 『동방의 애인』」, 위의 글, 428쪽.
15) 심훈, 『불사조』, 『동방의 애인·불사조』, 위의 책, 363~370쪽.
   (『불사조』는 1931년 8월 16일부터 1932년 2월 29일까지 《조선일보》에 연재되다가 중단되었음. 글누림에서는 이를 저본으로 전집을 출간하였음. 본고에서는 글누림에서 출간한 전집을

침과 절규들을 통해 심훈이 '조선'을 계급과 동질적인 것으로 파악하였고 또한 그가 얼마나 민족과 계급의 문제를 격렬하게 고민하고 있었는지 알 수 있다. 그런데 심훈의 이러한 민족과 계급의 문제에 대한 고민과 사유는 다만 즉흥적이고 감성적 차원의 것이 아니며 식민지 조선의 현실에 대한 날카로운 해부와 통찰에 기초하고 있다.

읍내까지 간신히 대어 들어가서는 알코올 한 병과 '붕산연고' 한 통을 사가지고 왔다. 쓸 만한 약도 없거니와, 의사라고는 공의 한 사람과, 지질치 않은 개업 의사 둘밖에 없는데 하나도 만날 수 없었다. <u>군내의 인구가 육칠만 명이나 된다는데, 의료기관은 말도 말고, 의사가 겨우 세 사람밖에 없다는 것도 놀라울만한 사실이 아닐 수 없었다.</u> 이 시골의 백성들은 병만 들면 상약이나 해보다가 직접으로 공동묘지로 찾아간다. 역질이니 양마마니 하는 전염병이 한번 돌기만 하면 어린애를 열 스무 명씩 삼태기로 쳐담아낸다. 지난 해 봄에도 이름도 모르는 병에 집집마다 서너살이나 먹여 다 키워 놓은 어린애만 하나씩을 추렴을 내듯이 내어다버렸다 는 것은 데리고 간 머슴애의 이야기였다. <u>그렇건만 관청에서는 나와서 조사 한번도 아니한다. 그러나 세금 독촉이나 담배나 밀주를 뒤지기 위해서는 뻔질나게 자전거 바퀴를 달린다는 것이다.</u>(밑줄: 인용자)(심훈, 『영원의 미소』, 한국: 글누림, 2016, 460쪽.)[16]

위의 인용문은 식민지 조선농촌의 낙후한 의료시설과 의료혜택이라고는 전혀 누리지 못하고 가난과 병마와 죽음에서 허덕이고 있는 가난한 농촌 백성들의 비참한 삶을 보여주고 있다. 인구 육칠만 명에 의료기관도 없고 의사가 단 세 사람뿐이라는 구체적인 숫자는 심훈이 얼마나 조선 농촌의 피폐한 현실과 가난한 농민들의 삶에 대해 관심을 기울이고 있는지를 잘 보여주는 대목이다. 그런데 심훈은 병에 걸리기만 하면 치료도 받지 못하고 공동묘지

---

텍스트로 함.)

16) 『영원의 미소』는 《조선중앙일보》에 1933년 7월 10일부터 1934년 1월 10일까지 연재되었으며 글누림은 이를 저본으로 전집을 출간하였다. 본고는 글누림에서 출간한 전집을 텍스트로 삼았다.

로 직행하거나 한번 전염병이 돌기만 하면 어린애를 "삼태기로 쳐담아내"는 식민지 조선 농촌의 처참한 현실이 결코 가난 때문만은 아닌 것이라고 꼬집는다. 이러한 열악한 상태를 초래하고 그것을 더욱 악화시키고 있는 것은 바로 "나와서 조사 한번도 아니하"는 관청의 무관심 때문이라고 고발하고 있다. 가장 기초적인 기반자체조차 갖추지 못한 거의 무에 가까운 취약한 의료시설과 가난과 병마에 시달리는 농민들의 비참한 삶에 대해 점검하고 조사해야할 관청은 "그러나 세금 독촉이나 담배나 밀주를 뒤지기 위해서는 뻔질나게 자전거 바퀴를 달린다"고 대조함으로써 농민들의 삶과 복지 향상에는 뒷전이고 그들에 대한 착취에만 열을 올리고 있는 식민지 관청의 행태를 비판하고 있다. 즉 조선농촌의 황폐화가 식민지 관청의 의도적인 관리 부실 내지 착취와 억압 때문이라고 함으로써 가난과 빈궁의 문제를 민족적 차원의 문제로 끌어올리고 있다. 심훈에게 있어서 민족과 계급의 문제 내지 관계가 어떻게 사유되고 있는지를 잘 보여주는 부분이다.

심훈은 이러한 민족과 계급의 문제를 동시에 해결할 수 있는 대안으로 사회주의사상 내지 사회주의혁명을 제시하고 있다. 그는 『동방의 애인』 연재시, 「작자의 말」에서 "우리는 보다 더 크고 깊고 변함이 없는 사랑 가운데 살아야 하겠습니다. 그러려면 우리 민족과 같은 계급에 처한 남녀노소가 사랑에 겨워 껴안고 몸부림칠 만한 새로운 공통된 애인을 발견치 않고는 견디지 못할 것입니다"[17]고 말하고 있는데 여기서 "우리 민족과 같은 계급에 처한 남녀노소가 사랑에 겨워 껴안고 몸부림칠 만한 새로운 공통된 애인"이란 바로 '사회주의'를 표상하는 것이다.[18] 사회주의가 대안일 수밖에 없는 이유에 대해 심훈은 "무슨 파(派) 무슨 파를 갈라 가지고 싸움질을 하"고 "단체운동에 아무 훈련도 받지 못한 과도기(過渡期)의 인물들이 함부로 날뛰는" 민

---

17) 심훈, 『동방의 애인』, 『동방의 애인·불사조』, 위의 책, 15쪽.
18) 한기형, 「서사의 로칼리티, 소실된 동아시아—심훈의 중국체험과 『동방의 애인』」, 위의 글, 428쪽.

족주의자들에 의해서는 민족의 독립도 계급의 해방도 불가능함을 지적하면서 "가공적(架空的) 민족주의! 환멸(幻滅)거리지요. 우리는 다른 길을 밟아야 할것입니다!"[19]라고 서슴없이 부르짖는다. 여기서 '다른 길'이란 바로 사회주의 혁명을 가리킬 것이다. 사회주의 혁명에 대한 선택과 각오에 대해 심훈은 "O씨를 중심으로 동렬이와 또 진이와 그리고 그들의 동지들은 지난날의 모든 관념과 '삼천리강토'니 '이천만 동포'니 하는 민족에 대한 전통적 애착심까지도 버리고 새로운 문제를 내걸었다"고 쓰고 있다. 사회주의 혁명의 길을 가기 위해서는 우선 민족에 대한 기존의 인식 즉 민족은 절대적이라는 민족 지상주의 내지 민족에 대한 무조건적이고 무원칙한 애정 등을 과감히 폐기해야함을 역설하고 있다. 여기에는 민족문제와 계급문제에 대한 심훈 나름의 이해가 뒷받침되고 있다.

"왜 우리는 이다지도 굶주리고 헐벗었느냐?"

하는 것이 그 문제의 큰 제목이었다. 전 세계의 무산대중이 짓밟히는 계급이 모두 이 문제 밑에서 신음하고 있는 것은 확실하다. 이 문제를 먼저 해결치 못하고는 결정적 답안이 풀려나올 수가 없다 하였다. 따라서 이대로만 지내면 조선의 장래는 더욱 암담할 뿐이라 하였다.

"왜 XX를 받느냐?"

하는 문제는 "왜 굶주리느냐?"하는 문제와 비교하면 실로 문젯거리도 되지 않을 만한 제삼 제사의 지엽 문제요, 근본 문제가 해결됨을 따라서 자연히 소멸될 부칙(附則)과 같은 조목이라 하였다.(심훈, 『동방의 애인』, 『동방의 애인·불사조』, 위의 책, 81쪽.)

위의 인용문에서 보다시피 심훈은 "굶주리"는 문제 즉 무산계급의 문제를 그 무엇보다도 우선하는 문제로 보았다. 이 계급문제의 해결이 없이는 '조선의 장래는 더욱 암담할 뿐'이라고 하면서 계급문제의 해결 즉 사회혁명이 우선하지 않는 한 식민지의 문제 즉 민족의 문제도 희망이 없다고 보았다. "굶

---

19) 심훈, 『동방의 애인』, 『동방의 애인·불사조』, 위의 책, 66쪽.

주리"는 문제 즉 계급의 문제는 가장 근본적인 문제이고 이 근본문제가 해결 된다면 식민지의 문제도 "자연히 소멸될 부칙(附則)과 같은 조목"이라고 보았다. 그리하여 "얼마 후에 동렬과 진이와 그리고 세정이는 X씨가 지도하고 모든 책임을 지고 있는 OO당XX부에 입당하였"고 "그때부터는 '동포'니 '형제자매'니 하는 말을 집어치우고 피차에 '동지'라고만 불렀"[20]다. 즉 사회주의 혁명의 길을 선택한 것이다. 이처럼 심훈은 사회주의 혁명을 통해 계급의 문제 즉 계급해방이 이루어지면 민족해방도 따라서 획득할 수 있는 것으로 보았다. 이는 계급해방을 우선함으로써 민족해방을 포기한 것이 아니라 사회주의 혁명을 대안으로 선택함으로써 민족해방의 문제를 사회주의 혁명을 통해 이룩하려고 한 것으로 보아야 할 것이다. 실제로 심훈은 사회주의 혁명을 계급문제와 식민지의 문제를 해결할 수 있는 대안으로 보았고 계급해방을 우선하는 근본적인 문제로 보았으나 민족해방의 문제는 결코 포기할 수 없는 것으로 보았다. 즉 민족해방의 문제는 사회주의 혁명 속에서 계급해방과 함께 추구해야할 공동의 목표이자 포기할 수 없는 영원한 과제였다. 그리하여 두 공산당원 즉 주의자인 김동렬과 강세정의 결혼식에서는 〈인터내셔널〉을 합창하지만 "내지에서는 구경할 수 없는 선명히 물들인 '옛날기'도 한몫 끼어서 '나도 여기 있다'는 듯이 너펄거렸"[21]다. 즉 어떤 경우에도 조선을, 민족을 상징하는 '옛날 기'는 포기될 수 없으며 〈인터내셔널〉과 그것은 동시에 나란히 갈 수 있으며 또 가야 하는 것이다. 또한 오랜 세월 해외에서 독립운동에 투신해왔고 그 무렵은 민족의 해방을 위한 길로 사회주의혁명의 길을 대안으로 선택하여 상해파 고려공산당을 창립한 공산주의의 원로 지도자 모씨 즉 이동휘[22] 역시 이날만큼은 "불빛에 눈이 부시도록 흰 설백색 조선 두루마기를 입었"는데 "그것은 이십 년만에 흰옷을 몸에 걸친 것이었"[23]다. 공산주

---

20) 심훈, 『동방의 애인』, 『동방의 애인·불사조』, 위의 책, 82쪽.
21) 심훈, 『동방의 애인』, 『동방의 애인·불사조』, 위의 책, 107쪽.
22) 한기형, 위의 글, 431쪽.

의자들에게도 민족은 소중한 것이며 그래서 그들이 사회주의혁명을 선택한 것은 결국 민족해방을 포기한 것이 아니라 민족해방을 이룰 유일한 대안으로 사회주의혁명을 선택한 것임을 보여준다. 즉 이때 사회주의 혁명은 대안이자 방법이지 목표는 아니며 목표는 역시 계급과 민족의 해방인 것이다. 이는 심훈이 문학창작방법 등 면에서의 견해의 차이 및 모종 원인으로 카프에서 이탈했지만 "우리가 현단계에 처해서 영화가 참다운 의의와 가치가 있는 영화가 되려며는 물론 프롤레타리아의 영화가 아니면 안될 것이다. 왜 그러냐 하면 프롤레타리아만이 사회구성의 진정한 자태를 볼 줄 알고 가장 합리적인 이론을 가지고 또한 그를 수행하고야 말 역사적 사명을 띠고 있음이 분명한 까닭이다."[24]고 원칙적으로 프로문학을 지지했던[25] 것과 일맥상통한다. 심훈은 계급해방과 민족해방의 최종 실현이라는 역사적 사명을 완성할 역량으로 프롤레타리아만이 가능하다고 보았던 것이다.


## 2.2. 농민계급과의 결합을 통한 소부르주아 지식계급의 철저한 자기 개조

심훈은 흔히 『상록수』의 작가로 알려져 왔으며 그의 대표작 『상록수』는 『동아일보』 주최 브나로드운동의 현상 공모작이다. 그러나 『상록수』가 과연 브나로드운동에 영합한 것이냐 아니면 브나로드운동이라는 합법적인 틀을 이용하여 농촌 즉 고향에 대한 사랑을 강조한 것이냐에 대해서는 아직까지 상당한 논란의 여지를 남기고 있다. 그런데 『상록수』 이전 즉 1933년에 창작하였고 역시 지식인의 농촌운동을 다룬 『영원의 미소』에서 심훈은 브나로드운동 혹은 농촌진흥 운동에 대해 날카롭게 비판하고 있다.

---

23) 심훈, 『동방의 애인』, 『동방의 애인·불사조』, 위의 책, 107쪽.
24) 심훈, 「우리 민중은 어떠한 영화를 요구하는가?-를 논하여 '만년설' 군에게」, 『영화평론 외』, 글누림, 2016, 77쪽.
25) 최원식, 「沈熏研究序說」, 위의 글, 259쪽.

"…신문 잡지에는 밤낮 '브나로드'니 '농촌으로 돌아가라'느니 하구 떠들지 않나? 그렇지만 공부한 똑똑한 사람은 어디 하나나 농촌으로 돌아오던가? 눈을 씻구 봐두 그림자도 구경할 수가 없네그려."

......

"저희들은 편하게 의자나 타구 앉아서 월급이나 타먹고, 양복떼기나 뻗질르구서 소위 행세를 하러 다닌단 말일세. 무슨 지도잔 체하구 입버릇으루 애꿎은 농촌을 찾는 게지. 우리가 피땀을 흘리며 농사를 지어다바치는 외씨 같은 이팝만 먹고 누웠으니깐 두루 인젠 염치가 없어서 그따위 잠꼬대를 하는 거란 말야."

......

"참, 정말 우리 조선 사람의 살 길이 농촌운동에 있구, 우리 청년들의 나아갈 막다른 길이 농촌이라는 각오를 단단히 했을 것 같으면, 그자들의 손목에는 금두겁을 씌워서 호미자루가 쥐어지질 않는단 말인가? 그래 어떤 놈은 똥거름 냄새가 구수해서 떡 주무르듯 하는 줄 아나?"(『영원의 미소』, 한국: 글누림, 2016, 255~256쪽)

주인공 김수영과 그의 동무들은 소위 식민 국가가 내세우고 있는 브나로드운동 내지 농촌진흥운동이 얼마나 농촌의 실상과 동떨어져있고 농민들의 삶과는 무관한 것인지를 신랄하게 비판하고 있다. 또한 그러한 브나로드운동이나 농촌운동의 주역이라고 하는 지식계급이 실은 농민들의 삶과는 유리된 도회적 삶을 살고 있으며 농민들의 지도자인 척 하지만 농민들의 삶의 개선과 농촌 진흥에는 전혀 관심이 없다고 함으로써 소위 행세나 하고 다니는 지식계급의 허위성을 폭로하고 있다. 동시에 김수영은 도회지의 지식계급뿐 아니라 실제로 농민으로 농사를 지어가면서 진지하게 농촌진흥운동에 접근하고 있는 그의 동무들 즉 농촌의 젊은이들마저 "야학을 설치하고 상투를 깎고, 무슨 조합을 만드는 것이 농촌운동의 전부로 알고, 다만 막연하게 '동네일'을 한다는 것"에 대해서 "크게 생각해볼 점"이라고 하면서[26] 반성하고 있다. "'우리의 농촌운동이란 무슨 필요로 무엇을 어떻게 하는 운동인가' 하는 근본

---

26) 심훈, 『영원의 미소』, 위의 책, 254쪽.

문제에 들어서는 아주 깜깜한 모양"이고 "어쩌면 각지에서 떠드는 즉 고무신을 신지 마라—흰 옷을 입지 마라, 가마니를 쳐라—이런 따위의 운동으로 여기는 것"에 대해 심훈은 "그네들이 아무 이론의 근거를, 즉 문제의 핵심(核心)을 꿰뚫어 보지 못하고 유행을 따라서 남의 숭내만 내려는 것이 무엇보다도 딱하였다. 슬프기도 하였다"27)라고 현재 진행되고 있는 농촌운동의 맹목성, 표층성에 대해 반성하고 있다. 이러한 반성을 통해 현재 국가에 의해 주도되고 있는 소위 브나로드운동이나 농촌진흥운동 모두 식민지 조선농촌이 안고 있는 현실적 문제의 핵심이나 본질적인 모순에는 닿지 못하는 지극히 지엽적이고 표층적인 차원에 머물러 있음을 비판하고 있다. 그렇다면 심훈이 생각하고 있는 "문제의 핵심을 꿰뚫어 보"는 농촌운동은 무엇인가? 그것에 대하여 심훈은 다음과 같이 자기의 견해를 피력하고 있다.

　"자네들 말마따나 요새 신문이나 잡지에 떠드는 개념적(槪念的)이요 미적지근한 농촌운동이라는 것부터 냉정하게 비판을 해본 뒤에 우리 현실에 가장 적절한 이론을 세워서 새로이 출발을 하지 않으면 안 되네. 그 새로운 이론을 세우고 참 정말 막다른 골목에 다달아 굶어 죽을 수밖에 없는 우리 빈궁한 농민들의 살 길을 위해서, 즉 우리의 이익을 위해서, 싸워나가려면 그만치 단단한 준비가 있어야겠다는 것이 내 의견일세…"
　……
　"…그렇지만 우리가 다 같이 생각해보세. 지금 우리 조선의…"
　수영이는 거의 두 시간동안이나 한자리에 꼬박이 앉아서 평소에 생각한 바, 조선의 현실과 농촌운동에 관한 이론을 발표하였다…(밑줄: 인용자)(『영원의 미소』, 257~258쪽)

심훈은 막다른 골목에 이르러 굶어 죽을 수밖에 없는 우리 빈궁한 농민들의 살길을 위해서, 이익을 위해서는 지금 조선의 현실에 맞는 새로운 이론을 세워야 한다고 주장한다. 하지만 정작 그 "조선의 현실"에 맞는 "새로운 이

---

27) 심훈, 『영원의 미소』, 위의 책, 254쪽.

론"이 무엇인지에 대해서는 생략부호로 대체하고 있다. 아마 일제의 검열을 의식한 우회의 수법일 것이다. 그리고 그는 "우리의 몸뚱이가 한 개인의 사유물이 아니라는 것" 그리고 "그 몸뚱이를 한 뭉텅이루 뭉칠 것"[28]을 강조하는데 이는 사회주의자들의 모종 구호를 방불케 한다. 이 지점이 바로 『상록수』와 『영원의 미소』가 갈리는 지점이다. 여기서 우리는 『상록수』가 농촌운동에 지대한 관심을 갖고 있는 학생들의 활동을 다룬 것과는 달리 『영원의 미소』는 주의자들의 출옥 이후를 다루고 있다는 점에 주목해야 한다. 비록 심훈은 '작자의 말'에서 "나는 이 소설에 나오는 지극히 평범한 인물을 통해서 1930년대의 조선의 공기를 호흡하는 젊은 사람들의 생활과 또 그 앞날의 동향을 생각해보았습니다. 그것을 여러 가지 거북한 조건 밑에서 써본 것입니다"[29]고 쓰고 있지만 정작 소설은 전혀 평범하지 않은 그 시대에 지극히 특수한 사람들—열렬한 주의자들의 출옥 이후에 대해 쓰고 있다. 심훈의 '주의자 소설' 삼부작에는 서대문 형무소가 자주 등장하는데 『영원의 미소』역시 예외가 아니다. "인왕산 골짜기로 피어오르는 뽀얀 밤안개 속에 눈(雪)을 뒤집어쓰고 너부죽이 엎드린 것은 서대문 형무소. 성벽처럼 드높은 벽돌담 죽음의 신호탑(信號塔)인 듯 우뚝 솟은 굴뚝!"[30]으로 표상되는 서대문 형무소는 주인공 김수영이 어떠한 사건에 앞장을 섰다가 몇 달간 투옥되어 심문과 취조를 받던 곳이다.

그것은 아직도 고생을 하고 있는 동지들에게 미안한 생각이었다. 수영의 눈앞으로는 물에 빠져 죽은 시체와 같이 살이 뿌옇게 부푼 어느 친구의 얼굴이 봉긋이 떠오른다. 그 얼굴이 저를 비웃는 듯이 히죽이죽 웃기도 하고 그런 얼굴이 금세 백이 되고, 천이 되어 일제히 눈을 흡뜨고 앞으로 왈각 달려들기도 한다. 생각만 해도 마음 괴로운 이

---

28) 심훈, 『영원의 미소』, 위의 책, 258쪽.
29) 심훈, 『영원의 미소』, 위의 책, 13쪽.
30) 심훈, 『영원의 미소』, 위의 책, 21쪽.

얼굴 저 얼굴이 감옥의 하늘을 온통 뒤덮었다가는 또다시 안개 속으로 뿌옇게 사라지곤 한다. 그중에는 그곳에서 죽어 나온 어느 동무의 얼굴도 섞여 있는 것 같다.(『영원의 미소』, 22쪽.)

　　수영은 서대문 형무소를 지나칠 때마다 감옥에서 고락을 같이 하던 동지들의 고문에 찌들은 얼굴과 그 속에서 죽어 나온 어느 동무의 얼굴을 떠올리며 아직도 감옥에서 고생하고 있는 동지들에게 미안한 마음을 갖는다. 이는 그가 함께 투쟁하고 있던 동지들을 잊지 않고 있으며 그의 주의와 투쟁을 결코 포기하지 않았음을 의미한다. 실제로 출옥 후, 수영은 감옥에 갔던 전력 때문에 취직을 못하여 "내가 무얼 얻어먹자구 서울 바닥에서 이 고생을 하나?", "고생 끝에는 무엇이 올까? XX운동-감옥-자기희생-, 명예, 공명심, 그러고는 연애-또 그러고는 남는 것이 과연 무엇이냐? 청춘이 시들어가는 것과 배고파 졸아붙은 창자뿐이 아니냐?!"[31]고 절망하고 회의하기도 하지만 그러나 끝내 자기의 주의와 투쟁에 대한 신념을 포기하지 않는다. 그가 "소위 지식분자로는 누구나 천하게 여기는 신문 배달부 노릇을 해서 구차하게끔 연명"하는 것도 실은 "어떻게든지 밥이나 얻어먹어 가면서 지난날의 동지들과 서서히 기초운동을 하려는 결심이었다. 그러려면 시골로 내려가서는 연락도 취할 수 없을 뿐 아니라, 그래도 서울 바닥에서 무슨 구멍을 뚫어야하겠다 하고 시골집에 내려갈 것은 단념을 했"[32]기 때문이다. 이는 수영이 주의와 신념을 위해서는 지식분자의 체면을 벗어버리고 가두의 노동자로 될 만큼 굳은 의지와 단단한 마음을 갖고 있음을 보여준다. 그러나 "벌써부터 공허한 도회의 생활에 넌덜머리가 나서 제 고향으로 돌아가 농민들과 똑같은 생활을 하며, 농촌운동에 몸을 바칠 결심을 단단히 하고 있었던"[33] 수영은 어머니의

---

31) 심훈, 『영원의 미소』, 위의 책, 104쪽.
32) 심훈, 『영원의 미소』, 위의 책, 114쪽.
33) 심훈, 『영원의 미소』, 위의 책, 204쪽.

병환으로 낙향하게 되며 고향인 '가난고지' 농민들의 비참한 삶의 현장을 보고 강한 충격을 받는다. 수영은 들에 나갔다가 우연히 아버지 점심을 갖고 가는 길에 굶주림을 못 이겨 풀밭에 쓰러진 정남이를 발견하며 그를 집에 데려다주게 된다. 거기서 굶어 울고 있는 정남의 동생들과 굶어 거의 쓰러지게 된 정남의 어머니의 참상을 목격하고 "지옥이 따로 없구나"라고 절규한다.

그런데 그네들이 진종일 몸을 판 삯은 얼마나 되는가? <u>겨우 삼십 전이다! 그 삼십 전도 날마다 또박또박 받는 것이 아니다.</u> 원뚝매기 하는 주인에게 지난 해 이른 겨울부터 돈도 취해다 쓰고 양식도 장리(長利)로 꾸어다 먹었기 때문에 그 품삯으로 메꾸어 나가는 사람이 거지반이라는 것을 수영이는 지난밤에도 동무들에게서 들었었다.(밑줄: 인용자)
(『영원의 미소』, 312~313쪽)

수영은 '가난고지'농민들의 참혹한 생활이 "진종일 몸을 판 삯"으로 "겨우 삼십전"밖에 안되는 턱없이 싼 염가의 인건비밖에 받지 못하는 가혹한 노동력 착취 때문이며 장리(長利)로 꾸어다 먹은 쌀을 그 품삯으로 갚아나가야 하는 악순환 때문이라고 식민지 조선농촌의 근원적인 모순을 파헤치고 있다. 수영은 "그것은 농촌이 '피폐'하다든가, '몰락'되었다든가 하는 말로는 도저히 형용을 할 수 없는 참혹한 정경"이라고 하면서 "동정을 한다든지 눈물이 난다든지 하는 것도 어느 정도까지의 이야기였"다고 부르짖었다.

'남의 논마지기나 얻어 하는 우리 집도, 여기 앉아서 남의 일처럼 구경을 하고 앉았는 나도, 조만간 저이들과 같이 되겠구나. 내 등에도 저 지게나 바소쿠라가 지워지겠구나.' 하니 몸서리가 쳐졌다.
그것은 공상에서 나오는 어떠한 예감이 아니고, 바로 눈앞에 닥쳐오는 엄숙한 사실이었다.
그 사실 앞에서 수영이는 몸과 마음이 함께 떨리지 않을 수 없었다. 입술을 꼭 물고 앉았으려니 <u>부잣집 마름의 아들로 태어난 제가, 손끝 맺고 앉아 있는 저 자신이, 모든 사람에게 대한 몹시 미안한 생각이 들었다.</u> 그 감정은 일종의 공포(恐怖)와도 같아서 더 앉아 있기가 송구할 지경이었다.

'저 사람들을 저대로 내버려 둘것이냐? 그렇다. <u>나부터도 그들의 속으로 뛰어들어야겠다. 그러고 나서…</u>.'(『영원의 미소』, 313쪽)

수영은 이러한 염가의 노동력 착취와 장리(長利)와 같은 농촌의 생산관계의 근원적인 모순이 해결되지 않는 한, 농민들의 삶은 더욱 악화될 것은 불 보듯 뻔할 것이며 부잣집 마름인 자기 집도, 마름의 아들인 자기도 곧 그러한 나락에 떨어질 것이라고 몸서리를 친다. 부잣집 마름의 아들로 태어나 지금까지 손끝 맺고 앉아 지식계급으로 살아온 자신에 대해 수영은 모든 사람에 대해 몹시 미안한 생각이 들었다고 하면서 "나부터도 그들의 속으로 뛰어들어야겠다"고 지식계급으로서의 자신의 철저한 개조를 다짐한다. 이러한 결심은 곧 조선의 지식계급에 대한 예리한 비판으로 이어진다.

"지식계급이 어느 시대에든지 무식하고 어리석은 민중들을 끌고 나가고, 그들을 …하는 역할(役割)까지 하는 게지만 지금 조선의 지식분자 같아서야 무슨 일을 하겠나? 얼굴이 새하얀 학생 퇴물은 실제 사회에 있어서, 더구나 농촌에 있어서는 아무짝에 쓸모가 없는 무용지물일세. 구름같이 떠돌아서 가나오나 거추장스럽기만 할 뿐이지." (『영원의 미소』, 315쪽)

조선의 지식계급이 현재로서는 민중을 지도하고 이끌어나갈 지도자의 역할을 수행하지 못하고 있으며 특히 농촌에서는 아무런 역할도 하지 못하고 있음을 통렬히 꼬집고 있다. 지금까지 지식계급이 해왔던 소위 브나로드운동이니 농촌진흥운동이니 모두 농촌의 현실적 문제를 해결하고 농민들의 극도로 궁핍하고 참혹한 삶을 개선하는 것에는 아무런 의미도 없었음을 비판하고 있다. 이러한 준엄한 비판과 자기비판은 곧 지식계급의 철저한 개조의 문제와 맞닿아 있다.

우리 동네에는 순박하고 건실한 동지를 추리면 칠팔 명이나 있네. 그네들은 이른바 도회적 고민을 모르는 사람들일세. 동시에 지도 여하에 따라서는 이 동네의 중심 세력을 이룰 만한 전위분자가 될 수 있을 뿐이 아니라, 새로운 의식을 주입시키는 대로 어떻게든지 될 수 있는 소질을 가진 청년들일세. 동시에 우선 이 조그만 동네 하나만이라도 한 덩어리로 뭉치는 것과, 자기의 환경을 정당히 인식시키고 앞으로 용기있게 나아가게 하는 것이 당면한 나의 의무로 아네. 앞으로 무슨 일이 있든지, 어떠한 박해가 닥쳐오든지 이 동네의 젊은 사람들만은 가시덤불과 같이 한데 엉키고 상록수(常綠樹)처럼 꿋꿋이 버티어 나갈 것을 단단히 믿는 바일세.(『영원의 미소』, 377쪽)

지식계급의 허물을 벗어버리고 농민들 속에 들어가 그들을 지도하여 전위 분자로 만든다는 수영의 자기 개조 방안이다. 순박하고 건실한 농민들을 골라 "새로운 의식"을 주입시켜 그들을 "한 덩어리"로 뭉치게 하고 "자기의 환경을 정당히 인식시킴"으로써 "어떠한 박해"가 닥쳐오든지 꿋꿋이 버티어 나갈 것이라는 수영의 결심은 자못 처절하다. 이때의 "새로운 의식"이 사회주의사상을 암시하는 것임은 미루어 짐작할 수 있다. 심훈이 글 중에 "수영이가 시골로 내려가 어떠한 계획으로 어떻게 활동할 것을 계숙에게 힘들여 말한 가장 중요한 내용을, 부득이한 사정으로 쓰지 못하는 것을 크게 유감으로 생각합니다"[34]고 넌지시 암시하고 있음은 이를 더욱 뒷받침해주고 있다. 동시에 수영은 도시의 미련을 버리지 못하고 하마터면 타락의 심연에 빠질 번한 동지이자 연인인 계숙에게 "지식 있는 조선의 젊은 사람들이 거진 다 이 도회병, 인텔리병에 걸려서 나아갈 길을 찾지 못하구 헤매어 돌아다니는 동안에는 조선은 영원히 캄캄한 밤을 면치 못한단 말씀이에요!"[35]라고 도회병에 걸린 지식계급의 생활을 청산하고 농민들 속에서 철저한 자기 개조를 할 것을 촉구한다. 그리하여 계숙 역시 구두를 벗어버리고 짚세기를 신음으로써 지식계급의 허물을 벗어버린다. 농민계급과의 결합을 통한 지식계급의 철저

---

34) 심훈, 『영원의 미소』, 위의 책, 404쪽.
35) 심훈, 『영원의 미소』, 위의 책, 424쪽.

한 자기 개조에 대한 수영의 결심이 얼마나 큰지는 그가 대를 이어 생계의 수단으로 유지하여 오던 지주이자 상전 조경호 집안과의 지주와 마름의 관계를 자기 손으로 끝내 끊어버리고 소작하던 전부의 토지와 살고 있던 집마저 내어놓겠다고 조경호에게 통보하는 데서 충분히 드러난다. 그러므로 '아아 인제는 아주 나락 톨 없는 무산자가 되구 말았구나!'36)라는 수영의 절규는 그만큼 무겁고 힘 있는 것이었다. 마름의 아들이 아닌 완전한 무산자가 됨으로써만이 농민계급의 일원으로 될 수 있고 철저한 자기 개조에 이를 수 있다고 심훈은 본 것이다. "오냐. 어떠한 고난이 닥쳐오더라도 뚫고 나가자! 맨주먹으로 헤치고 나가자! 그 길밖에 없다. 인제부터 내 힘을 시험할 때가 온 것이다. 아산이 깨어지나 평택이 무너지나 단판씨름을 할 때가 닥쳐 온 것이다!"37)라는 수영의 절규는 지식계급의 철저한 자기개조의 끝이 어떤 것인지를 잘 보여준다.

## 2.3. 노동계급의 혁명성 긍정과 지식계급의 파쟁성 비판

심훈의 '주의자 소설'에서 지식계급이 개조의 대상이라면 노동계급은 투철한 혁명성과 강철같은 의지를 가진 계급으로 각인되어있다. 주의자들의 감옥 투쟁과 체험을 다룬 『불사조』의 인쇄공장 노동자 흥룡이와 고무공장 여공 덕순이는 바로 그러한 불굴의 의지를 가진 노동계급의 일원이다.

다리팔을 척 늘어뜨리고 쓰러져있으면서도 만족한 웃음이 아직도 핏기가 돌지 못한 흥룡의 입모습을 새었다.
"사지를 각을 떠내는 한이 있더라도…."
하고는 허청대고 코웃음을 쳤다. 흥룡이는 고통을 참는 힘과 누구에게나 굽히지 않는

---

36) 심훈, 『영원의 미소』, 위의 책, 471쪽.
37) 심훈, 『영원의 미소』, 위의 책, 471쪽.

자신의 의지력을 믿었다. 생사람의 숨이 턱턱 막히고 당장에 맥이 끊어지게 되는데도 깜깜하고 정신을 잃은 그 순간까지 그 입은 무쇠병목과 같이 한 번 다문 채 벌리지를 않았다.

"아니다! 난 모른다!"

한 마디로 끝까지 버티어서 몇 번이나 면소가 되어 나온 어느 선배와, 법정에서 혀를 깨물고 공술을 거절한 어떤 동지의 얼굴을 눈앞에 그리면서 죽을 고비를 간신히 참아 넘겼던 것이다.

"그까짓 일답지 않은 일에 오장까지 쏟아놓을 양이면 정말 큰일을 당하면 어떻게 할꼬—"

"내 육신은 언제든지 죽을 수 있다. 그러나 내 의지만은, 정당하다고 믿는 신념만은 올가미를 씌울 수도 없고 칼끝도 총알도 건드리지를 못한다!"(『불사조』, 262쪽)

감옥에서 모진 고문을 당하면서도 끝끝내 비밀을 지켜 동지들을 보호하는 흥룡의 불굴의 모습이다. 죽기를 각오하고 참을 수 없는 악형에 맞서 싸우는 흥룡이의 굳센 의지는 "동지 간에 생색을 내는 데는 앞장을 서고 급하면 약빨리 꽁무니를 빼는" 같은 운동선상의 선배였던 소부르주아 지식계급 정혁이와의 대비를 통하여 극명하게 드러난다. 정혁이는 "일본 어느 사립대학 출신으로 잡지사에도 오랫동안 관계를 맺었다가 이 사건 저 사건으로 이삼 차나 큰 집 출입을 한"[38] 전형적인 소부르주아 지식계급출신의 주의자이다. 흥룡이가 감옥에 잡혀가게 된 것도 실은 일은 정혁이가 꾸미고 위험한 곳에는 흥룡이를 보냈기 때문이다. 덕순의 말을 빌면 "앞장을 서는 어렵고 위험한 일은 다른 사람을 시키고 자기 자신은 언제든지 등 뒤에 숨어 다니며 줄만 잡아당겨 동지를 조종하려"[39]는 것이다. 자기가 꾸민 일로 하여 흥룡이가 감옥에 잡혀간 후, 정혁이는 혹 연루될까 두려워 흥룡의 애인 덕순이도 찾아보지 못하고 피해 다니기만 하며 흥룡이가 출옥하는 날은 감옥 앞에도 마중가지 못

---

38) 심훈, 『불사조』, 『동방의 애인 · 불사조』, 한국: 글누림, 2016, 142쪽.
39) 심훈, 『불사조』, 『동방의 애인 · 불사조』, 위의 책, 322쪽.

하고 길에서 기다린다. 정혁은 비단 투쟁에서 앞장서지 못하고 뒤로만 숨을 뿐 아니라 자기 자신과 가족의 생계에 대해서도 특별한 대책이 없으며 회의와 절망에 빠져있다. 정혁은 사회주의자로서 낙인이 찍혀있어 취직도 할 수 없고 원고를 쓴다고 하여도 원고료도 별 수 없다. 아직 일말의 양심이 남아있어 반동분자와 관계를 맺는 데까지 가지는 않았으나 생계에 대해 어떠한 대책도 세우지 못하고 있으며 술을 마시고 애꿎은 가족에게 분풀이나 하고 주정이나 하는 파락호로 타락해간다.

　기분에 띄워서 향방 없이 무슨 운동을 한다고 돌아다닐 때에는 집안 살림이라든지 처가속에 관한 일은 자기와는 백판 상관이 없는 일처럼 거들떠보지도 않고 생각하는 것조차 운동자로서 무슨 욕되는 일같이 여겨왔던 것은 사실이다. 그러나 옴치고 뛸 수 없는 각박한 현실은 덮어두었던 모든 문제를 들추어내어 한꺼번에 혁이의 머릿속을 지글지글 끓이는 것이다.(『불사조』, 331쪽)

　소위 정혁의 투쟁이 얼마나 관념적이고 현실을 떠난 것인지를 잘 보여준다. 그가 주의와 운동에 투신한 것은 그 무슨 투철한 신념에 의한 것이기 보다는 "기분에 띄워서", "향방 없이" 한 것에 불과하지 않으며 자기 가족의 생계에는 전혀 무관심하였다. 그는 가족의 생계문제를 생각하는 것조차 운동자로서는 불가한 것으로 생각해왔지만 아무리 운동자라도 정작 이러한 현실적인 문제를 결코 회피할 수 없고 떠날 수 없었던 것이다. 운동자로서, 주의자로서 정혁의 사상이 놓인 현실적 기반이 얼마나 취약한 것인지를 잘 보여준다. 그 스스로도 "이제까지 자기가 취해온 태도와 행동은 수박 겉핥기로 하나도 문제의 핵심을 뚫고 들어가지를 못하였다. 한 마디로 줄여서 말한다면 너무나 관념적(觀念的)이었던 것이다. 자기 자신을 위하여 아내와 자녀를 위하여 또는 널리 이 사회를 위하여 노력한 아무 효력조차 찾을 수가 없으니 빈손으로 허공을 더듬는 것 같을 뿐이다."[40]고 자조하고 있으며 짙은 허무에 빠져있다. 동생 정희의 시댁인 봉건 관료이자 자본가인 김장관 집에서 정희를 시집보낸 대가로 대어주는 식량을 얻어먹기도 싫고 허구한 날 기생 퇴물림들과 술판에 빠져있고 유흥으로 서화나 치고 있는 아버지 정진사의 완고한 봉건성에도 비판적이지만 그러나 그러한 봉건가정을 완전히 박차고 나올 결심도 갖고 있지 못하며 정 배가 고프고 대책이 없으면 다시 집으로 들어가는 생활을 반복한다. 이는 정혁이의 주의 내지 운동이 현실적 삶에 확고히 뿌리 내리지 못하고 현실과 유리되어 있기 때문이다.

이에 비해 흥룡이와 덕순의 이념과 투쟁은 단호하면서도 현실에 단단히 뿌리 내리고 있다. 흥룡이는 감옥에서 출옥한 날 저녁, 자기 집에서 당장 나가라는 김장관의 호령에 분노하여 어머니의 만류도 뿌리치고 덕순이와 함께 분연히 김장관의 행랑방을 박차고 나간다. 그러나 거리로 나와 정작 갈 데가 막연하여 덕순이가 정혁의 집으로 가 하루 밤 지내는 게 어떠냐고 물었을 때, 흥룡이는 "안돼요. 그놈의 집이 그놈의 집이지요."[41] 라고 강경하게 거절한다. 그리고 같이 출옥하여 간도로 가는 동무가 든 여관으로 가자고 한다. 흥룡의 비타협적 면모와 굳은 의지를 잘 보여준다. "그만 일에 우리의 의지(意志)가 꺾이구 사상이 변할 것 같아요? 모두가 우리에게는 좋은 체험이지요. 의식을 더 한층 북돋아줄 뿐이니까요"[42]라고 흥룡이는 덕순에게 자기의 강철 같은 의지와 확고한 신념을 드러낸다.

"그래두 용하게 참으셨어요. 혼자 도맡아 고생을 하셨지요. 정혁이 같은 사람은 흥룡씨한테 절을 골백번이나 해두 차건만 어쩌면 그렇게 냉정한지 몰라요. 오늘두 중간에서 내빼는 것만 보세요."

"남의 말 할게 있어요? 정혁이란 인물은 우리 운동 선상에서는 벌써 과거의 인물인걸.

---

40) 심훈, 『불사조』, 『동방의 애인 · 불사조』, 위의 책, 332쪽.

41) 심훈, 『불사조』, 『동방의 애인 · 불사조』, 위의 책.

42) 심훈, 『불사조』, 『동방의 애인 · 불사조』, 위의 책.

소'부르'의 근성이 골수까지 밴 사람이라면 더 평할 여지가 없겠지요…"(『불사조』, 403쪽)

소부르주아 지식계급이 운동의 중심이었던 시대는 이미 과거가 되었고 그들과의 철저한 결별을 통해 가장 비타협적이고 가장 혁명적인 노동계급이 운동의 중심이 되어야 하는 것이 지금의 시대적 요구임을 보여주고 있다. 소부르주아 및 부르주아 반동계급과의 비타협적 의지가 얼마나 단호한지는 흥룡이가 단돈 한 푼도 없이 여관에 있으면서도 어머니를 통해 전해온 정희의 돈을 "주머닛돈이 쌈짓돈이지 그놈의 집에서 나온 돈은 다 마찬가지가 아니야요?"[43]라고 일언지하에 거절하는 데서 잘 나타난다. 결국 돈의 출처가 부정하지 않음을 알고 그제서야 그 돈으로 용산 공장 근처에 셋집을 구하고 덕순이는 정미소의 여공으로 다시 취직하여 생활을 꾸려나가기로 한다. 감옥에서 겪은 모진 고문으로 다리를 못 쓰게 되고 김장관의 행랑채에서 쫓겨나 무일푼의 처지가 되었으면서도 굴하지 않고 공장에 다니면서 흥룡이와의 생계를 꾸려나가려는 덕순의 강고한 결심을 통해 그들의 주의에 대한 신념이, 그들의 투쟁이 얼마나 현실적 기반 위에 확고하게 자리 잡고 있는지 잘 보여주고 있다.

이처럼 소부르주아 지식계급의 관념성, 허약성에 대한 폭로와 그들과의 철저하고 단호한 결별과 함께 심훈이 강조하고 있는 것은 소부르주아 지식계급의 파쟁성에 대한 비판과 극복이다. 흥룡이는 감방에서 강도, 살인미수, 폭발물 취체 위반 같은 무시무시한 죄명을 걸머진 직접 행동패들인 간도 공산당 일파와 xx사건에 앞장을 서서 기골이 장대한 북관의 청년들을 만난다. "오랫동안 꺼둘려 다니며 경찰서에서 심한 취조를 당했었건만 그래도 그 기상과 그 태도는 조금도 변함이 없"[44]다.

---

43) 심훈, 『불사조』, 『동방의 애인·불사조』, 위의 책, 408쪽.
44) 심훈, 『불사조』, 『동방의 애인·불사조』, 위의 책, 361쪽.

그 중에도 흥룡이가 이상하게 생각한 것은 그들이 이론을 좋아하지 않는 것이다.

"몰락의 과정을 과정하고 있는 부르주아지들의… 목적의식은 역사적 필연으로 자연생장기에 있어서…."

이런 따위의 알아듣기 어려운 물 건너 문자를 연방 써가면서 노닥거리는 것으로 일을 삼지 않는 것이다.

그들은 다만 골수에까지 배인 우직하고 열렬한 x급의식과 제 피를 xx 먹는 자에 대하여 육체적으로 xx을 계속할 뿐이다. 닭과 같이 싸우고 성난 황소처럼 들이받고 때로는 주린 맹수와 같이 상대자에게 달려들어 살점을 물어뜯을 뿐이다. 이른바 이론이나 캐고 앉아있는 나약한 지식계급으로서는 근처도 가기 어려운 야수성(野獸性)이 충만한 것이다. 흥룡이는 그들의 성격이 부러웠다.(『불사조』, 361쪽.)

흥룡이가 이들을 부러워하고 좋아하는 것은 그들이 이론을 좋아하지 않는 건강한 행동주의자들이기 때문이다. 이론이나 캐고 앉아있는 것은 나약한 지식계급이나 하는 일이라고 지식계급의 이론 중심주의, 이로 인한 파쟁성과 파당성에 대해 비판하고 있다. 이들에 비해 간도 공산당 일파나 북관의 청년들은 "나약한 지식계급으로서는 근처도 가기 어려운 야수성이 충만한" 혁명자들인 것이다. 『영원한 미소』에서도 김수영은 "이론이란 결국 공상일세. 우리는 인제버텀 붓끝으로나 입부리로 떠들기만 하는 것을 부끄러워 할 줄 알아야 하네"[45]라고 하며 이론의 위해성과 이론 중심주의에 빠져있는 지식계급을 비판하고 있다. 이는 카프문인들에 대한 심훈의 비판과도 맥을 같이하고 있다.

세계 각국의 사전을 뒤져보아도 알 길 없는 '목적의식성', '자연생장기', '과정을 과정하고' 등등 기괴한 문자만을 나열해 가지고 소위 이론투쟁을 하는 것으로 소일의 妙法을 삼다가 그나마도 밑천이 긁히면 某某를 一蹴하느니 이놈 너는 수완가다 하고 갖은 욕설을 퍼부어가며 실컷 서로 쥐어뜯고 나니 다시 무료해진지라 영화나 어수룩한 양 싶어서

---

45) 심훈, 『영원의 미소』, 위의 책, 165쪽.

자웅을 분간할 수 없는 까마귀 떼의 하나를 대표하여 우리에게 싸움을 청하는 모양인가?46)

'목적의식성', '자연생장기', '과정을 과정하고'라는 표현은 명백히 일본식 사회주의 문예운동의 이론주의와 그 파당성에 대한 야유이다.47) 이는 프로문학의 주역들을 "장작개비를 집는 듯한 이론조각과 난삽한 감상문"48)의 주체로 혹독하게 비판한 것과도 같은 맥락에 놓인다. 심훈이 카프에서 탈퇴한 주 원인으로 알려진 카프의 '부락적 폐쇄주의'와 '교조성'에 대한 비판의식49) 역시 지식계급의 이론 중심주의와 파쟁성에 대한 거부와 같은 선상에 놓여 있다.


## 3. 심훈식 사회주의사상의 기원에 대한 추론

위에서 살펴본 심훈의 '주의자 소설' 삼부작은 1930년부터 1933년까지 사이에 창작되었으며 그 중, 『동방의 애인』, 『불사조』는 『조선일보』 연재도중 검열에 의해 중단되었다. 소설들에는 주의자들의 투옥, 감옥에서의 모진 고문과 취조 과정, 그리고 거기에 맞서 비밀을 엄수하여 동지들을 보호하기 위한 옥내 투쟁, 출옥 후의 지속적인 투쟁, 압록강 국경을 넘는 열차를 타고 조선에 잠입하다가 형사에게 쫓겨 열차에서 뛰어내리는 주의자의 목숨을 건 탈주 등 엄청난 사건들을 직접적으로 형상화하고 있다. 이는 당시 카프진영 주역들의 작품에서도 찾아볼 수 없는 특이한 풍경이다. 심훈은 이런 주의자들의 주의와 이념을 위한 열렬한 투쟁장면과 불굴의 의지와 신념을 통해 소

---

46) 심훈, 「우리의 민중은 어떠한 영화를 요구하는가―를 논하여 '만년설' 군에게」, 위의 글, 75~76쪽.
47) 한기형, 위의 글, 429쪽.
48) 심훈, 「프로문학에 직언 1, 2, 3」, 『영화평론 외』, 위의 책, 230쪽.
49) 최원식, 「심훈연구서설」, 『한국근대문학을 찾아서』, 인하대 출판부, 1999. 257~260쪽.

설 속에 그 나름의 강렬한 사회주의사상을 투사하고 있다. 이러한 사회주의 사상이 막바로 그의 중국 체험의 결과물이 아님은 위에서 살펴보았거니와 그렇다면 구경 무엇이 심훈 소설의 저 사회주의에 대한 도저한 신념과 열렬한 신봉을 만들어낸 것일까. 여기서 우리는 그의 중국 체험이 종결되던 1923년과 첫 '주의자 소설' 『동방의 애인』이 연재되던 1930년 사이, 그 무렵에 조선 공산주의 진영을 강타한 한 문건을 떠올려볼 필요가 있다. 「조선농민 및 노동자의 임무에 관한 테제-12월 테제-」라는 제목 하의 이 문건에서 우리는 당시 코민테른이 조선 사회주의자들에게 내린 사회주의 운동방침의 전환에 관한 결의의 내용을 볼 수 있다.

사회적, 경제적 실질(實質)에 의해 단지 일본제국주의에 대해서 뿐 아니라 조선 봉건제도에 대해서도 조선혁명이 실행되어야 할 이유가 여기에 있다…

혁명은 전자본주의적 존속을 파괴하고 토지관계를 근본적으로 개조하여 자본주의적 압박으로부터 토지를 해방하는 일에 직면하고 있다. 조선혁명은 토지혁명이어야 한다. 이렇게 하여 제국주의의 타도 및 토지문제의 혁명적 해결을 초래한다…

조선공산주의자가 자기의 행동에 의해 토지문제와 민족혁명을 조직적으로 결합할 수 없다면 조선 프롤레타리아트는 민족해방운동의 지도자가 될 수 없다…

동시에 토지혁명의 전개 없이는 민족해방투쟁의 승리는 얻어지지 않는다. 민족해방운동과 토지에 대한 항쟁의 결합이 거의 없었기 때문에 근년(1919년, 1920년) 혁명운동은 미약했고 실패로 돌아갔던 것이다…[50]

테제는 조선은 일본의 완전한 식민지로 공업의 발달은 방해받고 있으며 농업에서의 경제관계는 前자본제적 형태를 유지하고 있으므로 조선혁명은 일본제국주의로부터의 민족해방과 토지혁명 즉 계급해방을 위한 사회주의혁명이라고 하고 있다. 동시에 테제는 "조선혁명은 토지혁명이어야 하"며 "토지

---

50) 한대희 편역, 「조선농민 및 노동자의 임무에 관한 테제」, 『식민지시대 사회운동』, 한국: 한울림, 1986, 208~209쪽.(이 책의 서문에 보면 '12월 테제'는 金正明 편, 『朝鮮獨立運動Ⅴ : 共産主義運動篇』, 東京: 原書房, 1967의 해당 부분을 옮긴 것.)

혁명의 전개 없이는 민족해방투쟁의 승리는 얻어지지 않는다"고 사회주의혁명이 민족혁명에 우선하는 과제임을 강조하였으며 토지혁명과 민족혁명을 조직적으로 결합해야 한다고 주장하였다. 1919년의 3.1운동 등 민족해방운동이 실패로 돌아간 것은 토지혁명이 전제되지 않았기 때문이라고 보고 있다. 사회주의를 제외한 어떠한 정치세력도 민족운동의 혁명적 성격을 약화시키리라는 것, 이것이 '12월 테제' 이후 조선 사회주의운동 방향전환의 주요 내용이었다. 이제 민족혁명은 노동계급 전위정당으로서 '공산당'이 토지문제의 혁명적 해결방안을 가지고 농민을 지도할 때에만 가능하게 되었다. 민족혁명과 사회혁명이 동일시되기에 이른 것이며 사회혁명역량의 강화만이 민족혁명의 성공을 보장할 수 있다는 방침에 다다른 것이다. 민족혁명과 사회혁명 사이에 '만리장성'이 무너지면서 민족혁명은 사회혁명과는 다른 독자적인 질을 가진다는 인식은 사라지게 되었다. 노동자계급의 반제국주의적이며 반자본가적인 투쟁을 혁명적인 사회주의 운동가들이 이끌어 조직하는 것, 사회주의 운동가들이 농민의 토지에 대한 요구를 토지혁명의 방식으로 지도하는 것, 이것이야말로 민족혁명을 승리로 이끌기 위한 필요한 조건이자 또한 충분한 조건인 것이다.51) 그들은 민족혁명을 사회혁명 속으로 해소시킴으로써 계급적인 것과 민족적인 것이라는 서로 다른 과제를 "부르주아에 반대하는 부르주아민주주의 혁명"이라는 하나의 과제로 만들었다.52)

테제는 또 "경작지면적의 확장, 관개설비, 관개예정지 확장, 치산(治山), 농사 개량 등 조차 조선인의 생활상태를 개선할 수 없었다. 왜냐하면 이들 모든 사업은 일본제국주의의 야망을 충족하기 위해서만 수행되었기 때문이다"53)고 일제가 식민지 조선에서 추진하고 있는 농촌진흥운동 내지 브나로

---

51) 류준범, 「1930~40년대 사회주의 운동가들의 '민족혁명'에 대한 인식」, 『역사문제연구』 제4호, 2000, 112~113쪽.
52) 류준범, 위의 글, 115쪽.
53) 「조선농민 및 노동자의 임무에 관한 테제」, 206쪽.

드 운동의 허위성과 실질에 대해 폭로하고 있다. 테제는 조선공산주의자의 허약함을 반성하고 그것의 철저한 개조를 위해서는 노동자와 농민 속으로 들어가야 한다고 주장한다.

과거에 있어서 공산당원은 거의 모두 지식계급 및 학생 뿐이었기 때문에 당으로서는 공산정치의 실현은 고사하고 필요한 조직적 연대의 실행도 곤란했다. 이것이 바로 조선공산당의 제1사업이 과거의 오류를 청산할 필요가 있다는 소이(所以)이다. 당의 개조문제를 빼고는 따로 절실한 문제는 없다. 당을 소부르주아지 및 지식계급으로써 조직하고 노동자와의 관계를 소홀하게 한 점이 현재까지 조선공산주의의 영구적 위기를 낳게 한 주요한 원인이다…

조선공산주의자는 일대노력을 기울여 첫째로 노동자를, 둘째로 빈농을 획득하지 않으면 안 된다. 주의자는 당(黨)대중의 목적달성을 위해서 구식 조직방법과 지식계급의 주장을 버리고 특히 기업 및 신디케이트에 있어서의 공작에 노력해야만 앞서 말한 대사업을 완성할 수가 있다…

농민에 대한 행동에 관해서 당은 소작인 및 반(半) 소작인 속에서 강력하게 활동해야 한다…54)

여기서 당의 개조 문제란 바로 당원의 거의 대부분을 이루는 소부르주아 지식계급의 철저한 자기개조를 의미한다. 이러한 당의 개조를 위해 조선공산주의자는 지식계급의 주장을 버리고 노동자와 빈농을 획득해야 한다는 것이다. 노동자·농민대중에 근거하여 사회주의 대열의 재편성을 이루려는 활동상의 방향전환은 사회주의자들의 조직적 허약함에 대한 반성과 연결된 것이긴 하지만, 그것은 조직상의 방침 그 이상을 의미한다. '조선혁명'에 대한 사회주의자들의 인식변화가 조직상의 활동방침을 변경시켜 놓은 것이다. 따로 이 민족혁명을 강화하기 위해 다른 정치세력과 연합된 전선을 만들려는 노력은 무의미하며 때론 유해하다. 사회주의자들의 생각에는 노동자·농민의 일

---

54) 「조선농민 및 노동자의 임무에 관한 테제」, 211쪽.

상적 투쟁에 사회주의자들이 결합하여 그 투쟁을 강화하는 것, 이렇게 '민중역량'을 강화하는 것만이 민족혁명을 위한 유일한 길이었다.[55]

> 조선의 공산당운동의 당면한 주요방침은 한편으로 프롤레타리아 혁명운동을 왕성하게 하여 소부르조아 민족운동으로부터 완전히 분리시키고, 다른 한편으로 계급의식을 강조하면서…
> 조선의 주의자는 자기의 모든 공작, 자기의 모든 임무로부터 명백히 소부르조아 당파를 분리시키고 혁명적 노동운동의 완전한 독자성을 엄중히 지켜나가야 한다…[56]

테제는 또 프롤레타리아 혁명운동을 강화하기 위해서는 소부르주아와 완전히 결별해야 하며 그렇게 하여 노동운동의 독자성과 혁명성을 지켜갈 것을 강조하고 있다. 12월테제의 기반이 되고 있는 코민테른 제6회 대회에서 채택한 「식민지·반식민지 국가의 혁명운동에 대하여」에서는 소부르주아 정치조직들이 민족혁명적 성격에서 급속히 민족개량주의적으로 변모하고 있음을 지적하고 있다. 이 테제는 식민지의 기본적인 정치지형을 제국주의 / 민족개량주의 / 민족혁명이라는 세 가지로 구분하고 있다. 이같은 구분에서 소부르주아의 독자적인 정치조직이란 민족개량주의적 조직 내지는 곧 그렇게 될 조직에 불과한 것이다.[57]

또한 테제는 그 첫머리에 "공산당 조직의 곤란함은…일본제국주의의 탄압뿐만 아니라 조선의 공산운동을 수년 동안 괴롭히고 있는 내부의 알력·파쟁으로부터 오고 있다. 그리하여 부르조아계급의 백색(白色)테러 폭압 및 내홍(內訌)과 파쟁은 조선 프롤레타리아의 공산주의 전위대를 조직함에 있어서 가장 커다란 장애가 되고 있다"[58]고 조선 사회주의운동에서의 파쟁의 위해

---

55) 류준범, 위의 글, 114쪽.
56) 「조선농민 및 노동자의 임무에 관한 테제」, 213쪽.
57) 류준범, 위의 글, 111쪽.
58) 「조선농민 및 노동자의 임무에 관한 테제」, 205쪽.

성에 대해 날카롭게 비판하고 있으며 이에 대한 극복이 급선무임을 강조하고 있다.

공교롭게도 이러한 '12월 테제'의 내용은 위에서 살펴본 심훈의 '주의자 소설' 삼부작이 포획한 조선 사회주의의 방향과 매우 닮아있다. 심훈이 「12월 테제」를 보았는지는 현재 확인할 방법이 없다. 다만 1928년 12월 코민테른 집행위원회에서 결의한 「조선문제에 대한 코민테른집행위원회의 결의」 즉 이른바 '12월 테제'가 "이후 조선 사회주의운동의 일반 지침서와 같은 구실을 했"고 "12월 테제는 당시 사회주의자들에게 운동방침의 전환을 의미하는 것으로 이후 사회주의 운동의 강령적 문서로 작용했"[59]음을 염두에 둔다면 우리는 심훈이 「12월 테제」를 보았을 가능성을 배제할 수 없다. 또한 심훈은 중국 체류 시, 이동휘, 여운형 등 사회주의자들과 교류하였고 귀국하여 동아일보 시절 박헌영·임원근·허정숙 등 공산주의자들과 함께 활약하다가 '철필구락부' 사건으로 퇴사하였다.[60] 이를 두고 홍효민은 그가 "동아일보에서 점차로 사회주의적인 분위기를 조성하기에 힘을 썼었다"[61]고 회고하였다. 심훈은 홍명희와도 깊은 관계를 유지하였다. 그리고 심훈은 조선공산당 사건으로 구속되었다가 1927년 11월22일 병보석으로 출감한 박헌영의 처참한 몰골에 분개하여 그의 출감에 즈음하여 「박군의 얼굴」이라는 시를 발표하였다. 이러한 일련의 행적은 그가 지속적으로 공산주의운동에 관심을 갖고 있었음을 보여준다. 그러므로 사회주의자들에게 강령적 문서로 작용했고 신간회 해소 운동의 근거가 되었던 이 문건을 심훈이 보았을 가능성은 무엇보다 높다. 그의 '주의자 소설' 삼부작이 포획한 조선 사회주의의 방향이 '12월 테제'의 주장과 거의 닮았음은 무엇보다 유력한 증거가 아닐 수 없다.

---

59) 류준범, 103쪽.

60) 최원식, 위의 글, 251~253쪽.

61) 홍효민, 「상록수와 심훈」, 『현대문학』(1963년 1월호), 269~270쪽.(최원식, 위의 글, 252쪽 재인용.)

## 4. 결론

이상에서 본고는 심훈의 사회주의사상이 집중적으로 체현된『동방의 애인』, 『불사조』, 『영원의 미소』세 편의 소설을 연구대상으로 심훈 소설에 나타나는 사회주의사상을 살펴보고 그의 중국 체험의 연장으로서의 사회주의 사상의 심화와 전환의 계기를 주목하였다.

위의 세 편의 장편소설은 중국에서 귀국 후 7년 뒤, 1930년경부터 1933년까지 발표한 것으로 모두 주의자들의 투옥체험과 불굴의 투쟁, 출옥 후의 지속적인 투쟁 등을 다루고 있으며 이를 통해 심훈은 나름대로 조선의 사회주의가 나아가야할 방향에 대해 포획하고 있다. 첫째, 심훈은 사회주의 혁명을 계급문제와 식민지의 문제를 해결할 수 있는 대안으로 보았고 계급해방을 우선하는 근본적인 문제로 보았으나 민족해방의 문제는 결코 포기할 수 없는 것으로 보았다. 즉 민족해방의 문제는 사회주의 혁명 속에서 계급해방과 함께 추구해야할 공동의 목표이자 포기할 수 없는 영원한 과제라는 것이다. 심훈은 민족과 계급을 동시에 사유하고 있었으며 이러한 민족과 계급에 대한 고민은 식민지 조선농촌의 현실에 대한 날카로운 해부와 통찰에 기초하고 있다. 둘째, 농민계급과의 결합을 통한 소부르주아 지식계급의 철저한 자기 개조가 절실하다고 보았다. 심훈은 지금까지 지식계급이 해왔던 소위 브나로드운동이니 농촌진흥운동이니 모두 농촌의 현실적 문제를 해결하고 농민들의 극도로 궁핍하고 참혹한 삶을 개선하는 것에는 아무런 의미도 없었음을 비판하고 있다. 이러한 준엄한 비판과 자기비판은 곧 지식계급의 철저한 개조의 문제와 맞닿아 있는 것이었다. 셋째, 심훈은 노동계급의 혁명성을 긍정하고 지식계급의 파쟁성에 대해 비판하였으며 그것을 극복해야 한다고 보았다. 소부르주아 지식계급이 운동의 중심이었던 시대는 이미 과거가 되었고 그들과의 철저한 결별을 통해 가장 비타협적이고 가장 혁명적인 노동계급이 운동의 중심이 되어야 하는 것이 지금의 시대적 요구임을 보여주고 있다.

위의 심훈의 '주의자 소설' 삼부작이 포획한 조선 사회주의의 방향은 공교롭게도 1928년 12월 코민테른집행위원회에서 결의한 「조선문제에 대한 코민테른집행위원회의 결의」즉 이른바 '12월 테제'와 매우 닮아있다. 심훈이 「12월 테제」를 보았는지는 현재 확인할 방법이 없다. 다만 '12월 테제'가 "이후 조선 사회주의운동의 일반 지침서와 같은 구실을 했"고 "12월 테제는 당시 사회주의자들에게 운동방침의 전환을 의미하는 것으로 이후 사회주의 운동의 강령적 문서로 작용했"음을 염두에 둔다면 우리는 심훈이 「12월 테제」를 보았을 가능성을 배제할 수 없다. 또한 심훈이 중국 체류 시기 및 귀국하여 동아일보시절, 지속적으로 공산주의자들과 교류하고 함께 활약하였던 점, 그리고 조선공산당 사건으로 구속되었다가 병으로 출감한 박헌영을 모델로 「박군의 얼굴」이라는 시를 발표하였던 점 등 일련의 행적은 그가 지속적으로 공산주의운동에 관심을 갖고 있었음을 보여준다. 그러므로 사회주의자들에게 강령적 문서로 작용했고 신간회 해소 운동의 근거가 되었던 이 문건을 심훈이 보았을 가능성은 무엇보다 높다. 그의 '주의자 소설' 삼부작이 포획한 조선 사회주의의 방향이 '12월 테제'의 주장과 거의 닮았음은 무엇보다 유력한 증거가 아닐 수 없다.

그럼에도 불구하고 당시 심훈의 처지와 문학 활동 그리고 사회주의적 민족주의자 등으로 분류되기도 했던 그의 사상적 편력을 생각한다면 심훈의 그런 소설들이 공산주의에 대한 깊은 관심과 철저한 이해 위에서 씌어졌으리라고는 생각되지 않는다. 어쩌면 '주의자 소설' 삼부작으로 묶을 수 있는 이 세 편의 소설은 사회주의문제에 끝까지 깊은 관심을 가졌던 지식인의 과거 공산주의 운동의 역사적 평가로 이해하는 것이 가능하지 않을까? 사회주의문제에 깊은 관심을 가졌던 심훈은 그 평가척도로 당시 아마도 제법 알려져 있을 '12월 테제'를 끌고 들어왔을 것이다.

# 참고문헌

## 1. 기본자료

심훈, 『동방의 애인·불사조』, 글누림, 2016.

심훈, 『영원의 미소』, 글누림, 2016.

심훈, 『영화평론 외』, 글누림, 2016.

심훈, 『심훈 시가집 외』, 글누림, 2016.

## 2. 논문

유병석, 「심훈의 생애 연구」, 『국어교육』 제14호, 한국국어교육연구회, 1968.

한기형, 「'백랑(白浪)'의 잠행 혹은 만유—중국에서의 심훈」, 『민족문학사연구』 35, 민족문학사학회, 2007.

_____, 「서사의 로칼리티, 소실된 동아시아—심훈의 중국체험과 『동방의 애인』」, 『대동문화연구』 제63집, 2008.

하상일, 「심훈과 중국」, 『비평문학』 55, 2015.

_____, 「심훈의 중국 체류기 시 연구」, 『한민족문화연구』 제51집, 2015.

_____, 「심훈의 생애와 시세계의 변천」, 『동북아 문화 연구』 49, 2016.

한대희 편역, 「조선농민 및 노동자의 임무에 관한 테제」, 『식민지시대 사회운동』, 한국: 한울림, 1986.

최원식, 「沈熏研究序說」, 『한국근대문학을 찾아서』, 인하대학교출판부, 1999.

류준범, 「1930~40년대 사회주의 운동가들의 '민족혁명'에 대한 인식」, 『역사문제연구』 제4호, 2000.

「조선농민 및 노동자의 임무에 관한 테제」.

# 분단사학의
# 극복을 위한
# 모색

# 남북한 한국 고대사연구 쟁점 검토

조법종*

## 1. 서언

한국고대사와 관련된 남북한 역사학계의 쟁점은 크게 한민족 기원문제, 한국 고대사 시대구분문제와 단군릉 문제를 필두로 고조선중심지 및 영역에 대한 문제 고구려 건국시기문제 등이 부각되고 있다.

본 발표에서는 기왕의 남북한 고대사관련 연구논고를 참고하여 이들 문제에 대한 개요적 정리를 진행하고 향후 남북한 역사학계 특히, 고대사관련 쟁점에 대한 해결방안과 협력방안 등에 대한 모색을 진행하고자 한다.

## 2. 민족기원문제

우리 민족의 기원 문제에 대해 한국 학계에서는 동북아시아 민족이동의 관점에서 고아시아족과 알타이어족의 이동을 염두에 두고, 청동기문화의 주역

* 우석대 역사교육과 교수

으로서 예맥족이 신석기문화의 담당주민이었던 고아시아족을 흡수·통합하는 과정이 우리 민족의 형성과정이라고 인식하고 있다.[1]

이에 대해 북한학계는 구석기인의 인골분석 등을 통하여 한민족의 체질적 특징은 한반도와 만주의 구석기시대 사람에서부터 형성되기 시작하였으며 그들의 후손이 계속 성장하여 한민족을 출현시켰다고 보고 있다.[2] 또한 우리 학계에서도 주민 교체에 의한 문화변천이라는 기왕의 주장에 대하여 의문을 제기하기도 하였다.[3]

한민족의 직계조상을 구석기시대에 한반도에 거주하던 사람들에게서 구하는 입장은 구석기시대와 신석기시대를 잇는 과도기인 중석기시대의 유적과 유물들에 대한 연구가 부족한 현재로서는 한반도 전역에 걸쳐 유적이 분포되어 있고 인골(人骨)이 다량 검출된 신석기인(新石器人)을 한민족의 직계조상으로 논의하는 것이 대세이다.[4] 즉 신석기 시대인들은 한반도에 거주하기 시작한 이래 주변지역으로부터 끊임없이 이주해 온, 다른 문화를 갖는 종족과의 부단한 접촉과 혼혈을 거치면서도 본래의 기본 혈통(血統)을 유지해 온 채 오늘날의 한민족의 조형(祖型)을 형성한 것으로 한국학계는 파악하고 있다.

그러나 정작 신석기시대에 한반도에 살았던 종족들이 누구인가 하는 문제에 관해서는 확실한 자료를 근거로 한 연구가 거의 이루어지지 않은 형편이다. 따라서 우리 민족의 원류에 대한 문제는 고대사 분야에서 이용해 온 많지

---

1) 金廷鶴, 1962 〈韓國民族形成史〉, 《韓國文化史大系》I, 高麗大 民族文化研究所.
   金貞培1989, 〈韓民族의 起源과 國家形成의 諸問題〉, 《國史館論叢》 1, 2~14쪽.
   金元龍, 1986, 《韓國考古學概說》, 一志社 66~67쪽.
2) 사회과학원 력사연구소, <조선사람의 기원과 인종적 특징>《조선전사》1, 과학백과사전출판사, 1979), 307~360쪽.
   장우진, 1989, 《조선사람의 기원》(사회과학출판사, ).
3) 李鮮馥 1991 〈석기·청동기시대 주민교체설에 대한 비판적 검토〉《韓國古代史論叢》 1, 韓國古代社會研究所, 41~66쪽.
4) 한국고고학회, 2012 《한국고고학강의》, 한국고고학회. 49쪽.

않은 문헌사료와 그에 끼워 맞춰서 다루어지거나 고고학적 유물을 근거로 논의되어 온 청동기시대의 종족으로 보는 관점에서 크게 진전되지 못하고 있는 양상이다.


## 3. 단군릉 및 대동강문화론문제

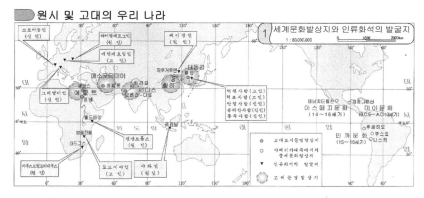

〈그림 1〉 '대동강문화'(『최신 조선지도』, 학우서방, 1999)

북한학계의 '대동강문화'는 '대동강 유역 문화'를 줄인 말로 평양을 중심으로 한 대동강 유역이 인류 고대문명의 발상지이자 중심지로서 세계 4대문명에 비견되며 기원전 4천년 후반기에 문명사회로 변화, 발전하였다는 것이다. 이 논의는 1993년 단군릉 발굴이후 이와 관련있는 시기의 유적, 유물에 대한 조사를 진행하였고 구석기, 신석기유적과 함께 청동기 시대인 고조선시기를 중심으로 1998년 3월 '대동강문화'로 명명해 북한의 새로운 상고사 체계를 제시하였다.[5] 그리고 1998년 10월 2일 평양에서 '대동강문화에 관한 학술발

---

5) 1998년 3월 11일 로동신문 4면에〈대동강과 더불어 빛을 뿌리는 유구한 역사와 찬란한 문화〉에서 대동강문화가 처음 언급된 것으로 파악되고 있다.

표회'를 개최하였다.

대동강문화에 대한 연구 성과를 외국 학계에 소개하기 위하여 2001년 영어, 일본어, 중국어판 단행본을 간행하였다.[6] 그리고 2009년 한국에서 사회과학원 고고학연구소의 조선고고학전서 61권 시리즈를 간행화면서 23권《대동강문화》를 출판하였다.[7] 또한 2013년 대동강문화가 한글판 단행본으로 북한에서 다시 간행되었다.

대동강문화의 내용은 대동강유역의 신석기문화와 단군릉, 비파형동검문화로 대표되는 청동기시기의 부락, 성곽, 고인돌문화 등으로 집약된다.

북한학계 대동강문화는 1993년 단군릉발굴을 기점으로 진행된 일련의 고대사인식변화와 연결된다. 그리고 단군릉과 연결된 대동강문화론은 이에 앞서 1989년 김정일이 제창한 '조선민족제일주의'에 근거하여 나타난 일련의 결과이다.[8] '조선민족제일주의'란 반만년의 유구한 역사를 지닌 우리 민족을 '김일성 민족'으로 만들고 그를 합리화하기 위한 일환으로 만들어진 것으로 보인다. 이 같은 정치적 목적을 역사적으로 합리화하기 위해 북한은 우리 민족의 원시조를 단군으로, 사회주의 조선의 시조는 김일성으로 설정해 우리

서일범, 1999, 〈북한 고고학의 최근 동향과 대동강문화론〉, 《白山學報》 53, 375~395쪽.
장호수, 2000, 《북녘의 고고학과 문화재관리》, 백산자료원.
임효재, 2002, 〈대동강문화와 한강문화-최근 평양 고대 유적 답사를 중심으로-〉, 《韓國先史考古學報》 9, 韓國先史考古學會.
권오영, 2003, 〈단군릉 사건과 대동강문화론의 전개〉, 《북한의 역사 만들기》, 푸른역사.
하문식, 2006, 〈대동강문화론에서 본 북한 학계의 연구 경향〉, 《단군학연구》 14.
이영화, 〈북한의 고대사 연구 동향-학술지 계량 분석을 중심으로-〉, 《한국고대사탐구》 3, 194-195쪽.

6) 리순진·장우진·서국태·석광준 등이 2001년에 공동 집필한 영문판 《Taedonggang Culture》과 일문판, 중문판 《大同江文化》, 朝鮮外文出版社가 있다.

7) 서국태, 지화산, 2009, 《대동강문화》, 사회과학원고고학연구소, 조선고고학전서 23; 진인진, 조선고고학전서의 일부로 간행된 대동강문화는 내용은 큰 변화없지만 목차체계를 단순화하였다.

8) 김정일, 〈조선민족제일주의정신을 높이 발양시키자〉, 《친애하는 지도자 김정일동지의 문헌집》, 1989, 249쪽.

〈그림 2〉 2012년판 대동강문화유적분포도

민족의 역사 체계를 단군—김일성으로 연결되는 인식체계 구축을 목표한 것이었다. 이같은 '조선민족제일주의'는 1990년대 소련을 비롯한 동구권에서의 사회주의 몰락 조짐으로 인한 북한 정권의 위기의식에서 등장한 것으로 파악되고 있다.[9] '조선민족제일주의'는 '민족주의'와 동일한 개념이다.

　이 같은 정치적 목적이 투영된 북한 민족주의의 표현인 '조선민족제일주의'는 1990년대에 북한 고대사를 전면적으로 개편시켰다. 1993년 이전에 이미 북한 지역에서의 개국시조들의 능을 개건하기 시작하였고, 상고사 및 고대사

---

9)　서재진, 1993, 〈主體思想과 民族主義의 關係〉,《통일연구원 세미나시리즈》, 76-86쪽.

의 편년을 상향 조정하고 있었다. 즉, 1989-1993년 동명왕릉 및 정릉사의 개건과 1992-1993년 왕건릉 발굴 및 개건 그리고 1993년의 단군릉 발굴과 1994년 단군릉 개건 및 역사적 인물화는 고조선의 건국자이자 민족의 원시조 단군과 천년 강성대국 고구려의 건국자인 동명왕, 그리고 첫 통일국가 고려 태조에 대한 관련 릉과 역사공간의 체계화를 통해 북한의 역사적 정통성과 공간적 성역화를 추진하였다. 그리고 1998년의 '대동강문화론 주장' 등은 북한 고대사의 민족주의 색채를 완성시켜가는 일련의 과정이었다.

또한 같은 시점에 '김일성 민족론'[10)이 주장되었다. 단군이 민족 시조라면 김일성은 민족중흥 시조이고, 양자 사이에는 순수한 혈통이 이어지고 있다고 하였다. 또한 "우리 민족의 혈통은 우리 인민이 수천 년 역사에서 처음으로 높이 모신 위대한 수령 김일성 동지에 의하여 훌륭히 마련되고 경애하는 김정일 동지에 의하여 순결하게 이어지고 고수되어 오는 혈통이다"라고 하여, 단군- 김일성- 김정일로 이어지는 민족적 혈통의 계보를 체계화하였다.

이 같은 '김일성민족론'은 앞서 조선민족제일주의[11)와 결합하여 그 역사적 근거[12)로서의 평양을 더욱 성역화하기 위한 이론틀로서 대동강문화론이 정

10) 강 선, 1998, 〈위대한 령도자 김정일동지를 국방위원회 위원장으로 다시 높이 모신것은 김일성민족이 받아안은 최대의 영광〉, 《력사과학》, 1998-4, 10-12쪽.
김창호, 2000, 〈김일성민족으로서 우리 민족의 혈통을 고수해 나가시는 위대한 영도〉, 《력사과학》, 2000-2.
조선문화보존사 편집실, 2002, 〈(사설)김일성민족제일주의 정신으로 조국의 력사와 문화를 빛내여 나가자〉, 《민족문화유산》, 2002년 제1호(루계제5호), 7쪽.
리광우, 2006, 〈강좌:김일성민족의 정신도덕적재부는 우리 민족의 가장 값높은 혁명유산〉, 《철학연구》, 2006년 제1호(루계104호), 4-쪽.

11) 리승철, 2000, 〈조선민족제일주의정신의 본질과 특징〉《철학연구》, 2000년 제1호(루계80호), 43쪽.
김현환, 2003, 《김정일장군조선민족제일주의론》, 평양출판사.

12) 리원봉, 2002, 〈위대한 령도자 김정일동지의 현명한 령도밑에 력사유적유물과 민속전통을 통한 조선민족제일주의정신교양〉, 《력사과학》, 2002-3, 21-22쪽.
〈조선민족제일주의정신을 깊이 간직하고 우리의 력사와 문화를 더욱 빛내여 나가자〉, 《조선고고연구》, 2003-3, 2~4쪽.

착케 되었다고 파악된다.

이 같은 내용은 과거 요동중심으로 고조선을 파악하였던 북한의 역사인식 체계가 단군릉 발굴이후 평양중심설로 고조선 인식틀을 바꾸고 평양성역화 및 김일성민족론을 역사적으로 재구성하기 위한 정치적 목적에 철저히 부응한 역사체계 수정으로 파악된다.

사실 북한학계에서는 해방 직후 고조선의 중심지를 둘러싼 논쟁이 치열하게 진행된 바 있다. 당시 논쟁은 문헌 역사학자 그룹에 속한 리지린의 고조선 재요령설로 정리되었다. 이 과정에서 출토 유물에 근거해 고조선 평양설을 줄기차게 주장하였던 도유호로 대표되는 고고학자들은 도태되었다. 이후 고고학 연구는 고조선 요령설을 충실히 따르는 연구자들만이 학계에서 활동을 계속하게 된다. 그런데 30여 년의 시간이 흐른 후 북한학계의 상황은 전변(轉變)되어 단군릉 발굴을 기점으로 대동강문화론에 이르기까지 현재 북한의 민족사 기원 논의는 고고학계 주도로 이루어지고 있는 것으로 보인다. 여기에서는 대동강문화론에서 고조선으로 이어지는 북한의 상고사 체계가 어떠한 역사적 배경 아래에서 변화와 전개 과정을 밟게 되었으며, 그들이 구축한 상고사 체계가 어떠한 과정을 통하여 북한 인민들에게 교육되었는지를 밝히는데 목적이 있다. 이러한 연구를 통하여 역사 민족주의의 지향이 국가와 권력의 이데올로기로 구축(構築)되어가는 과정을 보다 분명하게 드러낼 것으로 기대된다. 이는 현재 우리 사회 일각에서 제기되는 국수주의적 상고사 해석과 국가 주도의 상고사 교육 강화의 흐름에 대해서도 돌아볼 수 있는 계기를 제공할 수 있을 것이다.

따라서 대동강문화에서 제기한 핵심적 사안인 조선민족 본토기원설 및 청동기문화의 자체 발전론, 대동강유역의 비파형동검문화의 발상지, 단군 원시조론과 역사연대 등으로 대표되는 대동강문화론의 핵심 사항에 대한 보다 심도 있는 학술적 접근과 검토가 요청된다.

## 4. 고조선 중심지와 영역문제

### 4.1. 고조선 시기구분문제

북한학계는 단군릉 발굴이후 평양설로 정리된 기존논의를 유지하면서 고조선의 시기구분과 문화내용 및 영역 변화를 다음과 같이 제시하였다.

먼저 고조선을 전조선(B.C.30세기초-B.C.15세기 중엽)-후조선(B.C.15세기중엽-B.C.194년)-만조선(B.C.194-B.C.108)으로 구분하고 각 시기별 영역을 연계시켜 설정하고 있다.

전조선의 경우 초기영역은 평양을 중심으로 북변은 청천강-압록강유역, 동쪽은 북대봉산줄기, 아호비령산줄기, 마식령산줄기계선이고 남쪽은 한강하류유역으로 설정하였다. 이 시기 대표유적으로 고인돌(오덕리형 및 묵방리형 고인돌), 돌관무덤 및 팽이형그릇, 조롱박 1유형단지(미송리형단지)로 보았다. 또한 B.C.3000년기 중엽에는 한반도 영역으로 영역이 확대되었고 B.C.3000년기 말엽에는 료동지구, 길장지구, 및 두만강유역, 연해변강 남부지역 등이 포괄되었다고 보았다.[13] B.C.15세기중엽 고조선내 왕조교체에 따라 후조선이 성립되었고 부여, 구려 등의 분립되어 북쪽은 부여, 고구려와 접해 철령일대로 남변은 예성강-임진강계선 동변은 강원도 등지로 보았다. 한편, 서쪽은 란하계선까지 확대된 것으로 보았다. B.C.3세기초 연장 진개의 공격으로 영토의 축소가 있었다고 보았다.

즉, 연장 진개의 공격으로 서변 2000여리를 상실하였는 데 그가 차지한 2000여리의 영역을 란하중류로부터 료하하류(서쪽 계선 요양하)에 이르는 지역으로 보고 경계가 된 만번한은 압록강 남쪽에 연진한의 장성이 없기 때문에 반한현의 한수가 새에서 나온다는 응소주를 이용해 이에 대응되는 반한

---

13) 박득준, 1999,《고조선력사개관》, 사회과학출판사, 49-58쪽.
　　전대준, 최인철, 2010, 조선단대사, 8-9쪽.

현을 용양하 하류 반산지역에 비정하였다. 또한 문현은 모용황형제의 싸움이 있었던 문성으로 보아 신민 서남 요양하 좌우로 보았다.14) 이같이 연의 전성 기에 후조선의 영역은 료하서쪽 요양까지 후퇴하였으나 다시 연의 쇠퇴할 시 점에 패수(대릉하)계선을 회복하였다고 보았다.

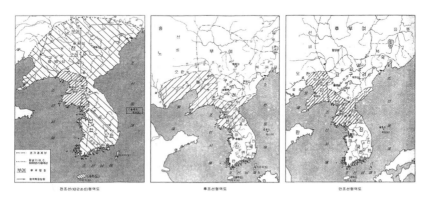

전조선(단군조선)형역도　　　　　후조선형역도　　　　　만조선형역도

〈그림 3〉 북한학계의 최근 고조선영역도: 전조선(단군조선)(p.70), 후조선(p.82), 만조선 (p.87)
전대준, 최인철, 2010, 《조선단대사(고조선사)》, 과학백과사전출판사.

B.C.222년 연붕괴후 진과 후조선의 접경은 배수(沛水)인데 이는 대릉하이 며 이것이 한나라에도 연결되어 패수(대릉하)가 고조선과 한과의 경계로 되 었다고 보았다. 여기서 북한학계는 만리장성의 동단을 현재의 산해관지역으 로 보았으며 렬수는 요하로 보고 열구 또한 열수의 하구로 보았다.15)

이 같은 북한학계의 인식을 검토하면 고조선 발원지를 평양으로 설정한 이 후 이에 부응하는 역사공간설정이 일방적 확대지향에서 신축적인 내용을 보 여주고 있는 점이다. 물론 만왕조 영역표시 내용을 보면 요령지역에 대한 공

---

14) 전대준, 최인철, 2010, 전게서, 83-84쪽.
15) 전대준, 최인철, 2010, 조선단대사, 83-87쪽.

간을 포기한 것은 아니지만 과거 일방적으로 난하까지 확대한 공간 영역을 고집하던 입장에서 일부 변동을 보여주고 있다. 따라서 최근 북한학계는 1998년 제시한 대동강문화란 용어는 학술적으로는 사용치 않으면서 평양중심론은 여전히 유지하는 입장을 보여주고 있다.

이같은 상황은 결국 북한학계도 인류문화의 발상지부터 단군릉의 연대관을 그대로 반영한 대동강문화론이 대내외적으로 수용되기 어려운 현실을 인식하고 단지 평양중심주의적 고조선인식체계만을 강화하는 연구가 진행되고 있음을 보여준다. 문제는 앞서 제기한 연대문제와 청동기 자체 발생론에 대한 더 이상의 학문적 천착이 진행되지 못하는 상황에서 이같은 인식과 논리가 객관화되기 어려운 상황이 지속된다는 점에서 문제가 있다.

## 4.2. 고조선 중심지논의

고조선은 학자들에 따라 차이는 있지만 일반적으로 전조선(단군조선), 후조선(기자, 예맥) 및 위만조선으로 구분되어 파악되고 있다. 이 같은 고조선 관련 연구16)의 핵심적 쟁점사항은 각 시기별 영역과 도읍지관련 내용으로 전통사학이래 평양 중심설, 요령중심설, 요령−평양이동설 등 세 가지 입장으로 나뉘어 진행되었다.17) 그런데 고조선 중심지에 대한 인식이 체계화되

---

16) 노태돈, 1989, 〈고조선사 연구의 현황과 과제〉, 《한국상고사−연구현황과 과제−》, 185~192쪽.
　　김정배, 1997, 《한국사》 4, 국사편찬위원회.
　　조법종, 1999, 〈고조선 관계 연구의 현황과 과제〉, 《단군학연구》 1.
　　김정배, 2003, 〈고조선 연구의 현황과 과제〉, 《단군학연구》 9.
　　박선미, 2006, 〈근대사학 이후 고조선사 연구의 현황과 쟁점〉, 《한국사학보》 23.
　　동북아역사재단 · 고조선사연구회 편, 2009, 《고조선사 연구 100년−고조선사 연구의 현황과 쟁점−》.
　　조법종, 2015, 〈고조선의 중심지 및 도읍관련 논의와 쟁점〉, 《고조선과 위만조선의 연구쟁점과 대외교류》, 학연문화사.
17) 서영수, 1988, 〈고조선의 위치와 강역〉, 《한국사시민강좌》 2.
　　노태돈, 1990, 〈고조선의 중심지의 변천에 대한 연구〉, 《한국사론》 23.

는 과정에서 근대 일본학계는 낙랑문제[18]와 연결지어 한반도설을 체계화하려 하였고 북한학계는 자체 위치논쟁이후 요령설[19]을 견지하다[20] 단군릉 발굴이후[21] 평양지역에서 요녕지역으로 확장하였다는 인식으로 급변하였다. 즉, 檀君陵 발견이 공식적으로 공표되면서 새로운 입장으로 재등장하고 있다.[22] 북한학계는 단군조선의 초기영역이 평양을 중심으로 한반도에서 시작하여 遼河, 松化江 상류로 확대되었다고 보았다. 이후 後朝鮮('箕子朝鮮') 시기에는 중국과의 경계선이 灤河유역으로 확대된 후 燕과의 갈등, 秦과의 갈등이 지속되었고 漢대에는 현재의 大凌河를 浿水로 파악하여 이를 경계로 漢과 대립한 것으로 보았다. 또한 漢이 침공한 곳은 副首都인 요동지역의 王儉城으로 이곳에 漢四郡이 설치된 것으로 보았다.[23]

한편 2005년 낙랑구역에서 발견된 낙랑군의 計簿라고 이해되어지는 樂浪郡 初元四年 縣別戶口簿 木簡의 발견은 마지막 도읍지 왕검성의 평양설을

　오강원, 1996·97, 〈고조선 위치비정에 관한 연구사적 검토(1·2)〉, 《백산학보》 48·49.
　조법종, 2002, 〈고조선의 영역과 그 변천〉, 《韓國史論》 34, 국사편찬위원회.
　송호정, 2010, 〈고조선의 위치와 중심지 문제에 대한 고찰〉, 《한국고대사연구》 58.
　박준형, 2012, 〈대릉하—서북한지역 비파형동검문화의 변동과 고조선의 위치〉, 《한국고대사연구》, 66.
　서영수외, 2009, 《고조선사연구 100년-고조선사 연구의 현황과 쟁점-》, 학연문화사.
　단국대동양학연구원, 2015, 《고조선과 위만조선의 연구쟁점과 대외교류》, 학연문화사.

18) 조법종, 1992, 〈樂浪問題(平壤也域文化)에 대한 일본역사학계의 인식검토〉, 《송갑호선생화갑기념사학논총》; 2006, 《고조선 고구려사연구》, 신서원.
　오영찬, 2006, 《낙랑군 연구》, 사계절.
　조법종, 2011, 〈식민주의적 고조선사 인식의 비판과 과제〉, 《한국고대사연구》 61, 한국고대사학회.

19) 리지린, 1963, 《고조선연구》.

20) 사회과학원력사연구소, 1991, 《조선전사》 2.

21) 박진욱, 1994, 〈단군릉 발굴정형에 대하여〉, 《조선고고연구》, 1994.

22) 북한의 사회과학원은 平壤의 근교에 있는 강동군 강동읍의 대박산에 존재한 무덤에 대하여 1993. 10. 2. 〈단군릉 발굴보고〉를 발표하고 10월 12일 〈단군 및 古朝鮮에 관한 학술 발표회〉를 개최하여 이 무덤이 단군릉임을 확정지웠다(이형구 편, 《단군을 찾아서》, 1993, 살림터 ; 북한문제연구소편, 《북한의 단군릉 발굴관련 자료》, 1993).

23) 사회과학출판사, 1999, 《고조선력사개관》.

확인시켜주는 자료로 파악하고 있다. 24)

고조선 요동중심설은 중국측 기록중 위만조선의 수도인 王險城이 險瀆에 위치하고 있다는 견해로 대표된다. 즉, 裵駰의《史記集解》에서는 後漢代 徐廣의 견해를 인용하여 昌黎에는 險瀆縣이 있다고 하였다.25) 한편, 唐代 司馬貞이 찬술한《史記索隱》에서는 徐廣의 말과 후한대 應昭의 주를 인용하여 요동의 險瀆縣이 朝鮮王의 舊都邑이라고 기록하고 있다.26)

이러한 이해는 王險城이 遼東지역의 險瀆縣 지역에 있으며 이곳이 조선왕의 舊都邑이라는 인식으로 요약된다.

한국측 기록 중 고조선의 중심지를 요동지역에 설정하는 견해는 權擘의 《應制詩註》에 나타나고 있다. 이후 洪汝河는《東國通鑑提綱》에서 眞番을 遼陽에 비정하고 浿水도 遼河로 비정하여 요동중심설을 보여주었다. 이와 함께 申景濬, 李瀷 등이 고조선의 중심을 요동지역으로 비정하고 있다.27) 이러한 견해는 申采浩, 崔南善, 安在鴻, 鄭寅普로 이어지고 있다. 이같은 고조선의 요동중심설은 1960년대초 이후 북한학계에서 정설로 받아들이고 있다.28) 요동설과 관련된 북한학계의 일련의 연구과정은 요동설, 평양설 및 이동설로 나뉘어 진행된 논쟁의 기간을 거쳐 리지린으로 대표되는 요동설로

---

24) 손영종, 2006,《조선단대사−고구려사1−》, 과학백과사전출판사, pp.118−124.
 손영종은 초원4년 락랑군 현별 호구수에 관한 목간이 락랑구역 귀틀무덤에서 나온 것은 락랑군 아전인 피장자가 락랑군에서 문제가 있어 락랑국으로 망명하여 묻힌 것이라고 설명하고 있다.
 윤용구, 2007,〈새로 발견된 樂浪木簡 − 樂浪郡 初元四年 縣別戶口簿〉,《韓國古代史研究》46, 한국고대사학회.
 윤용구, 2009,〈평양 출토〈樂浪郡初元四年縣別戶口簿〉연구〉,《목간과 문자연구》3, 한국목간학회.
 권오중 외, 2010,《낙랑군 호구부 연구》, 동북아역사재단, 2010.

25)《集解》徐廣曰 昌黎有險瀆縣也.

26)《漢書》志 28下 地理志8下 索隱 韋昭云〈古邑名〉・徐廣曰〈昌黎有險瀆系〉・應劭 注〈地理志 遼東險 瀆縣 朝鮮王舊都〉 應劭曰 朝鮮王滿都也・依水險 故曰險瀆.

27) 韓永愚,《朝鮮後期 史學史研究》(一志社, 1989).

28) 徐榮洙, 앞의 논문(1988), 28−32쪽.

**220** [역사] 분단사학의 극복을 위한 모색

정착되었다.[29)]

　북한학계가 파악한 중국 진한대 요수=난하, 패수=대릉하, 왕검성위치는 대릉하와 요하사이 의무려산 이남 반산[30)]으로 보거나 요동 개평[31)]으로 보는 견해로 나뉜다.

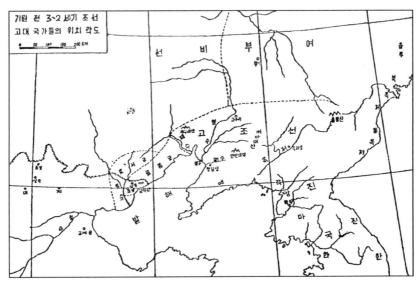

〈그림 4〉 리지린, 1964, 고조선연구, 학우서방

　한편, 북한학계에서는 1970년대에는 고고학적 연구성과를 바탕으로 고조선의 역사상을 보다 구체화하였다. 특히, 고조선의 실체에 대한 접근에 있어 고고학적 성과를 문헌연구성과와 결합하여 고조선의 공간에 대한 체계화를 시도하였다. 이를 통해 기원전 2세기 古朝鮮西邊=浿水=大凌河로, 洌水=

29) 조법종, 〈북한의 古朝鮮사 인식체계에 대한 고찰〉《북한의 우리고대사 인식》I, 대륙연구소, 1991).
30) 림건상, 1963, 고조선의 위치에 대한 고찰, 고조선토론논문집, 과학원출판사.
31) 리지린, 1963, 고조선연구, 학우서방.

遼河로 이해하였다. 그리고 왕검성은 요하하류 해성과 개평사이의 지역으로 상정하였는 바 이는 이미 리지린 등에 의해 제시되었던 것을 반복한 것이다. 결국 이같은 고조선인식틀은 요동중심설이 고고학적으로 확립되었음을 보여주는 것이다. 또한 기존 평양지역의 樂浪문화를 '馬韓의 文化'로 새롭게 설정하여 이해하였다.[32] 그러나 이 견해는 북한이 가장 중시해야할 평양의 성격이 모호해지는 문제를 야기하였고 따라서 1970년대 주체사관이 강조되며 평양이 부각되자 평양을 고조선과 연결지어 고조선의 부수도 개념을 부각하는 인식으로 다시 수정되었다.[33] 또한 고조선을 포함한 예, 맥, 한족의 공통기반문화로서 비파형단검문화를 구체화하여 비파형단검이 중국동북지방의 요동지방, 요서지방; 길림. 장춘지방; 한반도 서북부. 서남부 등에서 발견되어 비파형단검문화가 고조선 한 나라의 문화일 뿐만 아니라 전체 고대 조선족의 문화라는 인식을 제시하였다.[34] 이같이 고조선의 요동중심과 평양지역을 재 강조하는 북한학계의 요동중심설은 1993년 〈단군릉〉 발굴 및 재건을 기화로 고조선 평양중심+요동지역 확장설로 완전히 새롭게 재구성되었다.[35]

---

32) 리순진 · 장주협, 1973, 《고조선문제연구》.
　　이같은 인식은 요동중심설의 입장에서 위만에게 쫓긴 준왕이 망명한 지점으로서 평양을 상정하여 청천강−예성강을 계선으로 갖는 지역에 독자적인 馬韓의 문화가 존속되었음을 주장한 견해로 고조선인식에서 가장 큰 난제였던 평양지역문화를 새롭게 이해한 독특한 견해라고 할 수 있다. 이같은 견해는이미 신채호의 《전후삼한고》에 나타나고 있는 전삼한 북삼한의 인식체계와 대비될 수 있는 견해로 북한학계의 고조선인식체계의 기본구도가 민족주의역사학자로 운위되는 신채호의 견해를 기본적으로 계승하고 있는 일면을 보여준다고 생각된다.

33) 사회과학원 고고학연구소, 1977, 《고조선문제연구론문집》, 사회과학출판사.
　　이는 고조선의 영역을 요동지역을 중심으로 설정하는 것은 같으나, 그 남쪽경계선에 대해서는 청천강이 아닌 예성강으로 바뀌고 있는 점이다. 즉, 종래 마한의 문화로 이해하였던 평양지역의 문화를 고조선과 일정하게 구별되는 독자문화로 파악하였던 인식이 수정되었던 것이다.

34) 사회과학원 고고학연구소 력사고고학연구실, 1987, 《비파형단검문화에 관한 연구》 과학백과사전출판사.

35) 〈반만년의 유구한 력사와 민족의 단일성에 대한 확증 단군릉발굴보고〉, 《조선고고연구》 93−4.
　　허종호 등, 1999, 《고조선력사개관》, 사회과학출판사.
　　리순진, 장우진, 서국태, 석광준, 2001, 《大同江文化》, 외국문출판사.

한편, 평양일대 낙랑유적에 대해서는 고조선 종말이후 고조선유민의 독자적 중심지이며[36] 2600여개의 발굴된 묘는 나무곽무덤[37], 귀틀무덤[38], 벽돌무덤[39] 등으로 이들은 중국의 것과는 명확히 구별되는 독자적인 무덤양식임을 강조하였다. 특히, 일본인들에 의해 낙랑군 재평양설의 논거가 되었던 봉니와 점제현비석에 대한 기왕의 위조설을 비석과 封泥의 성분분석으로 통해 재천명하였고[40] 무덤 반출 도장에 대해서는 교역과 포로의 유류품으로 파악하는 전통견해를 답습하였다.[41] 또 발굴된 성곽유적과[42] 비단유물도 중국식이 아님을 강조하여[43] 이 지역의 문화와 주민이 중국과는 구별되는 존재임을 주장하였다.

이 같은 인식은 기존 식민사학적 인식의 중요 논거들에 대한 초기적 비판을 방법을 달리하여 진행한 것으로 낙랑군 재요동설에 입각한 인식에 부응하기 위한 논리라는 점에서 근본적인 한계와 문제점을 갖고 있다.

북한학계는 요령설 입증을 위해 요서, 요동지역 청동기문화 전체를 고조선의 영역으로 인식하였고[44] 이같은 견해는 단군릉 발굴이전까지는 북한의 공

---

장우진, 2002, 《조선민족의 원시조 단군의 유골 감정보고》, 사회과학출판사.

조법종, 1999, 전게논문.

하문식, 2009, 〈북한학계의 고조선 연구성과와 과제〉, 《고조선사 연구100년》, 학연문화사.

36) 안병찬, 1995, 〈평양일대 락랑유적의 발굴정형에 대하여〉, 《조선고고연구》 95-4.

37) 리순진, 1996, 〈평양일대 나무곽무덤의 성격에 대하여〉, 《조선고고연구》 96-1.

38) 리창언, 1996, 〈귀틀무덤을 남긴 정치세력에 대하여〉, 《조선고고연구》 96-1.

39) 한인덕, 1995, 〈서북조선의 벽돌무덤의 성격에 대하여〉, 《조선고고연구》 95-4.

40) 김교경, 정강철, 1995, 〈물성분석을 통하여 본 점제비와 봉니의 진면모〉, 《조선고고연구》 95-4.

점제비: 1913, 룡강군 해운면 운평동(현재 온천군) 발견.

룡강군 일대 화강석과 성분다름. - 료하지방 화강석위조 이동.

봉니: 현재의 온천군 성현리 토성근방 흙이 아니고 락랑토성근방 흙으로 만들어졌다. (글자비슷) 현재까지 북한 발굴시 한점도 발견하지 못했다.

41) 박진욱, 1995, 〈락랑유적에서 드러난 글자있는 유물에 대하여〉, 《조선고고연구》 95-4.

42) 남일룡, 1996, 〈평양일대 고대토성의 축조연대에 대하여〉, 《조선고고연구》 96-1.

43) 조희승, 1996, 〈평양 락랑유적에서 드러난 고대 비단에 대하여〉, 《조선고고연구》 96-1.

식입장으로 유지되었다.[45] 그러나 1993년 단군릉 발굴이후 평양중심설로 급선회되고 요동지역은 발전과정에서 확대된 것으로 이해하는 혼란을 보여주고 있다.

한편, 한국학계에서는 尹乃鉉이 북한학계의 요동설에 일부 내용을 변화시킨 입장을 표방하였다.[46] 특히, 낙랑군=위만조선=기자조선으로 파악하는 인식을 전제로 기자 일족이 난하하류유역으로 망명해 고조선의 거수국이 되었고 위만이 그 자리에 위만조선을 세웠다고 보아 위만조선 건국지를 난하하류지역으로 보았다.[47]

그런데 최근 2005년 낙랑구역에서 발견된 樂浪郡 初元四年 縣別戶口簿 木簡의 발견은 위만조선이 끝까지 요동지역에 존재하였다는 인식에 논란을 제기하고 있다.[48]

한편, 고조선 중심지 이동설은 요동설과 평양설의 절충적 측면이 강한 견해로서 두 지역에 공존하는 고조선 관련 문헌 및 고고학적 자료의 해석을 위한 방안으로 제시되었다. 즉, 전기 고조선의 중심지는 요동지역으로 설정하고 후기에는 중국세력의 확장에 따른 영역축소라는 이유로서 한반도 서북지역으로 이동하였다는 논리이다.

---

44) 박진욱, 1988, 조선고고학전서, 과학백과사전출판사.

45) 사회과학원력사연구소, 1991, 《조선전사》 2.

46) 尹乃鉉, 《古朝鮮硏究》(一志社, 1995).

47) 윤내현, 1993, 《고조선연구》, 일지사, pp.360~367.

48) 손영종, 2006, 《조선단대사-고구려사1-》, 과학백과사전출판사, pp.118~124.
尹龍九, 2007, 〈새로 발견된 樂浪木簡 - 樂浪郡 初元四年 縣別戶口簿 -〉, 《韓國古代史硏究》 46.
손영종은 초원4년 락랑군 현별 호구수에 관한 목간이 락랑구역 귀틀무덤에서 나온 것은 락랑군 아전인 피장자가 락랑군에서 문제가 있어 락랑국으로 망명하여 묻힌 것이라고 설명하고 있다.
윤용구, 2007, 〈새로 발견된 樂浪木簡 - 樂浪郡 初元四年 縣別戶口簿〉, 《韓國古代史硏究》 46, 한국고대사학회.
윤용구, 2009, 〈평양 출토 〈樂浪郡初元四年縣別戶口簿〉 연구〉, 《목간과 문자연구》 3, 한국목간학회.

북한학계에서는 1950년대 이같은 인식이 제기되었다. 정세호는 고조선 요동-한반도 이동인식을 문헌자료 검토를 통해 제시하고 있다.[49]

이같은 견해는 이후 전개되는 고조선관련 논쟁에서 제시되는 주요 논점들을 거의 망라하고 있음이 주목된다. 즉,고조선 요동중심설이 근거로 활용되는 《史記》등의 자료분석과 정치상황변화에 따른 영역변화 인식은 고조선의 영역변화에 대한 기본적 인식의 체계가 거의 완성되어 있음을 보여 준다.

한편, 한국학계에서는 箕子族團의 존재를 중시한 견해로서 千寬宇는 箕子東來說을 箕子族의 이동이란 관점에서 이해하였다.[50] 徐榮洙는 기원전 3세기초 연과의 전쟁에서 패해 만번한 즉 오늘날의 천산산맥-대릉하영역을 상실하고 진번과 함께 남하하여 중심지를 대동강으로 옮긴 것으로 파악하였다.[51] 盧泰敦은 기원전 3세기초까지 고조선의 중심부는 요동에 있었다고 하였다. 전기 고조선의 중심지는 海城縣의 서남쪽과 蓋平縣을 포괄하는 지역의 어느 곳에 있었고 燕의 기습적인 공격을 받은 고조선은 그 중심지를 한반도 지역으로 이동하게 되었다고 파악하였다.[52]

한편 최근 왕검성의 위치문제와 관련하여 趙法鍾은 衛滿朝鮮의 완전한 붕괴시점이 기원전 108년이 아닌 기원전 107년이며 이같은 사실은 위만조선의 도읍인 王險城이 함락되기 전에 樂浪郡이 王險城과는 다른 곳에 설치되어 王險城과 樂浪郡이 병존하였다는 사실을 주장하고 왕검성은 결국 낙랑유적이 있는 평양지역이 아닌 다른 곳에 존재하였을 가능성을 제기하였다. 또한 金南中은 연화보 세죽리문화에 대한 검토를 통해 王險城이 현재의 평양

---

49) 정세호, 〈자료〉〈사기를 중심한 고조선의 위치에 관하여〉, 《력사과학》 1956년 2호.

50) 천관우, 1989, 《古朝鮮·三韓史研究》(一潮閣), 10-13쪽.

51) 서영수, 1988, 〈古朝鮮의 位置와 彊域〉, 《韓國史市民講座》 2, 45-49쪽.
    서영수, 1999, 〈古朝鮮의 對外關係와 彊域의 變動〉, 《東洋學》 29, 동양학연구소.
    서영수, 2007, 고조선의 발전과정과 강역의 변동, 고조선의 역사를 찾아서, 학연문화사, 49-50쪽.

52) 노태돈, 1990, 〈古朝鮮 중심지의 변천에 대한 연구〉, 《韓國史論》 23, 42-53쪽.

지역이 아닌 압록강 유역 고구려 발생 지역인 환인지역으로 제시하였다.[53)]
또한 패수는《前漢紀》에 근거해 渾河로 파악하고 최근 본계지역을 주목하였
다. 한편 정인성은 평양지역 낙랑유적 등에 대한 고고학적 검토를 통해 평양
지역에서 왕검성유적을 찾을 수 없다는 발표를 통해 왕검성 위치논란을 새롭
게 제기하였다.[54)]


## 5. 고구려관련 문제

　고구려사와 관련된 남북한 학계의 차이는 고구려를 중세로 보는 시기구분
문제와 고구려가 기원전 277년, 그 전신인 구려국이 기원전 3000년경에 건
국되었다고 보는 것에서 가장 큰 차이를 나타내고 있다.

　먼저 고구려의 전사인 구려국의 역사를 본격적으로 진행함으로써 고구려
사의 독자성과 계통성을 입증하고 노력하는데 주력한 연구성과들이 있다. 공
명성이「구려사연구」를 통해 고구려 전사前史로서의 구려 역사를 종합적으
로 정리했다. 이 연구에 따르면 구려는 B.C. 30세기 중말엽에 단군조선의
후국이 되었고, B.C. 15세기 중엽 단군조선이 후조선으로 교체될 때 독립하
여 고대국가로서 발전하다가, 기원전 4~3세기에 내부적인 모순으로 쇠퇴했
으며 기원전 277년 부여로부터 내려온 주몽이 고구려를 건국하면서 멸망했
다고 한다.[55)] 공명성은《삼국지》에 나오는 연노부가 졸본부여이고, 이것이
곧 구려국인 것으로 보았다.

　손영종도 새롭게 펴낸《조선단대사》(고구려사1)에 공명성의 구려국 연구내

---

53) 金南中, 2000,〈衛滿朝鮮의 領域과 王儉城의 位置〉, 전남대 석사학위논문.

54) 정인성, 2017,〈고고학으로 본 위만조선 왕검성과 낙랑〉,《고고학으로 본 고조선》, 제41회
　　한국고고학전국대회.

55) 공명성, 2004,〈구려사연구〉,《조선고대사연구》1(사회과학출판사, 2004), 7~15쪽.

용을 그대로 정리하여 수록하였다. 구려국이 늦어도 기원전 5세기경에 성립한 것으로 보았던 이전의 설56)을 수정한 것이다.57) 이에 대해 공명성은 단군조선의 역사가 새롭게 해명되기 이전시기까지 구려의 성립시기는 대체로 기원전 5세기 이전으로 보아왔으나, 단군조선의 역사가 새롭게 정립됨에 따라 구려국의 역사도 새롭게 해명하게 되었다고 밝혔다.58) 즉 단군릉 발굴로 고조선사에 대한 전반적인 수정이 이루어진 것이다.

이같이 고구려사 관련 북한의 인식 가운데 가장 주목되는 내용은 고구려 前史에 해당하는 '구려'에 대한 내용이다. 《逸周書》「王會解篇」에 기원전 1059년 건설된 성주의 낙성식에 참가했다고 나오는 高夷에 대해 진나라의 오경박사였던 공조가 "동북이로서 고구려이다."라고 주석을 단 것에 대해 공명성은 "이 사료에 대해 비판적 견해도 있지만 필자는 신빙하는 입장"이라고 밝히며, 고이가 곧 구려라고 주장했다. 그리고 《상서》권11 「주관」 제22에 "주 무왕이 상나라를 멸망시킨 후 부여·구려·한맥 등 동방의 족속들이 모두 서주와 길이 통하게 되었다."는 기사가 실려 있는 것에 대해서도 역사적 사실을 반영한 기록으로 보면서, 이 사료들을 통해 "구려가 이미 기원전 11세기 경에는 고조선의 판도에서 떨어져 나와 대외관계를 독자적으로 진행하는 세력으로 등장하였던 역사적 사실을 확인할 수 있다."고 했다.59)

일주서의 고이와 상서의 구려 관련 기사는 중국학계에서 顓頊 高陽氏의 후손이 고이이고, 이들이 고구려를 세웠으므로 고구려사는 중국사에 귀속되며, 서주 이래 중국의 지방정권에 속했다고 주장할 때 주요 근거로 제시하는

---

56) 손영종, 1990, 《고구려사》 1(과학백과사전종합출판사, 1990), 13~20쪽.

57) 손영종, 2006, 《조선단대사》(고구려사1)(과학백과사전출판사, 2006), 19~22쪽.

58) 공명성, 2004, 〈구려사연구〉, 《조선고대사연구》1(사회과학출판사, 2004), 7~15쪽.
최인철, 2006, 〈고대국가 구려의 중앙통치기구〉, 《력사과학》 2006-4, 2006.
강인숙도 구려국이 기원전 5세기경에 건국된 것으로 보았다. 강인숙, 1991, 〈고구려에 선행한 고대 국가 구려에 대하여〉, 《력사과학》 1991-2, 54~60쪽.

59) 공명성, 2004, 앞의 책, 18~21쪽.

것이다.

그러나 남한학계에서는 고구려의 특징적인 묘제인 적석총의 집단조성 시기를 기준으로 건국시기를 기원전 2세기 정도로 보고 있다.[60] 따라서 양자 사이에 시기 차이가 크고, 그 간극을 메워줄 수 있는 여타의 근거자료가 없으므로 성주회의에 참석했다는 고이와 고구려는 관계가 없다고 보고 있다. 상서의 해당 기사도 今文尚書에는 보이지 않는다.

북한에서는 고구려의 역사적 유구성을 입증하기 위해 구려의 역사를 고조선존재 시기부터 시작된 것으로 보아 고조선·부여·진국과 함께 고대사에 포함시켰다. 그러나 구려의 왕도, 5부의 존재, 관련사료 등은 모두 삼국지나 후한서·삼국사기의 기사, 즉 고구려 관계기사를 그대로 원용해서 사용해 고대인 구려사와 중세인 고구려사의 차이가 별로 드러나지 않게 되었다. 또한 이로 인해 고고학적 상황이나 문헌 사료에 나오는 특정 정치집단과사건의 경우에도 시대착종 현상이 일어나고 있다. 영역범위 면에서도 구려 시기부터 이미 요하선, 대릉하선까지 이른 것으로 되어 이후 고구려의 판도가 그다지 확장되지 않은 것으로 되어 버렸다. 이는 모두 주체사관에 입각해 구려-고구려사를 시간적·공간적으로 늘리는 과정에서 과학성과 객관성이 결여된 연구를 진행함으로써 빚어진 결과다.[61]

이같이 북한학계에서는 1990년대까지는 고구려의 건국연대를 기원전 277년으로 확립하는데 주력했으나, 2000년 이후에는 고조선의 계승국으로서의 고구려를 강조하고, 겨레통일·삼국통일 에 매진한 면을 중시하고 있다. 구려국을 고조선과 동시기에 존재했던 나라로 부각시키면서 그 중심 위치는 시종 환인일대였고, 5부 5족도 이때부터 있었던 것으로 보았다. 구려국의 조기 발

---

60) 池炳穆, 1987, 〈高句麗 成立 過程考〉, 《白山學報》34, 67~70쪽; 金賢淑, 1993, 〈高句麗 初期 那部의 分化와 貴族의 姓氏〉, 《慶北史學》 16; 2005, 《고구려의 영역지배방식 연구》, 도서출판 모시는사람들, 10~30쪽.
61) 김현숙, 2012, 〈'동북공정' 이후 북한의 고구려사 연구동향〉, 《국학연구》 21, 한국국학진흥원.

전론을 입증하기 위해 성주회의 참석 기사를 존중하는 대신 3세기 중엽 고구려 상황을 보여주는 삼국지「위서」'동이전'의 기사는 별로 인용하지 않았다. 그리고 삼국사기「고구려본기」의 기사는 연대를 240년 소급하거나, '후대의 료이지만'이라는 단서를 붙여 활용하고 있다. 구려국의 조기 성립과 고구려의 기원전 277년 건국설을 뒷받침하기 위해 관련 사료들을 자의적으로 취사선택하고 연대를 조정하는 문제를 야기하였다.62)

## 6. 맺음말

북한학계는 1993년 단군릉 발굴이후 대동강유역의 구석기, 신석기유적과 함께 청동기 시대인 고조선시기를 중심으로 청동기 시대의 마을유적, 무덤유적, 성터, 제사유적등을 조사하고 비파형단검, 고인돌, 각종 청동제 유물 유적, 고대천문도(별자리가 새겨진 고인돌) 등을 연결시켜 '대동강문화' 개념을 정립하였다. 이는 '대동강 유역 문화'를 줄인말로 평양을 중심으로 한 대동강유역이 인류 고대문명의 발상지이자 중심지로서 세계 4대문명에 비견되며 기원전 4천년 후반기에 문명사회로 변화, 발전하였다는 것이다. 이같은 대동강문화 체계에 입각하여 북한학계는 기존의 한국선사—고대 역사인식틀을 새롭게 재구성하여 고조선중심지 및 고구려 건국연대 등 관련 역사체계에 일대변화를 초래하였다. 즉, 과거 요동중심으로 고조선을 파악하였던 북한의 역사인식체계가 단군릉 발굴이후 평양중심설로 인식틀로 바뀌었고 평양성역화 및 김일성민족론을 역사적으로 재구성하기 위한 정치적 목적에 철저히 부응한 역사체계 수정을 진행하였다.

또한 대동강문화론의 토대인 조선민족 본토기원설 및 청동기문화의 자체

---

62) 김현숙, 2012, 〈'동북공정' 이후 북한의 고구려사 연구동향〉, 《국학연구》 21, 한국국학진흥원.

발전론, 대동강유역의 비파형동검문화의 발상지, 단군 원시조론 등으로 대표되는 대동강문화론에 근거한 역사상은 한국학계 및 동아시아 역사인식체계와도 배치되는 심각한 괴리현상을 초래하였다.

그런데 최근 2000년대 후반이후 북한 역사관련 학술자료에서는 대동강문화론을 강조하지 않는 양상을 보여 자체적으로 대동강문화론에 근거한 역사인식체계에 대한 고민이 반영된 것으로 보인다.

결국, 대동강문화론은 1998년 북한정권 창설50주년이라는 역사적 시점[63]에 김일성–김정일 세습체계의 공고화를 위한 김일성민족주의 확립을 위한 정치인식에 철저히 부응해 재편된 한국고대 역사인식체계이다.

이와 연결되어 북한한계는 동명왕릉정비 및 성역화, 고려 왕건릉 정비 및 성역화를 단군릉 발굴 및 개건과 연결짓고 1990년대 후반에 대동강문화론을 설정하여 평양을 중심으로 한 김일성민족주의 역사관 체계를 완성하였다는 점에서 정치논리에 의한 역사왜곡과 파괴의 심각한 문제점을 보여주고 있다.

한편 대동강문화론과는 별개로 최근 한국학계에서 부각되고 있는 고조선 문제 해명을 위해 고조선의 고고학적 실체에 대한 학자들간의 입장 조율이 요청된다. 이는 고조선의 실체를 언제부터 무엇을 근거로 보느냐의 문제와 관련되지만 적어도 묘제, 청동기 내용, 토기문화 등 고조선의 실체와 연결되는 물질문화의 구체내용에 대한 정리와 합의가 필요하다.

한편, 중국학계가 추진하고 있는 遼河文明論은 요하를 중심으로 대릉하, 시라무렌하를 포괄하며 노노아호산 등으로 연결된 공간에 전개된 선사문화를 중심으로 청대까지 포섭하는 문명론이다. 이는 요서지방의 紅山文化와 夏家店下層文化 등이 사용된 이래 요령성지역의 신석기 및 청동기문화 관련 고고학적 성과를 주요 근거로 사용해 제창한 것이다.[64] 그런데 遼河文明

---

63) 김영진, 1998, 〈조선민주주의 인민공화국 품속에서 우리 고고학이 걸어온 자랑찬 승리의 50년〉, 《조선고고연구》 1998-3.

64) 郭大順, 1995, 〈遼河文明的提出與對傳統史學的沖擊〉, 《尋根》 6.

論은 중국의 다원일체론으로 만주 일대의 역사를 중원중심의 역사에 편입하는 것을 기본골격으로 하고 있다. 더욱이 최근 장백산문화론에서 보듯, 遼河文明論은 遼西地域의 일부에서 보이는 중국과의 관련성을 만주 일대로 확대하는 결과를 가져오고 있기 때문에 동북3성지역의 청동기문화를 중국적 인식틀로 재구성하여 고조선을 비롯한 부여, 고구려 등 한국 고대 역사를 포용하려는 정치적 역사해석으로 매우 유의된다. 이같은 중국학계의 고조선연구 및 관련 연구내용에 대한 대응 문제는 이같은 고조선사에 대한 남북간 인식차 극복과 함께 공동 연구를 통해 대응하여야할 중요한 문제이다.[65]

특히, 중국학계의 단군 부정 및 기자조선 중심의 중화역사의 외연으로서의 고조서사 재구성이라는 연구내용에 대한 체계적 적극적 대응이 요청된다. 이는 일본에 의한 낙랑중심의 연구와 대비되는 상황으로 고조선의 실체 파악이 상대적으로 미약한 상황에서 일본 및 중국적 관점의 논의가 자가발전하듯이 확대되는 문제를 야기한다는 점에서 적극 대응이 요청된다.

따라서 이같은 문제에 대한 적극적 대응과 대안 모색을 위한 남북한 학계의 교류와 협력이 시급히 요청된다.

---

65) 조법종, 2017, 〈2000년대 이후 중국학계의 고조선연구 : 단군, 기자조선 연구를 중심으로〉, 《先史와 古代》 54, 韓國古代學會.

# 남북 근현대사 연구의 쟁점과 과제

김재웅*

## 1. 개항기 조미관계사 인식

개항기 조선의 대미인식은 남북한이 모두 주목한 연구주제였다. 남한 연구자들은 현대 한국에 가장 큰 영향력을 행사하고 있는 우방인 미국과의 관계가 어떠한 계기를 통해 시작되었고, 그들의 문물이 한국사회에 어떠한 영향을 끼쳤으며, 그 과정에서 당대 조선인들이 미국을 어떻게 인식했는가에 논의의 초점을 맞추었다. 반면 두 차례에 걸친 미소공동위원회의 결렬과 한국전쟁을 경험하며 미국을 제국주의로 규정한 북한은 개항기 이래 한미관계가 조선 식민지화를 모색한 미국의 침략성에 기초하여 형성되었다는 관점을 정립하는데 주목하였다.

남한 연구자들은 개항기에 화이론적(華夷論的) 대미인식이 팽배했음을 지적하며, 대원군이 집권한 쇄국기의 조미관계를 집중적으로 분석하였다. 배외감정이 격화되는 가운데 발생한 제너럴셔먼호사건과 신미양요는 조선인들사이에 반미관의 확산을 조장한 주요 계기로 인식되었다. 미국에 대한 조선

* 경희대 한국현대사연구원 연구교수

인들의 부정적 인식은 그들의 역사와 문화에 대한 폄훼를 통해서도 가중되는 경향을 보였다. 곧 미국은 "건국의 역사가 짧고 문화가 미개해 예의를 모르는 견양(犬羊)이므로, 조선이 그들과 강화하면 사학(邪學)이 치성하여 쇠락에 빠질 것"으로 진단되었다.[1] 이러한 화이론적 대미관은 당시 집권세력이 견지한 입장이었을 뿐만 아니라, 대다수 유학자들이나 민중들로부터 지지를 받았을 것으로 추정된다.

흥미롭게도 부정적 대미관에 맞서 미국을 긍정적으로 바라본 이들도 있었다. 주화론자(主和論者)로 분류될 수 있는 박규수가 그 대표적 인물이었다. 그는 미국을 공평하여 분쟁을 잘 조정할 뿐만 아니라, 부강하여 영토의 야심이 없는 국가라고 인식하고 있었다. 그러한 미국과 동맹관계를 맺어 대외적 위기를 극복해야 한다는 구상이 박규수의 지론이었다. 그러나 주화론자들이 내비친 우호적 대미관은 화이론적 대미관에 압도되어 공론화될 수 없었다.

개항기의 대미인식과 조미관계사에 대한 남한 연구자들의 관심은 일차적으로 현대 한미관계의 기원을 규명하는데 있었다. 따라서 사실관계의 객관적 해명이 어떤 과제보다 우선시되었고 역사적 평가는 보류되는 경향을 보였다. 반면 개항기 조미관계사를 바라보는 북한의 역사학은 미국에 대한 평가에 적극성을 보였고, 더 나아가 사실관계에 손상을 입히면서까지 자신들의 논리를 합리화하고자 하였다.

제2차 미소공동위원회 결렬 이후 북한에서 확립된 반미관은 미제국주의론의 정립을 동반하였다. 미제국주의론에 근간을 둔 반미관의 확립은 북한의 역사서술에 지대한 영향을 끼쳤다. 논자들은 미국의 "남한 식민지화"가 개항 이후 조선에 접근한 그들의 '장기 계획적 침략정책'과 연속선상에 있다고 보았다. 조미관계사에 주목한 최용건은 먼저 일제의 조선 강점이 미국의 지원 아래 착수되었다는 논의를 개진했다.[2] 당시 필리핀과 하와이 등 "태평양기

---

1) 이하 송병기, 「쇄국기의 대미인식」, 『한국인의 대미인식 ─역사적으로 본 형성과정』, 민음사, 1994, 34~38쪽 참조.

지"건설에 주력한 미국이 그 지역에 대한 일제의 관심을 다른 곳으로 돌리고자, 그들의 조선 진출을 유도해 결국 합병을 거들었다는 논리였다. 그러나 최용건은 일본에게 조선을 양보한 미국의 태도가 일시적 정책일 뿐, 이미 당시부터 그들이 조선을 포함한 극동 침략을 염두에 두고 있었다고 주장했다. 조선 내 각종 이권 추구와 정동구락부(貞洞俱樂部)를 통한 친미파 양성이 미국의 장기계획적 조선 침략정책의 근거로 제시되었다.[3]

논자들은 미국이 조선 침략의 일환으로 자국 선교사들을 이용했다고 보았다. "침략정책의 앞잡이" "상품과 자본 수출의 안내자" "해적 상선 길 앞잡이" 등의 거친 표현은 북한의 선교사관이 미제국주의론 확립에 따른 조미관계사의 정립과 함께 어떻게 굴절되었는가를 잘 드러낸다. 미국의 본격적 침략에 앞서 파견된 선교사들은 군사적 정탐과 경제적 이권 침탈에 관여했다고 인식되었다.[4] 제너럴셔먼호사건과 신미양요에 선교사들이 연루된 점, 미국이 언더우드 · 아펜젤러 · 알렌공사 등 선교사 출신들의 영향력을 이용해 조선 내 많은 이권을 침탈한 점 등이 그 구체적 근거로 제시되었다. 선교는 그들의 부차적 업무였을 뿐이라고 일축한 한 논자는 그들의 학교 · 병원 설립사업조차 장기적 침략을 겨냥한 사전작업이었다고 진단했다.

선교사관이 변화했음은 해방직후 북한의 기독교 인식으로부터 확인된다. 1946년 초 『정로』는 끝까지 종교적 양심을 지키며 일제와 투쟁하다 순교한 교도들이 많았음을 부정하지 않았다.[5] 게다가 『정로』는 해방 후 외국인 선교사들의 귀환이 남한지역 기독교 발전에 기여할 수 있다는 긍정적 전망을 제시하기까지 했다. 결정적으로 좌익계 논자들은 당시 기독교운동의 침체와

---

2) 崔庸健, 1948, 「米帝國主義의 朝鮮 侵略政策」, 『史料集』 7, 146~147 · 153~154쪽.

3) 韓載德, 1949, 「朝鮮과 米國 關係의 歷史的 考察」, 『史料集』 12, 43~44쪽; 崔庸健, 1948, 「米帝國主義의 朝鮮 侵略政策」, 『史料集』 7, 155~156 · 163쪽.

4) 韓載德, 1949, 「朝鮮과 米國 關係의 歷史的 考察」, 『史料集』 12, 16 · 43~44쪽; 崔庸健, 1948, 「米帝國主義의 朝鮮 侵略政策」, 『史料集』 7, 146~149쪽.

5) 이하 1946.1.9, 「基督敎에 對한 一 提言」, 『正路』 참조.

타락 원인을 미국이 아닌 일제에 전가하고 있었다. 곧 기독교도들에 대한 일제의 전쟁 협력 강요와 탄압이 교계 내 많은 "반동분자들"을 양산한 "민족적 불행"을 불러왔다는 진단이었다.

그러나 해방직후의 관용적 기독교관은 부정적 대미관의 확립에 따라 굴절 과정을 겪었다. 조선에 기독교를 보급한 선교사들 대다수가 바로 미국인들이라는 점에 주목한 논자들은 그들과 미국의 침략정책을 접목하였다. 한 통계에 따르면 1910년 현재 조선에서 활동한 선교사 총 453명 가운데 67.5%에 달한 306명이 미국인이었다.[6] 따라서 조선 기독교는 자연스레 미국의 유산으로 인식될 수 있었다. 해방직후 조선공산당 북조선분국이 아무런 배경설명 없이 조선 기독교운동의 낙관적 전망을 연합국 미국의 부상에서 찾고, 일제를 대신한 "어떤 외세"가 기독교의 약점과 동요성을 이용할 가능성이 있다고 우려하며 미국의 영향력을 암시한 대목도 그러한 인식태도를 뒷받침한다.[7]

1947년경 반체제사건에 연루된 한 목사는 기독교 신자들이 미국을 "숭배"하는 경향이 있음을 부인하지 않았다. 그는 미국 선교사들이 조선인들에게 민족적 자각을 일깨우고 각종 문화사업에 공헌한 점을 그 원인으로 꼽았다.[8] 선교사들을 미제국주의 첨병으로 규정한 조미관계사의 재해석이 미제국주의론의 보급을 꾀했을 뿐만 아니라, 친미적 기독교도들에 대한 의식개혁을 꾀했음을 엿볼 수 있다. 한편 전후 1955년 12월경 박헌영은 미제국주의 고용간첩 혐의로 재판을 받았다. 그에게 부과된 죄목 가운데 선교사 언더우드와 교류하며 숭미사상을 품게 되었다는 혐의는 대미관과 대기독교관 사이의 상호작용이 현실정치에 개입할 수 있음을 보여준 상징적 사건이었다.[9] 곧 대미

---

6)  韓載德, 1949, 「朝鮮과 米國 關係의 歷史的 考察」, 『史料集』 12, 43~44쪽.

7)  1946.1.9, 「基督敎에 對한 一 提言」, 『正路』.

8)  黃海道 平山郡人民裁判所, 1947, 「牧師 趙鳳煥 反動宣傳事件 刑事 第一審 訴公記錄」, 『史料集』 20, 514쪽.

9)  조선민주주의인민공화국 최고재판소, 1955, 『미제국주의 고용간첩 박헌영, 리승엽 도당의 조선민주주의인민공화국 정권 전복 음모와 간첩사건 공판문헌』.

관은 관념적 영역을 넘어 현실정치와 종교정책에까지 지대한 영향력을 행사했다.

선교사들을 앞세워 조선 침략을 치밀히 준비했다고 인식될 만큼 미국이 사악한 제국주의로 규정됨에 따라, 개항 이래 조미관계사의 주요 국면들을 재해석하려는 시도가 본격화되었다. 특히 제너럴셔먼호사건과 신미양요에 맞서 대미 투쟁을 독려한 국시 쇄국정책을 둘러싼 재평가가 첨예한 이슈로 부상했다. 쇄국정책에 대한 좌익계 논자들의 부정적 관점은 그것이 국제주의와 대립한 반면 민족주의와 친밀성을 지닌다는 점에 근거했다. 그러나 그들은 쇄국정책이 미국의 침략에 대한 저항의 논리로 이용되었다는 점에서 딜레마에 빠졌다. 개항기 조미관계사의 재해석은 불가피했다.

제너럴셔먼호사건과 신미양요가 발생했을 때 미국인들에 맞선 민중들의 항쟁을 평가하는 작업은 어려운 일이 아니었다. 한 논자는 당시 민중들의 대미항쟁이 "왕조 수호"가 아닌 "조국 수호"를 위한 애국투쟁이었다고 평가함으로써,[10] 그들과 "봉건지배층"을 차별화하고자 했다. 그러나 "봉건지배층"에 대한 평가는 그보다 더 복잡한 문제였다. 그들이 지향한 쇄국주의가 봉건체제 유지에 일조한 반면, 대미항쟁에 기여했다는 점에서 이중성을 띠었기 때문이다. 봉건지배층을 양면적으로 평가한 한재덕은 오히려 미국의 침입이 조선의 쇄국정책을 강화한 계기가 되었다고 비판하며, 그들이 봉건체제를 유지할 수밖에 없었던 원인을 미국에 전가하기까지 했다.[11] 따라서 그가 보기에 "봉건군신들"은 국제정세에 무지했을지언정 옳은 직관을 보인 셈이었다.

논자들의 각별한 주목을 받은 인물은 흥선대원군이었다. 최용건은 대원군이 봉건제를 고수해 국가 발전을 가로막은 반면, 기독교와 미국의 침략을 막아 조국의 독립에 기여했다고 평가했다.[12] "자신의 봉건적 지위를 유지하고

---

10) 韓載德, 1949, 「朝鮮과 米國 關係의 歷史的 考察」, 『史料集』 12, 12쪽.

11) 韓載德, 1949, 「朝鮮과 米國 關係의 歷史的 考察」, 『史料集』 12, 17~18쪽.

12) 崔庸健, 1948, 「米帝國主義의 朝鮮 侵略政策」, 『史料集』 7, 150쪽.

자 자본주의 문명에 반대"해 "조선을 봉건적 낙후상태에서 벗어나지 못하게 하고 외세의 침략을 막아낼 수 없게 한 민족적 죄가"를 범했다고 대원군을 비판한 다른 논자도 그가 미국의 침략에 정당히 항거했다는 이중적 평가를 제시했다.[13] 부정적 대미관의 확립에 따라 주목받은 대원군은 긍정적(반제국주의적)·부정적(봉건적) 측면을 동시에 지닌 양면적 인물로 인식되었고, 북미관계가 파국적 상황을 맞은 한국전쟁 이후 그러한 인식은 정사 서술에 반영되었다.[14]

미제국주의 침략 사관 정립은 기성 역사학자들의 친미적 역사서술을 비판하는 풍조를 낳았다. 조선 위정자들이 "로저스제독"과 통상을 체결하지 않았음을 아쉬워하며 선교사 출신인 언더우드·아펜젤러 등을 높게 평가한 문일평이 신랄한 비판을 받았다.[15] 미제국주의론과 미국의 조선 침략사는 대중교육을 통해 민간사회에 보급되었다. "조미관계사" 강연과 미제국주의의 조선 침략정책 교육이 강원도 인제군 민청원들과 여맹원들을 대상으로 실시되었다.[16] 인민학교 어린이들은 잡지·그림·만화 등의 매체를 통해 미국의 제국주의적 면모를 접했다.[17] 재해석된 조미관계사 보급을 통한 민간사회의 반미관 확산은 전체인민들의 결속력 제고와 동원 체제의 확립에 이바지했다.


## 2. 3·1운동사 인식

3·1운동사는 그간 남한과 북한 모두에서 활발한 연구가 이루어진 분야였

---

13) 金亨俊, 1948.11, 「南朝鮮의 一般靑勢(上)」, 『人民』(『史料集』 37, 181~182쪽).

14) 리나영, 1960, 『조선 민족 해방 투쟁사』, 학우서방, 18쪽.

15) 韓載德, 1949, 「朝鮮과 米國 關係의 歷史的 考察」, 『史料集』 12, 17~18·43~44쪽.

16) 1949.5.19, 『북로당 강원도 인제군 민청당조 제40차 회의록』; 1949.12.7, 『북로당 강원도 인제군 여성동맹당조 제33차 회의록』.

17) 1949.10.30, 『북로당 강원도 인제군 민청당조 제47차 회의록』.

다. 그러나 3·1운동을 바라보는 관점은 남북 간에 상이한 점이 적지 않았다. 사실 상이한 체제를 지향해온 남북한의 사관이 가장 큰 충돌을 빚은 분야 가운데 하나가 바로 3·1운동사였다. 구체적으로 3·1운동의 촉발 배경, 주도 세력, 실패원인 등에 대해 남북 역사학자들이 다른 입장을 내비쳤다. 미국에 대한 남북한체제의 상반된 관점과 민족주의운동을 대하는 남북한의 상이한 관점이 3·1운동사 연구에 반영될 수밖에 없었음은 물론이었다.

먼저 3·1운동의 촉발 배경과 관련해 남한 연구는 1918년 1월 8일 미국 대통령 윌슨(Thomas Woodrow Wilson)이 주창한 민족자결주의에 주목하는 경향을 보였다. 민족자결주의가 식민지 약소국들의 호응을 이끌어내는 가운데, 조선인들도 독립만세운동을 통해 민족 자결권 획득을 모색했다는 시각이 주류를 이루었다.[18] 그러나 북한은 민족자결주의가 3·1운동에 끼친 영향에 큰 의미를 부여하지 않았다. 두 차례에 걸친 미소공동위원회의 결렬과 한국전쟁이 북한 내 반미관의 강화를 촉진함에 따라, 역사서술에서도 그러한 관점이 반영되는 경향을 보였다. 북한 역사학은 3·1운동의 촉발 배경을 미국 대통령 윌슨의 민족자결주의에서 찾기보다 러시아의 10월 혁명에서 찾았다.

3·1운동 주도세력에 대한 관점도 남북한 역사학계에서 동일하지 않았다. 남한 연구자들은 천도교·기독교·불교도 등 민족주의적 종교인들의 지도력에 주목하였다. 무단통치 실시 이후 국내 대부분의 사회단체가 해체되었지만, 종교계 인사들은 상대적으로 자유로운 공간에서 활동하며 체계적인 만세시위운동을 지도했다고 평가받았다. 천도교계의 손병희·권동진·오세창·최린, 기독교계의 이승훈·함태영·박희도, 불교계의 한용운·백용성 등이 그 대표적 인사들이었다.[19] 북한 역사학은 민족대표 33인이 3·1운동을 촉

---

18) 김윤환 외, 『독립운동 총서 2 ―3·1운동―』, 민문고, 1995, 44~49쪽.
19) 김윤환 외, 『독립운동 총서 2 ―3·1운동―』, 민문고, 1995, 56~73쪽.

발하는데 결정적 역할을 수행했음을 인정했지만, 비판적 입장에서 그들의 활동을 바라보았다. 민족대표 33인에 대한 북한의 비판적 관점은 3·1운동의 실패원인을 그들에게 전가하는 서술전략에서 절정에 달했다. 평화적 투쟁수단만을 고집한 그들의 지도방식이 3·1운동의 실패를 불러왔다는 진단이었다. 반면 남한 연구자들은 그 원인을 일제의 가혹한 탄압에서 찾는 경향을 보였다. 시위 군중에 대한 무력 진압, 만세운동 참여자들에 대한 대량 학살, 주동 인사들에 대한 체포와 처형 등이 그 구체적 예로 제시되었다. 한 통계에 따르면 1919년 3월 1일부터 만 1년간에 걸쳐 살해된 이가 7,645명, 부상당한 이가 45,652명, 체포당한 이가 49,811명에 달했다. 보안법 위반이나 소요죄·내란죄 등으로 기소된 이들의 수는 모두 9,289명으로 집계되었다.[20]

해방 후 민족주의진영을 겨냥한 좌익계의 비판은 역사관에까지 투영되었다. 특히 민족운동으로 각인된 거국적 3·1운동의 관점 재정립 과제는 북한 지역 헤게모니를 장악한 좌익계의 지대한 주목을 받았다. 민족부르주아지가 지도한 민족주의운동이란 기존의 이미지를 3·1운동으로부터 벗겨내야 할 과제가 그들의 급선무였다. 북한의 한 역사텍스트인 『조선해방투쟁사』는 노동자·농민 곧 "근로대중"이 3·1운동에 참가한 전인원의 70% 이상을 점했다고 기술하며 그에 계급적 색채를 씌우고자 했다.[21] 3·1운동을 통해 학생·지식층 등 근로인민이 "선진적 역할"을 수행한 반면, 자산계급이 "동요성과 불철저성"을 보였다는 평가도 그러한 시도의 일환이었다. 물론 좌익진영 논자들은 3·1운동 시기 민족부르주아지의 지도적 역할을 부인하지 않았다. 그러나 그들은 민족부르주아지의 지도를 "의식성"을 결여한 "형식적" 지도라 저평가하며 3·1운동을 "자연발생적 대중투쟁"으로 규정하였다. 더 나아가 그들은 3·1운동이 "조선민족의 해방" "정치적 자유의 전취"와 함께

---

20) 김윤환 외, 『독립운동 총서 2 ─3·1운동─』, 민문고, 1995, 159~168쪽.
21) 朝鮮人民軍 第二輕步兵師團 文化部, 「朝鮮解放鬪爭史」, 『史料集』 11, 470~472·475쪽.

"토지문제의 평민적 해결"을 지향한 "반제반봉건 민주주의혁명이어야 했다"는 사후 성격규정을 통해 조선 혁명단계론을 그와 결합하기까지 했다.

민족주의운동이란 3·1운동의 기존 이미지를 수정하는 작업은 그의 실패 원인을 민족부르주아지에 전가한 서술전략에서 절정에 달했다. 오기섭은 3·1운동이 민족부르주아지의 대표자들인 33인의 독립선언서 발표를 계기로 폭발해, 결과적으로 그들이 "혁명적 역할"을 수행했음을 인정하였다.[22] 그러나 그는 그들의 주도적 역할이 "혁명적 객관정세"와 "혁명적으로 앙양된 대중의 압력"에 따른 수동적 지도였다고 폄하했다. 3·1운동의 성격을 고찰한 많은 문헌들은 민족부르주아지의 "형식적·수동적" 지도가 그들의 계급적 약점에서 비롯되었다고 보았다. 곧 "종교가"와 "소부르주아적 자본가층"이 다수를 점한 3·1운동 지도층은 여전히 "봉건의 꼬리"를 달고 있는 지주층으로 일제와 유착관계를 끊지 못했다는 진단이었다.[23] 오기섭은 봉건적 성향을 지닌 민족부르주아지가 독자적 계급으로 성장하지 못한 점과 언론·결사의 자유를 불허한 일제가 그들의 정당 결성을 방해한 점 등에 근거하여, 대중과 유리된 채 지도력을 행사한 민족부르주아지 주도의 3·1운동이 비조직성·비체계성·무계획성을 보였다는 결론을 내렸다.[24]

3·1운동이 대중 궐기와 함께 "혁명적 무장투쟁" 국면으로 전환해야 했음에도 불구하고, 평화적·타협적·개량주의적 방향만을 고수한 민족부르주아지의 투쟁전략도 그들의 계급적 약점을 반영한다고 진단되었다. 독립선언서, 일본에 대한 통고문, 파리강화회의 청원서 등 세 문건을 그 근거로 든 좌익진영은 평화적 청원식으로 독립을 이룰 수 있다고 "착각"한 민족지도자들이 "단순한 시위행렬과 독립만세 구호" 외에 어떠한 비전도 제시하지 못했다고

---

22) 吳琪燮, 1946.2.12, 「三一運動의 意義와 敎訓」, 『正路』.

23) 1946.2, 「三一運動의 歷史와 意義」 『史料集』 25, 236~237쪽; 北朝鮮 三一運動記念準備委員會, 1947.2, 「朝鮮民族의 偉大한 三一運動에 關한 報告要綱」, 『史料集』 25, 249~250쪽.

24) 吳琪燮, 1946.2.12, 「三一運動의 意義와 敎訓」, 『正路』.

비판했다.[25] 민족부르주아지와 달리 그들은 3·1운동을 성공으로 이끌 핵심 전략을 "토지혁명"에서 찾았다. 토지문제 해결 과제의 제기야말로 "혁명적 궐기"를 넘어 농민대중의 "혁명적 봉기"를 자극할 수 있는 이슈였기 때문이다. 오기섭은 "불철저하게나마 반제적"이었던 민족부르주아지가 토지문제 해결 과제를 제기하지 않은 원인을 자산계급인 그들이 지주를 겸했기 때문에 "반봉건성"을 결여했다는 점에서 찾고자 했다.[26] 곧 민족부르주아지의 계급적 한계가 3·1운동이 지향했어야 할 반제반봉건혁명의 완수를 가로막았다는 결론이었다.

## 3. 일제시기 민족주의운동사 인식

남한의 역사학이 상대적으로 가치평가보다 사실관계의 규명에 역점을 두었다면, 국가의 이해관계 관철에 복무한 북한의 역사학은 사실관계를 체제의 구미에 맞게 재구성하며 적극적으로 가치 평가하는 경향을 보였다. 민족주의운동에 대한 역사서술이 그 대표적 예에 속했다. 사실 북한은 일제시기 민족주의운동 자체를 부정적으로 바라보지는 않았다. 그러나 해방 후 민족주의자들이 반탁운동을 주도하고 남한의 단선·단정을 지지하며 좌익진영과 대립각을 세우자, 북한은 민족주의자들은 물론 민족주의운동 자체에 대해서도 거부반응을 보이기 시작했다.

민족주의운동과 관련해 남북 역사학이 가장 상이한 평가를 내린 부문은 대한민국임시정부의 독립운동이었다. 주지하다시피 상해임시정부는 대한민국 정부 법통의 기원으로 헌법에 규정돼 있다. 반면 조선민주주의인민공화국의

---

25) 北朝鮮 三一運動記念準備委員會, 1947.2, 「朝鮮民族의 偉大한 三一運動에 關한 報告要綱」, 『史料集』 25, 249~250쪽.
26) 吳琪燮, 1946.2.12, 「三一運動의 意義와 敎訓」, 『正路』.

연원을 김일성의 만주 항일무장투쟁에서 찾고 있는 북한 역사학은 대한민국 임시정부의 외교론을 신랄하게 비판하였다. 남한의 진보적 연구자들도 임시정부에 대한 긍정·부정 등의 가치평가가 아닌 활동상의 소극성에 대한 비판을 개진하기도 했으나, 전반적으로 남한 역사학계는 임시정부의 역할을 높게 평가하였다. 상해민단·연통부·교통국 등의 임시정부 산하단체, 신규식·김규식 등의 외교활동, 군사정책, 의열투쟁노선, 유일당운동 등이 임시정부의 활동과 관련해 주목을 받은 주제였다.[27]

민족주의진영의 대표적 인사인 김구도 남북한 역사학계로부터 상이한 평가를 받았다. 물론 북한이 김구를 부정적으로 바라본 까닭은 그가 반탁운동을 주도하며 국제적 합의의 산물인 모스크바삼상회의 결정에 반대했기 때문이었다. 사실 김구의 반탁운동과 임정법통론 고수는 북한 역사학계의 비판에만 직면한 것은 아니었다. 남한의 진보적 역사학자들도 그와 관련해 김구가 해방 후 국제정세에 대한 인식이 부족했다거나, 타정파와의 협력을 외면했다는 식의 비판적 입장을 내비치기도 했다.[28]

김구에 대한 남북 역사학계의 인식에서 모스크바삼상회의 결정 발표에 따른 반탁운동이 첫 번째 전환점이었다면, 남북협상 참가는 두 번째 전환점이었다. 남한의 단독선거가 가시화되자, 김구는 유엔 감시 하 남북 총선거를 통한 통일정부의 수립과 미소 양군 철수를 주장하며 남북요인회담에 적극성을 보였다. 김구의 남북협상 참가는 그를 바라보는 남북 역사학계의 시각에 큰 영향을 끼쳤다. 북한은 이제까지의 부정적 시선을 거두고 그를 민족주의진영의 양심적 애국자로 재평가하기 시작한 반면, 반공주의적 시각을 지닌 남한 뉴라이트진영 역사학자들은 통일국가 수립을 지향해 북한과 협력한 그를 전면적으로 비판하는 태도를 보이기 시작했다.

---

27) 김희곤, 「대한민국임시정부의 독립운동방략」, 『한국민족운동사연구』, 나남출판, 2003, 153~178쪽.

28) 윤민재, 「김구와 김규식의 민족주의」, 『한국민족운동사연구』, 나남출판, 2003, 365~391쪽.

한편 해방 후 좌익진영과 민족주의진영의 결별을 불러온 결정적 계기는 모스크바삼상회의 결정을 둘러싼 양 진영 간 입장차였다. 바로 이 점이야말로 북한의 역사서술 방식이 현실정치에 좌우되었음을 직시한다. 모스크바삼상회의 결정을 지지한 좌익진영은 민족주의세력이 "3국의 우호적 원조와 협력을 신탁통치라 왜곡"하며, "연합국을 적대시하는 방향으로 대중을 기만"한다고 강도 높게 비판하기 시작했다.[29] 반탁운동을 주도한 김구와 이승만이 집중적 비판을 받았다. 그들의 과거행적을 각색하거나 과오를 들추어내 항일운동가 이미지를 훼손하는 작업이 본격화되었다. 이를테면 "민족반역자 이청천의 정체"라는 제목을 달고 있는 북로당의 한 강연교재는 "살인·방화를 본업으로 삼은 민족 살상의 원흉이자 소위 광복군 총사령의 악명을 떨친 이청천의 죄상을 들으려면 끝이 없다"고 비판하였다.[30] 그러한 비판은 이미 고인이 된 민족주의자들이 아닌 현재 반탁운동을 주도하고 있는 우익계 인사들에게 겨누어졌다.

모스크바삼상회의의 결정 발표 직후인 1946년 4월경 조선공산당 청진시당은 "계급의식"을 결여하고 "민족의식"만을 소유한 이들의 입당을 거부하지 않았다. "공산당이 조선독립에 가장 헌신적이었다는 이유로 공산주의의 최후 목적을 깨닫지 못한" 채 입당하는 이들을 꾸준히 교육해야 한다는 지침이 하달되었다.[31] 그 무렵 김일성은 일제시기 "국내외에서 정절을 지킨 민족자본가 계급이 존재했음을 솔직히 인정"해야 하며, 바로 그 때문에 "아직도 적잖은 대중들이 민족파를 지지"한다고 고백했다.[32]

---

29) 朝鮮共産黨中央委員會, 1946.1.9, 「모스크바 三國外相會談決定에 對한 朝鮮共産黨의 態度」, 『正路』.

30) 勞動黨 江原道黨部 宣傳煽動部 講演科, 1947, 「南朝鮮 反動派들의 正體와 그들의 政策」, 『史料集』 11, 508쪽.

31) 朝鮮共産黨 淸津市委員會, 1946.4.10, 「黨의 生活」, 『史料集』 1, 68쪽.

32) 朝鮮共産黨 淸津市委員會, 1946.3.15, 「金日成將軍 述; 民族 大同團結에 對하야」, 『史料集』 25, 10~11쪽.

공산당은 "정절을 지킨" 대표적 민족주의자로 안창호 · 안중근 · 윤봉길 등을 거론하며, 그들과 반탁운동에 가담한 민족주의자들 간 차별화를 시도하였다. 1947년경 북로당의 한 문건은 김구를 향해, "애국청년 윤봉길씨"가 홍커우공원에 폭탄을 투척한 4 · 29의거를 "마치 자기가 지도한 것처럼 날조"했다고 비판하며 두 인물에 상반된 평가를 내렸다.[33] 김구는 "윤봉길청년이 희생된 대가로 매년 장개석한테 지원금을 얻어 썼다"는 악평까지 받았다. "조선의 완전독립을 위해 싸운 순결하고 철저한 애국적 민족주의자이자 진정한 민주주의자"였다고 안창호를 평가한 조선공산당 진남포시당은 만일 그가 살아 있었다면 공산당과 협력했을 것이라며 아쉬움을 토로했다.[34] 반면 "안창호선생의 정신을 배반하고 정권욕에 눈이 멀어 조선민족의 단결을 파괴"하고 있다고 김구 · 이승만을 비판한 진남포시당은 그들이 그의 "민주주의정신을 백분지 일이라도 배워" 민족통일전선에 참가해 "진보정당과 손잡길 바란다"는 통첩을 보냈다.

북한이 독립운동에 투신하다 순국한 민족주의자들을 높이 평가했음을 드러낸 대표적 사례는 그들의 자제들을 평양혁명자유가족학원에 수용한 방침이었다. 1947년 10월 12일에 개원한 그 학원의 학생들 중 공산주의운동에 투신한 혁명가의 자제들이 74명이었다. 그들을 제외하고 독립운동과 무장투쟁에 관여한 인사들 209명의 자제들 가운데 상당수가 민족주의자를 부모로 둔 이들이었다.[35] 더구나 평양혁명자유가족학원 초대교장 이종익(李鍾翊)은 이토 히로부미(伊藤博文)를 저격한 안중근에게 무기와 의복을 제공한 인물이었다.

만일 민족주의진영이 반탁운동을 주도하지 않았다면 북한 좌익진영은 그

---

33) 勞動黨 江原道黨部 宣傳煽動部 講演科, 1947, 「南朝鮮 反動派들의 正體와 그들의 政策」, 『史料集』 11, 482~484쪽.

34) 朝鮮共産黨 鎭南浦市委員會 宣傳部, 1946.2, 「上春宣傳要綱」, 『史料集』 1, 37쪽.

35) 徐光霽, 1948, 『北朝鮮紀行』, 靑年社, 90~97쪽.

들과의 제휴를 마다하지 않았을 가능성이 높다. 모스크바삼상회의 결정 발표 이후 반탁운동에 동조한 조선민주당 당수 조만식에 대한 좌익계의 대응이 그 가능성을 직시한다. 공산당기관지 『정로』는 북한지역 정계로부터 배제된 조만식의 실각을 합리화하고자, 그의 과거 과오를 들추어내며 역사적 재평가에 착수했다. 1943년 11월 16일자 『매일신보』에 실린 조만식의 글 「학도에게 고한다」 전문을 게재한 『정로』는 조선청년들의 출병을 독려한 그를 "특등 민족반역자"로 규정했다.[36]

조만식의 실각 과정이 그러했듯 북한은 반탁운동을 주도한 민족주의진영을 역사적으로 재평가하는 작업을 통해 그들의 부정적 이미지를 창출하려 했다. 일제에 협력한 국내 민족부르주아지의 불명예스런 역사는 어렵지 않게 정립될 수 있었다. 그러나 해외로 망명해 항일운동을 지속한 민족주의자들의 부정적 상을 창출하는 작업은 쉬운 일이 아니었다. 그들이 일제의 식민통치를 반대해 "조선 독립"의 기치를 고수했음을 부정할 수 없었던 오기섭은 그들의 반공적 투쟁방법을 문제 삼았다.[37] 조선공산주의자들과 반목하고 장제스의 중국공산당 공격에 호응한 그들의 전력이 좌익진영의 비판을 받았다. 망명한 민족주의자들을 겨냥한 비판은 그들이 친일파로 전락한 국내 민족부르주아지와 합세해 반탁운동을 주도하고 있다는 점에서 절정에 달했다.[38] 좌익진영은 "진보적 민주주의국가들"의 결의사항인 모스크바삼상회의 결정에 반대한 우익진영 전체를 "민족파시스트"라 규정했다.

특히 망명한 민족주의진영의 대표적 인물인 김구와 대한민국임시정부가 비판의 중심에 있었다. 반탁운동을 주도한 김구의 대한민국임시정부 봉대운동이 모스크바삼상회의가 제시한 조선 통일 임시정부 수립 구상과 정면충돌

---

36) 1946.4.10, 「曺晩植은 戰爭犯罪者, 人民裁判을 받음이 當然」, 『正路』; 1946.4.10, 「"學徒志願兵" 募集 當時 曺晩植의 叛逆的 激勵文 -學徒에게 告한다-」, 『正路』.

37) 吳琪燮, 1946.3.1, 「三一을 紀念하는 意義」, 『正路』.

38) 吳琪燮, 1946.1.30, 「三一運動 紀念鬪爭의 準備工作을 展開하자」, 『正路』.

했기 때문이다. 좌익진영 논자들은 다음과 같은 근거의 제시를 통해 대한민국임시정부의 유명무실성을 강조하며, 그것이 대중적 토대를 결여했음을 입증하고자 했다. "단체역량이 없음" "각원(閣員)이 김구 외에 모두 이조 양반의 자제임" "3·1운동 이후 법적 간판은 가졌으나 조선해방운동과 분리돼 정부 행사(行使)가 없었음" "국제적 외교활동과 업적을 자찬하나 어떠한 국제회합에 용인되어 참석한 예가 없음" "자칭 10만 명이라 자랑하는 광복군은 174명에 불과함" 등이 그 구체적 근거였다.[39] 대한민국임시정부가 "망명 정치가집단"일 뿐 권력기관이 아니라고 선을 그은 오기섭은 위의 근거들에 기초해 그것을 "유령기관"이라고 매도했다. 따라서 대한민국임시정부의 활동을 긍정하는 평가는 좌익계에 용인되지 않았다.

일관적 비판대상이 된 대한민국임시정부와 달리, 김구에 대한 북한의 인식은 정치상황 변화에 따라 부침을 겪었다. 바로 이 점이야말로 북한의 역사서술이 현실정치에 좌우되었음을 극명히 드러낸다. 모스크바삼상회의 결정 발표 이후 반탁운동을 주도한 김구는 좌익계로부터 "반동세력의 수뇌"이자 "민족파시스트"라는 불명예스런 칭호를 얻었다. 김구가 극렬한 비판을 받은 다른 이유는 북한지역 간부들을 겨냥한 극우세력의 테러가 그의 지시 아래 실행되었다는 혐의 때문이었다. 북조선임시인민위원회 서기장 강량욱의 아들과 딸이 희생된 1946년 3월 14일, 테러단원 최기선을 체포한 북한당국은 그가 "김구정부의 내무성"이 한 달 전에 발행한 신분증명서를 소지했다고 발표했다.[40] 그로부터 약 1년 뒤 북로당 중앙은 평안북도 어느 군 민청 조직부장이 "김구 테로단"의 지시 아래 활동했다고 비판공세를 이어나갔다.[41]

김구의 출생지가 38선 이북 황해도였다는 점도 비판의 한 구실이 되었다.

---

39) 吳琪燮, 「모스크바 三相會議 朝鮮에 關한 決定과 反動派들의 反對鬪爭」, 『史料集』 12, 247쪽.
40) 1947.7.20, 「北朝鮮 土地改革의 歷史的 意義와 그 첫 成果」, 『史料集』 7, 405쪽.
41) 북로당중앙상무위원회 제22차 회의 결정서, 1947.2.7, 「청년사업 강화에 대하여」, 『史料集』 30, 123쪽.

북한 내무기구는 구월산을 중심으로 안악군·송림시·장연군·은율군 일대에서 반체제사건이 빈발한 이유가 그곳이 극우세력 "침입의 관문"인 38선 접경지역일 뿐만 아니라 김구의 출생지이기 때문이라고 보았다.[42] 곧 김구를 추종한 반체제세력의 속출이 지연관계에 기초하고 있다는 진단이었다. 북한 지역 내 김구가 지닌 영향력의 일소는 소홀히 취급될 수 있는 문제가 아니었다. 종종 재판관들은 모호한 정치성향을 지닌 이들에게 김구에 대한 평가를 요구함으로써 그들의 체제 지지 여부를 가늠하기도 했다.[43] 제1차 미소공위 결렬의 책임을 미국과 김구·이승만 등에 전가한 북한은 제2차 미소공위 개최가 가시화되자 대미 비판을 자제하는 한편 그들을 비판의 표적으로 삼았다.

한편 제2차 미소공위 결렬 이후 추진된 남북협상운동은 남한 우파세력의 구도를 민족주의진영과 극우 반공주의진영으로 양분하는 결과를 낳았다. 그러한 정치구도의 재편은 남북협상 참가를 선언한 민족주의진영 지도자 김구에 대한 북한의 인식이 선회하는 계기를 마련했다. 북로당 위원장 김두봉은 그에 대한 부정적 관점의 수정을 암시하며 경계심 어린 투로 다음과 같이 연설했다. "어제까지 별별 짓을 다하던 김구의 태도가 이제야 달라졌습니다. 그들이 이전에 꿈에도 생각지 않던 것이 미제국주의자들의 입에 먹히게 되니 당황하여 이제는 평양에 오겠다고 합니다. 김구가 이제라도 깨닫기 시작했다는 것은 좋은 일입니다. 물론 방심할 일은 아닙니다."[44] 남북협상 기간 중 북한의 한 간부는 김구를 겨냥한 기존 비판에 대해 다음과 같이 변론했다. "어떠한 혁명가든지 혁명가로서 혁명가를 존경하는 것은 혁명가의 공통된 도덕입니다. 지난 날 김구씨가 격렬하게 비난받은 까닭은 우리들이 그의 혁명

---

42) 1946.7, 「第二回 各 道 保安部長 會議錄」, 『史料集』 1, 244쪽.

43) 黃海道 平山郡人民裁判所, 1947, 「牧師 趙鳳煥 反動宣傳事件 刑事 第一審 訴公記錄」, 『史料集』 20, 569~570쪽.

44) 金杜奉, 1948.3, 「北朝鮮勞動黨 第二次 全黨大會 會議錄」, 『史料集』 1, 458쪽.

가적 생애를 무시해서가 아닙니다. 다만 우리는 그의 혁명가적 생애보다 조선인민을 더욱 사랑하기 때문에 그를 비난하지 않을 수 없었던 것입니다."[45]

이후 반탁운동에 연루된 우익 정치가들을 향한 북한의 비판은 이승만 · 이범석 · 김성수 등에 초점이 맞추어졌다.[46] 법통에 집착한 대한민국임시정부 "중경요인들"에 대한 비판이 지속되었음에도 불구하고 김구의 이름은 거론되지 않았다. 그러나 그가 조선민주주의인민공화국 수립을 지지하지 않고 관망하는 태도를 보이자, 허가이는 입장을 바꿔 그가 "반동진영으로 넘어갔다"고 단정하였다.[47] 김일성도 조선민주주의인민공화국이 수립된 뒤 "남북협상 추진을 다시 운운"하고 있는 그의 태도가 "대단히 구구하며 명백하지 못하다"고 에둘러 비판했다.[48] 그러나 김구가 암살되자 북한은 두 번 다시 그의 이름을 민족반역자 명단에 올리지 않았다. 1960년에 저술된 한 역사서는 그를 가리켜 중국에 망명한 조선인 민족부르주아지 가운데 "극소수의 양심적 인사들" 중 한 명이라고 평가했다.[49]

## 4. 맺음말

개항기의 대미인식은 남북한 역사학자들이 모두 주목한 연구주제였다. 현대 한미관계의 기원을 규명하는데 관심을 보인 남한 연구자들은 개항기에 화이론적(華夷論的) 대미인식이 팽배했음을 지적하며, 대원군이 집권한 쇄국

---

45) 溫樂中, 1948, 『北朝鮮紀行』, 朝鮮中央日報出版部, 94쪽.
46) 仁明, 1948.11, 「쏘련은 朝鮮의 獨立과 民主化를 爲한 眞正한 擁護者이다」, 『人民』(『史料集』 37, 8쪽) ; 金亨俊, 1948.12, 「南朝鮮의 一般情勢(下)」, 『人民』(『史料集』 37, 350쪽).
47) 許가이, 1948.10, 「北朝鮮勞動黨中央委員會 第三次 會議에서 陳述한 朝鮮民主主義人民共和國 最高人民會議選擧 總和와 黨團體들의 當面課業에 對한 報告」, 『勤勞者』 第10號, 15쪽.
48) 김일성, 1949.2, 「조선최고인민회의 제2차 회의에서 진술한 김일성수상의 총결 연설」, 『勤勞者』 第3號, 14~15쪽.
49) 리나영, 1960, 『조선 민족 해방 투쟁사』, 학우서방, 414쪽.

기의 조미관계를 집중 분석하였다. 객관적 사실관계의 해명에 주목한 남한 역사학계의 연구경향과 달리, 북한 역사학은 미국에 대한 주관적 평가에 적극성을 보였다. 북한에서 반미관과 미제국주의론이 정립된 결정적 계기는 제2차 미소공동위원회의 결렬이었다. 미제국주의론은 미국의 남한 식민지화가 개항 이후 조선에 접근한 그들의 '장기계획적 침략정책'을 통해 이루어졌다는 논리적 토대를 제공했다.

북한 논자들은 미국이 조선 침략의 일환으로 자국 선교사들을 이용했다고 보았다. 미국의 본격적 침략에 앞서 파견된 선교사들이 군사적 정탐과 경제적 이권 침탈에 이용되었다는 논리였다. 선교사들을 앞세워 조선 침략을 치밀하게 준비했다고 인식될 만큼 미국이 사악한 제국주의로 규정됨에 따라, 개항 이래 조미관계사의 주요 국면들을 재해석하려는 시도가 본격화되었다. 그와 관련해 쇄국정책에 대한 재평가가 첨예한 이슈로 부상했다. 그간 민족주의와 친밀성을 지닌 쇄국정책을 부정적으로 바라본 좌익계 논자들은 그것이 미국의 침략에 대한 저항의 논리로 활용되었다는 점에서 새로운 의미를 발견할 수 있었다. 쇄국정책을 주도한 대원군은 봉건제를 고수해 국가 발전을 가로막은 반면, 기독교와 미국의 침략을 막아 조국의 독립에 이바지했다는 이중적 평가를 받았다.

3·1운동사는 그간 남북한 모두에서 가장 활발한 연구가 이루어진 분야였다. 그러나 3·1운동의 촉발 배경, 주도 세력, 실패 원인 등을 둘러싸고 남북 역사학자들은 상이한 입장을 내비쳤다. 남한 학자들은 3·1운동의 배경과 관련해 미국 대통령 윌슨의 민족자결주의에 큰 의미를 부여하고, 3·1운동의 주도세력으로서 종교계 인사들의 활약상에 주목하며, 실패원인을 일제의 가혹한 탄압에서 찾는 경향을 보였다. 반면 3·1운동의 촉발 배경을 윌슨의 민족자결주의가 아닌 러시아 10월 혁명에서 찾은 북한 역사학은 3·1운동의 실패 원인을 민족부르주아지에 전가하기까지 했다. 곧 그들의 형식적·수동적 지도방식, "혁명적 무장투쟁"이 아닌 평화적·타협적 투쟁방식, 토지문제의

해결과제를 제시하지 못한 점이 3·1운동의 성공을 가로막았다는 진단이었다.

남한의 역사학이 상대적으로 가치평가보다 사실관계의 해명에 역점을 두었다면, 북한의 역사학은 국가의 이해관계 관철에 봉사하며 가치평가에 적극성을 보였다. 민족주의운동에 대한 역사서술이 그 대표적 예에 속했다. 대한민국임시정부는 남북 역사학계에서 가장 상반된 평가를 받은 주제였다. 해방후 민족주의자들이 좌파진영과 대립각을 세우자, 북한은 민족주의자들의 과거사를 부정적으로 재정립하기 위한 작업에 돌입했다. 모스크바 삼상회의 결정을 둘러싼 해석 차이는 좌익진영과 민족주의진영 간 결별을 불러온 결정적계기였다.

그러나 북한은 민족주의운동 자체를 부정적으로 바라보지는 않았다. 안창호·안중근·윤봉길 등은 여전히 높은 평가를 받은 민족주의자들이었다. 반면 비판의 표적이 되었던 이들은 모스크바삼상회의 결정에 반대해 반탁운동을 전개하고 있었던 생존한 민족주의자들이었다. 바로 이 점이야말로 북한의역사서술이 현실정치에 좌우되었음을 단적으로 드러낸다. 그와 관련하여 김구에 대한 북한의 인식은 정치상황 변화에 따라 부침을 겪었다. 해방 직후반탁운동을 지도한 김구는 "민족파시스트"라는 강도 높은 비판에 직면했으나, 남북협상운동에 참가하면서부터 양심적 민족주의자라는 상반된 평가를받았다. 그러한 김구에 대한 관점 변화는 북한의 역사서술이 현실정치로부터규정력을 받았음을 상징적으로 드러낸다.

# 이행기정의와 제주 4·3*
## – 일본에서 보는 시각 –

문경수**

## 1. 들어가면서 : 70년째의 제주4·3

지난 4월 3일 오전 10시 제주도 4·3평화공원에 사이렌이 약 1분 간 울려 퍼지고 제70주년 제주4·3 희생자 추념식에 모인 1만5000명이 70년 전에 이 섬을 덮친 처참한 비극의 기억을 떠올리면서 묵념을 올렸다. 그 시각에는 제주도 전역에서 묵념의 사이렌이 울려 퍼졌다고 한다.

묵념에 이어, Lucid Fall(조윤석)이나, 이효리 등, 제주도를 거점으로 활약하는 아티스트들이, 춤이나 연주, 시 낭독 등으로 추도 무드를 연출했다. 군사정권시대부터 창작 활동을 통해서 4·3사건의 진실을 계속 탐구해 온 玄基榮작가가 '4·3 70주년 평화를 기념하면서'라는 제목을 단 추모글을 낭독했다. 이어서 대통령내외분이나 4·3사건유족대표들의 위령제단에 헌화와

---

* 이 글은 일본 월간지 "世界"(2018 July. no.910)에 실은 「四·三事件70年 問題解決の到達点と課題」를 대폭 보충해서 한국어로 옮긴 것임을 양해해주시기를 바란다.
** 일본 리츠메이칸대 국제관계학부 특임교수

분향, 그리고 양윤경 제주4·3희생자유족회장의 추도 연설이 있었다. 추념식의 클라이맥스는 문재인대통령의 연설이다.

대통령이 제주도에서의 4·3 추도 행사에 참석하는 것은 고(故)노무현 대통령이 2006년에 참석한 이래 12년만이어서 도민의 기대도 컸다. 1만5000명 청중이 숨 막힐 듯이, 「여러분 제주에 봄이 오고 있습니다」는 말로 맺어진, 15분 남짓의 대통령의 한마디 한마디에 귀를 기울였다.

'슬픔으로부터 기억에, 기억으로부터 내일거행된 이번의 추념식에는 대통령뿐만 아니라 중앙·지방의 정치권에서, 여야당의 당수를 비롯해 50명의 국회의원, 도지사, 도의회 의원 등이 참석하고, 4·3 추도행사로서는 전례 없는 대규모 행사가 되었다. 일본에서도 4·3희생자유족, 재일제주인, 그리고 일본인 연구자나 시민 활동가 등 약 250명이 참여했다.

제주4·3 70주년을 지향해서, 작년 2월부터 '제주4·3 70주년 범국민위원회'가 전국조직으로 결성되었는데, 이 단체가 내건 슬로건에 하나는 '제주4·3은 대한민국의 역사다'라는 것이었다. 이런 표어를 내건 것 자체가, 제주4·3이 일반 한국인에게는 한 지방(변경)에서 일어난 비극만큼으로밖에 인식돼 오지 않은 것을 보여주고 있다고 할 수 있다.

이런 가운데, 문재인대통령은 추도연설에서 '4·3사건의 완전해결'을 호소하고, 4·3사건의 문제해결이 최종단계에 들어선 것을 시사했다. 이 글에서는 이렇듯 '4·3사건의 완전해결'이 거론되는 오늘의 4·3운동의 현주소와 과제들을 재일 동포사회의 관점에서 검토해 본다.


## 2. 문 대통령의 추도연설의 의의

잘 알려진 바와 같이, 4·3사건은, 한국전쟁 후의 철저한 반공체제 하에서 어둠 속에 봉쇄되어 이를 이야기하는 것은 금기시되어 왔다. 그 뿐만 아니라,

4·3 당시 군·경 토벌대에 의해 죽음을 당한 희생자는 모두 '폭도'로 간주되고, 그 가족은 연좌제에 의한 감시를 받으면서 공무취임이나 사회활동도 제약되었다. 이러한 침묵의 압력 속에서도 "까마귀 죽음"이나 "화산도"로 알려진 김석범이나 '순의삼촌'의 현기영 등 일부 작가나 지식인이 4·3의 진실을 계속 탐구했다.

4·3사건에 관한 논의가 폭 넓게 이루어지고 진상규명이나 명예회복을 위한 4·3운동이 본격화되는 것은 1987년의 6월 민주항쟁 이후다. 일본에서도 1987년에 '제주도4·3사건을 생각하는 모임'이 조직되어, 4·3사건 진상규명이나 명예회복을 위한 활동이 도쿄나 오사카에서 시작되었다. 2000년1월, 희생자유족을 비롯한 도민, 그리고 일본에서의 운동을 포함한 여러 입장에서 4·3사건 문제해결에 힘써온 사람들의 노력이 성사되어 4·3특별법(제주 4·3사건진상규명 및 희생자명예회복에 관한 특별법)이 제정되었다. 이 4·3특별법에 근거하는 진상 조사를 거쳐 2003년10월 국가 공권력에 의한 중대한 인권유린을 인정한 "제주4·3사건 진상 조사 보고서"(이하 "보고서")가 확정됐다. 그리고 이를 바탕으로 당시 노무현 대통령이 제주도를 방문해 희생자 유족과 도민에게 사죄하기에 이르렀다.

4·3특별법에 의한 희생자 신고와 조사도 진전되어 2018년 현재, 인정된 희생자총수는 1만4257명에게 달하고 있다[1] ("보고서"는 4·3사건 희생자가 2만5000명~3만명으로 추정하고 있다). 또한 4·3평화공원 및 4·3자료관 조성, 제주국제 공항 활주로 부근 등 사건희생자 집단매장지에서의 유해 발굴 (2006년–2009년) 등이 진척되었다. 2008년11월에는 제주4·3평화재단이 설립되어, 4·3사건 추가 조사나 위령사업 등이 이 재단을 중심으로 추진되었다.

---

1) 2017년7월 신정권 하에서 처음 개최된 4·3위원회는, 새로 29명이 희생자로서 추가 인정되었지만, 기존의 '희생자' 가운데 4명의 인정 취소가 있었고, 그중 1명은 무장대의 리더라고 한다(고성만 2018).

이렇듯 김대중·노무현으로 이어지는 진보정권 하에서 4·3사건 문제해결은 획기적인 진전을 보였다.

하지만, 그 동안의 그런 성과는 4·3의 무장봉기 자체의 역사재정립이나 평가가 보류된 채 압도적 다수의 무고한 희생자의 시각, 즉 '수난과 화해'라는 시각에서 이루어진 것들이었다. 권위주의 시대의 독재나 불의에 항의해서 학생·시민들이 싸운 4·19나 광주 민주항쟁은 한국이라고 하는 분단 국가틀 안에서의 민주화 투쟁이었다. 이들 항쟁들에 비해 4·3의 무장 봉기는 바로 '대한민국'이라는 국가자체의 수립에 저항한 무장 투쟁이어서 이를 인정하는 것은 대한민국이라는 국가자체의 정통성을 부정하는 것으로도 인식될 수 있는 것이다. 그런 면에서 4·3사건은 한국이라는 국가의 본질을 묻는 시금석이 되고 있어서, 문제해결이 한 걸음이라도 진전될 때마다 이에 대한 반동을 불러일으킬 만큼 사회적으로 센시티브한 쟁점이 되어 왔다.

4·3특별법에 대해서도 예비역장성들의 星友회 등 우익단체들이 헌법소송을 일으켰다.

헌법재판소는 헌법소송 자체는 각하했으나 4·3특별법이 말하는 「희생자 범위」에 관해 이하와 같은 견해를 밝혔다.

자유민주적 기본질서를 부정하며, 인민민주주의를 지향하는 북한 공산정권을 지지하면서 미군정기간 공권력의 집행기관인 경찰과 그 가족, 제헌의회의원선거 관련인사·선거종사자 또는 자신과 반대되는 정치적 이념을 전파하는 자와 그 가족들을 가해하기 위하여 무장세력을 조직하고 동원하여 공격한 행위까지 무제한적으로 포용하는 것은 우리 헌법의 기본원리인 자유민주적 기본질서와 대한민국의 정체성에 심각한 훼손을 초래한다. 이러한 헌법의 지향이념에다가 제주4·3특별법이 제정된 배경 및 경위와 동법의 제정목적, 그리고 동법에 규정되고 있는 '희생자'에 대한 개념인식을 통하여 보면 수괴급 공산무장병력지휘관 또는 중간간부로서 군경의 진압에 주도적·적극적으로 대항한 자, 모험적 도발을 직·간접적으로 지도 또는 사주함으로써 제주4·3사건 발발의 책임이 있는 남로당 제주도당의 핵심간부, 기타 무장유격대와 협력하여 진압 군경 및 동인들의 가족, 제헌선거관여자 등을 살해한 자, 경찰 등의 가옥과 경찰관서 등 공공시설에 대한 방화를 적극적으로 주도한 자와 같은 자들은 '희생자'로 볼 수 없다.[2]

　요컨대 미군정에 반항해 봉기한 무장대의 지도부에 대해서는 '헌법의 기본원리인 자유민주적 기본질서와 대한민국의 정체성'에 비추어 「피해자」로 인정 못한다는 것이다. 이 헌법재판소 견해를 바탕으로, 4·3사건 진상 조사나 희생자 인정 심사 등을 수행하는 기관으로서 국무총리 밑에 설치된 4·3위원회(제주4·3사건진상규명 및 희생자명예회복 위원회)도 남로당의 '핵심간부'나 무장대의 '수괴급'에 대해서는 희생자로서 인정할 수 없다는 심사 기준을 마련하면서, 남로당이나 무장 봉기 세력의 핵심 지도자에 대해서는 희생자로서 인정하지 않는 조치를 취해왔다. 헌법재판소나 4·3위원회의 이러한 판단에 대하여 제주도내의 운동 단체나 유족들 사이에 그다지 큰 비판이나 반대 운동은 일어나지 않았다.

　이명박·박근혜로 이어지는 보수 우파정권기에도 제주4·3평화재단 설립이나 4월 3일의 국가추념일로서의 지정 등이 있어서, 행정 수준에서의 4·3사건 시책이 완전히 중단되었던 것은 아니다. 하지만 이런 사업들은 거의 진보정권 하에서 기정방침으로 정해져 있었던 것으로, 4·3사건 문제해결은 보수정권 하에서는 정체 하지 않을 수 없었다. 그 뿐만 아니라, 시민사회 영역에서는 4·3특별법이나 "보고서" 등 진보정권 하에서 이룩한 성과들을 부정하는 반동 움직임이 재현된다.

　이명박 정권 시기에는 보수파나 우익단체가 '4·3사건희생자 결정 무효 확인'등을 들고 나서 헌법재판소나 행정재판소로의 제소가 7건이나 이어졌다(모두 원고패소 혹은 각하됨). 박근혜 정권이 들어서면서 우익단체 활동이 더욱 거세졌다. 2013년 4·3 군·경측 희생자유족이나 뉴라이트계의 역사학자

<hr />

2) 헌재 2001.9.27. 2000 헌마 238 등 [판례집]13-2,383[각하]

등이 '제주4·3정립연구유족회'(이하, 정립유족회)를 결성하고, '보고서' 내용을 공격하기 시작했다. 제주시의 4·3평화공원 시설에는 정부가 4·3 희생자로서 인정한 1만4000남짓의 위패를 모시고 있다. 정립유족회는 그 중 53기에 대해서 '무장대 제3대 사령관'이니 '북한군 사단장' 등의 경력을 가지는 "불량위패"라고 해서 그 철거를 촉구하는 캠페인을 벌였다. 정립유족회는 이 '불량위패'를 야스쿠니신사(靖國神社)에 설치된 전범 위패에 비유해서 그 철거를 촉구했다. 이렇듯 보수·우파정권 하의 역풍 속에서 4·3운동은 수세에 밀릴 수밖에 없었고 4·3특별법이나 '진상 조사 보고서' 등 진보 정권기에 달성한 성과들을 지키는 데에 무엇보다도 힘을 모은 것이다.

1700만이나 되는 시민들이 가두에서 촛불을 들어 10년 가까이 이어진 보수우파정권을 쓰러뜨려 진보정권이 들어서게 되었다. 문재인정권에서 책정된 '100대 국정과제'에서도 4·3사건 해결이 언급되면서 '4·3의 완전해결」이 제기되고 유해발굴, 희생자 추가 신고의 실시, 4·3 70주년 기념사업 추진 등이 구체적인 과제로 담겨졌다. 문재인대통령의 추도식 참가도 신정권의 그러한 방향에 따른 것이었다.

문재인대통령은 추도연설에서 김대중·노무현 정부 시절의 4·3특별법이나 '보고서' 등의 성과들을 언급하면서 다음과 같이 제주도민들에게 다짐했다.

저는 오늘 그 토대 위에서 4·3의 완전한 해결을 향해 흔들림 없이 나아갈 것을 약속합니다. 더 이상 4·3의 진상규명과 명예회복이 중단되거나 후퇴하는 일은 없을 것입니다. 그와 함께, 4·3의 진실은 어떤 세력도 부정할 수 없는 분명한 역사의 사실로 자리를 잡았다는 것을 선언합니다. 국가권력이 가한 폭력의 진상을 제대로 밝혀 희생된 분들의 억울함을 풀고, 명예를 회복하도록 하겠습니다. 이를 위해 유해 발굴 사업도 아쉬움이 남지 않도록 끝까지 계속해나가겠습니다. 유족들과 생존희생자들의 상처와 아픔을 치유하기 위한 정부 차원의 조치에 최선을 다하는 한편, 배·보상과 국가트라우마센터 건립 등 입법이 필요한 사항은 국회와 적극 협의하겠습니다. 4·3의 완전한 해결이야말로 제주도민과 국민 모두가 바라는 화해와 통합, 평화와 인권의 확고한 밑받침이 될 것입니다.

대통령의 연설은 대다수 도민에게 오랜 세월을 통해서 쌓이고 쌓인 가슴의
응어리를 풀어 줄 것 같은 감명을 주었다. 그런데 과연 '4·3의 완전해결'이
란 무엇인가? 대통령 연설에 담겨진 뜻을 이해하기 위해서는 그 동안의 4·3
문제해결을 둘러싼 문맥을 살펴 볼 필요가 있다.

신정권이 들어선 이후 4·3특별법 개정과 관련해서 세 가지 법안이 국회
에 상정되어 있다. 그중 제주도 선출의 더불어민주당 소속의 오영훈의원을
중심으로 작년 12월 발의된 개정법안이 4·3문제 해결의 도달점과 과제를
포괄적으로 보여주고 있다. 이 개정법안은 4·3 희생자유족이나 생존 희생
자에 대한 보상 규정을 담아 4·3특별법 전면개정안으로서 제기되었다.
2000년에 제정된 현행 4·3특별법은 진상규명과 희생자 명예회복을 주된
목적으로 하는 입법이었다. 개정 법안은 한마디로 현행 '진상규명 입법'으로
부터 '보상 입법'으로, 법률 그 자체의 성격을 바꾸는 법안이며, 법률 명칭자
체도 '제주4·3사건진상규명과 희생자명예회복 및 보상에 관한 특별법'으로
바뀌고 있다.

개정 법안은 그 이외에도 대통령의 연설에서도 언급된 여러 사안들이 담겨
있으나, 특히 주목 받는 것은 4·3사건의 정의를 보다 구체화하고 있는 점이
다. 현행 4·3특별법은 제2조(정의)에서 '제주4·3사건이란 1947년 3월 1일
을 기점으로 해서 1948년 4월 3일에 발생한 소요 사태 및 1954년 9월 21일
까지 제주도에서 발생한 무력충돌과 진압 과정에서 주민이 희생이 된 사건」
이라 해서 실질적으로는 4·3사건의 시기에 관한 규정으로 그치고 있다. 이
에 비해 개정법안에서는 '…… 경찰과 서북청년회의 탄압에 대한 제주도민의
저항', '…단독선거, 단독정부반대를 기치로 …남로당 제주도당을 중심으로
한 무장대가 봉기…」라고 해서 사건 배경이나 봉기의 동기가 명시돼 있어,
항쟁 지도부(남로당이나 무장 세력의 핵심적 지도자)의 명예회복에 관해서도

길을 여는 내용이 담겨 있다.

이렇듯 개정법안은 '4·3의 완전해결'의 지침이 될 만한 내용을 담아, 4·3사건의 문제해결의 획기를 이루는 법안이라 할 수도 있다. 그런데 그동안 국회는 여야 간의 대립이 격화되면서, 공전 상태가 이어지는 가운데 법안 심의가 전혀 이루어지지 않았다. 추념식에서의 대통령연설에 앞서 연단에 선 제주4·3희생자유족회 안윤경 회장은 4·3특별법 개정이 온 제주도민의 한결같은 뜻이라는 것을 강조하고, 그 실현을 강력히 촉구했다.

문 대통령의 연설은 이러한 도민이 절실한 염원을 받아들여 '국회와 적극적으로 협의'해서 필요한 입법 조치를 취한다는 결의의 표명이었던 것이다. 이는 그 동안 보수우파정권하의 역풍을 견디어 온 제주도민 마음에 닿았을 것이다. 하지만 거기에는 '4·3사건의 완전해결'의 내용이 실질적으로 '보상'의 문제로 수렴되어버릴 위태로움을 지적하지 않을 수 없다.

## 3. 제주4·3과 재일조선인사회

현행 4·3특별법은 그 10조에 '대한민국 재외공관'에 피해자 및 유족 피해신고를 접수하는 '신고처'를 설치할 규정을 담고 있다. 이런 규정은 한국전쟁 당시의 국군이나 미군에 의한 민간인 학살의 과거사청산 관련 입법에는 볼 수 없는 규정이다. '재외공관'이라 되어 있지만, 여기서의 '재외'는 주로 일본을 가리킬 것이고, 4·3사건과 재일 조선인 사회와의 깊은 관련을 말해 주는 규정이라 할 수 있다.

식민지 강점기에는 오사카(大阪)–제주 간에 '기미가요 마루(君が代丸)' 등 객선 직항로가 개설되면서, 1930년대 중반에는 제주도 인구의 4분의 1 (5만여 명)이 일본에서 살았다. 오사카에는 제주도 출신자들의 확고한 코뮤니티가 형성되면서 일본–한국간의 경계를 넘는 제주도 주민의 생활권의 일부가

되어 있었다. 8·15해방과 더불어 많은 제주인들이 해방된 조국으로 귀환하게 되지만, 한 번 귀환한 제주인들의 다수가 4·3사건에 이르는 혼란기에 다시 오사카 등 일본으로 되돌아 왔다. 일본 점령군(GHQ)은 한 번 한반도에 귀환한 한국인들의 일본으로의 도항을 엄격히 금했기 때문에 이 시기의 한국인의 도일은 밀항이라는 수단을 취하지 않을 수 없었다.

밀입국자(검거자)의 수는 자료에 따라 약간 어긋나지만[3], 대충 1946년에 2만인 안팎, '외국인등록 령'이 제정된 47년에는 6000명 남짓으로 줄어들지만, 48년에는 다시 늘어나 8000명 안팎, 49년에 9000명 안팎으로 숫자의 증감은 거의 공통되어 있다. GHQ의 자료에서는 검거자는 실제 밀항자의 50%전후로 보고 있는 것으로 짐작해, 4·3을 전후하는 47년~49년에는 2만명 이상이 밀항을 행하고, 이 중 반수이상이 제주도인으로 추정된다.4·3 관계자나 희생자유족이 전후 재일조선인사회 일각을 차지하게 된 셈이며 4·3의 진상규명은 그러한 재일조선인사회와의 관련을 외면해서는 결코 완결될 수 없다.

한편 이렇게 재일조선인사회 일각을 차지한 사실상 난민이라고도 할 수 있는 제주도인 가운데 미군정에 반항해 무장 봉기한 무장대의 관계자나 그 친인척도 적지 않다. 그런 자들의 대부분은 재일조선인사회에서는 북한에 직결되는 총련(재일본조선인총련합회)계의 조직이나 생활 세계에 몸담아 사회활동이나 사업을 이어 왔다. 한국사회와는 달리 재일 조선인사회는 〈남〉과 〈북〉이 같은 생활공간을 공유하는 사회인 셈이다. 따라서 '대한민국의 정체성'이란 논리를 앞세워 4·3의 무장 봉기를 '반역'으로 보는 시각이 유지되는 한 재일 조선인사회에서의 '4·3사건이 완전해결'은 있을 수 없는 것이다.

'4·3컴플렉스'라고도 일컬어지는 사건 체험자의 좌절감이나 심리적인 굴절의 문제도 오사카를 중심으로 한 재일 제주인 사회에 깊은 각인을 새겨 왔

---

3)   밀항이 자세한 자료에 관해서는 (松本邦彦 1996)(朴沙羅 2017)등을 참조.

다. 4·3사건이라는 권력에 대한 저항이 치러야 했던 너무나도 크고 처참한 대가가 체험자들의 입을 다물고 정치나 사회에 마주치는 자세를 크게 바꾸었다. 정치 자체를 기피하는 태도는 물론 금품에 대한 철저한 집착이나, 반대로 권력이나 조직에 대한 과잉충성 등 4·3에 인한 심리적 좌절감은 각양각색의 모습으로 나타났다. 일본에서도 4·3사건을 언급하는 것을 금기시 하는 암묵적인 압력이 지배해 왔던 것이다. 더구나 제주도출신자가 많은 오사카에서 그러한 공기가 짙었다고 할 수 있다. 결국 일본에서의 4·3운동은 주로 이러한 침묵의 벽이나 압력을 무너뜨리고, 4·3을 누구 나 다 거리낌 없이 이야기하고, 조사하고, 대화할 수 있는 공간을 어떻게 넓혀 갈 것인가, 라는 것을 목적으로 추진되어 왔다.

일본에서의 4·3운동도 큰 줄기에서는 민주화와 그 이후의 4·3사건의 문제해결을 둘러싼 한국에서의 진전에 보조를 맞추어 왔다. 더구나, 국가공권력의 최고 책임자인 대통령이 국가 공권력의 과오를 인정하고 사죄한 것은 재일 동포사회에서의 침묵의 벽을 무너뜨리는 데 가졌던 의미는 컸다. 재일 동포의 권익을 대표하는 조총련도 민단도 제각기 고유의 배경이나 논리로 4·3사건이라는 현대사의 사실을 덮어 왔다. 언론의 자유가 적어도 형식상은 확보되어 왔던 일본에서도 민족조직에 의한 사회적인 제재나 모국에 있는 친족들에게 누가 미칠 것을 염려해서 대부분의 4·3 체험자들은 입을 다물어 온 것이다. 대통령의 사죄는 일본에서의 4·3운동의 진전과도 더불어 재일 동포사회가 냉전적인 사고방식에서 벗어나고 4·3의 체험을 자유롭게 이야기할 수 있는 공간을 크게 넓혔다.

대통령의 사죄가 있었던 이듬해인 2004년, 1000명을 넘는 한일의 시민들이 참석하는 속에서 오사카 필로티(piloti) 홀에서 열린 56주년 기념행사 ('제주도4·3사건 그 희망의 시작')는 민단·총련의 지부위원장·支団長급의 임원이 주최 측 공동 대표에 이름을 올려, 이데올로기를 넘어 선 "화합"이나 "화해"가 강조되었다. 일본에서의 4·3운동이 새로운 시대를 맞이하게 된 순간이었다. 재일 동포사회에서의 화합의 기운은 보수정권이 들어서는 가운데 주춤해지지만 4 · 3운동은 일본에서도 4 · 3사건의 콤플렉스나 침묵의 압력을 풀어 헤치고, 이를 공론화하는데 큰 역할을 했다고 할 수 있다. 하지만 4 · 3사건의 모든 당사자의 명예회복이 공적으로 확인되지 않은 현시점에서는 재일동포사회에서의 4 · 3의 문제해결은 아직 멀다고 하지 않을 수 없다.

## 4. '완전해결'을 둘러싸고 엇갈리는 시각

'4 · 3의 완전해결'이라 할 때 현재 제주도민의 최대의 관심사는 '보상'의 문제, 즉 보상 입법의 실현이라고 할 수 있다. 이와 더불어 현지의 4 · 3 운동 관계자들이 강조하는 관심사로서는 4 · 3을 둘러싼 미국의 책임에 관한 문제와 4 · 3의 역사정립과 관련된 '정명 正名'문제다. 전자의 미국의 책임에 대해서는 2003년에 확정한 『보고서』에서 이미 '4 · 3사건 발발과 진압 과정으로 미군정과 주한미군사고문단도 책임을 모면할 수는 없다'고 하면서, 4 · 3사건이 미군정 하에서 일어나고, 대한민국 정부 수립 후에도 '주한 미군고문단'이 엄청난 희생을 수반한 진압 작전 지휘에 영향을 미쳤다는 것이 구체적으로 언급되어 있다. 이를 근거로 삼아 제주도에서는 미국국회와 정부에 대해 사죄 등의 조치를 요구하는 운동이 제주4 · 3희생자유족회 회장 등을 중심으로 이루어지고 있다.

'정명'이란 한마디로 4 · 3의 무장 봉기를 불의나 독제에 대한 '항쟁'으로서 그 명칭을 확정하는 일이다. 위에서 언급한 바와 같이 4 · 3의 문제해결을 사건의 역사적 위치 부여의 문제를 제쳐 놓고 '수난과 화해'라는 시각에서 추진되면서 사건 명칭도 4 · 3, 4 · 3사건, 4 · 3사태, 4 · 3소요, 4 · 3폭동 등 다양하게 불려 왔다. 이런 상황에서 4 · 3을 '항쟁' (혹은 민중항쟁)으로서 명칭을 확정하고, 무장 봉기의 정당성을 명확히 하자는 것이다[4].

이 '정명' 문제하고도 밀접히 관계되고, 일본의 4·3운동에서 중요한 문제로 제기되지 않을 수 없는 것이 '항쟁 지도부'의 명예회복을 둘러싼 문제다. 4·3사건 희생자, 혹은 그 당사자를 굳이 분류해 보면, 이하의 3개의 범주를 지적할 수 있다.

① 항쟁 지도부: 무장 봉기를 주도한 남로당의 「핵심간부」·무장대의 「수괴급」으로 간주되는 집단.
② 식민지권력: ①과 대치한 경찰·군·우익으로 구성된 토벌대로서, 단독선거를 거쳐 수립된 한국 정부가 일본 식민지배의 권력기구를 계승했다는 의미로 이렇게 호칭한다.
③ 압도적 다수의 도민들: 말할 필요도 없이 ①와 ②의 격돌에 말려들어 희생 된 압도적 다수의 무고한 주민들이다.

4·3의 무장 봉기는, 굳이 한마디로 말하면, 분단 저지·통일을 내걸면서도 미군정의 비호 아래서 부활한 식민지권력에 대한 반항으로 시작되고, 육지부에서 투입된 경찰이나 우익에 반발하고 있었던 도민들의 대다수도 적어도 당초는 그런 거사에 공감하고 있었다.

즉, 무장 봉기의 직접적인 계기는 일본 식민지지배가 낳은 경찰이나 우익이 제주도 사회에 가한 폭력에 있었다.

그러나 민주화 이전의 권위주의 반공체제 하에서는, ②만이 희생자나 반공영웅으로서 다루어져, ①은 커녕 ③까지도 '공산 폭도'로 몰려 연좌제에 의해 후대에 이르기까지 그 명예를 훼손당했다. 위에서 언급한 바와 같이 민주화 이후 4·3특별법이 제정되면서 진상규명과 명예회복이 진전된다. 하지만 명예회복의 대상이 된 것은 주로 해 ③, 즉 "빨갱이"의 낙인이 찍혀 희생된 압도적 다수의 무고한 도민들이었다. ①의 항쟁 지도부는 제주4·3위원회가

---

4)  정명 문제에 관해서는 (문경수 2018)를 참조.

정한 희생자 인정 기준에 따라 아직 배제되어 있는 것이다.

제주도현지에서는 '4·3사건의 완전해결'이 강조되면서도 '보상'이나 미국 책임론에 중점이 두어져, '항쟁 지도부의 명예회복'이라는 문제에 파고드는 일은 신중히 회피하는 것 같기도 한다. 여기에 관해서는 몇 가지 배경을 지적할 수 있을 것이다.

무엇보다도 정치적 성향으로서는 진보가 비교적 우위를 차지하는 제주사회에서도 보수나 반공적 사고방식이 여전히 뿌리가 깊은데다 항쟁 지도부의 명예회복이 도민적 합의를 얻는 것은 어려울 뿐만 아니라, 섬 사회의 분단이나 균열을 빚을 수 있다는 염려도 작용하고 있다. 또한 현재 1만 4000명 남짓의 인정된 희생자에 비교하면 항쟁 지도부로서 명예회복을 못 이룬 해당자는 지극히 소수(확인된 수는 10명 미만)에 지나지 않는다는 이유도 있을 것이다.

하지만 지극히 소수라 해도 문제는 '항쟁 지도부의 명예회복'이 갖는 상징성이다.

특히 남북이 같이 사는 일본에서의 상황이나 4·3운동을 고려해 볼 때, '항쟁 지도부'의 복권은 유달리 큰 의미를 가진다. 좌우가 격돌한 사태 해결에 과정에서 우파만이 명예를 회복한다는 논리를 재일조선인 사회에 가져오는 것은, 사실상 〈북〉의 존재를 외면하는 것에 다름이 아니다. 요컨대 '4·3사건의 완전해결'이라 할 때 일본에서는 남북화해의 논리나 자세가 불가결한 전제가 되는 것이다. 그런 면에서 '보상'이 '완전해결'의 이정표로서 4·3운동의 초점으로 부각되어 있는 제주도에서의 상황과 재일조선인사회의 관심사는 미묘하게 괴리되어 있다고 하지 않을 수 없다.

물론, 과거 청산을 둘러싼 당명한 운동의 중점이나 방향에 차이가 생기는 것 자체는 그다지 문제가 아니다. 문제는 '항쟁 지도부'의 명예회복이라는 과제가 사실상 내버려진 채 '보상'의 실현을 가지고 '4·3사건이 완전해결'로 여겨져 버릴 가능성이 있다는 점이다. 결국, '보상'이 실현됨으로서 4·3운동도 기세를 잃고, 4·3을 둘러싼 일본과의 괴리는 더욱 커질 우려도 있다.

## 5. 이행기정의와 4·3의 해결

남북정상회담에 이어 북미정상회담까지 성사되면서 남북화해의 기운이 극적으로 고양된 환경은, 4·3운동에도 대단한 호기의 도래로 볼 수 있다. 위에서 언급했듯이 제주에서의 70주년 추념식에는 일본에서 250명의 방문단이 참석했는데, 여기에는 보수 정권 하의 한국에서는 입국이 어려웠던 조선국적 동포를 비롯해 총련계 분들도 함께 했다. 또한 도쿄에서 1500명, 오사카에서 700명이 참여한 4·3사건 70주년 기념행사에는 총련·민단 양조직의 영향 하에 있는 동포들도 함께 모이는 기회가 되었다. 오사카 위령제에서는 지방지부 차원이지만 총련·민단의 양지부가 '후원 단체'로 이름을 올려 참다운 남북화해의 위령이 실현됐다.

하지만 제주도 현지에서는 남북화해의 기운이 4·3사건 문제해결이 새로운 단계와 결부되는 기색은 아직 보이지 않는다. '진실 화해'나 '이행 기정의'라는 과거사 청산의 확립된 기틀에 비추어 보면, 진상규명이나 보상과 함께, 사건 당사자의 복권(명예회복)은 물론, 가해책임도 밝혀져야 할 것이다. '완전해결'이라는 말은 문제해결의 그러한 지점에서야말로 사용해야 할 것이다. 제주도나 서울에서 4·3운동을 밀고 온 재야 운동의 일각에서는 이 점이 분명히 자각되어 있는것 같다. 재야 운동 단체를 중심으로 조직된 제주4·3 70주년 범국민위원회(2017년2월 결성)의 법개정 특별위원회가 작성한 개정법 시안(제주4·3진상규명과 희생자피해극복에 관한 특별법: 약칭 피해극복법)에는 '4·3사건의 근본 해결을 추구한다'는 귀절이 담겨 있다.

피해극복법은 제3조(정의)에서 '"제주4·3사건"이란 1947년 3·1절 기념행사에서의 경찰의 발포 사건을 기점으로 군정과 경찰 탄압에 대한 제주도민의 항거, 및 1948년의 봉기와 그것에 대한 공권력에 의한 진압 과정에서 주민들의 인명과 재산이 대규모로 파괴된 사건을 말한다」고 정의하고, 법문 상 항쟁 지도부가 희생자에서 배제될 여지가 없는 것이 되고 있다. 게다가 피해

극복법은 새롭게 편성될 행정 기관으로서의 '제주4·3위원회'에 사건 가해자에게 '동행 명령서'를 발포하는 권한을 주고, 가해책임을 밝히는 진상 조사의 길을 열어 주고 있다 (제9조). 이 법안 작성에 참여한 이재승 교수는 피해극복법을 해설하면서 항쟁 지도부를 희생자에서 배제한 2001년의 헌법재판소 판단에 대해서 '승리자의 정의를 권위로 재차 관철시켰을 뿐 가해자로서 국가 책임에 대한 근본적 성찰을 외면하였다' (김재승 2017)고 비판했다.

하지만, 이 법안이 제주도 사회에서 도민적 합의를 얻어 국회에 제출될 가능성은 적을 것 같다. 위에서 언급한 바와 같이 국회 계류 중인 개정법안에도 4·3의 '정의'에 대해서 피해극복법과 유사한 기술이 보이지만 이에 대해서는 정립유족회가 반발하면서, '제주4·3의 정의에서 대한민국 건국에 반대해서 일으킨 남로당 공산주의자들의 폭동이라는 진실을 덮어 숨겨서는 안된다'고 했다. 그렇지 않아도 법안 심의 과정에서 개정법안 내용이 환골탈태 될 가능성도 적지 않다. 법안심의를 거친 개정특별법은 피해자 '보상'은 실현될지라도 항쟁 지도부의 명예회복이나 가해책임 확정에 이어질 만한 조항이 담겨질 가능성은 지극히 적은 것으로 보인다. 촛불 혁명을 거쳐서 정의와 공정의 가치가 널리 구현되는 시민사회 상황에서도 대한민국 수립을 둘러싸고 생긴 이데올로기적 갈등을 극복할 때까지는 아직 시간이 필요할 것 같다.

물론 4·3피해자에 대한 '보상'은 오늘 제주도민에게는 간절한 염원이며, 그 실현이 갖는 의미는 크다. 하지만, 그것은 '4·3사건 완전해결'을 지향할 교두보가 될 수 있어도, 그것 자체를 '완전해결'로 간주할 수는 없다. 이는 앞으로도 계속 이어지는 길고 복잡한 도정의 출발점이라 하지 않을 수 없는 것이다.

＊　　　＊

작년 11월 새로 헌법재판소 소장으로 임명된 이진성 법관은 문재인정권이 추진하는 헌법개정 논의와 관련해서 '사회 현실을 반영한 헌법'이 생기면 '그동안의 헌법재판소 결정도 변경될 수 있다」고 했다(「연합 뉴스」 2018년 1월

7일 전송). 시대가 바뀌면 헌재의 판단도 바뀔 수 있다는 말이다. 이진성 소장의 발언은 4·3 문제해결을 염두에 둔 것은 아니지만 항쟁 지도부를 '희생자'로부터 배제한다는 헌법재판소 판단도 영원히 변경 못할 것이 아닐 것이다. 남북 화해, 그리고 공정과 정의를 위한 끈질긴 노력들이 성사되면서 완고한 냉전적인 코드나 가치관을 뒤집어 항쟁 지도부의 복권을 가능케 할 그날도 올 것이다.

# 참고문헌

高誠晩(2017), 『犠牲者のポリティックス―済州四・三／沖縄／台湾二・二八』, 京都
　　大学出版会

_____(2018), 「犠牲者を乗り越えて」, 『世界』(July. no.910), 岩波書店.

松本邦彦(1996), 『GHQ日本占領史⑯外国人の取り扱い』, 日本図書センター.

文京洙(2018), 『済州島四・三事件 島の国の死と再生の物語』, 岩波現代文庫.

朴沙羅(2017), 『外国人をつくりだす――戦後日本における「密航」と入国管理制度の
　　運用』, ナカニシヤ出版.

박찬식(2008), 『4·3과 제주역사』, 도서출판 각.

제주 4·3사건 진상규명 및 명예회복 위원회(2013), 『제주 4·3사건 진상 조사 보고서』,
　　도서출판 선인.

역사문제연구소·역사학연구소·제주 4·3연구소·한국 역사연구회편(1999), 『제
　　주 4·3연구』, 역사비평사.

이재승(2017), '제주4·3특별법의 현안과제와 개정안 해설', 『4·3과 역사』 제17호,
　　제주4·3연구소.

# 북한
# 종교사상 연구의
# 현재

# 최봉익의 청허휴정의 사상이해에 대한 비판적 검토와 그 의의

이병욱*

## 1. 서론

최봉익은 북한을 대표하는 불교학자이다. 그의 저술로는『조선철학사상연구(고대-근세)』(사회과학출판사, 1975),『봉건시기 우리나라에서의 불교철학의 전파와 그 해독성』(사회과학출판사, 1976)과『조선철학사개요』(사회과학출판사, 1986) 등이 있는데, 여기서는『봉건시기 우리나라에서의 불교철학의 전파와 그 해독성』에 초점을 맞추어서 최봉익의 서산대사 청허휴정(淸虛休靜, 1520-1604)의 사상이해에 대해 비판적 관점에서 검토하고, 아울러 그 의의도 살펴보고자 한다.

최봉익의 불교이해에 대한 연구는 한국학계에서 활발하게 이루어지지 않았다. 최봉익의 불교이해와 관련된 선행연구로는 김방룡의 1편의 논문과 이병욱의 2편의 논문이 있다. 김방룡은 최봉익의 지눌과 혜심의 관점에 대해

* 고려대 철학과 강사

검토하였다.[1] 그리고 이병욱은 최봉익이 제시한 '불교연구원칙'과 '불교비판'에 대해 검토하였고[2], 또 최봉익의 불교관의 특징을 원효와 의상을 중심으로 검토하였다.[3] 그렇지만 최봉익의 서산대사 휴정사상의 이해에 대해서 초점을 맞춘 연구는 없다.

또한 이 글에서는 최봉익이 『봉건시기 우리나라에서의 불교철학의 전파와 그 해독성』에서 휴정의 사상에 대해 부정적인 평가를 내린 것에 대해서는 큰 의미를 부여하지 않는다. 왜냐하면, 최봉익은 자신의 관점과는 다른 내용, 곧 국가에서 요구하는 내용을 책속에 담을 수밖에 없었을 것으로 보이기 때문이다. 따라서 최봉익이 다음과 같이 휴정의 사상에 대해 부정적인 평가를 내린 것에는 큰 의미를 부여하지 않는다.

이상과 같이 휴정은 인식론적 측면에서 선행 여러 불교교파들의 방법상 결함들을 비판하고 그것을 종합하는 견지에서 이른바 '새로운' 방법들을 제기하였으나 그의 인식론은 총체적으로 다 자기의 종교적 주관관념론을 합리화하기 위한 것에 불과한 것으로서 비과학적이다. 휴정의 사회정치적 견해는 본질상 이조봉건국가를 옹호하는 반동적 입장이었다.[4]

---

1)  김방룡, 「최봉익의 지눌관 및 혜심관을 통해 본 남북한 불교철학 사이의 소통 가능성 고찰」, 『국제고려학회 서울지회 논문집』13호, 국제고려학회 서울지회, 2010.

2)  이병욱, 「북한의 불교학연구에 대한 재검토 −불교연구원칙과 불교비판을 중심으로」, 『국제고려학회 서울지회 논문집』13호, 국제고려학회 서울지회, 2010. 이 논문은 이병욱, 『불교사회사상의 이해』, 운주사, 2016, 281−320쪽에 재수록 되었다.

3)  이병욱, 「최봉익 불교관의 특징」, 『국제고려학회 서울지회 논문집』15호, 국제고려학회 서울지회, 2014. 이 논문은 이병욱, 『불교사회사상의 이해』, 운주사, 2016, 321−345쪽에 재수록 되었다.

4)  최봉익, 『봉건시기 우리나라에서의 불교철학의 전파와 그 해독성』, 사회과학출판사, 1976, 131−132쪽. 그리고 맞춤법과 띄어쓰기는 남한의 맞춤법과 띄어쓰기에 따라서 인용문을 수정했고, 이는 뒤에 소개할 인용문에서도 마찬가지다.

그리고 서산대사 휴정의 생애와 저술을 간단히 소개하면 다음과 같다. 휴정은 15세 때에 부용영관(芙蓉靈觀, 1485-1570)을 뵙고 여러 불교서적을 공부하였고, 그로부터 3년 뒤에 출가하였다. 1550년에 승과가 다시 생기자 휴정은 승과에 응시하여 합격하였고, 그 뒤에 교종판사(敎宗判事)와 선종판사(禪宗判事)를 겸임하였다. 37세에 교종판사와 선종판사의 자리에서 물러나서 제자를 양성하는 데 힘을 쓰다가 그의 나이 73세(1592)에 임진왜란이 일어나자 팔도도총섭(八道都總攝)이 되어 승병을 모아서 전쟁에 참여하였다. 그의 저술로는 『선가귀감』, 『삼가귀감』, 『심법요초』, 『선교석』, 『선교결』, 『설선의』, 『운수단가사』, 『삼로행적』이 있고, 그의 문집으로『청허당집』이 있다.

그리고 내용의 측면에서 볼 때, 최봉익은 휴정의 사상을 크게 3부분으로 구분해서 서술한다. 첫째, 선종과 교종의 수행방법의 비판과 통합이다(2장). 둘째, 휴정의 불교적 이념으로서 무념이다(3장). 셋째, 수행방법으로서 참선의 강조이다(4장). 그런데 이러한 구분에는 문제가 있다. 최봉익이 주장한 것처럼, 선종과 교종의 수행방법을 통합하였다는 것이 휴정의 저술 속에서 발견되지 않는다. 여기에 그의 주장에 문제점이 있음을 알 수 있다. 하지만 동시에 최봉익이 이렇게 주장한 목적이 있다고 생각된다. 이는 최봉익이 선종과 교종의 수행방법을 비판하면서도 동시에 통합하고 싶은 생각이 강하였음을 보여준다. 그리고 필자는 최봉익이 휴정의 저술에 없는 내용을 제시한 것에는 경청한 만한 내용이 담겨있다고 생각한다(5장).

따라서 이 글에서 말하고자 하는 것은 다음과 같다. 최봉익이 서산대사 휴정의 사상에 대해 검토한 것이 휴정의 사상을 제대로 분석한 것은 아니지만, 거기에는 최봉익의 관점이 강하게 포함되어 있고, 이러한 최봉익의 관점은 현재적 입장에서 볼 때 긍정적으로 평가할 수 있다는 것이다.

## 2. 선종과 교종의 수행방법의 비판과 통합

최봉익은 서산대사 휴정의 불교사상을 교종과 선종의 교리를 비판하면서 동시에 교종과 선종을 통합하였다고 보고 있고, 나아가 휴정의 불교사상을 '서산종'이라고 부르면서 큰 위치를 부여하고 있다. 그런데 남한학계에서는 '서산종'이라는 용어를 사용하지 않는다. 이는 북한학계 또는 최봉익이 특별히 만든 용어로 보인다.

그(휴정)는 고려시기이래 우리나라 불교사상발전에서 오랫동안 대립하여 투쟁해오던 '교종'과 '선종'의 교리들을 비판하고 이 양자를 통합하여 '서산종'이라는 하나의 새로운 불교사상을 주장하여 나섰다.5)

여기서는 두 단락으로 논의를 전개한다. 첫째 선종과 교종의 수행방법의 비판이고, 둘째 선종과 교종의 수행방법의 통합이다.

### 2.1. 선종과 교종의 수행방법의 비판

최봉익은『심법요초(心法要抄)』에서 휴정이 교종을 비판한 내용을 소개한다. 교종의 사람들은 총명한 지식을 가지고 세상에 자신을 자랑하지만 실제적 기초가 없기 때문에 말과 행동이 어긋난다는 것이다. 이는 경전을 읽기는 하지만 제대로 읽지 못한 결과라고 할 수 있다.

그(휴정)는 무엇보다 먼저 교종에 대해 비판하였다. 그는 교종을 신봉하는 자들은 불경을 읽는 데만 치우치고 산 글을 배우려고 하지 않으며 함부로 총명과 이론을 가지고 세상 사람들을 현혹시키려 하고 있으나 그들의 말과 행동은 일치하지 않으며 특히 종교적

---

5)  최봉익,『봉건시기 우리나라에서의 불교철학의 전파와 그 해독성』, 127쪽.

실천을 홀시하고 있다. 또한 그들은 이곳저곳을 돌아다니면서 산천이나 노래하고 헛되이 밥을 축내면서 일생을 경(經)이나 논하다가 나중에는 굴속에 들어박혀 찌꺼기나 씹고 있으니 그것은 세상을 구제하는 도(道)가 될 수 없다고 지적하였다.6)(『심법요초』)

또한 최봉익은 『심법요초』에서 휴정이 선종에 대해 비판한 것을 소개한다. 그것은 선학자(禪學者)들이 한가한 것이 습성이 되어서 열심히 분발하지 않고 앉아서 졸기만 한다는 것이다. 이는 명상을 하기는 하지만 제대로 잘 하지 못한 결과이다.

그는 또한 선학자(禪學者)들은 부처가 되려면 경을 배울 필요도 없고 다만 벽을 향하여 명상에 잠기면 된다고 하는데 이것은 마치 굴속의 여우가 헛되이 앉아서 졸고 있는 모양과 같다. 이들은 눈앞의 사물의 이치도 모르면서 입으로는 되지도 않는 수수께끼를 얼버무리며 다만 자기의 영혼만 믿고 부처가 되기를 바라고 있으니 이것 역시 세상을 구제하는 교(教)로는 될 수 없는 것이라고 하였다.7)(『심법요초』)

## 2.2. 선종과 교종의 수행방법의 통합

앞에 소개한 것처럼, 최봉익은 선종과 교종을 비판하고 나서 선종과 교종의 수행방법의 장점을 살려서 이 둘을 통합한다. 그것은 불교경전을 통해서 지식을 넓히고 깊은 사색(선정)을 통해서 진리를 체험한다는 것이다. 다음에 소개하는 글에서는 선종과 교종의 수행방법의 장점을 살린다는 구체적 표현은 없지만, 그러한 의도로 말했다는 것을 알 수 있다.

우선, 최봉익은 불교의 여러 경전을 통해 지식을 넓히고 사물의 이치를 안 다음에 깊은 사색(선정)을 통해서 진리의 오묘한 이치를 체험할 때 부처가

---

6)  최봉익, 『봉건시기 우리나라에서의 불교철학의 전파와 그 해독성』, 127쪽; 『심법요초』(『한국불교전서』7권, 648중).
7)  최봉익, 『봉건시기 우리나라에서의 불교철학의 전파와 그 해독성』, 127쪽; 『심법요초』(『한국불교전서』7권, 648중).

된다고 주장한다. 여기서는 경전공부를 하고 난 뒤에 깊은 사색(선정)을 통해 진리를 체험한다는 단계를 제시한다.

이와 같이 서산대사는 선행시기 '선종'과 '교종'의 교리의 방법들을 비판하면서 불학자들은 대승불교의 여러 경전들에 의하여 지식을 넓히고 사물의 이치를 안 다음에 깊은 사색을 통하여 진리의 오묘한 이치를 체험하는 때에야만 비로소 '부처'로 즉 각자(覺者)로 될 수 있다고 주장하였다.[8]

그렇지만 최봉익은 위의 내용처럼, 단계적인 설명만을 하는 것이 아니고, 교종과 선종의 수행방법을 결합할 것을 구체적으로 제시한다. 최봉익은 휴정 사상의 핵심이라고 할 수 있는 '무념'(뒤에 상세히 설명할 예정)에 도달하기 위해서 교종의 독경주의와 선종의 좌선방법의 일면성을 비판하면서도 동시에 교종의 수행방법, 곧 '불경을 공부해서 이치를 아는 것'과 선종의 수행방법, 곧 '선정(사색)을 통해서 실제체험을 하는 것'을 결합해야 한다고 주장한다.

휴정은 선행시기 '교종'의 독경주의와 '선종'의 좌선방법의 편면성을 비판하면서 소위 진리를 깨닫고 무념에 도달하자면 불경을 통하여 이치도 알고 선정을 통하여 실제 체험도 해야 한다고 하였다. 말하자면 불경을 읽는 것과 사색체험을 적당히 결합해야 한다는 것이다.[9]

이처럼, 최봉익은 단계론, 곧 불경을 공부해서 이치를 알고 난 뒤에 깊은 사색을 통해 부처가 된다는 것도 주장하지만, 다른 한편으로 '불경을 공부하는 것'과 '사색(선정)을 체험하는 것'이 결합되어야 한다고 주장하기도 한다.

---

8) 최봉익, 『봉건시기 우리나라에서의 불교철학의 전파와 그 해독성』, 127쪽.
9) 최봉익, 『봉건시기 우리나라에서의 불교철학의 전파와 그 해독성』, 130쪽. 그리고 같은 내용의 인용문이 같은 책, 127-128쪽에도 있다.

그리고 후자(양자의 결합)가 최봉익이 강조하려는 것이다.


## 3. 휴정의 불교적 이념으로서 무념

### 3.1. 휴정의 무념

최봉익에 따르면 휴정의 서산종은 무념을 근본으로 삼는다고 한다. 그러면 무념은 어떤 것인가? 이에 대해 최봉익은 『선가귀감(禪家龜鑑)』과 『청허당집(淸虛堂集)』의 「조사심요(祖師心要)」를 인용한다. 그리고 최봉익이 강조하는 무념(無念)은 일물(一物), 정념(正念)과 같은 개념이라고 한다. 이 내용에 대해 조금 더 자세히 살펴본다.

『선가귀감』의 맨 처음에서 한 물건[一物]을 말하고 있다. 그것은 밝고 신령스러운 것이어서 생긴 것도 아니고 없어지는 것도 아니며, 이름붙일 수 없고 형상화할 수 없는 것이다. 이는 불교사상의 측면에서 보자면, '불성', 또는 '자기 마음의 근원적 자리'라고 할 수 있을 것이다. 이 대목에 대해 최봉익은 다음과 같이 번역한다.

여기에 한 물건이 있는데 그것은 본래부터 밝고 영특하여 발생하는 바도 없고 또한 감소되는 바도 없다. 그 이름 알 수 없고 그 형상 또한 알 수 없다.[10](『선가귀감』)

또한 최봉익은 『선가귀감』에서 말하는 '무념'을 소개한다. '무념'은 해탈(解脫)을 의미하는 것인데, 경계의 대상을 보고도 분별의 마음을 일으키지 않는 것을 '무념'이라고 한다. 이처럼 경계의 대상을 마주대하고도 분별의 마음을 일으키지 않는다면 그것은 깨달음의 경지라고 할 수 있을 것이다. 이 대목에

---

10) 최봉익, 『봉건시기 우리나라에서의 불교철학의 전파와 그 해독성』, 128쪽; 『선가귀감』(『한국불교전서』7권, 634하).

대해 최봉익은 다음과 같이 번역한다.

외부물질세계를 보고도 일어나지 않는 마음, 이것을 이름 지어 불생(不生)이라고 하며 '불생'을 이름 지어 '무념'이라고 한다. '무념'은 그것을 이름 지어 해탈이라고도 한다.11)(『선가귀감』)

나아가 최봉익은 『청허당집』의 「조사심요 (증원준대사)」를 인용하면서 '정념'에 주목한다. 문맥으로 볼 때, 여기서 말하는 '정념'은 자기 마음이 곧 참된 부처라는 것이다. 그래서 자기 마음이 곧 부처라는 것을 알지 못하고 자기 마음밖에 부처가 있다고 생각하고 열심히 수행을 한다고 해도 그것은 의미 없는 행동이 될 것이라고 한다. 이 대목에 대한 최봉익의 번역은 다음과 같다.

지금 사람들은 자기 마음이 곧 참된 부처라는 것을 알지 못하며 또한 자기 본성이 곧 참된 불법임을 모른다. 부처가 되기를 바라면서도 자기의 마음을 보지 못하고, 만약에 자기 마음밖에 부처가 있고 자기 성(性)밖에 불법이 있다고 생각하고 고집하는 사람들은, 몇 해를 두고 불경을 읽거나 각종 고통스러운 불교수행을 한다고 해도, 그것은 모래알을 삶아 밥을 짓는 것과 같은 것으로서 아무 소용도 없다. 문제는 언제나 정념(바른 생각)을 믿고 정념을 잃어버리지 않는 사람들만이 부처로 될 수 있다.12)(『청허당집』3권, 「조사심요」)

이상의 내용을 종합하면, '일물'은 '불성' 또는 '자기 마음의 근원적 자리'라고 할 수 있는 것이고, '무념'은 경계의 대상을 보고서도 분별의 마음을 일으키지 않는 것이므로 깨달음의 영역에 속하는 것이며, '정념'은 자기 마음이 참된 부처라는 것이다. 그러므로 '일물'은 깨달음을 이룰 수 있는 근거이고,

---

11) 최봉익, 『봉건시기 우리나라에서의 불교철학의 전파와 그 해독성』, 128쪽; 『선가귀감』(『한국불교전서』7권, 639하).
12) 최봉익, 『봉건시기 우리나라에서의 불교철학의 전파와 그 해독성』, 128쪽; 『청허집』3권, 「조사심요 증원준대사」(『한국불교전서』7권, 702상).

'무념'은 분별의 마음을 일으키지 않음으로써 깨달음을 이루는 것이고, '정념'은 자기의 본래상태에 대해 확고한 신념을 갖는 것이다. 따라서 '일물'은 깨달음의 근거라고 할 수 있는 것이고, '무념'은 깨달음을 얻는 것에 대해 '부정적 언어'로 표현한 것이라면, '정념'은 깨달음을 얻는 것에 대해 '긍정적 언어'로 표현한 것이라고 할 수 있을 것이다.

## 3.2. 휴정의 '무념'에 관한 최봉익의 해석

앞에 소개한 것처럼, 최봉익은 휴정의 저술에서 '무념'(일물, 정념)에 해당되는 대목을 제시하고서 '무념'에 대해서 자신의 견해를 제시한다. '무념'은 모든 잡된 생각을 버리고 순수한 주관의 마음에 도달한 것이다. 이 '무념'이 휴정사상의 출발점이고, 수행 끝에 얻는 최후의 경지이기도 하다. 여기서 최봉익 주장의 독특함을 읽을 수 있다. 이 내용에 대해 최봉익은 다음과 같이 말한다.

'무념'이란 현실적인 물질세계로부터 받는 일체 잡념을 없애버린 그 어떤 순수 절대적인 주관의식을 의미하는 것으로서 이것은 그의 모든 사상의 출발점이며 종교적 수양과 인식의 최후 도달점이기도 하였다.[13]

또한 최봉익이 말하는 '무념'은 교종과 선종의 이론틀에서도 벗어나는 것을 의미하는 것이기도 하다. 그래서 최봉익은 교종의 수행방법과 선종의 수행방법을 넘어서서 '무념'의 경지에서 진리를 깨달을 수 있다고 주장한다. 여기에 최봉익 주장의 독특함이 있다. 그의 주장을 조금 더 자세히 살펴본다.

---

13) 최봉익, 『봉건시기 우리나라에서의 불교철학의 전파와 그 해독성』, 129쪽.

휴정은 이른바 진리를 깨닫고 부처가 되려면 그 사람의 정신세계가 객관적인 물질세계의 오염에서 벗어나야 하며, 감정적인 욕망세계에서 벗어나야 하며, 특히는 선행한 '교종'이나 '선종'불교의 온갖 낡은 틀에서 벗어나 천성적인 정신세계로 돌아가 자유로운 경지에 이르러야 한다는 것이다. 특히 그는 '교종'의 독경주의와 '선종'의 신비주의적 수양방법을 일정하게 부정하면서 모든 사물은 그 자체의 특성대로 발전하기 때문에 '무념'의 견지에서 관찰함으로써만 진리를 깨달을 수 있다고 하였다. 그러면서 그는 소위 불교의 진리를 탐구하려면 불교의 기성 이론이나 사상에 결박되어서는 안 된다(『선가귀감』)고 강조하였다."14)

이처럼, 최봉익은 휴정이 '무념'을 자신의 불교적 이념으로 제시한 것에는 여러 가지 이유가 있겠지만 그 가운데 중요한 2가지를 거론한다. 첫째, 조선시대에 불교가 배척을 당하고 있었기 때문에 새로운 내용을 첨부해서 불교에 대한 새로운 인식을 가지도록 할 필요가 있었다는 것이다. 둘째, 조선시대의 유학자들이 불교에 대한 구속과 탄압을 강화하는 조건 속에서 불교의 자유로운 발전을 도모하려고 하였다는 것이다.15)

## 4. 수행방법으로서 참선의 강조

최봉익은 휴정이 앞에서 말한 것처럼, '무념'에 이르기 위해서 선종과 교종의 수행방법을 비판하면서도 이 둘을 통합하는 것 이외에도 간화선의 수행, 곧 '참선'의 길을 제시하였다고 해석한다. 휴정은 활구(活句)를 참구하고 사구(死句)를 참구해서는 안 된다고 한다. 이러한 최봉익의 주장에 대해 살펴본다.

---

14) 최봉익, 『봉건시기 우리나라에서의 불교철학의 전파와 그 해독성』, 128-129쪽.
15) 최봉익, 『봉건시기 우리나라에서의 불교철학의 전파와 그 해독성』, 129쪽.

그(휴정)는 인정하기를 소위 불교의 진리를 깨닫고 '무념'의 경지에 이르자면 다만 불경을 읽고 그 원리들을 이해하는 것만으로는 참된 뜻을 알 수 없기 때문에 반드시 우수한 선각자를 찾아서(즉 참학) 친히 지도를 받고 친절한 질의응답을 받아야 한다고 하였다. 이것이 이른바 그가 말하는 '참선'이란 것인데 이 '참선'에서 가장 중요한 것은 배우는 사람은 산 글(활구)을 반드시 배워야 하고 죽은 글(사구)을 배워서는 안 된다고 강조하였다.16)

그리고 휴정은 간화선 수행 곧, 참선을 하기 위해서는 수행자는 세 가지를 갖추어야 한다고 한다. 그것은 큰 신근[大信根], 큰 분지[大憤志], 큰 의심[大疑情]이다.

다음으로 휴정은 참학하여 배우는 사람은 세 가지 요구에 잘 지켜야 한다고 하면서, 첫째는 큰 신심(대신조)을 가져야 하고, 둘째는 큰 투지(대분지)를 가져야 하며, 셋째는 큰 의문(대의정)을 가져야 한다고 하였다. 그러면서 그는 이 세 가지 가운데서 하나만 없다 해도 다리 부러진 솥과 같아 그릇을 이룰 수 없다고 하였다.17)(『선가귀감』)

또한 휴정은 위의 내용에 대한 평(評)을 하면서 참선하는 사람이 화두에 대해 의심하지 않는 것이 큰 병통이라고 하고, 크게 의심해야 크게 깨달을 수 있다고 한다.

특히 그는 진리를 깨닫는 데서 의문[疑情]이 가지는 중요성에 대하여 "참선자에게서 의문을 가지지 않는 것은 큰 병집[大病]이다. 큰 의문이 있는 조건 하에서만 크게 깨닫는 것도 있을 수 있다"(『선가귀감』)라고 강조하였다.18)

---

16)  최봉익, 『봉건시기 우리나라에서의 불교철학의 전파와 그 해독성』, 130−131쪽.

17)  최봉익, 『봉건시기 우리나라에서의 불교철학의 전파와 그 해독성』, 131쪽; 『선가귀감』(『한국불교전서』7권, 636하).

18)  최봉익, 『봉건시기 우리나라에서의 불교철학의 전파와 그 해독성』, 131쪽; 『선가귀감』(『한국불교전서』7권, 636하).

## 5. 최봉익의 관점에 대한 비판적 이해와 그 의의

### 5.1. 최봉익의 관점에 대한 비판

최봉익은 휴정의 사상을 '무념'을 강조하는 것으로 이해하고, 아울러 선종과 교종의 수행방법을 비판하고, 그 대안으로 선종과 교종의 수행방법을 통합하고, 한편으로는 참선(간화선)을 강조하였다고 파악한다.

그런데 이러한 최봉익의 이해는 휴정의 저술의 내용과 반드시 일치하는 것은 아니다. 『심법요초』의 내용을 살펴보면, 최봉익이 인용한 대로 선종과 교종에 대해 비판하고 있지만, 그렇다고 해서 최봉익이 주장한 것처럼 선종과 교종의 수행방법을 통합한 내용은 찾을 수 없다. 오히려 『심법요초』에서 강조하는 것은 참선과 염불이고, 교종은 선종의 아래에 위치시킨다. 그 자세한 내용을 살펴본다.

휴정의 참선에 관한 생각은 「참선문(參禪門)」에 잘 나타난다. 휴정은 "만약 생사에서 벗어나고 싶다면 조사선(祖師禪)을 참구해야 한다"라고 말한다.[19] '조사선'이라는 것은 개에게는 불성이 없다는 화두(話頭: 公案)를 참구하는 것을 말한다. 1,700개의 공안(화두) 가운데 개에게 불성이 없다는 공안이 제1의 공안이다. 천하의 수행자가 모두 불성이 없다는 무자(無字)공안을 참구한다. 일찍이 어떤 승려가 조주(趙州)스님에게 "개에게는 불성이 있습니까?"라고 물었는데, 조주가 "없다"라고 말한 것이 바로 그것이다.[20]

그리고 최봉익이 거론하지 않았던 염불(念佛)에 대해 『심법요초』에서는 강조한다. 휴정은 '나무아미타불(南無阿彌陀佛)'이라고 부르는 염불이 윤회에서 벗어나는 지름길이라고 단언한다. 휴정이 제시하는 염불은 입으로만 외우는 것이 아니다. '마음'은 부처의 경계에 두고, '입'은 부처의 명호를 부르는

---

19) 『심법요초』(『한국불교전서』7권, 649하).
20) 『심법요초』(『한국불교전서』7권, 649하).

것이 바로 염불이라고 정의한다. 이에 대한 인용문은 다음과 같다.

염불은 다음과 같다. 입에 있으면 외우는 것[誦]이고 마음에 있으면 염(念)이다. 다만 외우기만 하고 염(念)을 잃으면 도(道)에서는 이익됨이 없다. 나무아미타불(南無阿彌陀佛)이라는 6글자는 결정코 윤회에서 벗어나는 지름길이다. [염불할 때에] 마음은 부처의 경계에 두어서 기억하고 잊지 않으며, 입은 부처의 명호를 부르는 것이 분명해서 어지럽지 않다. 이와 같이 마음과 입이 서로 응하는 것을 염불이라고 한다.[21]

그리고 휴정은 「염송(念頌: 염불의 게송)」에서는 참선이 곧 염불이고 염불이 곧 참선이라고 말한다. 휴정은 참선을 강조하고 있고, 바로 참선의 맥락에서 염불을 수용하고 있다. 「염송」에서는 이 대목을 다음과 같이 말한다.

參禪卽念佛 참선은 염불이고
念佛卽參禪 염불은 참선이다.
本性離方便 본성은 방편을 벗어나 있어서
昭昭寂寂然[22] 밝고 밝으며 고요하고 고요하다네.

또한 휴정은 「교가오십오위(敎家五十五位)」에서는 교종에 대해 비판적 견해를 제시하고 있다. 교종에서는 수행단계로서 55위, 곧 55단계를 제시하고 있는데, 여기에는 완전한 깨달음을 얻기 이전의 단계에서 불교의 가르침을 완전하게 알았다는 교만한 마음을 내기 쉬운 단점이 있다. 그래서 선종의 조사(祖師)는 이 교종의 55단계를 거부한다. 그래서 "차라리 죽을지언정 이 55단계를 밟지 않겠다"고 말하고 있다. 이는 휴정이 선종을 더 높게 보고 교종을 낮게 보았다는 것을 잘 보여주는 예이다. 이에 대한 인용문은 다음과 같다.

---

21) 『심법요초』(『한국불교전서』7권, 650상), "念佛者 在口曰誦 在心曰念 徒誦失念 於道無益 阿彌陀佛六字 之出輪廻之捷徑也 心則緣佛境界 憶持不忘 口則稱佛名號 分明不亂 如是心口相應 名曰念佛."

22) 『심법요초』(『한국불교전서』7권, 651중).

[교종의] 55단계는 다만 마음을 그치고 허망함을 제거한 뒤에 과(果)를 얻은 것이다. 그러므로 완전한 깨달음을 얻지 못한 단계[未滿位] 이전에도 한 단계에 이르면, 조금 얻고서 만족하고 가르침을 안다는 교만[知解去慢]을 낸다. 끝에 큰 깨달음[大覺]에 들어가면 앞의 단계가 모두 허깨비 같은 것이어서 쓸 데가 없게 된다. 그래서 조사가 "차라리 죽을지언정 55단계를 밟지 않겠다"라고 말하였다.[23]

또한 이러한 관점은 『선가귀감』에서도 발견된다. 『선가귀감』에서 교의(敎義)를 공부한 뒤에 그것을 내려놓고 선지(禪旨)를 참구할 때 깨달음을 얻는다는 주장을 한다. 여기서 '교의'를 공부한다는 것은 마음의 변하지 않는 측면[不變]과 변하는 측면[隨緣]을 명확히 알고, 또 단박에 깨닫는 것[頓悟]과 점차로 닦아가는 것[漸修]이 수행의 핵심이라는 것을 분명히 아는 것이다. 따라서 『선가귀감』에서도 교종에 비해 선종의 우월성을 주장했다는 것을 알 수 있다. 이에 대한 인용문을 소개하면 다음과 같다.

그러므로 배우는 사람은 먼저 실제와 부합하는 가르침[如實言敎]으로 불변(不變)과 수연(隨緣)의 두 가지 의미가 자기 마음의 성(性)과 상(相)임을 자세히 알고, 돈오(頓悟)와 점수(漸修)의 두 가지 문(門)이 자기 수행의 처음과 끝이라는 것을 자세히 알고서, 교의(敎義)를 내려놓고 다만 자기 마음의 현재의 한 생각으로 선지(禪旨)를 참구하면, 반드시 얻는 것이 있을 것이니 [이것이] 이른바 몸에서 벗어나는 활로(活路)이다.[24]

이상의 내용을 볼 때, 휴정의 『심법요초』와 『선가귀감』에서는 선종을 높게 보고 교종을 낮게 보았으며, 또한 참선과 대등하게 염불에 의미부여를 하였음을 알 수 있다. 따라서 최봉익의 휴정에 대한 이해, 곧 선종과 교종의

---

23) 『심법요초』(『한국불교전서』7권, 651중), "五十五位者 但息心除妄之後 得果 所以未滿位前 若到一級則得少爲足 生知解去慢 末後入大覺 前之歷位 悉是幻化 無可用處 故祖師云 寧死不踐五十五位云云."

24) 『선가귀감』(『한국불교전서』7권, 636중), "故學者 先以如實言敎 委辨不變隨緣二義 是自心之性相 頓悟漸修兩門 是自行之始終 然後放下敎義 但將自心 現前一念 叅詳禪旨 則必有所得 所謂出身活路."

수행방법을 통합했다는 주장은 『심법요초』 등의 저술에 근거한 것이 아님을 알 수 있다.

## 5.2. 최봉익 관점의 의의

앞에서 최봉익이 휴정의 사상이라고 서술한 대목에서 휴정의 저술에 근거한 것이 아닌 부분이 있다는 것을 살펴보았다. 그렇다면 최봉익이 휴정의 사상을 서술한 것에는 문제가 있을 수밖에 없다. 여기서는 비록 최봉익의 주장에 일부 문제가 있지만, 다른 각도에서 보면 최봉익의 주장에도 또 다른 의미가 포함되어 있다는 것을 살펴보고자 한다. 이 내용은 3단락으로 전개된다. 첫째 '무념'에 관한 해석의 의미이고, 둘째 선종과 교종의 수행방법의 통합의 의미이며, 셋째 휴정의 승병활동에 관한 견해이다.

### 5.2.1. '무념'에 관한 해석의 의미

앞에서 말한 것처럼, 최봉익은 무념(無念)이 휴정 사상의 핵심이라고 보고 있다. 그리고 최봉익이 생각하는 '무념'은 일물(一物), 정념(正念)과도 같은 개념이라고 하였다. 그래서 불교의 관점에서 말하자면 '무념'은 깨달음의 경지를 말한 것이라고 할 수 있다.

앞에 말한 것에 근거해서 말하자면, '일물'은 '불성' 또는 '자기마음의 근원적 자리'라고 할 수 있는 것이고, '무념'은 사물을 볼 때에 분별의 마음을 일으키지 않음으로써 깨달음을 이루는 것이고, '정념'은 자기 마음이 바로 부처라는 것을 잘 지켜가는 것이라고 할 수 있다. 다시 말하자면, '일물'은 자기 마음의 근원적 자리를 말하는 것이고, 이것을 부정적인 방법으로 접근하는 것이 '무념'이고, 이 '자기마음의 근원적 자리'에 대해 긍정적인 방법으로 접근하는 것이 '정념'이라고 할 수 있다.

그런데 최봉익은 이러한 의미의 무념(일물, 정념)에 대해 새롭게 정의를 내린다. 그것은 앞에서 소개한 것처럼, 현실적인 물질세계로부터 받는 일체의 잡념을 없애버린 '순수한 절대적인 주관의식'이라고 한다. 이러한 표현은 불교의 언어라기보다는 서양철학의 언어로 보인다.

에드문트 후설(Edmund Husserl, 1859~1938)은 현상학을 주장하였는데, 이것의 핵심적 내용은 '판단중지'(에포케)를 통해서 '선험적 자아'(순수자아, 선험적 주관성) 또는 '선험적 의식영역'에 도달한다는 것이다.[25] 최봉익은 이 후설의 철학에 영향을 받은 것으로 보인다. 그래서 그는 '판단중지'를 통해서 현실적인 물질세계로부터 받는 일체의 잡념을 없애고, 그 결과 도달한 것이 '순수한 절대적인 주관의식'이다. 이는 훗설의 '선험적 자아' 또는 '선험적 의식영역'에 해당하는 것이다. 이처럼 최봉익은 후설의 철학을 빌려와서 불교의 '무념'에 대해 새롭게 의미부여를 하고자 한다. 여기서 최봉익의 동서비교철학의 안목을 읽을 수 있다. 따라서 최봉익은 서양철학의 언어를 빌려와서 불교의 '무념'을 해석하였다는 것을 알 수 있다.

### 5.2.2. '선종과 교종의 수행방법 통합'의 의미

앞에서 소개한 것처럼, 최봉익은 선종과 교종의 수행방법을 비판하면서도 동시에 선종과 교종의 수행방법의 결합을 제시한다. 자세히 말하자면, 불교의 여러 경전을 공부하는 것과 선정(사색)을 체험하는 것을 결합해야한다고 주장한다.

그런데 이는 앞에서 말한 것처럼, 휴정의 저술, 곧『선가귀감』이나『심법요초』에는 없는 것이고, 따라서 이 주장은 최봉익이 창안한 것이라고 할 수 있다. 그러므로 이러한 주장은 휴정의 사상을 논할 때에는 맞지 않은 것이라고 평가할 수 있다.

---

25) 에드문트 훗설 지음, 이영호 · 이종훈 옮김,『현상학의 이념, 엄밀한 학으로서의 철학』, 서광사, 1988, 32~36쪽.

그렇지만 바로 그 지점에서 최봉익의 생각을 읽을 수 있다. 최봉익이 휴정의 저술에 있지도 않는 것인데도, 선종과 교종의 수행방법을 결합해서 '무념'을 깨닫는다는 주장을 강조하는 데에는 그만큼 자신의 불교적 가치관이 작동한 것이라고 볼 수 있다. 그래서 선종과 교종의 수행방법을 결합해서 '무념'을 깨닫는 주장은 휴정의 사상을 논할 때에는 가치가 없는 것이라고 할 수 있겠지만, 최봉익의 관점을 살필 때에는 중요한 내용이 될 것이다.

한국불교는 고려시대까지는 5교9산이었고, 조선시대에는 불교의 종파가 없어졌다. 그런데 한국불교를 5교9산으로 접근하기보다는 4대종파, 곧 화엄종, 법상종, 선종(조계종), 천태종으로 접근하는 것이 이해하기 편리하다. 이것이 고려시대까지 주요 종파였고, 조선시대에는 종파가 인정되지 않았지만, 불교의 명맥이 끊어진 것은 아니기 때문에 조선시대의 불교의 내용은 선종과 교종에 있다고 할 수 있다. 그리고 앞에서 말한 고려시대까지의 4대종파도 크게 나누면 선종과 교종으로 구분할 수 있다. 넓은 의미의 선종에 포함되는 것이 선종(조계종)과 천태종이고, 교종에 포함되는 것이 화엄종과 법상종이다. 이렇게 보면 한국불교의 커다란 흐름은 선종과 교종에 있다고 정리할 수 있을 것이다.

그런데 앞에서 말한 것처럼, 최봉익이 선종과 교종의 수행방법을 비판하고 동시에 선종과 교종의 수행방법을 결합해서 '무념'을 깨달을 수 있다고 주장한 것은 한국불교의 전체의 흐름을 비판하고 그 대안을 제시한 것이라고 볼 수도 있을 것이다. 그리고 최봉익의 이러한 주장은 고려시대와 조선시대의 선교일치(禪敎一致)의 내용을 넘어선 것이다. 고려시대와 조선시대에 제기된 '선교일치'는 대체로 선종과 교종에 공통점이 있거나(또는 같은 내용이라는 주장), 선종과 교종의 단점을 넘어선다는 내용이 주류이다. 또 이러한 주장 속에서 선종 우월의 시각이 많고, 아니면 교종의 관점에서 주장된 것도 있다.

그에 비해, 최봉익은 휴정의 주장을 빌려와서 선종과 교종의 수행방법의 단점을 비판하고, 동시에 선종과 교종의 수행방법을 통합하고자 하였다. 여기서 선종과 교종의 범위를 4대종파로 확대해서 본다면, 선종과 교종으로 구분되는 한국불교의 전반적인 수행론이 치우친 것에 대해 비판하고, 그 대안으로 선종과 교종의 수행방법의 통합을 제시한 것이라고 해석할 수 있다. 이러한 시도는 최봉익 이전에는 분명히 제시된 것이 아니며, 그 이전시기의 '선교일치'에 비해 최봉익이 제시한 '선교일치'는 단순히 '선교일치'를 주장하는 것이 아니고 수행방법의 통합을 주장하므로 기존의 한국불교에서 제시된 '선교일치'보다 더 진전된 주장이라고 판단된다. 여기에 최봉익 관점의 의의를 찾을 수 있다.

그러면 고려시대와 조선시대에 '선교일치'를 주장한 사람의 견해를 간단히 살펴본다.

① 대각국사 의천(義天, 1055-1101)은 중국 화엄종의 5조에 해당하는 종밀(宗密, 780-841)의 『원각경소(圓覺經疏)』에 의거해서 '선교일치'를 제시한다. 이 '선교일치'는 언어(말)를 대하는 자세에서 출발한다. 선종은 언어(말)를 넘어선다는 쪽에 집착하고 교종은 언어(말)에 집착한다. 이 둘을 넘어서는 것이 의천이 추구하는 길이다. 진리는 말이 없는 것이지만 그렇다고 해서 말을 벗어나있는 것도 아니다. 그러므로 말을 벗어나면 전도(顚倒)되어 미혹하고, 말에 집착해도 진리에 미혹한다. 여기서 "말을 벗어난다"고 한 것은 선종의 병폐를 지적한 것이고 "말에 집착한다"고 한 것은 교종의 병폐를 지적한 것이다. 말에 집착하지 않으면서도 말을 정확히 사용하는 것이 의천의 목표이고, 이것이 이루어지면 선종과 교종의 병폐를 넘어설 수 있고, 그때에 '선교일치'를 이룰 수 있다. 그리고 의천은 이러한 것을 이룬 인물로서 종밀을 거론한다.[26]

---

26) 이병욱 지음, 『고려시대의 불교사상』, 혜안, 2002, 158쪽.

② 보조국사 지눌(知訥, 1158-1210)은 두 방식의 '선교일치'를 제시한다. 첫째, 종밀이 제시한 전간문(全揀門)과 전수문(全收門)의 내용에 의거해서 '선교일치'를 모색한다. '전간문'은 부정적인 방식으로 진리에 접근하는 것이고, '전수문'은 긍정적인 방식으로 진리에 접근하는 것이다. 선종과 교종은 이 '전간문'과 '전수문'을 둘 다 갖추고 있지만, 선종은 '전간문'에서 장점이 있고, 교종은 '전수문'에서 장점이 있다고 한다. 지눌은 이와 같이 선종과 교종을 일치시키지만, 화엄의 5교 가운데 가장 높은 가르침인 원교(圓敎)만을 인정해서 선종과 교종의 '원교'가 같다고 인정하고, 나머지 4교는 선종과 같은 차원이라고 인정하지 않는다. 이는 선종 우월의 '선교일치'라고 할 수 있다.

둘째, 돈오점수(頓悟漸修: 단박에 깨닫고 점차로 닦아나가는 것)의 맥락이 선종과 교종에서 나타난다는 것이다. 그래서 '돈오점수'를 말한다는 점에서 선종과 교종이 같다는 것이다. 구체적으로 말하자면, '돈오점수'는 선종의 가르침에 속하는 것인데, 이것이 이통현(李通玄, 653-729) 장자의 화엄사상에서도 나타난다는 것이다. 그래서 선종과 교종이 다르지 않다고 지눌은 주장한다.[27]

③ 고려말의 3대선사에 포함되는 백운경한(白雲景閑, 1299-1375)도 '선교일치'를 주장한다. 교(敎)는 부처의 말이고, 선(敎)은 부처의 뜻이다. '선'과 '교'는 그 이름이 다르지만 그 근본은 하나이다. 그렇지만 백운은 무심(無心)을 강조하면서 '선교일치'를 주장한다. 그런데 백운이 말하는 '무심'은 선(禪)에 속하는 것이므로, 따라서 백운은 선종의 우월 속에서 '선교일치'를 주장하는 것이다.[28]

④ 조선시대에 들어서서 허응당(虛應堂) 보우(普雨, ?-1565)도 '선교일치'를 주장한다. 허응당 보우는 "교(敎)가 그대로 선(禪)이고 '선'이 그대로

---

27) 이병욱 지음, 『한국불교사상의 전개』, 집문당, 2010, 154-158쪽.
28) 이병욱 지음, 『고려시대의 불교사상』, 423-425쪽.

'교'이니, 마치 얼음은 원래 물이고 물은 원래 얼음인 것과 같아라"고 말한다. 이처럼 허응당 보우는 '선교일치'를 주장하지만 '교'의 범위를 돈교(頓敎), 곧 『화엄경』에만 한정하였다.29) 이것도 선종 우월의 '선교일치'라고 할 수 있다.

⑤ 이미 살펴본 서산대사 휴정도 『선교결(禪敎訣)』에서 선종 우월의 '선교일치'를 주장한다. 『선교결』의 앞부분에서 "선(禪)은 부처의 마음이고 교(敎)는 부처의 마음이다"라고 하면서 '선교일치'를 말하고 있다. 그렇지만 '교'는 말 있는 것[有言]에서 말 없는 것[無言]으로 이르는 것이라면, '선'은 말 없는 것[無言]에서 말 없는 것[無言]으로 이르는 것이라고 한다. 이는 '선'이 '교'보다 한 수 위라는 것을 의미하는 것이다. 그러면서 휴정은 '교'를 공부한 뒤에 '선'으로 들어가야 한다는 사교입선(捨敎入禪)의 내용을 말한다.30)

⑥ 운봉대지(雲峯大智)는 『운봉선사 심성론』(1686년 간행)이라는 저술을 남겼는데, 여기서도 '선교일치'를 제시한다. 운봉은 청허휴정의 제자 계열에 속하는 인물이다. 운봉은 '선교일치'를 3가지 관점에서 제시한다. 첫째, 심지(心地)와 '불성'은 같은 것인데, '심지'는 선종에서 사용하는 말이고 '불성'은 교종에서 사용하는 말이므로, 이 둘이 서로 같다고 하면, 결국 '선교일치'를 주장하는 것이 된다. 둘째, 『대승기신론』의 시각(始覺)에서 돈오(頓悟)를 이끌어낸다. 이는 교종의 논서 『대승기신론』에서 선종의 돈오를 이끌어내는 것이므로 또 다른 각도에서 '선교일치'를 주장하는 것이 된다. 셋째, 성품이 개개인에게 원만하게 갖추어져 있다는 점은 선종과 교종의 공통된 주장이라는 것이다. 이 점에서 선종과 교종이 같다는 것이므로 이것도 '선교일치'에 속한다. 운봉은 교종에서는 성품이 개개인에게 원만하게 갖추어져 있다고 주장하고, 선종에서는 이 개개인이 원만하게 갖추고 있는 성품을 깨닫는 데에 주안점을 두고 있다고 한다.31) 『운봉선사 심성론』의 내용은 공통적 요소를 지적

---

29) 이병욱 지음, 『한국불교사상의 전개』, 집문당, 2010, 201–202쪽.

30) 『선교결』(『한국불교전서』7권, 657중); 이병욱, 「성철의 보조지눌 사상의 정당성 검토」, 『보조사상』38집, 보조사상연구원, 2012, 42–43쪽.

해서 '선교일치'를 추구하거나 아니면 교종에 중심을 두고 '선교일치'를 추구한 것이라고 볼 수 있다.

이상 살펴본 것처럼, 한국불교에서 제시된 '선교일치'는 선종과 교종의 단점을 넘어선다는 것이거나 선종과 교종의 공통점(또는 선종과 교종이 같은 내용)을 제시한 것이고, 이것도 대부분이 선종 우월의 방식으로 제시된 것이고, 일부분은 교종의 관점에서 제시된 '선교일치'이다. 이 점에서 선종과 교종의 수행방식을 통합한다는 최봉익의 생각은 기존의 '선교일치'보다 더 진전된 것으로 평가할 수 있다.

### 5.2.3. 휴정의 승병활동에 관한 견해

최봉익은 휴정이 1592년 왜병이 침입하였을 때에 승려로서 승병을 조직해서 나라를 방위하는 싸움에 나섰다는 점에 주목한다. 휴정은 왜병이 조선을 침입했다는 소식을 듣고 "나라를 사랑하고 나라 일을 근심하는 것은 승려들도 마찬가지다"라고 하면서 묘향산을 나와서 승병을 조직해서 평양성 방어전투에 참여하였다.

당시 일부 사람이 휴정에게 승병으로 참전하게 된 원인을 물어보았을 때에 휴정은 "원래 공명을 버리고 불학(佛學)에 전념하고 있었는데, 지금 나라 사정이 위급하다는 소식을 듣고 나는 산에서 내려왔을 뿐이다"라고 하였다. 또한 휴정은 당시 봉건관료배들과 유생(儒生)들의 사리사욕과 탐욕에 대해 다음과 같이 비판하였다. "대장부가 '만세'를 논할지언정 어찌 한 생(生)을 구구히 논하겠는가?"라고 하면서 부귀공명은 뜬 구름과 같은 것이므로 남아(男兒)로서 마음에 둘 것이 아니라고 하였다.[32]

---

31) 이병욱, 「『운봉선사 심성론』의 사상적 특징」, 『한국선학』24호, 한국선학회, 2009, 140–142쪽.
32) 최봉익, 『봉건시기 우리나라에서의 불교철학의 전파와 그 해독성』, 132쪽.

이러한 내용이 최봉익이 휴정의 사상을 논할 때에 구체적 내용으로 서술한 것인지 최봉익의 가치관을 담아낸 것인지는 서술의 형태에서 볼 때 분명하게 나타나지 않는다. 그렇지만 필자는 이러한 내용이 휴정의 사상을 논하면서 최봉익의 관점도 아울러 투영한 것이라고 보고자 한다.

위의 내용은 부귀공명을 뜬 구름처럼 보면서도 나라의 사정이 위급할 때는 기꺼이 현실에 동참하는 것이라고 정리할 수 있다. 필자는 최봉익이 휴정의 주장을 빌려서 불교의 현실참여를 말한 것으로 해석하고자 한다. 논의를 더 진전시킨다면, 부귀공명을 멀리하면서도 동시에 나라의 사정이 위급하면 기꺼이 참여하는 자세가 현대의 불교에서도 요구되는 덕목이라고 할 수 있다. 이것을 불교의 기본적 용어로 바꾸어 말하면 자비의 마음이 중요하고, 자비의 마음에 기초해서 현실의 문제에 참여한다는 것이다.


## 6. 결론

이 글에서는 최봉익의 서산대사 청허휴정 사상의 이해에 대해 비판적으로 검토하고, 최봉익의 불교 가치관의 의의를 살펴보았다. 이제 그 내용을 정리하는 것으로 결론을 삼고자 한다.

최봉익은 휴정의 사상에서 중요한 대목이 '무념'(일물, 정념)이라고 보고 이 '무념'을 강조하고자 하였고, 이 '무념'에 이르기 위해 선종과 교종의 수행방법을 비판하고 동시에 선종과 교종의 수행방법을 통합하고, 또한 참선(간화선)의 길을 제시했다고 보고 있다.

이상의 내용이 최봉익이 제시한 휴정의 사상에 관한 골자이다. 그런데 휴정이 선종과 교종의 수행방법을 통합했다는 최봉익의 주장은 휴정의 저술에 근거한 것이 아니다. 따라서 이러한 최봉익의 주장이 휴정의 사상을 제대로 파악한 것인가에 초점을 맞추면, 최봉익의 주장에 대해 부정적인 평가를 내릴 수밖에 없다.

그렇지만 방향을 바꾸어서 왜 최봉익이 이처럼 휴정의 저술에 없는 내용을 강조했을까 하는 점에 주목한다면 또 다른 평가가 가능하다. 최봉익은 휴정의 사상을 서술하면서 자신의 가치관을 일정부분 집어넣은 것으로 보인다. 다시 말해서, 최봉익은 자신의 생각이 너무 강하였기 때문에 휴정의 저술에 없는 내용이라고 해도 거기에 구애되지 않고 휴정의 사상이라고 하면서 소개했을 것이라고 생각된다. 그러므로 휴정의 저술에 없는 대목을 휴정의 사상이라고 최봉익이 주장하는 부분, 곧 '선종과 교종의 수행방식의 통합'에서 그의 가치관을 파악할 수 있다.

그래서 '선종과 교종의 수행방식의 통합'에 초점을 맞추면, 이러한 주장은 기존의 고려시대와 조선시대의 '선교일치'의 내용을 넘어선 것이라고 판단된다. 기존의 '선교일치'는 선종과 교종의 단점을 넘어서거나 아니면 선종과 교종의 공통점(또는 선종과 교종이 같은 내용)을 주장하는 것이고, 그 안에서도 대부분은 선종 우월의 방식을 취하고 있고, 일부분은 교종의 관점에서 '선교일치'를 제시하기도 하였다. 이렇게 본다면, 최봉익이 선종과 교종의 어디에도 치우치지 않고 선종과 교종의 수행방식을 통합한다는 주장한 것은 기존의 '선교일치'를 넘어선 것이라고 평가할 수 있다.

게다가 최봉익은 휴정의 사상에서 '무념'을 강조하는데, 여기에다 후설의 현상학을 빌려와서 '무념'을 '순수한 절대적인 주관의식'이라고 해석한다. 이는 불교의 '무념'을 후설의 현상학에 의지해서 새롭게 해석하려는 시도이므로 동서비교철학의 안목이 작동된 것임을 알 수 있다.

더 나아가서 최봉익은 휴정이 승병활동을 일으킨 것에 대해 서술하고 있는데, 만약 이러한 서술에도 최봉익의 가치관이 들어있다고 해석할 수 있다면, 최봉익은 불교의 현실참여를 제시한 것이 된다. 다시 말하면 불교의 자비정신에 근거해서 나라가 위기에 처했을 때 현실에 참여한다는 것이다.

이상의 내용을 정리해보면 다음과 같다. 최봉익은 휴정의 사상을 서술할 때 휴정의 저술에 없는 내용을 추가하였고, 이는 휴정의 사상을 제대로 이해한 것이 아니라고 비판할 수 있다. 그렇지만 관점을 바꾸어서 생각하면, 최봉익이 휴정의 저술에 없는 대목을 제시한 것에서 그의 가치관을 읽을 수 있다. 최봉익은 휴정의 저술에 없는 '선종과 교종의 수행방법의 통합'을 제시하였는데, 이는 고려시대와 조선시대의 선교일치를 넘어선 것으로 평가된다. 또한 최봉익은 '무념'에 대해 후설의 현상학을 빌려와 새롭게 해석하고 있으며, 이는 동서비교철학의 안목을 발휘한 것이다. 또 불교의 자비에 대해 긍정적으로 평가하여 국가가 위기에 처했을 때에 현실참여를 해야 한다고 보고 있다.

이처럼, 최봉익은 동서비교철학의 안목을 발휘하고, 동시에 기존의 한국불교의 '선교일치'보다 더 진전된 내용을 제시하며, 나아가 자비의 정신으로 현실참여를 할 필요가 있다고 주장한다. 이러한 최봉익의 관점은 일정부분 현재성을 갖는 것이고, 한국불교계에서도 경청해야 할 내용이라고 평가한다.

# 참고문헌

『심법요초』, 『한국불교전서』7권, 동국대출판부, 1986/2002.

『선가귀감』, 『한국불교전서』7권, 동국대출판부, 1986/2002.

『청허집』, 『한국불교전서』7권, 동국대출판부, 1986/2002.

『선교결』, 『한국불교전서』7권, 동국대출판부, 1986/2002.

김영욱 외, 『정선 휴정』, 대한불교조계종 한국전통사상서 간행위원회, 2010.

박재양 · 배규범 옮김, 『선가귀감』, 예문서원, 2003/2006.

최봉익, 『봉건시기 우리나라에서의 불교철학의 전파와 그 해독성』, 사회과학출판사,
　　　1976.


김방룡, 「최봉익의 지눌관 및 혜심관을 통해 본 남북한 불교철학 사이의 소통 가능성
　　　고찰」, 『국제고려학회 서울지회 논문집』13호, 국제고려학회 서울지회, 2010.

이병욱 지음, 『고려시대의 불교사상』, 혜안, 2002.

이병욱 지음, 『한국불교사상의 전개』, 집문당, 2010.

이병욱 저, 『불교사회사상의 이해』, 운주사, 2016.

이병욱, 「『운봉선사 심성론』의 사상적 특징」, 『한국선학』24호, 한국선학회, 2009.

이병욱, 「북한의 불교학연구에 대한 재검토 -불교연구원칙과 불교비판을 중심으로」,
　　　『국제고려학회 서울지회 논문집』, 국제고려학회 서울지회, 2010.

이병욱, 「성철의 보조지눌 사상의 정당성 검토」, 『보조사상』38집, 보조사상연구원,
　　　2012.

이병욱, 「최봉익 불교관의 특징」, 『국제고려학회 서울지회 논문집』15호, 국제고려학
　　　회 서울지회, 2014.

에드문트 훗설(후설) 지음, 이영호 · 이종훈 옮김, 『현상학의 이념, 엄밀한 학으로서의
　　　철학』, 서광사, 1988.

# 북한 주민들의 종교적 심성(心性) 연구

## 1. 서(序)

해방이후, 분단과 전쟁으로 말미암아 단절된 북한지역의 주민들에 관한 종교적인 성향과 내용을 다룬 선행연구는 매우 부족한 실정이다. 언론기사 등 단발적으로 다뤄진 북한 주민들의 종교적 심성(心性)은 그 내용보다 이슈적인 측면에 국한되었다.

그러므로 본 연구는 분단 이후 오늘날까지 북한지역에 살고 있는 국민 즉, 주민들의 종교에 대한 이해와 실제 생활화에 관한 것이다. 이것은 '인간의 행복 달성'을 추구하는 종교의 궁극적인 목적과 기능 그리고 북한지역에 전래되고 유통하고 있는 종교에 관한 주민들의 양태들을 고찰하는데 그 목적이 있다.

2018년도를 기점으로 한반도 중심의 다국간 정상회담은 마치 극과 극의 당사자들이 함께 올라탄 오래된 자동차를 순조롭게 운전하는 것과 같은 고차 방정식이 존재하는 구조이다. 이 방정식을 쉽게 풀어내거나 뫼비우스의 띠처

---

북한 주민들의 종교적 심성(心性) 연구  **299**

럼 양 끈이 기묘한 형태로 반전되어 접합된 출구 없는 구조[1]를 만들어 낼 수도 있다.

그러나 앞으로 개선된 상황으로부터 국민들의 안녕과 미래는 진일보하게 된다. 지금까지 강대강의 대립구도에서 북한 주민들이 누릴 수 있는 행복은 국가가 달성하고자 하는 상위 목적에 반하거나 종속될 수밖에 없다. 그런 점에서 오늘날 북한 주민들이 가지고 있는 종교적 형태는 초속적(超俗的)이라기보다 현실 세계에 더 깊이 뿌리를 내리고 있다. 이것은 "종교가 우리가 보통 생각하는 것보다도 훨씬 더 현실적인 세계 속에서 근본적인 위치를 정하고 있다."[2]는 것을 반증하고 있다. 북한 주민들의 "합리적인 종교적 신앙은 단순히 세상일에 전혀 관심을 두지 않는 것(遁世的)이 아니라 현세와 현실에 대해서 능동적인 관심(世俗化)을 가질 수밖에 없다."[3] 지금까지 북한사회를 주도하고 있는 주체사상과 이념이 비종교적, 현실적인 것에서 피안적(彼岸的) 종교적인 것으로 변화한 것에서도 알 수 있다.

그간 북한종교의 세속화는 이제까지의 종교시대가 세속화로 대체되었을 뿐만 아니라 이 세속화된 종교가 문명소멸의 직전까지 계속하게 될 것으로 보인다고 해도, 때때로 종교부흥의 일시적인 운동이 일어날 수도 있지만 일적인 불꽃현상으로 끝날 가능성이 더 높다. 또 그 주도권을 잃고 한 가지 측면에만 국한되어 생명과 매력을 상실하면서 가치나 의미없는 형식만이 남을 (形骸化) 속성까지 내포하고 있다.

북한 주민들이 주체사상에 의한 종교적 세속화는 의도적으로 김일성 주석과 김정일 국방위원장이 남겨준 영생적 메시지 의미를 현대적으로 이해하고

---

1)  우에다 노리유티, (양억관), 『종교의 위기』, 푸른숲, 1999, 77쪽.
2)  최재희, 「토인비와 한일문명의 세속화」, 『현대와 종교』제3집, 현대종교문제연구소, 1980, 38쪽.
3)  야마모토 싱(山本 新), 「세계사에 있어서의 세속화」, 『현대와 종교』제3집, 현대종교문제연구소, 1980, 5쪽.

실천하는 것으로서 받아들이게 만들었다는 점이다. 주민들의 이러한 종교관은 기존 종교이데올로기에 물들어 있는 남한과 다른 국가의 종교인들이 가지고 있는 종교의 역할과는 다른 관점으로도 해석될 수 있다. 교주의 영성적 메시지를 받았고 스스로 믿고 있는 그들의 혁명적 주체성주의는 현존체제와 정치권력에 대한 복무에 있어 북한식 사회주의 이론과 투쟁방식을 그대로 투영하여 사용하는 태도를 취하고 있다.

반대로 주체사상에 의한 수령교가 아직도 리더십을 갖추고 있는 북한사회에서는 토착의 종교적 가치가 우세하여 이것이 외래의 세속화한 가치관의 수용을 어렵게 만든다. 아무리 과거로부터 전래된 것이라 하더라도 외부적 유입에 의한 종교문화는 받아들이기가 어렵고 그 위에 세속적 가치관과 종교적 가치관의 대립이 가미되어 수용이 보다도 어렵게 된다. 수령교의 "토착이 세속화되어 있을 때 세속화한 기존 문화의 수용은 성속(聖俗)의 충돌이 없는 만큼 비교적 쉽게 이루어진다."[4]는 명제가 통용될 경우에 북한 주민들에게 있어 종교는 '자기변혁을 감행할 수 있다'는 가능성이 항상 열려있는 신앙적 과제이다.


## 2. 북한의 종교현황과 종교적 유형

### 2.1. 오늘날 북한종교의 현황

《유엔 경제사회위원회(UN ESCAP)》[5]는 2011년 12월에 발표한 '2011 아시아태평양 인구와 개발지수' 보고서에서 2011년 중순까지 북한의 총 인구는

---

4)  야마모토 싱(山本 新), 「세계사에 있어서의 세속화」, 『현대와 종교』, 제3집, 현대종교문제연구소, 1980, 7쪽.

5)  《유엔 경제사회위원회(UN ESCAP)》의 2011년도 북한 인구조사는 〈미국의 소리(VOA)방송〉이 〈경제사회위원회(ESCAP)〉 자료를 인용해 2012년 2월 7일 보도함(〈연합뉴스〉 2012.2.7)

2천 445만 1천명으로 추산되고 아시아태평양 58개국 중에서 19위를 차지했다. 또 2030년의 북한 인구가 현재보다 7% 증가한 2천 618만 명이 될 것으로 전망하였다.

미국 연방정부 산하의 국제종교자유위원회(USCIRF)는 2005년 11월 15일 북한 주민들의 사상과 양심, 종교 자유 실태를 조사한 특별보고서를 발표하였다. 이 보고서에 따르면 "북한당국은 종교의 자유가 있다고 주장하고 있지만 실제로는 전체 인구의 0.2%에 해당하는 약 4만 명만이 종교 활동을 하고 있다"[6]라고 밝혔다.

북한의 종교 인구에 있어 한국의 공보처가 1994년 발행한『북한주민의 종교생활』에는 북한종교의 교세로 민족종교인 천도교가 1만 5000여 명 신도의 제 1종교 교세로 신자 수는 북한 종교인구의 41.4%에 해당된다. 불교와 개신교의 신도 수는 각각 1만 명(27.6%)인 것으로 집계되었으며, 가톨릭은 1,200명(3.3%)으로 드러났다. 또 각 종교의 시설 수는 천도교의 교당 수가 800개소로 가장 많았고 사찰 60개소, 교회 2개소, 성당 1개소로 〈표 1〉과 같이 소개되고 있다.[7]

〈표 1〉 북한의 종교단체 현황(2018년 3월 기준)

| 단체명 | 교직자수 | 신도수 | 시설수 | 비 고 |
|---|---|---|---|---|
| 불교 (조선불교도련맹중앙위원회 | 300여명 스님 (결혼승, | 1만명 | 사찰 71개소 | * 위원장 지성 강수린(2012.11.18 취임) 부위원장 연암 리규룡, 서기장 소 |

---

6) 미국《국제종교자유위원회(U.S. Commission on International Religious Freedom, USCIRF)》는 1998년에 〈국제종교자유법안(International Religious Freedom Act, IRFA)〉에 따라 조직되었으며 독립적이고 양 당이 참여하는 미국 연방정부 산하의 위원회이다. 이 위원회는 2000년부터 해마다 전 세계 종교자유 실태에 대한 연례보고서를 발표하고 있으며, 2005년도에는 〈북한 특별보고서〉를 〈아시아자유(Radio Free Asia)방송〉에서 2005년 11월 17일자로 "David Hawk: 0.2% of North Korean population engages in religious activity."의 내용이 방송되었음.

7) 《법보신문》(2004.8.10) "북한 제1종교는 천도교"

| 단체명 | 교직자수 | 신도수 | 시설수 | 비 고 |
|---|---|---|---|---|
| 1945.12.26 설립) | 비구니 스님 없음) | | | 명 차금철<br>* 조불련 전국신도회장 운무 라영식<br>　전국신도회 부회장 안심행 리현숙 |
| 천도교 (조선천도교회 중앙지도위원회 1947.2.14. 설립) | 교역자 300명 | 1만 3천명 | 교당 약 800개소 (전교실) | * 위원장 강철원(2017년 취임,<br>　KCR부위원장)(류미영 전 위원장,<br>　2016.11.23 사망)<br>　부위원장 윤정호, 서기장 려정선 |
| 기독교 (조선그리스도 교도련맹중앙 위원회 1946.11.28 설립) | 300명 (목사, 전도사) | 12, 343명 | 교회 2개소 (500여개, 가정교회) | * 위원장 강명철(2013.7 취임,<br>　KCR부위원장)<br>　부원장 리정로(전 조그련 국제부장)<br>　서기장 오경우 목사(KCR 상무위원)<br>* 봉수교회(88년) 건립함.<br>　칠골(반석)교회(89년 건립, 92년<br>　중수함) |
| 천주교 (조선가톨릭교 협회 중앙위원회 1988.6.30 설립) | 신부, 수녀 없음 (교역자 있음) | 3천 여명 | 성당 1개소 (500여개, 가정 예배소) | * 위원장 강지영(바오로, 2015.10<br>　취임)<br>　부위원장 장남철(상무위원)<br>　서기장 김유철(장충성당 부회장)<br>* 장충성당(88년 3월 건립)<br>　차성근 장충성당 회장증언(조선 8<br>　월호) |
| 조선정교위원회 (2002.9.25 설립) | 교역자 3명 | 없음 | 교회 1개소 | * 위원장 허일진(2003.6 취임)<br>* 정백사원(평양 낙랑구역 정백동,<br>　2003.6 착공, 2006.8 완공) |
| 조선유교련맹 | – | – | – | * 1948년도 조직됨 |
| 조선종교인협 의회 (1989.5.30 설립) | – | – | – | * 위원장 강지영(조선가톨릭교협회위<br>　원장겸직)<br>　부위원장 강수린, 강철원, 강명철<br>　사무국장 한일선, 부국장 김정수<br>　(김광철) |
| 총계 | 903여명 | 38, 343명 | 864개소 (1,864개소) | 북한종교단체를 대표하는 조선종교 인협의회 (KCR) 강지영 위원장은 2015.10 취임함 |

※ 위 자료는 2004년 8월호 〈조선〉과 조불련 임원 등 인터뷰한 내용을 재구성한 것임.

## 2.2. 북한의 종교적 유형

위와 같이 북한 주민들이 실제 신앙하는 것이나 종교행위로 나타나고 있는 각 종교는 해방이후 분단의 과정을 겪으면서 근대시기로부터 북한지역에서 자생적으로 형성된 주체사상을 그 밑바탕(中心)으로 하여 조직적인 종교 활동을 말한다. 그들에게 외형적으로 나타나고 내면화되어 있는 종교적인 성향은 일종의 '변형 또는 이중적인 종교의 양태'를 보이고 있다. 즉, 직장과 마을 등 북한사회 체제 내에서의 '표출적인 종교적 행동(行動)'과 지극히 개인사적인 '의지적 종교행위(行爲)'로 나타나고 있다. 북한 주민들로부터 나타나는 이러한 종교적 유형은 세 가지로 집약할 수 있다.

첫째, 봉건잔재의 척결대상을 배제한 주체사상이 국가이념적인 종교화로 변모되었다는 점이다. 미국의 종교관련 통계사이트인《어드히런츠 닷컴 (adherents.com)》에서 2008년 8월 7일 집계한 내용을 발표하면서 북한의 '주체(Juche)사상'이 추종자 규모(1900만 명)에 있어서 세계 10대종교에 해당된다고 밝혔다.[8]

〈어드히런츠 닷컴〉은 "사회학적 관점에서는 '주체'는 분명히 종교이며 많은 면에 있어서 구(舊) 소련시대의 공산주의나 중국의 마오이즘(Maoism)[9] 보다 훨씬 더 종교적"이라고까지 주장하였다. 또한 '주체사상'을 세계의 주요 종교로 분류한 그 이유에 대해 "주체는 북한 당국이 북한에서 유일하게 허용하고 있는 이데올로기"라면서 "일부 학자들은 '주체'를 마르크스 공산주의의

---

8) 미국의 종교관련 통계사이트《어드히런츠 닷컴(adherents.com)》(2008.8.21) 웹사이트에 의하면, 전 세계의 4천 300개 이상 종교단체에 대한 4만 3천여 건의 신도 수 관련 통계인용 자료를 갖고 있다. 〈어드히런츠 닷컴〉은 "(2008년)이번 통계 결과에 대해 각 종교단체들의 보고와 각 나라들이 정기적으로 발표하는 인구통계자료, 통계 샘플링을 통한 조사, 간접자료를 근거로 한 추정, 현장실사 등을 토대로 이 같은 결론에 이르렀다"고 밝혔다.

9) 마오이즘(Maoism)은 중국 공산당의 지도자 마오쩌둥(毛澤東) 초대 중앙위원회 주석이 마르크스레닌주의(Marx-Leninism)를 중국의 현실에 맞게 창조적으로 계승 발전시킨 독자적인 혁명 사상이다.

북한판으로 규정하고 있으며 '주체'를 발전시킨 사람들도 종교가 아니라 세속적이고 윤리적인 철학으로 규정하고 있다"고 밝혀 '주체사상'의 성격을 둘러싼 논란이 있음을 인정한 바 있다.

세계의 10대 종교로 평가되고 있는 주체사상을 '종교'로 해석할 수 있는 또 다른 근거는 2003년부터 4년 동안 김일성종합대학 역사학부에서 세계종교문화를 강의한 바 있는 미국 아이오와 심슨대학(Simpson College) 종교철학부 신은희 교수의 주장이다. 그는 "주체사상은 종교의 3대 구성요소인 신념 또는 교리, 사제와 정기 제례를 실행"하고 있음을 제시했다. 특히, 신은희 교수는 종교(Religion)라는 용어가 19세기 후반까지 동양 문화권에서는 없었으며 종교와 문화를 구분하는 것은 서양식 잣대임을 강조했다.10)

그러나 북한의 주체사상이 '종교화의 과정을 거쳐 왔다.'고 비판하고 있는 것은 우상화 과정에서 발생하였다는 것으로 지적되고 있다. 이러한 종교화 과정에 대해 신은희 교수는 "종교적 용어로는 회심(回心)이다. 의식개조(conversion)되는 거다.11) 북한의 용어로는 '세뇌'이다. 종교에도 세뇌과정이 있다. 이 같은 현상과 같이 질적으로 그 현상은 우상화이다. 신격화도 마찬가지로 현재도 일어나고 있다. 그런 의미에서 나는 주체가 종교문화라고 보는 것이다. 주체사상을 얘기할 때, 난 항상 우리가 두 가지를 구별해서 인식할 수 있어야 한다고 본다. 하나는 기관화된 주체이다. 기관화된(institutionalized) 주체는 정치화된 것이다. 기관화되었거나 정치적인 선전으로 사용되는 나름대로의 대표적인 주체문화가 있다. 다른 하나는 기관화된 주체와

---

10) 《오마이뉴스》(2008.05.29): 경희대학교 신은희 교수는 2008년 5월 27일 한국외국어대학교 법대 101호실에서 열린 〈7기 평화아케데미 제3강〉에서 〈어드히런츠 닷컴〉을 소개하는 등 "주체사상, 인간중심 민족종교"의 주제 강연을 가졌다. 신은희 교수는 캐나다 교포로 종교철학을 전공하고 2003년부터 북한을 수차례 방문하여 김일성종합대학, 김형직사범대학에서 강의(주체신학 등)도 한 바 있다.《오마이뉴스》(2008.05.29)

11) 회심(回心, conversion)은 『교회용어사전』에 "옮겨진다, 떠난다, 다른 데로 향한다."는 뜻으로 "마음을 돌이켜 나쁜(악한) 것으로부터 떠나는 것"을 가리킨다.(신30:9-10)

상관없이 인민들의 심성 속에 이미 심성적(心性的)으로 영성화(靈性化)되어 나타나 있는 것이 주체사상이다. 이렇게 두 가지로 구분해서 볼 수 있는 성숙한 시각이 필요한 것이다. 우리가 어디 가서 북 사람들의 주체를 김일성이즘[12]이라 할 수는 없다. 절대할 수 없다. 그렇지만 우리는 북한 주민의 사회구조 속에 이미 반세기동안 자리 잡은 영성화된 그 주체의식을 존경해 줄 필요가 있는 것이다. 그거 없이는 대화가 힘들다."[13]고 주장하고 있다. 또 "북한 주민들에게는 이미 주체사상이 가장 감동적인 영성이요. 종교이며 신앙이 되어버린 겁니다."[14]라는 신은희 교수의 평가는 북한사회와 종교를 조망할 수 있는 또 하나의 창(窓)이라 할 수 있다.

둘째, 과거로부터 존재, 전승, 신앙해온 토템신앙은 민속적인 종교화가 되었다는 점이다. 북한의 역사는 실줄과 날줄처럼 거의 모든 것이 북한정권과 불가분의 관계로 연결되어 있으며 20세기에 들어와서 출발한 현대사이다. 미국 아이오와 심슨대학 신은희 교수가 국내 언론과의 인터뷰에서 밝힌 바와 같이 "주체사상으로 무장된 북한 사회를 고유한 민족종교를 신봉하는 또 다른 종교사회로 해석하는 그의 관점은 남한 사람들에게 문화적 다양성이란 관점에서 북한을 이상한 사회가 아니라 다른 사회로 바라보게 해준다. 그는 일단 공평하게 바라보자고 주장한다. 다원적으로 바라보고 대화하면서 비판은 그 안에서 해야 한다는 것이다. 무조건 북한을 제거의 대상으로 주체문화를 위반의 문화로 보지 말고 북한 사회를 좀 더 깊이 들여다볼 것을 권한다."[15]고 말한 측면을 고려할 때 북한종교를 바라보는 새로운 시각과 인식이 필요하다고 할 수 있다.

---

12) 김일성이즘(ism)은 주체사상 체제는 미카도이즘(Mikadoism; 신격화된 천황을 떠받드는 군국주의)보다 훨씬 더 미카도스럽게 됐다는 평가도 있음. 《뉴데일리》(2012.10.28)

13) 《통일뉴스》(2005.5.27). [인터뷰] 미 심슨대 신은희 교수, "주체사상과 기독교 만날 수 있다"

14) 《신동아》2007년 2월호. 505쪽. "김일성大 신은희 교수가 들려준 요즘 북한 대학생"

15) 《신동아》2007년 2월호. 506~507쪽.

지금까지 북한체제 속에 존재하고 있는 토착 민간신앙을 "주체사상으로 철저하게 무장된 북한사회를 고유한 민족종교를 신봉하고 있는 '또 다른 종교사회'로 해석할 수 있는가? 하는 관점은 남한 사람들에게 문화적 다양성이란 관점에서 볼 때 북한을 이상한 사회가 아니라 다른 사회로 바라보게 해준다."[16] 그러므로 북한의 토착신앙은 전통종교에 관한 역사이기보다는 "북한의 국가종교인 주체사상이 스스로를 정립해 나가고 제도화하는 과정 속에서 잠재적인 경쟁자인 기존 전통종교들을 어떻게 다루어왔는지"[17]를 다시 조망할 수 있는 내재적인 측면이 함께 하고 있다. 그러므로 종교학자들은 여기에 관한 여러 인접학문의 연구를 통해 재조명되어야 할 부문으로 파악하고 있다.

셋째, 다양한 기원신앙의 종교형태는 고전적인 종교화로 이루어지고 있다는 점이다. 프랑스의 사회학자인 에밀 뒤르카임(Émile Durkheim)은 종교에 대한 고전적인 정의로 "종교란 성스런 사물 또는 격리되고 금기된 사물과 관련되는 신앙과 행사의 연대적 체계이며, 이러한 신앙과 행사는 교회라는 동일한 도덕적 공동체에 귀의하는 모든 것을 하나로 결합시킨다." 이는 일상생활과 그것으로부터 격리되고 금기시되는 성스러운 세계, 즉 성과 속 이분법을 기반으로 하고 있다.[18] 이러한 정의에서 볼 때, 산업사회보다는 농경사회를 기반으로 하고 있는 북한 주민들에게 있어 종교의 인류사적인 모델화는 곧, 일상 세계는 종교적 세계에 의해 보완되어짐으로서 생명력을 되찾을 수 있다는 가정도 같이 성립할 수 있게 된다.

오늘날 북한에서는 천도교와 불교, 개신교, 천주교 그리고 유교와 러시아 정교회가 공식 인정되어 있다. 김일성 주석은 그 당시 종교에 관하여 매우 비판, 부정적이었다. 《김일성 저작선집》에 의하면, "오늘날 제국주의자들이 종교를 장려하고 그것을 근로자들에게 강요하고 있는 사실도 근로자들을 더

---

16) 《신동아》2007년 2월호. 507쪽.
17) 한국종교문화연구소 홈페이지 참조(news letter No.159 2011.5.24. http://kirc.or.kr)
18) 에밀 뒤르카임, (우에다 노리유티, 양억관), 『종교의 위기』, 푸른숲, 1999. 110~111쪽.

욱 용이하게 착취 억압하며 근로자들의 계급적 의식, 혁명적 투쟁정신을 마비시키고 지배자들의 온건한 종으로 만들려는 데 그 목적이 있는 것이다."[19] 또 "종교는 반동적이며 비과학적인 세계관입니다. 사람들이 종교를 믿으면 계급의식이 마비되고 혁명하려는 의욕이 없어지게 됩니다. 결국 종교는 아편과 같은 것이라고 할 수 있습니다."[20]라고 평가하였다. 북한 《역사사전》에서도 "기독교는 역사적으로 지배계급의 수중에 장악되어 인민들을 기만하며 억압 착취하는 도구로 이용되었으며, 근대 이후에 와서는 제국주의자들이 뒤떨어진 나라들을 침략하는 사상적 도구로 악랄하게 복무하고 있는 종교의 한 갈래이다."[21]라고 그 당시 김일성 주석의 종교에 관한 교시 내용을 인용하여 기술하고 있다.

이러한 북한체제의 종교적인 인식은 '마르크스-레닌주의'의 종교관을 기초로 하고 있다. "종교상 불행은 한편으로는 현실의 불행의 표현이자 현실의 불행에 대한 항의이다. 종교는 곤궁한 피조물의 한숨이며 무정한 세계의 감정이고 또 정신을 상실해버린 현실의 정신이다. 종교는 민중의 아편이다."(Die Reliong ... ist das Opium des Volkes)라고 칼 맑스(Karl Marx)가 《헤겔법철학비판》서문[22]에서 언급한 내용이다. 이와 같은 '마르크스-레닌주의'의 반종교관을 그대로 받아들이는 가운데 종교를 미신으로 간주하면서 제국주의자들의 침략적 도구라고 정의한 종교관을 공유했다. 《마르크스 평전》의 저자인 프랜시즈 원(Francis Wheen)은 "종교는 억압을 정당화하는 장치다. 그러나 동시에 억압으로부터 피난처이기도 하다."[23] 이런 평가는 종

19) 김일성, 『김일성 저작선집1』, 조선로동당중앙위원회. 조선로동당출판사, 평양, 1967. 172쪽.
20) 김일성, 『김일성 저작선집5』제5권, 154쪽.
21) 사회과학원역사연구소, 『력사사전』1971년판 ;국가정보원, 「귀순자들이 증언하는 북한의 실상」, 제184호(6월호), 1999, 20쪽에서 재인용함.
22) 칼 마르크스, (홍영두), 「해겔법철학비판 서문」『헤겔법철학비판』, 아침, 1988. 187쪽.
23) 프랜시즈 원(Francis Wheen), (정영목), 『마르크스 평전』, 푸른숲, 2001. 86쪽. 프랜시스 원은 영국《가디언(The Guardian)》의 칼럼니스트이다. 저서는 『마르크스 평전(Karl Marx:

교에 귀의하는 것은 현실에 불행에 대한 대응이다. 즉 인간의 존재조건에 따르는 종속변수로서 종교가 위치한다는 점을 다루고 있다.

20세기 중반에 출범한 북한의 사회에서는 칼 맑스의 표현처럼 새로운 정치적 종교(political religion)[24]의 출현이라고 할 수 있는 주체사상이 하나의 종교와 같은 모습으로 존재하는 것이 사실이다. 해방과 전쟁 국면에 놓였던 당시 북한 주민들에게는 전쟁의 복구와 사회적 안정이 절대적으로 필요한 상황 하에서 기존종교의 역할들에 큰 매력을 갖지 못한 측면이 있었다. 그때에 북한사회를 관통한 사상과 이념으로 정착된 주체사상이 그 자리를 메우게 되었다. 1955년 12월 28일 개최된 조선노동당 선전선동원대회에서 "사상 사업에서 교조주의와 형식주의를 퇴치하고 주체를 확립할 데 대하여"라는 김일성 주석의 연설에서 출발했다.[25] 그 후 1974년 4월부터 '당의 유일사상체계 확립의 10대 원칙'인 김일성주의[26]로 확립되었고, 북한사회를 총체적으로 지배하는 이데올로기로 자리하게 되었다. 또한 신흥종교와 마찬가지로 주체사상은 한 집단의 구조를 단일화하는 가르침과 같은 중심적 역할로 구축되었다.

이러한 북한의 상황은 먼저, 그 사회를 지탱하는 하나의 축(軸)이라 할 수 있는 종교를 사회주의 체제하의 국가지배형 종교로서의 전환과 참여를 요구받았으며, 다음으로는 주체사상[27] 이외의 다른 사상이나 이념의 태동이 불

---

A Life)』등이 있음.

24) 라인홀트 니버(R. Niebuhr), (김승국), 『맑스 · 엥겔스의 종교론(On Religion)』, 도서출판 아침, 1988, 8쪽.

25) 김일성, 『김일성 저작선집9』 제9권, 조선노동당출판사, 평양, 1980, 467쪽.

26) 김일성주의(주체사상)는 1974년 2월 19일 전국 당선전일군강습회에서 김정일 국방위원장이 발표한 강령으로서「온 사회를 김일성주의화하기 위한 당사상사업의 당면한 몇 가지 과업에 대하여」라는 이름으로 발표된 강령이다. 1974년 4월에 당원들에게 비밀문건 '당의 유일사상 체계 확립의 10대 원칙'을 배포하였고, 10월에 개최된 당 제5기 제9차 전원회의에서는 유일사상 체계 확립 10대 원칙의 전당적 실천, 당 내부사업지도서 작성, 당 조직 · 기구의 부서 및 직능의 조직 등 3대 과업을 내놓았다. 윤기관 외, 『현대 북한의 이해』, 법문사, 2004. 강성윤 외, 『북한 정치의 이해』, 을유문화사, 2001.

가능한 상황으로 사회적 조건이 형성됨으로써 기존의 종교들은 급격하게 붕괴되고 말았다. 6.25전쟁이라는 충격적인 경험28)과 전통적 사회질서의 붕괴 그리고 전통적 문화체계의 해체를 직접적으로 체험하게 된 북한의 주민들은 이런 상황을 치유 극복하기도 전에 북한식 문화혁명을 또 다시 경험하게 된다.

북한 주민들에게 문화혁명은 전쟁 중에 그리고 전후 시기의 끊임없는 불안과 공포의식을 관념 속에서나마 안정된 이상향을 추구하게 하였다. 북한 사회주의건설에 복무하는 종교가 체제로의 전환을 효과적으로 만들기 위해서 북한 안에서 인민위원회 선거를 앞두고 임시인민위원회 위원장이던 김일성 주석은 '역사적인 민주선거를 앞두고'라는 대중 연설을 통해 종교에 대해 거론된 바 있다.

그 당시 북한 주민들은 물질적 기반이 거의 붕괴된 상태에서 전쟁복구를 하기 위해서 총동원되었고, 사회주의적 사상투쟁이 밤낮으로 진행되는 상태에서 과거와 같은 종교행위를 가질 수 없었다. 또한 국가차원에서 종교행위를 직접 탄압하지 않더라도 북한 주민들 사이에 적대적 종교허무주의가 대세를 이루는 가운데 협동농장 등 생활의 집단화까지 이루어지고 있어 공공연하게 종교의식을 행할 수 없었다. 북한 주민의 생활이 농민조합, 노동조합 등 집단을 중심으로 재편되면서 종교계, 정당, 단체의 하부조직은 의미가 없게 되어 중앙과 지도급 이하의 조직이 모두 없어졌다.29) 더욱이 북한에서 사

---

27) 「주체사상에 대하여」(1982년) 등을 통해 김일성 주석이 1930년 6월말, 중국 만주의 장춘현 '카륜'에서 열린 〈공청 및 반제 청년동맹 지도간부회의〉에서 주체사상을 창시했다고 공식화시키고 있으나, 때로는 그 시기를 1926년으로 소급하기도 한다. 즉 김일성 주석이 1926년 10월에 주체사상을 지도적 지침으로 하여 '타도 제국주의동맹'을 결성했다는 것이다. 『조선중앙연감』(1982년), 190쪽. 그러나 1970년대 초반에는 '타도 제국주의동맹'이 마르크스-레닌주의에 기초하여 결성된 것으로 선전하였다. 『정치사전』(1973년), 1145쪽.

28) 『한국통계연감』 자료에 의하면, 1950년 6월 25일~1953년 7월 27일까지 한국전쟁 당시 민간인 인명피해 현황은 99만 968명이었다. 이 중 37만 3599명은 사망 또는 학살당했고, 28만 7744명은 납치 또는 행방불명됐다. 오늘날과 비교해 보면 현재 서울시 인구(약 1000만 명)의 1/10에 해당하는 인명피해가 발생했고 그중 서울시 영등포구 인구(약 37만 명)가 목숨을 잃었으며, 성동구 인구(약 29만 명)의 행방이 묘연해진 셈이다.

회·경제의 사회주의적 재편이 완수되면서부터 조직이 붕괴된 종교단체와 종교인들에게 요구되는 것은 사회주의건설에 참여해야만 하는 과제를 가지고 있었다.

북한의 '우리식 사회주의화'는 1955년 12월 28일 평양에서 개최된 당(黨) 선전선동원대회에서 김일성 주석이 행한 "사상 사업에서 교조주의와 형식주의를 퇴치하고 주체를 확립한 데 대하여"란 연설에서 비롯되었다. 특히, 이때 '주체'라는 용어가 북한에서 정치적으로 처음 사용되었다. 북한식 사회주의화를 효과적으로 실현하기 위해 주민들의 계급성과 사상성을 제도적으로 분류한 것은 제국주의 문화침투와 비과학적이고 봉건잔재의 총체인 종교를 믿는 자체를 부정할 수 있도록 만들었다.

이에 따라 북한사회 속에서 자본주의적 종교는 그 존재의 근거를 잃었고, 북한의 주민들은 사회주의건설을 위한 사상교육에 충실히 복무하게 되었다. 북한식 문화혁명을 통해 주체사상 이외의 이념이나 사상이 설자리를 잃게 되면서 종교의 중요한 존립기반인 교육사업 또한 할 수 없게 된 북한 주민들은 반세기 동안 종교를 거의 접해 보지 못했다고 할 수 있다. 종교가 무엇인지에 대해서도 잘 모르고 있을 뿐만 아니라 종교에 대해 특별한 관심을 가질 여건을 갖지 못했다는 점이다. 그러나 우리 민족은 오래 전부터 현세에서의 복(福)을 중시하는 종교문화적인 전통 속에서 살아왔기 때문에 북한 주민들도 나름대로의 종교적 욕구를 가지고 있다고 것을 부정할 수가 없다.

오늘날 북한 주민들의 종교적인 경향은 1989년 7월 평양에서 열린 '제13차 세계청년학생축전'(평양축전)을 기해 고전적 종교성이 복원되기 시작하여 1990년대 초기부터 본격화되었다. 한마디로 그간 북한사회에서 금기시되었던 종교에 관한 이야기가 그 주민들 사이에서 점진적으로 회자된 시기이다. 특히 개신교와 가톨릭 그리고 불교가 그 중심이다. 인간의 보편적 종교성을

---

29) 신길평, 「노동당의 반종교정책 전개과정」, 『월간 북한』(7월호), 1995. 57쪽.

의미하는 표상, 정서, 관습의 차원에서 다뤄지는 공식적인 종교체계[30] 즉, 북한의 고전적 종교화는 북한 주민들이 함께할 수 있는 범위 안에서의 대중 종교를 가리킨다.

## 3. 북한 주민들의 종교적 경향성과 심성

### 3.1. 한국전쟁 이후의 종교적 형태

20세기의 두 차례 세계대전이나 다른 규모의 전쟁들과 마찬가지로 한국전쟁은 이데올로기의 대립 상황에서 냉전의 양대 세력인 미국과 소련이 남북분단에 개입하여 한반도의 사회, 정치적 불안정을 조성했고 또 그 두 국가가 주도한 전쟁이라는 점에서 세계대전이나 기타 전쟁들과 다른 점을 지닌다. 베트남 전쟁과 달리 한국전쟁은 처음부터 자유민주주의 이데올로기와 사회주의 이데올로기 사이의 전쟁으로 유도되었다.[31]는 특징이 있다.

북한의 평양은 6.25전쟁 중 미군 극동공군이 1952년 7월~8월에 걸친 3차례 대공습 작전으로 도시의 93%가 파괴되었다. 6.25전쟁으로 북한의 11.1%에 해당되는 113만 명의 인구가 전쟁을 통하여 사망하였고, 80%의 산업시설과 공공시설과 교통시설이 파괴되었고 정부 건물의 4분의 3이 파괴되거나 손상되었으며, 가옥의 절반이 파괴되거나 손상되었다.[32] 이 전쟁은 해방이후 남북한 사회의 급격한 변동을 야기시킨 결정적인 요인이다. 특히 사람들로 하여금 생존을 가장 우선시하도록 해준 사건이었다.[33]

---

30) 인간의 본성을 반영하는 신념형식(form)과 역사적으로 주어지는 신념내용(contenta)으로 구성되는 종교적 신념체계를 뜻한다. 윤이흠, 『한국종교연구Ⅰ』, 집문당, 1986. 13쪽에서 인용함.
31) 김흥수, 『한국전쟁과 기복신앙 확산 연구』, 한국기독교역사연구소, 1999, 20~21쪽.
32) 국방군사연구소, 『한국전쟁 피해 통계집』, 국방부, 1996, 144쪽.

전쟁은 인간의 물질적인 성취뿐만 아니라 정신을 파괴하며 그로 인한 후유증이 장기간 지속된다. 잔혹한 전쟁은 인명과 재산은 물론 사회질서와 전통적인 규범, 퍼스낼리티(personality) 등 모든 것을 변형시키거나 붕괴시킴으로써 남북한 사회를 총체적 파국의 상태로 몰아넣었으며, 전쟁을 경험한 사람들에게 역사의 횡포는 물론 그로 인한 폐허가 무엇인가를 신랄하게 보여준 충격적인 사건이었다. 남북한 사람들에게 전쟁의 경험은 전후에도 오랫동안 그들로 하여금 생존을 그들의 사유와 행동의 가장 기본적인 근거로 삼도록 했다.34) 한국과 마찬가지로 북한의 주민들도 전쟁의 충격으로부터 사회 위기와 빈곤, 불안의 사회에서 물질적이고 심리적으로 안전하게 살고 싶어 하는 근원적인 생존 욕망이 매우 강했다.35) 공포, 소름끼치는 상황, 식량과 생활필수품의 결핍, 부상과 죽음의 가능성 그런 것들이 모든 전쟁터에 도사리고 있지만, 한국전쟁에는 '이데올로기와 결부된 증오'가 하나 더 있었다. 그 결과 전쟁의 참상과 상처는 어느 전쟁보다도 유난히 클 수밖에 없었다.36)

한국전쟁이 북한사회에서 어떤 영향을 미쳤는가에 대한 기존의 논의는 대체로 북조선 사회주의 기틀을 마련했다는 데 학계의 견해가 일치하고 있다. 하나는 주체사상, 반제반미사항, 사상혁명의 선차성, 혁명적 군중노선 등 북조선식 사회주의 노선이 확립되었다는 것이다. 다른 하나는 경제구조면에서 사회주의적 개조이다. 경제구조의 변화는 전쟁 직후 북조선의 경제구조에서 국가와 협동부문이 차지하는 비중을 통해서 확인된다.37) 이와 달리 이러한 전쟁이 한국종교에 미친 영향에 대해서는 북한교회의 말살, 반공이데올로기의 강화와 이승만 정권과의 밀착, 교회분열, 신흥종파의 형성 등 개신교의

---

33) 김흥수, 상게서, 15쪽.

34) 김흥수, 상게서, 10쪽.

35) 김흥수, 상게서, 7쪽.

36) 김흥수, 성게서, 22쪽.

37) 이신철, 「전쟁피해와 조선민주주의인민공화국 사회의 변화」, 『역사문제연구』제6호, 역사비평사, 2001, 138쪽.

변동을 전쟁의 영향을 평가하고 전쟁으로 형성된 경직된 사회심리와 위기감, 아노미의 경험을 설명의 원리로 내세우게 되었다.[38] 또한 한국전쟁 시기에 가톨릭교회는 전쟁을 '선과 악의 대립'이라는 종교적 의미로 해석함으로써 공산주의에 대한 부정적 이미지를 강화시켰다.[39]고 한다.

한국전쟁이 민족 내부의 전쟁이면서도 상반되는 이데올로기(자본주의와 사회주의) 사이에 그리고 보편적 사상체계와 보편적 신앙체계(마르크시즘 대 기독교) 사이의 갈등과 대립이 개인된 전쟁 즉, "우리 전쟁인 동시에 세계 전체의 전쟁이요. 인류 공동의 전쟁이었다."는 것을 의미[40]하면서 1953년 7월 27일 판문점에서 휴전협정이 조인됨으로써 3년 1개월 만에 이 전쟁은 휴전으로 매듭이 지어졌다. 분단 이후로부터 북한지역에서 종교가 심하게 활동을 통제 받거나 탄압의 대상이 되면서 한국전쟁으로 인하여 전통적인 종교관과 다르게 형성되어졌다.

수년 동안 전쟁이 지속되면서 체제를 달리하는 남과 북 사이의 대립은 더욱 격화되었고 이데올로기의 대립이 일반 백성들에게까지 확산되었다. 전시에 양측은 이데올로기적 적대감에 압도되어 인간의 존엄이나 동족애를 상실하고 상대측에 대한 무차별적 살상을 감행하였다. 이런 상황에서 적개심이 누적되어 무의식적인 태도에 영향을 주고 이 의식적 무의식적 적개심이 집단적인 적개심으로까지 전개되고 말았다. 북한에서의 이 집단 적개심은 대외적으로는 '남조선 혁명' 즉 통일 사명감과 결부되어 있고 대내적으로는 북한의 '주체'를 위한 민족적 감정과 결부되어 있다고 볼 수 있다. 반면, 남한에서의 적개심은 반공이데올로기와 결부되어 나타났다.[41] 모든 민족 구성원들은 사

---

38) 노치준, 「한국전쟁이 한국종교에 미친 영향」, 『한국전쟁과 한국사회변동』, 한국사회학회 편, 풀빛, 1992, 223~259쪽 ; 김흥수, 『한국전쟁과 기복신앙 확산 연구』, 한국기독교역사연구소, 1999, 13쪽에서 재인용함.

39) 김흥수, 『한국전쟁과 기복신앙 확산 연구』, 한국기독교역사연구소, 1999, 13쪽.

40) 김흥수, 상게서, 23쪽.

41) 김흥수, 상게서, 22쪽.

회적 기반에 관계없이 실존적인 상황에 내팽개쳐진 개인으로 전락되었다. 따라서 전후의 사회는 강력한 도움을 필요로 하는 사회였지만, 사회로부터 실질적인 도움을 얻지 못하는 사람들은 스스로 생존을 지속하기 위하여 극단적 이기주의자가 되거나 가족을 대신하는 새로운 집단에 의지할 수밖에 없었다.42)

전쟁 이후의 가장 큰 변화는 피난민으로 인한 대규모의 인구이동과 기존 사회계층의 질서를 붕괴시키고 전통적인 가족제도와 가족생활을 손상시켜 놓았다. 또한 휴전 뒤의 복구, 안정의 회복 등을 위한 조직 원리의 필요성이 부각되면서 국가기구로서 군대의 팽창을 가져왔다.43) 그리고 전쟁은 한국인의 가치관에서 물질만능주의를 강화하였는데 이로써 권위적 상징과 규범들이 붕괴하고 그 자리에는 화폐 소유를 통한 개개인의 보호에만 집중되는 경향을 드러냈다.

이와 다르게 북한사회에서는 "강제력 일변도의 민중동원이라기보다 권력집단이 선동적 세뇌교육에 의한 피동원자의 적극적인 참여의식, 헌신성, 정당성 등을 이끌어내어 자발적 동의에 의해 사회주의 건설을 수행하는 헤게모니적 동원(hegemonic mobilization)을 효과적으로 수행한 것"으로 평가하였다.44) 전쟁시기로부터 나타난 북한 주민들의 적개심은 '남조선 혁명적' 사명감과 결부되어 북한사회를 보호하고 강하게 결속시키는 기능을 해준 최고의 국가이념이었을 뿐만 아니라 기존질서를 개조하기 위한 '주체성'을 바탕으로 모든 형태의 사회적 갈등을 제압할 수 있는 무기로 자리하고 있다.45) 또

---

42) 이해영, 「인구 대이동과 가치관의 붕괴」, 『위기시대를 사는 쟁점』, 크리스찬아카데미 편, 삼성출판사, 1975, 391쪽 ; 김흥수, 상게서, 22쪽에서 재인용함.

43) 김흥수, 상게서, 35~39쪽.

44) 강정구, 『한국전쟁과 북한사회주의 건설』, 경남대 극동문제연구소, 164~165쪽 ; 이신철, 「전쟁피해와 조선민주주의인민공화국 사회의 변화」, 『역사문제연구』제6호, 역사비평사, 2001, 139쪽에서 재인용함.

45) 김흥수, 『한국전쟁과 기복신앙 확산 연구』, 한국기독교역사연구소, 1999, 22쪽.

이것은 북한 주민들의 일상 세계의 시스템으로 작동하는데, 자의적으로 선택된 하나의 삶의 방식을 세상에 그것밖에 없는 것처럼 믿게 하고 그 집단적 규범에 따르게 만드는 것이다. 이 시스템은 개인에 한정되지 않고 그 사회 전체에 만연되어 있다.46)

전쟁과 전후 시기의 끊임없는 불안과 공포의식은 한국인들로 하여금 관념 속에서나마 안정된 이상향을 추구하게 되었다. "남쪽나라 십자성은 어머님 얼굴 …, 찔레꽃 붉게 피는 남쪽나라 내 고향"과 같은 대중가요로 등장하듯이 국민들의 심리상태를 유추할 수도 있다.47) 또한 전쟁 때 인민군 여자군의관으로 참전했던 류춘도는 "긴 침묵의 세월을 보내는 동안에도 제 의식 속에 분신처럼 따라다니던 그 기억을 간직해왔습니다. 그것은 엄청난 고통이었어요."48) 이처럼 한국전쟁은 남북한 사회의 문화체계와 사회체계는 물론 심리적 안정까지 뿌리째 흔들어 놓았다.

캐나다 빅토리아대학 해롤드 포스터(Harold D. Foster) 교수의 국가적인 재난에 대한 스케일 연구에 따르면 6.25 한국전쟁은 대참사(major catas-trophe)로 분류된다. 제2차 세계대전, 14세기의 흑사병, 제1차 세계대전 다음으로 사람들에게 큰 스트레스를 준 것으로 나타났으며,49) 오늘날까지도 전쟁으로 인한 스트레스를 받거나 전쟁 트라우마(trauma)50)을 여전히 안고 있다.

6.25전쟁에 대한 인식에서도 남한교회는 공산주의를 성서에 나오는 '붉은

---

46) 우에다 노리유티, (양억관), 『종교의 위기』, 푸른숲, 1999, 175쪽.

47) 김흥수, 상게서, 41쪽.

48) 류춘도, 「인민군 여자군의관으로 겪은 한국전쟁」, 『역사비평』, 역사문제연구소, 2000년 여름호, 108쪽 ; 배경식, 「민중의 전쟁의식과 인민의용군」, 『역사문제연구』제6호, 역사비평사, 2001, 95쪽.

49) 김흥수, 상게서, 29쪽.

50) 트라우마(trauma) 즉 충격적 경험으로 인한 정신적 외상 증후군은 《뉴욕타임즈(The New York Times)》매거진, 1997년 12월 28일 기사, "To Hell and Back"에 의해 재조명되었다.

용'과 동일시하면서 그것과의 대결을 기독교인들에게 촉구한 반면에, 북한교회에게는 '미제국주의 악마와의 전쟁'으로 이해되었다. 이처럼 양측의 교회가 전쟁 시에 있어 인류의 보편적 형제애에 대한 가르침보다도 이데올로기를 더 중시한 데서 기인하고 있다. 전쟁 후에는 신성(the sacred)과 연관된 이데올로기로 발전하는 등 대립이데올로기에서 한국전쟁은 일종의 '원형(archetype)'과 같은 것이었다.[51]

이 전쟁은 이데올로기의 성립과 더불어 북한에서 종교를 회복할 수 없는 피해를 가져다주었다. 전후에 종교시설은 물론이고 종교조직도 재건되지 못했다. 이런 상황으로부터 북한의 종교는 사회주의건설에 복무하는 방향으로 전환되었다. 그 사이에 북한 주민들의 종교성에서도 "종교가 모든 것에 대해 열린 그 무엇이고 인간의 해방을 가능하게 하는 작용을 가지면서도, 어떤 이데올로기를 맹신하는 방향으로 폐쇄되어가는 경향을 띠기 쉬운 것"처럼[52] 전후시기에 김일성 주석에 의해 주창되어 지금까지 절대적인 이미지로 자리하고 있는 주체사상의 종교적 권위에 아무도 침범할 수 없게 되었다.

또한 해방 이전까지 북한 주민들이 가지고 있던 사회적 관습의 영향 내지 전해지는 방식의 전통종교는 퇴보되었다. 전쟁 후의 주민들의 종교적 체험은 집단적인 신화적 코스몰로지(cosmology)와 같이 그들의 의식에 수렴되어지면서 사람들을 하나의 틀 속에 가두는 경향을 가지고 있다.[53] 개인적 나약함보다는 전쟁 등 환경적 상황에 의해 발생하는 전쟁소진증(combat exhaustion), 전투피로증(combat fatigue)에 의해 지친 주민들은 주체사상에 의한 수령교를 기본 의식과 종교로 같은 의미와 형태를 갖기 시작하고 조직적으로 추동되었다.

---

51) 김흥수, 『한국전쟁과 기복신앙 확산 연구』, 한국기독교역사연구소, 1999, 73~76쪽.
52) 우에다 노리유티, (양억관), 『종교의 위기』, 푸른숲, 1999, 155쪽.
53) 우에다 노리유티, (양억관), 상게서, 171쪽.

## 3.2. 북한 주민들의 종교적 경향성

1990년대 이후 북한 주민들로부터 나타나는 종교적 경향성은 "공적 원칙의 준수보다는 개인적 이익의 추구를 더 선호하며 이념적 가치보다는 물질적인 가치를 중시하는 방향으로 북한 주민들의 가치의식이 변화한 결과, 장마당 등 사적영역이 점차 확대되고 사적자율화(privatization)가 진전되고 있다."54)는 점을 반영하고 있다.

이러한 사적영역에서의 변화는 1994~95년에 이르러 연이어 발생한 자연재해에 따른 자구책 즉, 연이은 자연재해를 겪으면서 현실에 적응하기 위한 북한 주민들의 생존기에서 나타난 현상들이다. 가뭄과 홍수 등 자연 발생적으로 생성된 측면으로 북한 주민들 스스로가 사회주의 체제에 저항하기 위해 만들어낸 의도적인 변화는 아니었다. 또한 어떠한 근거나 조직적인 움직임도 확인된 바 없다. 특히 일시적인 사회병리 현상이라기보다 사회주의국가에서 나타날 수 있는 구조적인 문제라 할 수 있다. 그러나 북한 주민들에게 나타나고 있는 가치 변화와 일탈 행위의 확산이 종교 영역에까지 미칠 수 있을 지는 아직 미지수이다.

최근까지 북한사회에서 일어났던 "종교적 현상이 어떤 문화에서 무엇을 의미하는가를 파악하는 과정, 그 메시지를 해독하는 것(모든 종교 현상은 하나의 '암호'이므로)만으로 충분하지 않다. 이와 더불어 그 종교 현상의 역사를 연구하고 이해하는 것, 다시 말해서 종교 현상의 변형 과정과 그렇게 변화된 모습을 해명함으로써 궁극적으로 그것이 전체 문화에 어떻게 공헌하였는가를 조명하는 작업이 필요하다."55)는 측면도 내재해 있다.

특히 1994년 7월 8일 김일성 주석의 사망을 기점으로 북한사회에 급속히

---

54) 서재진, 「북한의 사회 및 문화」, 『민족의 화해를 위하여』, 민족화해학교, 도서출판새남, 1996, 191쪽.
55) M.엘리아데, (박규태), 『종교의 의미』, 서광사, 1990. 24~25쪽.

일어난 여러 가지 현상들에 대한 재조명으로서 북한사회의 또 다른 모습을 엿볼 수 있다. 그 당시 북한 당국은 탈북자들에게 "배신자들은 가라"고까지 공언했지만 경제난과 에너지난 등에 봉착한 체제에서 위로부터의 엄격한 제어망(Access Controller)을 가동 중이었다. 그럼에도 불구하고 지도부가 통제할 수 없는 구조적인 분화까지 일어나기도 하였다. 세대교체, 정보유입의 다변화 내지 신속화, 직업구조의 분화, 도시화의 진전, 교육수준의 향상 등 사회구조에서의 분화 그리고 계급구조의 분화는 북한 당국이 구축한 제어체계를 훼손하는 단계로까지 나아갔다는 관측까지 나왔다.

또한 1990년대 후반, 북한사회 내의 구조적 변화에 있어 당국은 화폐개혁과 시장 등 부문적인 개방과 임금체계의 개선 등으로 주민들에게 적극적인 인센티브를 부여하여 조정하고자 하였으나 실질적인 효과를 얻지 못한 바 있다. 1993년 12월 8일 평양에서 열린 조선노동당 중앙위원회 제6기 21차 전원회의에서는 제3차 7개년 인민경제개혁이 실패했음을 인정할 만큼 경제문제 해결과 핵(核)의 병진노선이 북한지도부 최대의 과제였다.[56] 이 시기에 "최고지도층의 핵심적인 선택은 어느 정도 성공할 확률이 있는 제한된 개방 및 실패에 책임질 확률이 거의 없는 경우와 보다 높은 확률로 자신들의 정치기반을 지탱할 성공을 위한 기회가 있는 보다 대담한 개방의 사이에 자리하였다."[57]고 평가되었다.

이와 같은 상황 속에서 북한체제가 가장 우려했던 측면은 인간개조사업으로 형성해 놓은 이념의 탈이데올로기화에 따른 심적(心的) 일탈행위의 가속도였다. 이것은 최고지도자에게 리더십의 한계를 노정하고 집단화에 의한 생활체계의 붕괴로까지 이어질 수 있다는 문제점까지 내포하였다. 일정한 통제체제 내에서 일어나는 일탈행위에 있어서도 한쪽 방향으로는 종교 개방의 가

---

56) 통일원, 『북한의 '제3차 7개년계획' 종합평가』, 통일원 편, 서울, 1994.
57) 윌리엄 뉴컴과 존 메릴, 「북한경제 개방의 필요조건과 지원사업」, 『북한의 세계경제 참여』(제6회 북한경제 국제학술회의 자료집), 한국경제신문사, 1996, 6쪽.

장 큰 장애요소로 작용될 수 있다는 점과 다른 방향으로는 종교에 의한 제어망을 새롭게 구축할 수 있는 계기를 만들었다는 점이다. 전자는 시간과 공간적인 힘으로 풀어갈 수도 있겠지만, 후자의 경우에는 북한체제가 구축하기 어려운 과제이기도 하다. 그렇지만 이에 대한 구축방안이 세워질 때에 자유로운 종교교류나 기존 종교들에 관한 북한 주민들의 신앙행위가 극히 제한적일 수밖에 없는 한계를 노정하고 있었다.

이러한 가설은 1990년대 이후로부터 북한 주민들에게서 나타나고 있는 의식 변화와 가치관의 전환이 북한체제 저항에 대한 모순에 의한 것이 아니라 물질주의적인 실사구시(實事求是)를 우선으로 하는 주민들의 실상에 기반하고 있다. 현재까지 북한 주민들의 가치의식 변화에 있어서는 먼저, 사회주의 이념과 인간의 본질 간의 괴리를 인지하게 된 개인주의 성향이 작동되었다는 점이다. 다음으로는 사회주의와 자본주의 간의 경쟁 및 상호 작용, 시민사회와 전체주의 사회와의 대립구도의 결과에 의한 체제이탈적 방향으로까지 내다볼 수 있는 점을 주목할 수 있다. 이는 대단히 임의적이고 추상적인 예단일 수 있으며, 또 종교 현상에서 잘 드러나지 않는 내재된 변수이기도 하다.

우리가 북한 주민들의 가치의식을 변화시키는 요인을 경험적 사고에만 의존하여 관찰하는 것은 아전인수격 해석일 수 있다. 북한 내에서 시시각각으로 일어나는 변화 즉, 체제통제의 개선이나 발전 그리고 종교적 부흥과 개인적인 심성의 변화를 조망하는 것은 더욱 더 어려운 과제이다. 특히 북한 내부의 종교적 변화와 가능성에 있어 주장되고 있는 선교, 포교와 같은 방식이 제3국으로부터 일방적인 접근과 예측에 의해 진행되는 것은 더 큰 오류를 낳을 수 있다.

그간 종교에 관한 사회·문화적인 여건이 충족되지 못한 상황에서 북한 주민들에게서 나타고 있는 종교적 태도는 한마디로 종교에 대해 비판적인 입장을 취하고 있다. 북한의 헌법 제68조에는 "공민은 신앙의 자유를 가진다."고 명시하였음에도 종교를 외세를 끌어들이거나 국가사회 질서를 해치는 데 이용할 수 없다고 제한하고 있다. 이것은 북한 당국이 스스로 "종교를 외세개입의 매개체로서 체제 동요에 이용될 가능성이 있는 대상으로 파악하고 있다."[58]는 점이다. 그래서 북한체제에서 외래 종교의 유입은 "악취 풍기는 썩은 문화의 오염"으로 보았다. 다시 말해서 '사상에서의 오염원', '자본주의 황색바람'의 유입을 철저하게 차단하는 반종교정책을 추진한 것이다.[59] 이로써 북한 주민들의 종교에 대한 의지와 그 심성까지 왜곡시켰다는 비판으로까지 지적되었다. 그러나 북한사회를 총화하고 있는 주체사상으로 인해서 북한 주민들의 종교적 심성까지 '모두 해체시켰다. 사라졌다'라고 할 수 있는 근거는 아무것도 제시된 바 없다.

## 3.3. 북한 주민들의 종교적 심성(心性)

전후복구와 집단화를 통한 북한사회의 재편은 북한체제가 사회주의 혁명과 건설이 가지는 계급 투쟁적 성격 때문에 각 사람의 계급적 성격과 북한 사회주의와의 보합성 여부를 끊임없이 평가하고 조처해야 했다.[60] 북한이 사회주의화를 효과적으로 실현하기 위해 주민들의 계급성과 사상성을 분류한 것은 제국주의 문화침투와 비과학적이고 봉건잔재의 총체인 종교를 믿는 자체를 부정할 수 있도록 하였다. 이에 따라 북한사회 속에서 자본주의적 종교는 그 존재의 근거를 잃었고, 북한의 주민들은 사회주의 건설을 위한 사상 교육에만 충실하게 되었다.

북조선식 문화혁명이 전역에 걸쳐 전개되면서 주체사상 이외의 이념이나 사상, 종교가 설자리를 잃게 되면서 종교의 중요한 존립기반인 교육사업 또한 할 수 없게 된다. 이후 북한 주민들은 반세기 동안 종교를 거의 접해 보지

---

58) 황병덕 외, 『신동방정책과 대북포용정책』, 두리미디어, 2000, 337쪽.
59) 김경웅, 「북한의 문화」, 『신북한개론』, 을유문화사, 1998, 146~148쪽.
60) 김흥수 · 류대영, 『북한종교의 새로운 이해』, 다산글방, 2002, 99쪽.

못했다고 할 수 있다. 종교가 무엇인지에 대해서도 잘 모르고 있을 뿐만 아니라 종교에 대해 특별한 관심을 갖지 않는다고 할 수 있다.

지금까지 북한 주민들이 종교적 혜택을 누리지 못하고 종교생활을 갖지 못하게 된 상황은 대략 네 가지 정도로 요약할 수 있다. 첫째는 '(절, 교회 등에) 갈 시간이 없다'는 시간적 한계성을 갖고 있다. 즉, 100% 완전 고용제를 실시하고 있는 북한사회에서 여가생활이 가능하더라도 종교생활을 위해 자신의 시간을 갖기는 매우 어려운 실정이다. 종교의 필요성을 인지하지 않는 북한 주민들에게 생존과의 교환가치가 있는 절대 시간을 투자하기 어려울 것이다. 지금까지도 그들에게는 "내 시간을 버리면서까지 종교 타령할 시간이 없다"는 것이다. 북한 주민들의 실제 현실은 "2일 생활총화나 주간 생활총화 그리고 월간총화를 하는데 … 생각해 보세요. 오늘 생활총화를 하고 나면 내일 모래 그 사이에 있은 일을 가지고 무슨 또 비판할 것이 있겠어요? 그리고 호상 비판은 더 하죠."[61]라는 전언을 통해 알 수 있다.

둘째는 '(절, 교회 등에) 가고 싶어도 쓸 돈이 없다'는 경제적 제한성을 갖고 있다. 공양물을 준비하거나 가까운 거리를 이동하고자 하더라도 일정한 경비가 들어가는 데에 따른 개인적인 부담을 꼽을 수 있다. 아직까지 북한 주민들에게 있어 종교 활동에 대한 경비 등은 사치스러운 것으로, 과소비 등으로 받아들이고 있다.

셋째는 '(절, 교회 등에) 가고 싶지만 이동할 수 없는' 공간적 제약을 받고 있다. 즉, 거주지를 벗어날 경우 통행증 등 행정조치를 받아야 하는 지리공간적인 제한이 현실에 적용되고 있다. 실정법을 위반하면서까지 거리이동 할 때에는 무언가 뚜렷한 목적이 있다거나 그만큼 영험성이 높을 때 결행할 수 있는 조건이다. 마을공동체를 넘어 광역적으로까지 나있는 소문 등 그 통계적인 결과에 따른 선호도가 추가적인 행동을 만들어 내고 결행된 사례도 일

---

61) 통일연구원, 「북한의 부문별 조직실태 및 조직문화 변화 종합연구」, 『KINU 연구총서 11-04』, 도서출판 오름, 2011, 79쪽.

부 있다.

넷째로는 '(절, 교회 등에) 가려고 해도 어떻게'라는 정보적인 취약성을 들수 있다. 북한 주민들은 자신이 희구하는 종교적 목적을 달성할 수 있는 제반여건을 갖추고 있더라도 결국 해당종교에 대한 안내 정보가 부족하면 실현되기 어렵다. 안내 자료를 비롯한 가이드, 단순한 소개자, 인맥 등 일정한 연결망을 가지고 있는 연결자 또는 교역자가 거의 없는 상태이다. 이것은 반세기동안 종교적 혜택을 갖지 못한 북한 주민들에게 절과 교회, 성당 등을 연결하는 교역자가 없는 여건에서 개인적으로 종교적 행위와 시설을 이용하기에 어려운 측면이 있다.

또한 "성경은 역사적 정확성의 개념이 없는 고대 작가들이 지어낸 신화들의 집합이다. 그것이 묘사하는 세계는 원고 쓰인 시대의 과학적, 역사적 지식을 반영한다."[62]는 지적처럼 성경 등 종교적 지식정보를 신앙적으로 해석하지 않으며 또 유통되지 않는 종교자료 즉, 불경과 성경 등은 생산과 유통을하지 않고 전파도 거의 하지 못한다. 일례와 같이 불교의 4대 명절 행사에대한 공지와 홍보에 있어서도 문서, 자료가 아닌 구전(口傳)과 개인의 약속을 통해 거의 이루어진다.

현재, 북한의 주민들은 헌법적으로 종교의 자유가 보장되어 있음에도 불구하고 그 하위체계인 법률 등의 미비로 인해 종교 활동 등은 제한 또는 통제되고 있다. '거주지 이전의 자유' 및 '여행의 자율화' 등 부분적으로 통제하고있는 여러 가지의 조치로 말미암아 법적, 이론적인 종교 활동 보장과 달리현실적으로 거의 불가능한 부문도 있는 것이 사실이다. 1988년 3월에 건립된 평양 장충성당의 차성근 회장이 "현재로서는 교회 활동무대가 제한되어있습니다. 북반부 체제하에서는 모든 사람들이 관리조직에 있습니다. 그 조직을 뚫고 들어가 교회를 선교하지는 않습니다. 현 단계에서는 신자 가정들

---

62) 빅터 j. 스텐저, (김미선), 『물리학의 세계에 신의 공간은 없다』, 서커스, 2010, 237쪽.

이 자기가 일하는 매 처소에서 자기를 성화해서 실천적 모범으로 사회에 봉사하고 빛이 돼서 따라오도록 하는 방향으로 선교활동을 하고 있습니다."[63] 라고 전한 말을 보면 북한 천주교의 현실을 잘 보여주고 있다.

그러나 종교적인 의미와 가치는 지극히 개인적인 요소가 더 크게 작동한다는 것을 전제로 할 경우, 북한 주민들의 여러 가지 기원적인 요소 등은 원시적인 종교에서부터 인류의 평화와 행복을 조성해 가는 고등종교의 형태에 이르기까지 다양하게 나타나고 있다. 기존의 북한종교는 행복추구보다는 북한식 사회주의 체제유지를 위한 집단주의적 원칙을 따르고 있다.

이와 달리 북한 주민들의 종교적 심성은 그들 나름대로의 종교적 방식으로 실현되고 있다. 정초를 기한 기도와 발원, 남편의 진급과 자녀들의 진학 등을 위한 종교적인 패러다임을 형성하고 있다. 이런 기복(祈福) 행위들은 우리 사회의 전통적인 개념으로 세속적 욕망을 충족시키기 위해 복을 비는 행위이다. 그 동기는 대단히 이기적이고 현세주의를 기반으로 한다.[64] 이와 같은 내면적 신앙체계는 오랜 시기에 걸쳐 이루어지는 것이고 또 음밀하게 진행되는 것이므로 북한 주민들의 외형적 종교 형태와 다르게 전개되거나 변화의 속도에 있어서도 감지하기가 어렵다. 북한 주민들에게 있어 기복신앙이 널리 확산되게 된 이유 즉, 요인들은 전후 한국사회의 정치나 경제적 조건들뿐만 아니라 지배적인 가치나 신념 그리고 널리 퍼져 있는 생각이나 감정 같은 일련의 심리, 문화적인 현상을 통해 찾을 수 있다.[65] 또한 그 동기는 역사적 연관성과 함께 기복신앙이 지금까지 전래된 것이다.

또한 조직적으로 이루어지는 종교적 경험은 특정지역과 종교행사에 동원되어 참가하는 경우이다. 묘향산 보현사, 대성산 광법사, 구월산 성불사, 내금강산 표훈사, 칠보산 쌍계사 등 5대 명산과 관광지 주변의 주민들과 같은

---

63) 조광동, 「더디 가도 사람생각 하지요」, 『다시 쓰는 북한방문기』, 지리산, 1991. 182쪽.
64) 윤이흠, 『한국종교연구Ⅱ』, 집문당, 1986. 15쪽.
65) 김흥수, 『한국전쟁과 기복신앙 확산 연구』, 한국기독교역사연구소, 1999. 14쪽.

경우에는 부정기적으로 개최되는 종교조직 행사를 통해 각종 종교의 실체를 직접 경험하고 있다. 북한지역 사찰을 중심으로 한 불교 신앙생활은 전국 71개소 사찰 단위에서 이루어지고 있다.

또한 2003년 12월경에 결성된 조선불교도연맹 전국신도회(회장 라영식)는 북한 주민들을 곧, 사찰과 조직활동에 참가하는 사람들을 불교신도로 규정하여 조직체의 역할과 기능을 담당하고 있다. 2016년 초기에는 조불련 전국신도회 산하에 청년위원회가 결성되어 남한의 대한불교청년회 등과의 종교교류와 학술교류를 추진[66]하면서 자연스럽게 얻어지는 종교적 심성을 예로 들수도 있다.

## 4. 결(結)

북한 정권의 출범 초기와 달리 1990년대 중반에 불어 닥친 자연재해와 경제적인 퇴보는 사상·이념적인 종교라고 지칭되는 '주체사상의 종교화'로부터 벗어나는 계기를 형성하게 되었다.

오늘날 북한의 주민들은 정치·사회적으로 '주체사상'을 영생종교라는 수령교로 삼고 있다. 1982년 이후 '사상에서의 주체, 정치에서의 자주, 경제에서의 자립, 국방에서의 자위'를 지도적 원칙으로 구성하는 등 주체사상을 이론적으로 체계화하였고, 1986년 이후 '사회정치적 생명체론'을 놓으면서 발전하였다. 개인문화적인 종교로서는 지역과 가족사에 의한 기존 종교와 풍습의 전례(前例)에 의존하고 있다. 이것은 북한의 주민들이 겪고 있는 현실적

---

66) 《불교닷컴》(2018.3.19) ; 조불련 전국신도회는 2016년 초기에 산하조직으로 '청년위원회를 경성했다. 이 조직의 결성은 전국신도회(부회장 안심행 리현숙)가 2015년 10월 금강산 신계사에서 대한불교청년회(당시 회장 전준호)와 접촉하면서 "상호교류 활동할 수 있는 파트너십을 요청한다."는 대불청의 제안에 따른 것으로 알려지고 있다.

인 문제에 있어 과거의 기존종교로부터 위안과 치유를 바라는 시기와 횟수가 날로 증가하는 경향으로도 나타나고 있다.

개인사적인 종교에서 기복신앙은 주로 부귀영화와 건강 같은 세속적인 조건들을 충족시키려는 욕망이 이기적 동기에 의해서 종교의 의례나 교리와 연결된 신앙의 한 형태를 갖는다. 전쟁 이후의 상황에서 살아남은 사람들에게 가장 다급하게 필요한 것은 사회적 혼란과 기아상태에서 벗어나 생존을 유지하는 것이었고, 이러한 상황에서 삶의 세속적 조건을 충족시키려는 욕구는 북한 주민들에게서는 기복신앙의 확산으로 나타났다.67) 특히 오래 전부터 현세에서의 복을 중시하는 우리 민족의 종교·문화적 전통을 감안하더라도 북한 주민들도 자기 나름대로의 종교적 욕구를 가지고 있다고 할 수 있다.

이러한 북한 주민들의 종교적 심성은 인간이 폭력 앞에서 얼마나 무력한지 그리고 인간은 또 얼마나 사악할 수 있는지를 확실히 보여준 전쟁 트라우마(trauma)를 그나마 극복할 수 있던 배경이 되었다. 우리 민족의 고통의 심연을 지배하고 있는 전쟁 트라우마는 생을 다하는 날까지 지속될 수 있겠지만 북한사회 속에서 '할 수 있는 만큼의 신앙'을 간직하고 있다. 북한 주민들의 마음속에 이미 탑재되어 있는 종교적 심성을 다시 회복시키는 것은 자기 스스로 살아 있는 드라마를 구성하는 것과 같다. 인간은 사회의 톱니바퀴가 되어 합목적적으로만 살아가기 위해서 태어난 것이 아니다. 진하고 생생한 인생의 참맛을 느끼고 충일감이 가득한 인생을 추구하며 살아가는 존재이기 때문이다.68)

오늘날 북한 주민들에게 나타나는 종교적 심성은 자기 발견, 자기 창조라는 내적인 프로세스와 구체적인 사회 시스템의 변혁이라는 외적인 프로세스가 작동되는 구조이다.69) 전자의 경우는 개개인이 어떻게 자기 자신의 내부

---

67) 김흥수, 『한국전쟁과 기복신앙 확산 연구』, 한국기독교역사연구소, 1999, 16쪽.
68) 우에다 노리유티, (양억관), 『종교의 위기』, 푸른숲, 1999, 186쪽.
69) 우에다 노리유티, (양억관), 상게서, 190~191쪽.

에 자신과 만날 수 있는 근거를 마련하고 자신의 행위를 그 근거의 힘으로 지탱하는가 하는 내적 프로세스를 필요로 한다. 이것은 북한 주민들 스스로가 체험을 통해 그 종교에 대해 이해하는 것이다. 후자의 경우에서는 먼저, 사회 시스템의 전환을 위한 구체적인 행동을 통한 합리적인 시스템적 구조를 말하고 있다. 이 과정은 개인보다는 종교교단이 나서거나 교단을 통해 이루기 위한 방식이다.

그럼에도 불구하고 북한 내부로부터 종교에 관계하는 사람이나 그 외부에 있는 사람 모두가 너무나도 종교적 실상을 잘 모르고 있는 것이 가장 큰 문제이다. 북한 주민들의 존재 방식은 종교 변화와는 동전의 양면과도 같은 것이다. 그들이 가지고 있는 종교적 심성은 아무리 탐구해도 여전히 알 수 없는 부분이 남는 유현함의 세계이기도 하다. 그런 내면세계의 다양하고 풍요로운 정경과 마주할 수 있는 장(場)을 제공하는 데에 종교의 존재 의의가 있는 것이다.70)

북한 주민들의 종교적 심성은 불가역적인 예측일 뿐만 아니라 또한 이념과 노선으로 계산하는 것이 아니라 북한 주민들이 스스로 극복하는 데에 달려 있다.

---

70) 우에다 노리유티, (양억관), 상게서, 205~209쪽.

# 남북 공연
# 예술의
# 양상과 과제

# 남·북 공연 교류의 흐름과 특이성*

한경자**

## 1. 서론

남북은 분단 반세기가 지난 2000년 1차 남북정상회담 이후 2007년 2차 남북정상회담을 가진바 있으며, 그로부터 11년이 흐른 뒤 2018년 4월 27일 3차 남북정상회담, 그리고 한달 뒤 5월 26일 깜짝 남북정상회담에 이르기까지 총 4차례의 정상회담이 진행되어 왔다. 특히 2018년 첫 번째 남북정상회담의 성립은 전 세계의 이목을 판문점으로 집중시켰으며 반세기가 훨씬 넘게 유지해온 접경지대를 평화의 지대라는 표현방식으로 전환시키는 시대적 변화를 꾀하고 있다.

더우기 3대째 세습체제를 고수해온 그들식 표현에 의하면 김일성 가계의 '백두혈통'인 김여정에 이어 김정은 위원장에 이르기까지 남한땅에 발을 내딛게 된 것은 사상 초유의 일로서 향후 남북간에 보다 잦은 왕래를 예견하게

---

\* 이 글은 필자의 연구논문 「남북한 무용교류의 실제와 현황」(『대한무용학회』 제52호(9월), 2007)에서 일부 발췌하여 수정, 보완하였음.

\*\* 강원대학교 무용학과 교수, 127022@hanmail.net

한다.

이와 같은 정치적 긴장완화의 흐름에 따라 남북 간에 다각적인 교류의 해법을 분야별로 모색하는 가운데 2018년 6월 12일 싱가포르에서는 북미정상회담이 성사되었다. 이에 대해 조선중앙 TV 방송에서는 '세기적 만남'이라는 표현을 사용하며 트럼프 대통령과 김정은 위원장의 정상회담을 방영하였다.

남북의 문화예술 교류는 양측 간에 평화의 기류에 의해 또는 냉각기류에 따라 절대적인 영향을 받아왔다. 북한은 반복되는 핵실험과 미사일 발사로 국제적으로 제재와 압박을 받아 왔으며, 한반도에서도 금강산관광과 개성공단의 폐쇄라는 극단적 경제제재를 취하지 않을 수 없었다. 따라서 남북 간에 문화예술 교류가 활기를 띠기 위해서는 기본적으로 현재의 시대적 상황에 나타나는 현상과 같이 남북 간에 화해 협력의 분위기가 전제 되어야 할 것이다.

남북의 공연교류 현황은 1985년 〈남북 이산가족찾기 고향방문단 교류〉의 일환으로 진행된 〈남북 예술단 교환공연〉을 시초로 물꼬가 트이기 시작하였으며, 이후 1998년에는 한국문화재단(이사장;박보희)소속 리틀엔젤스 예술단이 조선아세아태평양평화위원회 초청으로 5월 2일 북한을 방문하였다. 순수 민간예술 단체로는 분단이후 최초로 〈평양 봉화예술극장〉 및 〈만경대 학생소년궁전〉에서 공연을 가진 것이다.[1]

같은해 1998년 김대중 정부가 들어서고 북한에 대한 햇볕정책이 실행되면서 2002년 8월 15일 SBS와 SK가 공동주최한 광복 57주년 기념행사의 일환으로 인민배우 5명, 공훈배우 5명이 포함된 만수대 예술단과 국립민족 예술단의 조합으로 국립무용단이 구성되었다. 이들의 서울 공연이 COEX 오디토리엄 무대에서 이루어졌다. 이 행사에는 공연단뿐만 아니라 학계, 예술계, 종교계가 다수 포함된 116명의 인원으로 구성되어 민간교류 중 가장 많은 인

---

1)  리틀엔젤스예술단 북한공연프로그램, 공연명;리틀엔젤스예술단 북한평양공연, 공연일시;
    1998.5.2.~12(3회공연), 공연장소;평양봉화예술극장, 만경대 학생소년궁전, 초청자;조선아
    세아태평양평화위원회, 방북기간;1998.5.1.~12.

원이 참가하였다. 이러한 대단위 교류가 실행됨에 따라 이후 남북 간에 문화교류가 활성화되는 계기가 될 것으로 기대를 모았다.[2] 실제로 남북 공연교류는 2000년부터 2009년까지 김대중 정부의 대북포용정책과 노무현 정부의 평화번영정책 시행으로 대북 우호 협력 진행이 활발했던 시기에 가장 많은 성과를 거두었다. 기간내 공연분야별 실제 교류 분포에는 다소 차이가 있으나 전체 교류 횟수에 있어서는 최고점에 이르고 있다.

그러나 2011년 김정일이 사망하고 김정은 집권이 시작된 후 2018년 평창올림픽을 맞아 남북 문화교류가 재개되기 이전인 2017년 까지는 남북공연예술 교류 사례를 찾기가 힘들다. 즉, 정권에 따라 남북공연예술의 교류는 다소 부침이 있었음을 알 수 있다.

이에 본고에서는 최초로 남북공연예술 교류가 시작된 1985년부터 2018년 평창올림픽 문화교류가 재개된 기간 동안에 공연 부분을 중심으로 변화의 흐름과 특이사항을 모색해 보고자 한다. 구체적 연구 진행 과정으로 각 교류행사별 사례와 프로그램 구성, 교류분야별 레퍼토리와 작품성향 등을 비교 분석함으로서 향후 균형 있는 교류의 토대가 마련될 수 있을 것으로 기대한다. 더불어 기존의 교류 사례에서 남북 상호간에 수용과 평가의 시각차에 대하여도 비교함으로서 현재적 시점에서 드러나는 동질적 요소와 이질적 격차를 추출할 수 있을 것이다.


## 2. 남북 공연교류의 현황

남북 공연교류는 1985년 〈남북한 이산가족찾기 고향방문단 교류〉의 일환으로 시작되어 〈표1〉에 제시된 바와 같이 20여 차례의 공연교류가 실제로

---

2)  한경자, 「남북한 무용교류의 실제와 현황」, 『대한무용학회논문집』 제52호, 서울:대한무용학회, 2007, 369쪽.

성사되어 왔다.

그 가운데 12회는 예술분야와 대중가요를 포함한 순수한 음악분야 교류로서 전체 공연의 많은 부분이 음악분야의 교류로 이루어졌다. 공연교류 중 무용 프로그램 중심으로 구성된 공연은 1985년 〈남북 이산가족 찾기 및 공연예술단 교류〉공연과 1998년 〈리틀엔젤스 세계평화연합예술단의 평양공연〉, 2002년 〈북한예술단의 8.15광복절 기념공연〉의 3건에 한정된다.

〈표 1〉 1985년~2002년 남북 공연 교류 연표

| 년도 | 일시 | 장소 | 공연 명 | 공연 내용 |
|------|------|------|---------|-----------|
| 1985 | 9.21 ~22 | 서울 평양 | 남북이산가족찾기 공연예술단교류 | 남: 서울예술단, 평양대극장 공연 북: 평양예술단, 서울국립극장 공연 |
| 1990 | 10.18 ~23 | 평양 | 제1회 범민족통일음악회 | 윤이상 발의-평양 2 · 8문화회관, 봉화예술극장 등 6개 공연장-남측 서울전통음악연주단 대표 17명 평양 초청 |
| 1990 | 12.9 ~10 | 서울 | '90 송년통일전통음악회 | 북: 평양민족음악단, 남: 전통음악단 합동 공연. 9일 예술의 전당, 10일 국립극장 |
| 1991 | 5.4 | 일본 후쿠이현 | 환일본해 국제예술제 | 남북음악인 합동연주회 중앙국악관현악단, 평양음악무용단 등 출연 |
| 1991 | 8.17 ~18 | 러시아 사할린 | 민족화합기원공연 | 남북 합동무대 북한 평양 예술단, 남측 가수 최진희 출연 |
| 1998 | 5.4 ~5. 7 | 평양 | 리틀 엔젤스 방북 공연 | 4, 5일 평양 봉화예술극장에서 7일 평양 만경대 학생소년궁전에서 협동 공연 |
| 1998 | 11.4 | 평양 | 제1회 윤이상 통일음악회 | 남: 판소리 안숙선, 사물놀이 김덕수 출연 모란봉극장 공연 |
| 1999 | 12.5 | 평양 | 2000년 평화친선음악회 | 미: 록가수 로저 클린턴 남: 패티김, 최진희, 젝스키스 등 북: 전혜영 등 민속예술단 출연 평양 봉화예술극장 공연 |
| 1999 | 12.20 | 평양 | 민족통일음악회 | 평양 봉화예술극장 공연 |

| 년도 | 일시 | 장소 | 공연 명 | 공연 내용 |
|------|------|------|---------|-----------|
| | | | | 남: 신형원, 안치환, 김종환 등<br>북: 인민배우 주창혁, 공훈배우 김순희<br>만수대무용단의 장고춤, 발레 집시<br>춤 공연 |
| 1999 | 12.23 | 서울 | 북한 모란봉<br>교예단 서울공연 | 북 교예단 방남 공연 |
| 2000 | 5.26<br>~28 | 서울 | 평양학생소년<br>예술단 공연 | 예술의 전당 오페라하우스 공연 |
| 2000 | 6.3<br>~10 | 서울 | 평양 교예단 | 잠실 실내체육관 공연 |
| 2000 | 8.20 | 서울 | 남북 합동 연주회 | 남 KBS교향악단과 북 조선국립교향악<br>단 합동 연주. 여의도 KBS 홀 공연 |
| 2001 | 2.1<br>~2 | 평양 | 남북 '춘향전'<br>개별 공연 | 남: 1일 춘양문화선양회의 '춘향전' 공연,<br>북: 2일 북측 민족예술단 가극 '춘향전'<br>공연<br>평양 봉화예술극장 공연 |
| 2001 | 3.25<br>~26 | 강원도<br>고성 | 창극 '황진이' 공연 | 남: 국악인 5명,50여명 도립국악단원<br>현대아산 주관, 금강산문화회관 출연 |
| 2001 | 4.7,<br>11 | 평양,<br>함흥 | 가수 김연자<br>콘서트 | 개인 콘서트, '4월의 봄 친선 예술 축전'<br>출연 |
| 2002 | 4.6,<br>8, 10 | 평양 | 가수 김연자 공연 | 평양 청년중앙회관, 개인 콘서트 |
| 2002 | 8.15 | 서울 | 8 · 15<br>민족통일 대회 | 북: 만수대예술단, 피바다가극단,<br>평양예술단 소속 30여 명 방남 공연<br>쟁강 춤, 방울춤, 장구춤 등 공연 |
| 2002 | 9.20<br>~21 | 평양 | 추석맞이<br>남북교향악단<br>평양합동연주회 | 평양 봉화예술극장에서<br>20일, KBS교향악단 단독공연<br>21일, KBS교향악단과 조선국립교향악<br>단의 합동연주 |
| 2002 | 9.27 | 평양 | 이미자의 평양<br>동백아가씨 공연 | 동평양 대극장에서 이미자 콘서트 |
| 2002 | 9.29 | 평양 | MBC<br>평양특별공연 | 남: 이미자 · 최진희 · 윤도현 밴드 등<br>북: 조선국립민족예술단, 민요가수 출연 |

본 연구에서는 〈표 1〉의 공연예술 교류 사례 중에서 음악분야 이외에 무용 공연 교류가 부분적으로 시행되었던 1985년에서 2002년 까지를 1단계로 시기 구분하고, 이후 2003년부터 김정일 사망시점인 2011년의 까지를 2단계로 시기 구분하였으며, 2012년 김정은 집권이후부터 2018년 평창올림픽에 따른 남북한 문화교류가 성사되기 이전 2017년 까지를 3단계로 구분하여 살펴 보고자 한다. 2018년 평창올림픽을 전후하여 파격적 남북문화교류가 성사된 시기는 별도의 절을 나누어 평창올림픽 문화교류와 그 특이사항에 대하여 다루었다.

## 2.1. 1985년 ∼ 2002년 공연교류

### 2.1.1. 1985년 남북 이산가족 찾기 및 공연예술단 교류

남북 분단 이후 최초의 상호간 교환 공연교류라는 역사적 의의를 가지며 1985년 9월 20일 남북 고향방문단 및 예술공연단 교환공연이 서울과 평양에서 동시에 이루어졌다. 남북 양측 합의하에 민속전통 가무를 중심으로 공연이 구성되었다.

남한 예술단의 프로그램 구성은 〈표 2〉1985년 남북 교환공연 남한예술단 프로그램에 제시한바와 같다.

〈표 2〉에 제시한 바와 같이 남한예술단의 작품구성은 전통무용인 '승무', 신무용류의 창작무용으로 '북소리', '태평성대', '꽃보라', '부채춤'과 같은 민속무용 위주의 프로그램이 편성되었다. 그 가운데 현대무용 '겨레의 갈망', 대중무용 '2천년을 향하여'와 같은 무용 프로그램이 2편 편성되었으나 북측으로부터 「...조선 인민의 감정에 맞지 않는 노래....」[3). 「....경망스럽다든가, 미제국주의의 모방이라느니, 살을 드러내놓고 발가벗고 춤을 추는 퇴폐

---

3) 박강문, 서울신문, 1985.9.24.

와 타락의 모습이라는.....」[4]과 같은 부정적인 평가를 받게 되었다.

　반면에 「...관객들은 한 종목이 끝날때마다 열렬하지는 않지만 박수를 보내기도 했는데 18가지의 레퍼토리중 관객들이 가장 많은 박수를 보낸 것은 화려한 '부채춤'과 소프라노 이규도 교수의 '그리운 금강산'이었고, '서울의 찬가'에는 전혀 박수를 치지 않았다.....」[5]라는 기사에서 볼 수 있듯이 분단 이전부터 남북한에 동질적 요소를 공유하는 부채춤과 한민족의 명산으로 불리우는 금강산에 관한 내용에는 우호적 반응을 나타냈다. 그러나 서울을 소재로 한 노래나 서양식 내용을 담은 프로그램에 대해서는 미제식 행태를 표현했다고 하며 강한 거부감을 보였다.

〈표 2〉 1985년 남북 교환공연 남한예술단 프로그램

| 작품명 | 내용 | 시간 | 출연인원 | 의상 | 소품 | 음악 |
|---|---|---|---|---|---|---|
| 북소리 | 대고를 두드리는 男 | 2분 11초 | 남:5명(북) 7명(바라) | 흰바지, 저고리 | 북, 바라 | 북, 바라 |
| 태평성대 | 태평세월의 춤 | 2분 42초 | 여:17명 | 빨간치마, 파란치마 색동활옷, 족두리 | 흰색 한삼, 꽃 | 민속음악 |
| 승무 | 승무 솔로 춤 | 1분 58초 | 여:1명 | 흰색장삼, 파란치마 분홍저고리 | 북가락 | 민속음악 |
| 울산아가씨 | 민요에 맞추어 율동 | 1분 40초 | 여:8명 | 빨간치마, 노란저고리 | | 자즌산타령 |
| 꽃보라 | 창작무용 | 5분 14초 | 솔로 남:1 여:1 군무여:20명 | 솔로남: 흰바지, 도포 녀: 빨간치마, 연두저고리 군무: 파란치마, 분홍저고리, 빨간치마, 노란저고리 | 장옷 치마 | 창작곡 |

4)　한경자, 「창작예술에서의 기반성에 관한 연구」, 경희대학교대학원석사학위논문, 1987, 39쪽.
5)　고도원, 박보균, 중앙일보, 1985.9.23.

| 작품명 | 내용 | 시간 | 출연인원 | 의상 | 소품 | 음악 |
|---|---|---|---|---|---|---|
| 강강술래 | 강강술래에 맞춰 소리춤 | 3분 11초 | 여:21명 | 흰치마, 저고리 | | 창: 안숙선 |
| 봉산탈춤 | 봉산 탈춤 창작춤 | 1분 48초 | 10명 | | 탈, 흰색 한삼 | |
| 부채춤 | 부채춤 군무 | 5분 12초 | 여:21명 | 빨간치마, 연두당의 연두치마, 분홍당의 빨간치마, 분홍당의 | 부채 | 민속음악 (창부타령) |
| 겨레의 갈망 | 현대무용 군무 | 5분 13초 | 남:13명 여:15명 | 흰치마, 저고리 흰바지, 저고리 | | 작곡: 김성길 |
| 2000년대를 향하여 | 재즈와 대중 무용의 형태 | 6분 56초 | 남:11명 여:24명 | 남:파란바지 여:흰색, 노란색, 빨간색레오타드 | | 현대음악 |
| 농악 | 풍년을 기뻐하는 농부들의 흥겨운 춤가락 | 3분 49초 | 여장구:8명 남 북:10명 여소고:12명 여 징:1명 | 흰치마, 빨간저고리 흰바지, 갈색저고리 | 장구, 북, 소고, 징 | 사물을 이용한 타악음악 |

　같은 시간 남한에서 공연한 북한예술단의 프로그램 구성은 〈표 3〉 1985년 남북 교환공연 북한예술단 프로그램에 제시한 바와 같다.

　〈표 3〉에 제시한 바와 같이 북한예술단의 작품구성 역시 정치적 성향을 최대한 배제하여 편성되었으나 이들에 대한 남측의 평가는 「…인간의 마음에 부딪쳐 오는 예술성이 결여된 반면 대중성과 정치성이 두드러졌다. 개인의 창의성과 다양성에 토대를 둔 우리…」[6], 「…개체를 무시하고 전체를 강조하는 이데올로기적…」[7], 「…예술의 궁극적 가치인 미와 진실의 추구보다는 사상교양과 정치선전을 목적으로…」[8]와 같이 무대디자인이나 의상의 색

---

6)　이연재, "북 예술단공연을 보고-정통성 잃고 정형화 여백이 없다", 경향신문, 1985.9.23.
7)　"남북교류공연 추진 계기로 본 실상 북한의 이데올로기 예술", 동아일보, 1985.7.10.
8)　중앙일보, "북한의 춤과 노래", 1985.9.23.

감과 재질 등에 대해 세련되지 못하고 시대감에 뒤떨어졌음을 평가하였다. 또한 북한무용수들의 획일화된 기교로 한민족 고유의 멋과 가락이 변질되었음을 안타까워 했다.

반면에 무용평론가 박용구는 "…북한의 경우 전통무용의 뿌리는 최승희의 무용에서 비롯된다. 최의 무용은 그가 전통무용을 중국춤 등의 영향을 받아 재정립한 소위 신무용이다. 북한은 바로 이 신무용을 그들의 목적에 맞추어 대형화, 변질시켜 왔다. ……그들은 몸놀림이나 일관된 동작에서는 기교를 보였다. 일부에서는 이를 〈기계화된 춤〉이라고 비평하고 있으나 그들의 군무는 상당히 다듬어지긴 했다. 기계처럼 일관적인 동작은 〈조지발란신〉의 뉴욕시티발레 등에서도 보이는 바와 같이 전혀 없는 것은 아니다…"9)와 같이 북한예술단의 고도로 숙련된 기교적 동작표현에 객관적 평가를 내리기도 하였다.

〈표 3〉 1985년 남북 교환공연 북한예술단 프로그램

| 작품명 | 내용 | 시간 | 출연인원 | 의상 | 소품 | 음악 |
|---|---|---|---|---|---|---|
| 금강선녀 | 선녀와 나무꾼 | 5분 30초 | 남:1명 여:8명 | 남:하늘빛바지, 저고리, 쾌자 여: 하늘빛 원피스, 선녀의상 | 긴천 (살풀이 천) 피리, 꽃 | 창작곡 |
| 손북춤 | 우리나라 농악에 쓰이는 소고를 들고, 나름대로 현대화 시킨 작품 | 2분 26초 | 여:10명 | 연두저고리, 빨간치마 | 허리춤에 소고같은 작은 북을 참 | 가사가 있는 음악 |
| 달맞이 | 우리나라의 강강술래를 상징하는 듯함 | 3분 11초 | 남:6명 여:6명 | 남: 하늘바지, 핑크저고리, 모자(고구려풍의상) | 등 | |

---

9) 박용구, 「전통무에 전통이 없었다」, 중앙일보, 1985.9.24.

| 작품명 | 내용 | 시간 | 출연인원 | 의상 | 소품 | 음악 |
|---|---|---|---|---|---|---|
|  |  |  |  | 여: 하늘빛저고리, 핑크치마 |  |  |
| 칼춤 | 우리나라의 검무 | 1분 50초 | 여:13명 | 파란치마, 흰저고리, 노란쾌자 | 검 |  |
| 3인무 | 시집,또는장가 가는 내용 | 3분 05초 | 남:2명 여:1명 | 남: 흰색바지, 저고리, 보라색쾌자, 초립 | 부채 | 창작곡 |
| 샘물터에서 | 여자들이 물긷는장면 | 55초 | 여:7명 | 빨간치마, 노란저고리 | 물동이 |  |
| 쟁강춤 | 무당춤상징 | 3분 11초 | 여:9명 | 파란치마, 흰저고리 빨간쾌자, 빨간모자 | 부채 |  |

결과적으로 북한예술단 공연에 대한 남측의 평가는 동작과 표현에 대한 이질감과 부정적 평가가 주를 이뤘다. 반면에 북한 정치예술의 한 영역으로서 획일화된 표현법과 기계적인 무용동작 기교에 대해 일부 객관적 평가도 뒤따랐다.

### 2.1.2. 1998년 리틀엔젤스 세계평화연합예술단 평양공연 프로그램

1985년에 성사된 남북 공연교류에 이어 두 번째 공연교류는 13년 후 1998년에 리틀엔젤스 세계평화연합예술단의 평양방문 공연으로 이어졌다. 프로그램 구성은 어린단원들이 표현하기에 적합하고 비정치적인 작품으로 편성되었다. 〈표 4〉는 1998년 리틀엔젤스 세계평화연합예술단 평양공연 프로그램을 제시한 것이다.

프로그램 구성에서 북한측과의 공감대 형성을 위한 '반갑습니다', '금강산', '휘파람'과 같은 북한가요와 금강산을 소재로 한 프로그램을 편성한 것은 의미있는 반영으로 평가할 수 있다. 이에 대한 북측의 평가도 역시 "....남녘의 귀여운 어린이들이 공연을 통해 높은 기량을 보여주고...인민들이 뜨거운 박수를 보냈다..."10)라고 평하며 긍정적 교감이 이루어졌다.

〈표 4〉 1998년 리틀엔젤스 세계평화연합예술단 평양공연 프로그램

| 작품명 | 내용 | 출연인원 | 의상 | 소품 | 음악 |
|---|---|---|---|---|---|
| 화관무 | 태평성대 | 18명 | 상의: 연두색저고리<br>하의: 다홍색치마<br>(족두리) | 한삼 | 민속음악 |
| 처녀총각 | 처녀총각들이<br>나옴 | 남: 7명<br>여: 7명 | 남: 연두색 바지저고리<br>여: 분홍색 치마저고리 | 꽃바구니 | 처녀총각<br>음악 |
| 부채춤 | 아름다운 미를<br>상징하는<br>민속춤 | 20명 | 빨간색 저고리<br>흰색 치마 | 부채 | 부채춤<br>음악(창<br>부타령) |
| 시집가는<br>날 | 처녀총각들의<br>풋사랑 | 6명 | 신랑 신부 의상,<br>흰 바지, 저고리,<br>자주색조끼 | 말, 채찍 | |
| 가야금<br>병창 | 아리랑 | 15명 | 흰 저고리, 꽃분홍 치마 | 가야금 | 아리랑 |
| 북춤 | 6고무 | 10명 | 분홍색 치마저고리 | 북,<br>북가락 | |
| 장고춤 | 흥겨운 장고춤 | 16명 | 분홍색 저고리,<br>파란색치마 | 장고 | 타악장단 |
| 꼭두각시 | 아이들의 재롱 | 14명 | 색동저고리, 빨간색<br>짧은치마(족두리) | | 꼭두각시 |
| 강강술래 | 달빛아래<br>여인들이<br>춤추는 내용 | 18명 | 흰 저고리, 파란색 치마 | | 강강술래 |
| 농악 | 마을의 풍년을<br>기원하는 내용 | 28명 | 흰색 바지, 저고리 빨간<br>상의,<br>노란조끼(고깔착용),<br>초록색 상하의 | 소고,<br>상모 | 농악 |

---

10) 조선예술, 평양:문학예술종합출판사, 1998.

| 작품명 | 내용 | 출연인원 | 의상 | | 소품 | 음악 |
|---|---|---|---|---|---|---|
| 선구자 | | 피아노 반주 외 38명 | 흰색 상의, 빨간 치마, 흰색 상하의 파란조끼, 초록색하의 | | 피아노 | 선구자 합창 |
| 반갑습니다 | | 〃 | 〃 | 〃 | 〃 | 반갑습니다 합창 |
| 우리의 소원 | 남북의 통일을 염원 | 〃 | 〃 | 〃 | 〃 | 우리의 소원 합창 |

　리틀엔젤스 예술단의 평양공연은 어린 천사들의 비정치적인 공연교류가 남북화해와 협력의 계기가 될 수 있을 것이라는 기대감으로 추진되었다. 더불어 자라나는 어린 세대들에게 남북통일의 가능성을 심어주었으며 우호적인 성과를 거둔 것으로 평가할 수 있다.


## 2.1.3. 2002년 북한예술단의 8.15광복절 기념공연

　남북 화해와 우호의 정책이 지속되는 가운데 2002년 8월 15일 SBS와 SK가 공동주최한 광복 57주년 기념행사의 일환으로 인민배우 5명, 공훈배우 5명이 포함된 만수대 예술단과 국립민족 예술단으로 구성된 북한예술단의 서울 공연이 COEX 오디토리엄 무대에서 이루어졌다.

〈표 5〉 2002년 북한예술단의 8·15광복절 기념공연 프로그램

| 작품명 | 내용 | 시간 | 인원 | 의상 | 소품 | 음악 |
|---|---|---|---|---|---|---|
| 양산도 | 낭만이 넘치는 흥겨운 율동과 다정다감한 민족적 정서를 보여주는 춤 | 5분 | 여:12명 | 흰치마, 파란저고리 | 핑크빛 부채, 수건 | |
| 방울춤 | 봄철 꽃놀이에 생활바탕을 두고 창작된 소품으로 | 6분 32초 | 여:6명 | 파란치마, 분홍저고리 | 방울 | 가사가 있는 |

| 작품명 | 내용 | 시간 | 인원 | 의상 | 소품 | 음악 |
|---|---|---|---|---|---|---|
|  | 처녀들이 양손에 방울을 달고 추는 춤 |  |  |  |  | 음악 |
| 쌍채 북춤 | 민족고유의 타악기인 북을 가지고 다정다감한 민족의 상의 생활정서를 다양한 기교로 보여주는 춤 | 5분 12초 | 남:1명 여:6명 | 여:파란치마, 흰저고리 남:흰바지, 빨간저고리, 상모 | 북, 꽹과리 | 타악기 사용 |
| 달빛 아래 서 | 정겨운 고향언덕에 떠오른 보름달아래 아름다운 여인들이 추는 반살풀이와 휘모리장단의 정서적이고 낙천적인 춤 | 7분 30초 | 여:12 명 | 분홍치마, 연두저고리 |  | 아리랑 |
| 손북 춤 | 풍년을 감사하는 농민들이 손북을 잡고 추는 춤 | 4분 12초 | 여:10 명 | 빨간치마, 연두저고리 | 소고 |  |
| 사냥 군춤 | 예부터 평양사람들이 사냥을 즐겼다는데서 유래 했으며 사냥꾼의 기개와 용맹을 보여주는 춤 | 3분 34초 | 남:5명 | 갈색바지, 저고리, 두건 | 활, 채찍 |  |
| 쟁강 춤 | 남한의 무당춤과 비슷한 북한의 대표적 군무 | 5분 30초 | 여:10 명 | 파란치마, 흰색저고리, 빨간모자 | 부채 |  |
| 물동 이춤 | 화창한 봄날 우물가에 모여든 처녀들의 재치와 민족의 향수가 있는 춤 | 5분 45초 | 여:7명 | 분홍치마, 노란저고리 | 물동이 |  |
| 두레 놀이 북춤 | 민족고유의 타악기인 북을 가지고 다정다감한 민족의 생활정서를 다양한 기교로 보여주는 춤 | 4분 53초 | 여:8명 | 흰치마, 빨간저고리 | 북 |  |
| 장고 춤 | 장고를 메고 가락에 맞춰 흥겹게 추는 춤 | 6분 57초 | 10명 | 파란치마, 흰저고리 | 장고 |  |

〈표 5〉는 2002년 북한예술단의 8·15광복절 기념공연 프로그램이다. 〈표 5〉에 제시한 바와 같이 2002년 북한예술단의 8.15광복절 기념공연 프로그

램 구성에는 1985년 처음 남북교류 공연을 통해 남한에 알려지게 된 '쌍북채춤', '손북춤', '방울춤', '쟁강춤', '물동이춤', '장고춤'등의 작품 위주로 편성되었다. 이전에 있었던 남북교류의 사례에서 볼 수 있듯이 이번 8.15광복절 기념공연 역시 비정치성향의 원칙아래 민속적 내용을 위주로 구성되었다.

1985년 첫 번째 남북 공연교류에서 상호 이질적 요인만을 꼬집으며 부정적 견해를 위주로 평가하였던 것에 비해 남북은 이제 같은 민족으로서 동질적 요소를 찾고자 하는 한걸음 진전된 방향의 수용태도로 변해갔다. 이와 같은 결과는 남북 정상회담의 성사와 정부의 지속적인 상호접촉이 증가할수록 한민족으로서의 일체감이 증폭되고 있음을 확인할 수 있다. 이는 남측의 노력에만 국한된 것이 아니라 방문공연을 한 북한예술단에서도 1985년 남한 공연당시 볼 수 없었던 공연 의상의 소매 배래선이 살아났음을 볼 때 그들도 역시 관계회복과 한민족으로서 동질적 문화요소를 되살리고 있었던 것으로 추정된다.


## 2.2. 2003년 ∼ 2011년 공연교류

앞에 살펴본 바와 같이 2002년 북한예술단의 남한 방문 공연 이후로는 주로 음악공연으로 일관되게 진행되었다. 실제 음악 위주의 공연 교류 사례는 〈표 6〉 2003년∼2011년 남북한 공연 교류 연표에 제시한 바와 같다.

〈표 6〉을 살펴보면 남북 공연교류는 2002년 북한예술단의 COEX 공연 이후 무용분야 교류는 전무한 실정이다. 2003년 평양 모란봉 공원에서 KBS 전국노래자랑을 개최한 이후 대중음악을 포함한 음악 공연교류가 꾸준히 진행돼 왔음을 볼 수 있다. 그 가운데 특징적인 몇 가지 공연을 살펴보면 다음과 같다.

### 2.2.1. 류경 정주영체육관 개관 기념 통일음악회

'류경 정주영체육관'11)개관 기념 통일음악회는 SBS방송을 통해 한국방송 사상 최초로 남한에서 장비와 기술진을 파견해 평양에서 생방송 중계가 이뤄졌다.12) 사회는 남측의 유정현 아나운서와 북측 여자 아나운서가 공동 진행하였고, 남측 출연진은 조영남, 이선희, 설운도와 여성 5인조 그룹 '베이비복스', 남성 6인조 그룹 '신화'등 대중가수와 바리톤 김동규, 북측 출연진은 민요가수들이 출연하였다.13)

이 행사는 1시간 40분동안 대중음악 위주의 공연으로 진행됐으며, 남한 공영방송의 자체 기술진에 의한 평양 공연 생방송이라는 것에 의미를 둘 수 있다. 이 공연은 현대측 참관단을 포함해 1,100여명의 대규모 참여가 이뤄졌다.

음악회 도중 공연을 진행하면서 "조영남의 예정되지 않은 애드리브가 남북 관계자들에 심기를 불편하게 했고, 베이비복스의 무대의상인 배꼽티 때문에 북한공연 관계자와 공연 전 실랑이가 있었지만 남한 출연자의 노출 심한 짧은 치마가 이날 공연에서 허용됐다."14)는 것에서 알 수 있듯이 북한 역시 내부적으로 점차 공연내용과 복장 등에 관한 규제가 비교적 완화돼 가고 있음을 볼 수 있다.

〈표 6〉 2003년 ～ 2011년까지의 남북 공연 교류 연표

| 날짜 | 일시 | 장소 | 공연 명 | 공연 내용 |
|---|---|---|---|---|
| 2003 | 8.11 | 평양 | 평양노래자랑 | 평양 모란봉 공원의 야외무대에서 KBS 전국노래자랑 개최(MC 송해) 남: 주현미, 송대관 |

---

11) 류경(柳京)은 버드나무가 많은 도시라는 뜻으로 평양의 옛이름이다. 류경 정주영체육관은 고 정주영회장의 대북사업을 기리기 위해 현대그룹에 의해 건설되었다.

12) 김범석, 「SBS국내 최초 자체기술로 북한생방」, 일간스포츠, 2003.9.26.

13) 김후남, 「또한번 울려퍼지는 통일의 노래」, 경향신문, 2003.10.5.

14) 홍제성, 「북, 베이비복스 배꼽티 의상 불허」, 연합뉴스, 2003.10.11.

| 날짜 | 일시 | 장소 | 공연 명 | 공연 내용 |
|------|------|------|---------|-----------|
| | | | | 북: 평양 시민 20명 출연 |
| 2003 | 10.6 | 평양 | SBS 주관 류경 정주영체육관개관 기념 통일음악회 | 남: 조영남, 이선희, 설운도, 신화 등 북: 민요가수 등 출연 |
| 2004 | 6.14 ~17 | 인천 | 우리 민족 대회 | 6ㆍ15 공동 선언 발표 4돌을 맞이하여, |
| 2004 | 8.15 | 강원도 고성 | 제1회 CBS 금강산 콘서트 '통해야' | 남: 성시경, 마야, 등 대중가수 들 출연 북: 인민위원회 관계자 일부 관람 포스코, CBS 기획, 통일부 후원 금강산 문화회관 공연 |
| 2005 | 6.16 | 평양 | 남측 가극 '금강' 평양 공연 | 평양봉화예술극장 공연 |
| 2005 | 8.23 | 평양 | 조용필 평양 2005 콘서트' | 평양 류경정주영체육관 공연 |
| 2005 | 9.7 | 평양 | '아, 고구려 고구려 −광개토호태왕' | 남측 뉴서울오페라단의 창작오페라 평양 봉화예술극장 공연 |
| 2005 | 9.28 ~29 | 금강산 일대 | '남북강원민속문화 축전' | 남: 강원도대표단 200여명이 참여. 북 측 주민과 민속경기와 민속공연 교류. 남한 강원도 아리랑, 북측 신고산 타령, 북춤 등 |
| 2006 | 4.29 | 강원도 고성 | 윤이상 기념 음악회 | 남: 통영국제음악제 앙상블, 국립국악 원 공동 북: 평양 윤이상관현악단 금강산 문화회관 공연 |
| 2006 | 6.14 ~17 | 광주 | '6.15민족통일대축전' | 6.15공동선언 발표 6주년을 기념 남: 인순이, 윤도현 밴드 공연 북: 평양통일음악단, '통일축전가', '통 일 6.15', '아리랑 랑랑'민요풍의 노래 |
| 2007. 11.21 | 11.21 | 황해도 정방산 | '안성남사당'황해도 정방산야외공연장 에서 첫 공연 | 경기도 안성시, (사)우리겨레하나되기 운동본부 공동주최 남: 배우 70명 방북 |
| 2008 | 5.15 | 강원도 고성 | 인순이의 금강산 콘서트 | 현대 아산 금강산 관광 10주년을 기념 공연. 현대 아산 주관, 통 엔터테인먼트 주최 금강산 관광특구 야외공연장 공연 |

## 2.2.2. 조용필 평양 2005 콘서트

'조용필 평양 2005 콘서트'는 2004년 북한의 민족화해협의회(민화협)가 SBS에 제의를 해 여러차례 조율을 거쳐 성사되었다. 이 공연을 위해 2005년 8월 23일 평양 류경정주영체육관의 65m 대형 무대에는 세트, 음향, 조명, 특수효과 등의 장비가 실린 5톤 트럭 28대분과 발전차 5대, 방송장비차량 5대 등 총 38대의 장비가 들어섰다. 오후 6시부터 시작된 공연은 공연진 인원수만 120여 명이며 가수 조용필 외 밴드가 출연하였고, SBS윤현진 아나운서가 사회를 맡았다.[15] 프로그램 구성은 평양 공연의 취지에 맞는 곡을 선택하는 것에 가장 많은 신경을 썼으며, 공연은 북한이 요청한 '그 겨울의 찻집', '돌아와요 부산항에', '꿈의 아리랑'등의 히트곡과 민족가요 그리고 북한가요 등을 중심으로 2시간 동안 공연이 이어졌다.

당시에 남한 대중가수 조용필의 존재는 북한에서 중학생 이상이면 알고 있을 정도로 인기가 있었으며, 공연 관객은 추첨을 통해 20대 후반~40대 초반의 평양시민 7,000명이 선정되었다. 그 가운데 2,000여명 가량의 문화예술 관계자와 고위 간부들도 관람하였다. 그들은 공연을 관람한 후에 "…작은 체구인데 큰 무대를 꽉 채운 느낌….시끄러운 음악이지만 조용필 선생은 표현력이 충실한 가수…"[16]로 평가하며 우호적인 반응을 나타냈다.

## 2.2.3. 기타음악교류

그밖에 전국노래자랑, 콘서트, 창작오페라 등 음악 중심의 공연교류 행사가 지속적으로 진행되었다. 특히 1998년 '제1회 윤이상통일음악회'를 시작으로 꾸준히 이어오던 윤이상기념음악회가 2006년 금강산에서 개최되어 남북은 물론 해외 서양음악가들의 교류의 장으로서 고 윤이상의 뜻을 이어가며

---

15) 곽인숙, 「SBS조용필 평양공연 언론계 인사 대거참석」, 노컷뉴스, 2005.8.25.
16) 김범석, 「"관객반응 처음엔 기대 안했어요" 평양공연 조용필씨 귀환」, 2005.8.26.

진행되었다.

강원도 고성 금강산 문화회관에서 2004년 8.15 행사로 시작된 '통(通)해야' 콘서트는 2008년까지 해마다 정기적으로 진행되었다. '통(通)해야'콘서트는 남과 북, 국악과 서양악, 그리고 세대간에 소통하기 위한 의미로 금강산 관광객 1,000여명이 콘서트를 관람했으며, 북측의 인민위원회 관계자들도 함께하였다.

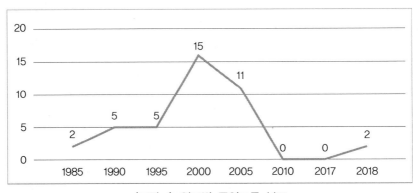

〈그림 1〉 연도별 공연교류 분포

김대중 정부의 대북포용정책을 계승하여 같은 노선을 이어갔던 노무현 정부의 수립과 함께 시작된 평화번영정책의 지속으로 이 시기에 대북교류 사업은 양적으로 최대 범위에 속한다. 남북문화예술 교류의 측면에서도 〈그림1〉 연도별 공연교류 분포에서와 같이 기존의 성과와는 다른 높은 분포도를 보이고 있다. 더욱이 공연교류의 규모에 있어서도 관람객의 수가 1,000명 단위 이상의 큰 행사가 많았으며, 조용필 콘서트의 경우 7,000여명의 관람객이 함께했다. 남북공연 교류의 중심이 예술교류에서 대중문화로 특히 대중음악으로의 방향전환점이 이 시기에 이미 시작된 것이 아닌가 생각되는 시점이다.

## 3. 평창올림픽 문화교류와 특성

2018년 강원도 평창올림픽에서 남북 문화와 스포츠 교류의 가능성은 이미 김정은의 2018년 1월 1일 신년사에서 예고되었다. 북한 노동당 기관지 「로동신문」에서 김정은 노동당 위원장은 "남조선에서 머지않아 열리는 겨울철 올림픽 경기대회에 대해 말한다면 그것은 민족의 위상을 과시하는 좋은 계기로 될 것이며 우리는 대회가 성과적으로 개최되기를 진심으로 바란다.......이러한 견지에서 우리는 대표단 파견을 포함하여 필요한 조치를 취할 용의가 있으며 이를 위해 북남 당국이 시급히 만날 수도 있을 것......"17)이라는 발표 이후 몇 차례의 경고를 거듭한 끝에 남측 판문점 평화의 집에서 진행된 '남북 고위급 실무회담'의 결정사항으로 남북 합동 문화행사 보도문을 채택하였다. 공동보도문의 주요 내용은 다음과 같다.

- 남북한반도기 앞세워 평창 동계올림픽 개회식 공동 입장
- 여자 아이스하키 남북 단일팀 구성
- 북측 230여명 응원단 파견, 남측 응원단과 공동응원 진행
- 남북 금강산에서 합동 문화행사 진행
- 남북 마식령스키장에서 공동훈련 진행, 남측 선발대 1월 23~25일 파견
- 북측 30여명 태권도 시범단 평창, 서울에서 시범 공연
- 북측 선발대 1월 25~27일 파견

이전에 남북교류의 과정에서 있었던 경우와 같이 북측이 몇 차례의 번복 과정이 있었으나 결국 남북의 금강산 합동 문화행사 공연은 취소가 되었다. 반면 합의에 도출한 대부분의 교류는 무리 없이 진행되었다. 여자 아이스하키 남북 단일팀 구성과 북측 230여명 응원단 파견, 남북 마식령스키장에서

---

17) 전수진, 「"북한, 대남관계에서 출로 모색중" 북신년사 평가」, 중앙일보, 2018.1.1.

공동훈련 진행, 북측 30여명 태권도 시범단의 평창과 서울에서 시범 공연 그리고 삼지연 관현악단의 강릉과 서울공연은 예정대로 진행되었다. 그 가운데 여자 아이스하키 남북 단일팀의 경우는 남측 선수들과 감독의 강한 저항이 있었으나 대의적인 차원에서 수용하게 되었고, 실제 경기 도중에는 남북간에 진한 동료애를 발휘하기도 하였다.

평창올림픽을 계기로 남북교류는 스포츠분야에 국한되지 않고 남북 공연 교류를 15년 만에 재개시켰다. 평창올림픽 기간 중에 북한의 〈삼지연관현악단〉이 강릉과 서울에서 두차례 공연을 가졌다. 이는 2011년 12월 김정은 체제의 집권 이후 처음으로 성사된 남북 공연 교류의 시작이 되었다.

삼지연관현악단에 대한 정보가 부족한 남측에서는 모란봉악단의 단장 현송월의 이름이 실무단에 오르자 모란봉악단이 아닌가라며 의아해 했고 실체를 파악하기에 급했다. 삼지연 악단이 정치색이 적기 때문이라는 전문가의 견해와 함께 프로젝트 공연단을 결성해 방남 공연을 진행했다는 견해도 제기됐다.

삼지연관현악단의 강릉아트센터공연을 관람한 연구자의 판단에도 출신성분이 우수하고 영재급 실력을 갖춘 인재들로 구성되었음에 의심의 여지가 없었으나, 급조된 팀구성이었다는 평가에는 의견을 같이 할 수밖에 없다.

삼지연관현악단의 공연프로그램에서 특이사항은 남한에 대한 배려와 노력이 느껴지는 선곡 편성이었다는 점이다. 논란의 여지가 있는 곡목인 '모란봉'은 처음부터 제외되었고, '백두와 한나는 내 조국'에서 논란이 될 수 있는 가사 부분은 개사해서 공연하였다. 또한 같은 사회주의 국가인 러시아곡 위주로 편성되던 과거와 달리 '모짜르트 교향곡 40번', '오페라의 유령', '올드블랙 조'와 같은 세계 여러 민족의 민요와 클래식 곡목이 다수 연주되었다. 남한 뿐 아니라 미국을 향한 손짓[18])이라는 분석이 나오게 한 부분이다.

---

18) 노승림, 「한국가요에 미국가스펠까지...레퍼토리에 담긴 '교류메세지'」, 스포츠경향, 2018.2.16.

삼지연관현악단의 방남 공연 프로그램 곡목중 'J에게', '여정', '당신은 모르실거야', '사랑의 미로' 등 13곡의 남한 가요가 편성된 것은 대단히 이례적인 경우라 할 것이다. 힘찬 가창력으로 남한의 창법 구사에 익숙하지 않았을 법 했지만 열정적으로 최선을 다해 열창하는 북한 가수들의 노력을 전달받을 수 있었다. 김정일. 김정은 부자의 애창곡을 위주로 한 선곡이라 할지라도 그들의 최선을 다하는 모습은 남한 사람들에게 친근히 다가서고자 하는 노력이 절실하게 느껴졌다.[19]

북한 삼지연관현악단의 강릉공연 녹화방송을 연출한 신정관 SBS PD는 "최고 수준의 가수들이 노래실력과 세련된 '오디오 믹싱', 뛰어난 조명의 조합이었다"고 평하기도 하였다. 반면에 "남측 노래를 불렀지만 음대생들이 마치 교수님 몰래 부르는 느낌이었다"[20]라는 평가와 같은 다소 아쉬운 측면에 대한 반응도 적지 않았다.

삼지연관현악단의 강릉공연을 관람한 연구자의 시선을 가장 사로잡은 것은 지휘대에 선 공훈예술가 장룡식과 빈 음대에서 유학한 차세대 지휘자 윤범주의 지휘 동작이었다. 특히 장룡식은 곡목 속에 자신의 신체가 마치 하나의 음표로 녹아 젖은 듯 때로는 유연하게, 때로는 박자를 콕콕 불러오는 듯이 강조함으로서 어느 장면에서는 온몸을 다해 춤추는 듯한 개성 있는 지휘솜씨를 드러냈다.

반면에 가수들의 노래에 맞춘 동작표현에서는 때로는 경직된 모습이었다. 짧은 핫팬츠와 민소매 의상을 입고서 마치 남한의 아이돌그룹처럼 노래와 춤이 어울린 곡목에서는 시대와 문화의 개방성 측면에서 남북의 커다란 격차를 느끼게 하였다.

---

19) 오기현, 「'북한예술단'강릉공연 선곡의 숨은사연 '노래폭탄' 우려 씻는 'J에게', '이별' 대중가요 선보여」, PD저널, 2018. 2. 10.

20) 임수정, 「북예술단, 15년여만에 서울공연…"서구적. 현대적 변화 봤다"」, 연합뉴스, 2018. 2. 11.

역시 공연문화는 지역과 체제, 철학 그리고 그들의 삶의 모습을 그려내는 것으로써 남북의 생활모습에서 만들어지고 표현되는 그 범위를 넘어설 수는 없다는 진리를 재확인할 수 있었다. 여러 전문가들의 반응 못지않게 일반인 관람객들도 그들의 공연을 보며 같은 민족으로서의 친근감을 느끼고 있었다. 중장년 이상 연령대의 관람객들은 눈시울을 붉혀가며 감상에 젖어 우리 노래를 북한 공연단이 열창하는 새로운 현상을 접할 수 있었다.

2018년 2월 25일 평창올림픽 폐막식 이후 4월 27일 남북한은 정상회담을 갖기로 합의하였고, 그 사전 행사의 일환으로 삼지연관현악단의 공연에 답방하는 형식을 취하여 남한예술단의 "봄이 온다" 방북공연이 결정되었다.

남한예술단에는 작곡가겸 대중가수 윤상을 예술단장으로 하고 대중가수들 위주로 구성된 공연단이 갖춰졌다. 참여가수는 조용필, 이선희, 윤도현밴드, 최진희, 강산에 등 대부분 북한 공연 경험이 있는 가수들이 대거 참여했으며, 북한에서 인기 있는 걸그룹 소녀시대의 서현과 레드벨벳이 포함되었다. 4월 1일 동평양대극장 공연과 4월 3일 류경정주영체육관 공연이 결정됐고, 동평양대극장 공연에는 김정은위원장과 부인 리설주가 함께 관람한 뒤 무대에서 출연자들과 기념촬영까지 함께 하여 주목을 받았다.

남한예술단의 방북 공연 프로그램은 북한에 잘 알려진 남한의 가요와 함께 공연이후 뜻밖에 화제가 된 백지영의 '총맞은 것처럼', 레드벨벳의 '빨간맛' 그리고 김정은 위원장의 신청곡으로 알려진 최진희의 '뒤늦은 후회' 등이 인기곡으로 떠올랐다.

삼지연관현악단의 남한 공연에 참가한 대부분의 관람평이 우호적이었던 것과 같이 남한예술단 "봄이 온다" 평양공연에 대한 북한 주민들의 반응도 많은 부분 긍정적으로 전해진다. 북한 노동당 기관지 노동신문은 김정은 위원장의 관람보도와 함께 "출연자들은 민족의 평화번영을 바라는 북과 남의 강렬한 지향과 념원을.....우리는 하나의 겨레임을 과시하는...."21)과 같이 한민족으로서의 기대감을 기사로 전했다.

남측에서는 삼지연관현악단의 공연에 대한 친근함을 공유하고, 북측에서는 남한예술단의 공연에 대해 한민족끼리의 동질성을 기대하는 상호 우호적 평가가 대부분이었다. 이는 1985년 남북예술단 상호 교환방문 공연에서 서로 간에 이질감만 강조하고 적대시 했던 과거와는 달리 진일보한 문화 수용으로 받아들일 수 있다. 이는 한반도 내에서 일고 있는 이와 같은 수용 양상과는 대조적으로 다른 외부자적 시각도 중요한 남북교류의 변수로 작용할 수 있다.

그 실례로 미국의 북한 전문가 중 일부는 남한예술단의 평양공연 '봄이 온다' 공연에 대해 "마치 북한사회에 자유가 있는 것처럼 포장하기 위한 쇼"라고 비난했다. 미국 워싱턴 소재 북한인권위원회의 그레스 스칼라튜 사무총장도 "북한의 주민들이 즐길 수 없는 남측예술단의 평양공연은 아무 의미가 없다"면서 "북한이 갑자기 유화적 공세를 펼친 것은 국제 사회의 강력한 제재 압박을 모면하려는 의도"라고 주장했다.[22]

이와 같이 전 세계인에게 평화의 상징인 올림픽 경기를 계기로 남북한은 화해와 교류협력의 물꼬를 트기 시작했다. 또한 김정은 집권 이후 처음으로 남북간에 공연교류가 현실화 되었음은 물론 상호간에 우호적인 공연 프로그램 구성과 동질적 수용 요소를 흡수하기 시작했다.

68년여의 기간 동안 세대를 뛰어넘는 분단의 세월동안 체제와 문화의 단절로 넘어설 수 없을 것으로 여겨왔던 장벽이 노랫가락 한 곡조에 눈물과 흥분을 함께할 수 있었던 것이다.

다만 평창올림픽 폐막식, 삼지연관현악단, 남한예술단 '봄이온다'와 같은 대부분의 공연행사가 대중문화를 위주로 하는 한류의 방향성으로 진행되어 가고 있음은 경계할 필요가 있을 것으로 생각된다.

---

21) 김형섭, 「북신문, 남북공연 상세 보도..  "민족화합 열기로 달아올라"」, 뉴시스, 2018.4.4.
22) 이민정, 「미 북한전문가 "평양 공연은 '쇼'... 남측예술단이 이용당한 것"」, 중앙일보, 2018.4.5.

## 4. 김정은 체제 이후 공연교류의 흐름과 특이성

2011년 12월 17일 북한에서는 새로운 젊은 통치자가 집권하였다. 새로운 통치자는 김정일 국방위원장의 세 번째 아들 김정은으로, 취임하자마자 숙부 장성택을 처형하는 등 피의 숙청정치로 북한 내부를 공포에 떨게 만들었다. 김정은은 자신의 정치선전을 대표하는 예술단인 모란봉악단과 청봉악단을 만들어 북한의 사회주의 북핵의 입장을 표방하였다.

북한에서 예술 활동은 정치와 밀접하게 연결돼 있다. 김정일의 음악정치가 사상 단속용으로 내부를 향했다면 김정은의 음악정치는 외부 문물을 일부 수용하면서 아버지보다 열린 행보를 보여왔다. 그 중심엔 김정은 시대에 새로 창단된 모란봉악단(2012)과 청봉악단(2015)의 단원들이 함께 하고 있다.23)

특히 모란봉악단은 김정은 집권해인 2012년 모란봉악단 결성을 직접 지시했으며, 조선민주주의인민공화국 내각의 문화상 박춘남은 노동신문 2016년 5월 8일 자에서 '모란봉악단은 노래소리 높은곳에 혁명의 승리가 있다'는 이치를 구현한 이른바 음악정치의 전위대로서 노동당의 새 시대를 선도해 나가는 사상 전선의 기수라 하였다.

청봉악단은 2015년 7월 28일, 조선중앙통신이 '청봉악단' 창단소식을 보도하면서 알려졌다. 금관악기 위주의 경음악단인 왕재산예술단 연주자들을 중심으로 결성된 청봉악단은 김정은 위원장의 지시로 창단되었다. 조선중앙통신은 신생 청봉악단에 대해 '혁명적인 예술단'이라며 '사상의 척후대, 혁명의 나팔수 그리고 사상적 기수'의 역할을 강조하였다.

김일성의 만수대예술단이나 김정일의 보천보전자악단이 당대의 음악통치 전사로 나섰다면, 김정은은 모란봉악단을 통해 더 젊고 개방적인 스타일과 개혁적 행보를 선전하고 있다.

---

23) 노승림, 「한국가요에 미국 가스펠까지… 레퍼토리에 담긴 '교류메시지'」, 스포츠경향, 2018.2.11.

과거 김정일이 남북 문화예술 공연에서 무용과 음악, 대중음악, 연극이라는 다양한 장르의 공연을 대상으로 한 것과 달리 김정은 시대 남북 문화교류는 무용적 요소는 많이 줄어들고 주로 음악위주의 공연으로 편성이 되었는데, 그에 대한 이유로는 김정은의 출생과 관련된 원인이 제기되고 있다.

태영호는 자서전에서 "무소불위의 힘을 가진 김정은조차 고영희라는 이름을 북한주민에게 공개하지 못하는 이유는 무엇일까. 여기에 북한의 불안요소가 깔려있다....중략....고영희는 재일교포 출신이다. 북한에서 좋은 대우를 못받았던 이른바 '재포'다. 만수대예술단 무용수로 활동한 경력 또한 김정일의 여자로서 그리 내세울 만한 것은 아니다."24)라며 김정은의 가장 큰 약점으로 재일교포 출신 무용수 '고영희'의 아들이라는 출신성분을 제기하고 있다.

"좋은 노래는 대포나 비행기보다 더 위력한 무기이다." 김정은 북한노동당 위원장이 즐겨 하는 말이다. 김정은의 '음악정치'는 2012년 집권과 함께 시작되었다. 같은해 7월 하이힐과 미니스커트 차림의 파격적인 의상을 입은 여성 예술인만으로 모란봉악단을 창단했다. 모란봉은 평양시 모란봉구역에 있는 언덕의 이름이다. 모란봉악단은 파격적인 의상에 팝송을 번안해 부르는 등 이전 예술단과는 다른 모습을 보여 충격을 주었다. 모란봉악단의 단장은 삼지연관현악단장으로 알려진 현송월이다. 현송월은 2005년 '준마처녀(일 잘하는 여성)'를 불러 북한에서 선풍적인 인기를 끌었던 가수 출신이다.

북한에서 정치와 불가분의 관계로 형성되는 예술활동 가운데 음악도 역시 음악정치로서 음악을 통해 인민의 사상성을 강조하고 정권의 정당성과 지지도를 결속시키는데 활용하고 있다. 음악정치라는 용어는 김정일에 의해서 시작했으나 뿌리는 김일성 시대에 시작되어 김일성, 김정일, 김정은에 이르기까지 3대째 내려오고 있다.

김일성은 "혁명적인 노래는 총칼이 미치지 못하는 곳에서도 적의 심장을

---

24) 태영호, 태영호증언 '3층 서기실의 암호', 기파랑, 2018, 317-319.

뚫을 수 있다."고 강조하였고, 이는 김정일에 의해 구체적으로 실천되었다. 1969년 9월 김정일이 노동당 선전선동부 부부장이 되면서 북한 최초의 예술단인 만수대예술단을 만들었고 우수한 창작가와 연주자들을 선발해 조직했다. 단체명은 김일성이 지어주고 각별한 애정을 가졌다고 전해진다.

음악정치라는 용어는 2000년 처음 등장하였고 "지금 어느 시대에도 있어 보지 못한 우리식의 독특한 음악정치가 펼쳐지고 있다."고 하였고, "노래로 온갖 시련과 난관을 이겨내자", "타고난 예술적 재능을 바탕으로 총대와 음악을 결합한 선군시대의 독특한 정치방식"이라 하여 선군정치와 음악정치를 결부시켜 선전했다.

김정일은 김정은을 후계자로 지명한 1월 이후 삼지연악단과 은하수관현악단을 창단하여 김정은 시대를 대비하였다. 김정은은 3대째 음악정치를 계승하여 체제강화와 충성심을 높이는 수단으로 음악의 특성을 이용하고 있다. 김정은 부자의 음악정치 방향의 차이점은 김정일이 리듬보다 가사를 중시한 것과 달리 김정은은 기성 음악의 관례에서 대담하게 벗어나 혁신을 추구하였다는 것이다. "새것, 새것, 또 새것"을 강조하여 새로운 사상 혁신을 강조하고 있다. 또한 예술 전 분야에 관심과 재능을 나타낸 김정일은 '음악예술론', '무용예술론'을 발간하고 영화에 적극적이었던 점에 비해 김정은은 예술적 관심과 조예는 아버지보다 다소 떨어진다고 평가받고 있다. 반면에 스포츠와 과학에는 많은 관심을 나타내 미국의 프로농구(NBA)스타였던 데니스 로드맨을 초청해 세 번이나 만났다.

스위스에서 유학 경험이 있는 김정은은 이와 같이 김정일 시대보다는 더 앞서 나가 '열린음악정치'를 추구하고 있다. 김정일의 음악정치를 계승하면서 동시에 자신만의 정치색을 입히고 있는 것이다. 삼지연관현악단의 방남 공연에서도 비교적 신세대 가요인 왁스의 2002년 곡 '여정'이 포함된 것을 보면 김정은 세대의 새로운 한류 가능성이 열려있다 할 것이다.

## 5. 결론

남북 공연교류의 시작은 무용을 중심으로 한 예술공연의 형태로 1985년 시작되었다. 〈남북 이산가족찾기 고향방문단 교류〉의 일환으로 〈남북 예술단 교환공연〉이 이루어졌다. 당시에 남한예술단은 〈서울예술단〉이라는 명칭으로 이루어졌고, 국립무용단, 럭키무용단, 서울시립가무단과 각 대학 무용과 전공자들로 구성되었다. 작품안무는 김백봉, 송범, 국수호, 정승희, 정재만, 한익평 등 한국내 최고의 무용가들이 맡아서 진행했다. 예술적 측면에 대한 비중이 우선시 되는 남북교류의 방향으로 출발했던 것이다.

남북교류의 출발은 비록 무용 중심의 예술공연 교류로 시작했으나 이후 남북교류의 중심은 점차 음악분야로 이동하게 되었다. 이는 앞의 절에서 밝힌 바와 같이 2000년 북한에서 음악정치를 표방하고 가사중심의 노래를 통한 선군정치 추구와 관련 되었을 것이라 생각한다.

1998년 김대중 정부와 2003년 노무현 정부의 연이은 대북 우호 정책으로 많은 공연교류가 진행됐으나 1985년과 같은 무용예술 중심의 교류는 3건에 불과할 뿐이다. 그밖에 대부분의 공연구성이 대중음악을 포함한 음악중심으로 진행되었던 것이다. 이후 2011년 김정일이 사망할 시점까지의 기간 동안 음악을 중심으로 한 교류의 형태는 대중음악 분야로 이동하였다.

김정은 집권 이후 직접적인 남북 교류는 평창올림픽을 계기로 스포츠와 문화교류가 동시에 이루어졌다. 올림픽 공동입장과 여자 아이스하키 남북단일팀 출전, 그리고 삼지연관현악단의 방남공연과 남한예술단의 '봄이 온다' 방북공연이 진행되었다. 삼지연관현악단은 남한의 대중가요를 13곡이나 편성했고, 남한예술단은 대중음악 작곡가 겸 가수인 윤상을 단장으로 임명했다. 이는 삼지연관현악단에 현송월 단장이 '준마처녀'를 히트시킨 가수 출신이라는 것과 맥을 같이 한다.

정치예술을 표방하는 북한의 예술형태 구조는 이미 1956년에 조선왕조 최고의 악서(惡書)이자 악학(樂學)의 전범인 〈악학궤범〉을 국역하고, 〈민족악기도감〉[25]을 편찬하면서 그 토대를 구축했다고 볼 수 있다. 궁중무용을 단순히 철폐의 대상으로만 여긴 것이 아니라 그 형식을 계승. 발전시켜 정치예술의 틀을 갖추었다 할 것이다. 궁중예술에 기초한 예술정치의 형식을 만들어 그들의 체제에 맞는 사상성 강화의 내용을 담아낸 노랫말로 음악정치의 발전을 실행하였다.

김정은 시대의 개혁개방 정책과 함께 '열린음악정치' 행보는 향후 남북공연교류의 흐름을 대중친화적인 방향성으로 예상하게 한다. 최근에 남한의 한류문화와 k-pop의 세계적 파급력 또한 이러한 남북교류의 방향에 교집합으로 작용할 수 있을 것이다.

---

25) 심승구, 「궁중무용에서 본 남북한 무용의 분화와 특성」, 『한국무용연구』 28권 2호, 서울: 한국무용연구회, 2010, 4쪽.

# 참고문헌

심승구, 「궁중무용에서 본 남북한 무용의 분화와 특성」, 『한국무용연구』 28권 2호,
　　　서울: 한국무용연구회, 2010, 4쪽.
태영호, 「태영호증언 3층서기실의 암호」, 기파랑, 2018.
한경자, 「남북한 무용교류의 실제와 현황」, 『대한무용학회논문집』 제52호, 서울: 대한
　　　무용학회, 2007.
한경자, 「창작예술에서의 기반성에 관한 연구」, 경희대학교대학원석사학위논문,
　　　1987.

〈기사〉
「남북교류공연 추진 계기로 본 실상 북한의 이데올로기 예술」, 동아일보, 1985.
「북한의 춤과 노래」, 중앙일보, 1985.
고도원, 박보균, 중앙일보, 1985.
곽인숙, 「SBS조용필 평양공연 언론계 인사 대거참석」, 노컷뉴스, 2005.
김범석, 「SBS국내 최초 자체기술로 북한생방」, 일간스포츠, 2003.
김범석, 「"관객반응 처음엔 기대 안했어요"평양공연 조용필씨 귀환」, 2005.
김형섭, 「북신문, 남북공연 상세 보도..."민족화합 열기로 달아올라"」, 뉴시스, 2018.
김후남, 「또한번 울려퍼지는 통일의 노래」, 경향신문, 2003.
노승림, 「한국가요에 미국가스펠까지...레퍼토리에 담긴 '교류메세지'」, 스포츠경향,
　　　2018.
박강문, 서울신문, 1985.
박용구, 「전통무에 전통이 없었다」, 중앙일보, 1985.
오기현, 「북한예술단' 강릉공연 선곡의 숨은사연 '노래폭탄' 우려 씻는 'J에게', '이별'
　　　대중가요 선보여」, PD저널, 2018.
이연재, 「북 예술단공연을 보고－정통성 잃고 정형화 여백이 없다」, 경향신문, 1985.
임수정, 「북예술단, 15년여만에 서울공연... "서구적.현대적 변화 봤다"」, 연합뉴스,
　　　2018.
전수진, 「"북한, 대남관계에서 출로 모색중" 북신년사 평가」, 중앙일보, 2018.
홍제성, 「북, 베이비복스 배꼽티 의상 불허」, 연합뉴스, 2003.

# 조선민주주의인민공화국 '김정은 시대'의 경음악 노선*
## − 모란봉악단, 청봉악단을 중심으로 −

모리 토모오미**

## 1. 들어가며

### 1.1. 문제의 소재

본고에서는 조선민주주의인민공화국(이하 '북측')의 음악, 특히 김정은 조선로동당 위원장[1]이 국가를 전면적으로 지도하게 된 2012년 이후의 경음악에 대해서 그 특징을 논한다.[2] 2012년 3월에 창단된 모란봉악단과 2015년

---

\* 이 논문은 2016년 10월에 열린 '두만강포럼 2016'에 제출한 발표 원고를 크게 수정한 것이다. 이 논문은 서울대학교 인문학연구원 '통일인문학토대연구' 지원을 받아 작성되었다. '통일인문학토대연구' 사업은 서울대학교 통일기반구축 사업의 일환으로, 필자는 공동연구원으로 이 과제에 참여했다.
\*\* 일본 오타니대학 문학부 조교수
1) 본고에서는 직위명은 기본적으로 현재 사용되는 것을 사용하지만, 경우에 따라 당시 직위를 사용할 때도 있다.
2) 본고 문장은 기본적으로 대한민국에서 사용하는 표기법에 따르고 있다. 단 중요한 고유명사 등은 예외적으로 조선민주주의인민공화국의 표기법을 사용했다.

7월에 창단된 청봉악단을 중심에 두고 고찰한다.[3] 본고에서는 '음악'이 가리키는 범위를 가요·경음악분야에 한정시켜서 다루는 것으로 한다.

북측에서는 2012년 3월에 김정은 위원장의 직접적인 지도아래 모란봉악단이 창단되었다. 이 악단의 실질적 데뷔 공연은 2012년 7월 6일에 열린 '시범공연'이었는데 북측내에서 공개되고 나서 주민들은 그 모습에 충격을 받은 것 같다. 또 이 '시범공연'의 동영상이 인터넷을 통해 바깥 세상에 전파되면서 대한민국(이하 남측)은 물론, 일본이나 중국·미국·유럽 등의 연구자, 언론인 사이에서 큰 화제가 되었다. 당시까지의 북측 음악형태와 큰 차이가 있었던 점이 주목을 끈 것으로 보인다.

모란봉악단은 북측의 공식 언론보도에서 확인된 바에 따르면 현재(2018년 4월말)까지 합동공연을 포함해서 49회[4]의 공연을 해 왔고, 이제 '김정은 시대'를 대표하는 악단으로서 북측 내외에 인식되었다고 해도 과언이 아니다. 그 존재는 2014년 5월 16-17일에 평양시 4.25문화회관에서 열린 '제9차 전국예술인대회'에서 공식적으로 사회적 위상이 확정되었다. 곧 모란봉악단이 북측 예술계의 최고봉적 존재로서 정식화되어 악단의 창단과 활동은 김정은 위원장의 주요업적이 된 것이다. 특정 악단, 그것도 2014년 5월 시점에 창립된지 2년밖에 되지 않은 모란봉악단을 예술계의 최고봉으로 자리매김한 것은 이 악단이 특별한 존재라는 것을 다시 느끼게 했다.

이어 '김정은 시대'를 상징하는 또 하나의 경음악단인 청봉악단이 2015년 7월에 창단되었다. 청봉악단의 공연을 보면 청봉악단은 모란봉악단과는 다른 특징을 가지고 있다고 보여진다.

이처럼 김정은 위원장은 강력한 리더쉽을 바탕으로 신기축의 경음악단을

---

3)  趙雄鉄, '牡丹峰楽団は朝鮮スタイルのユニークで新しい軽音楽団', 『コリア研究』 5号(2014), p.173.

4)  엄밀하게 말하면 지방에서 하는 순회공연이나 연속공연을 어떻게 세는 것에 따라 회수가 변한다. 여기서 50회라고 하는 것은 어디까지나 편의적인 수차이다.

단기간에 두개 창단시켰지만 한편으로 '김정일 시대'을 상기시키는 음악(가요)을 되돌아보는 공연도 기획했다. 대표적인 것으로는 2012년 2월 16일의 광명성절기념대공연 '대를 이어 충성을 다하렵니다', 2013년 12월 17일의 '어버이장군님서거 2돐 회고음악회 "장군님은 태양으로 영생하신다"'를 들 수 있다. 그리고 2014년 12월 17일에는 '위대한 령도자 김정일동지 서거 3돐 회고음악회 "위대한 한생"'을 공연했다. 특히 주목을 할 만한 공연은 2015년 2월부터 4월까지 연속적으로 진행된 예술공연 '추억의 노래'이다. 이 공연은 '김정일 시대'의 중요 악단 및 인기 가요를 한꺼번에 보여주는 공연이며 깊은 의미가 담겨져 있다고 볼 수 있다.[5]

단순히 '김정일 시대'를 되돌아보는 공연은 아니지만 2015년 10월에는 조선로동당 창건 70주년을 맞아 '1만명 대공연'이 평양에서 개최되었다. 이 '1만명 대공연'의 일부 내용은 예술공연 '추억의 노래'의 내용과 유사점을 확인할 수 있다.

이것들을 고려해보면 김정은 위원장은 경음악분야에서 새시대의 기품 곧 혁신성을 표현했을 뿐만 아니라 '김정일 시대'와의 연속성을 강조하고 있다고 볼 수 있다.

본고에서는 이러한 혁신성과 연속성에 대한 사례분석을 통하여 북측 '김정은 시대' 음악의 논리와 실제를 고찰하고자 한다.


## 1.2. 선행연구 검토[6]

남측에서는 북측 음악에 관한 연구 실적이 상당수 있다. 그 중에 '김정은 시대'의 음악 즉 모란봉악단에 대하여 분석한 대표적인 학술논문을 몇 가지

---

5) 예술 공연 '추억의 노래'에 대해서는 모리 토모오미(2016)을 참조.

6) 본고에서는 북쪽에서 발행된 잡지논문, 학술논문 등은 기본적으로 선행연구가 아니라 일차자료로서 다루었다.

소개한다.

우선 선구적 성과를 낸 것으로는 강동완(2014)(2015)의 연구를 들수 있다. 강동완(2014)은 모란봉악단을 '김정은 시대'의 '아이콘'으로 규정하고 모란봉악단 공연 동영상을 자세히 분석하였다. 공연의 내용을 회차별로 정리한 다음에 주요한 곡목에 대해서 분석하고 한편으로 악단원들의 옷차림 등 시각적인 부분도 분석했다. 게다가 강동완(2014)은 북측 주민의 소감까지 소개했다. 이런 점들에서 강동완의 연구는 중요한 의의를 가진다고 할 수 있다.

하지만 강동완의 연구는 북측 예술 이론과 음악사에 입각해서 모란봉악단을 분석하는 시각이 비교적 약해 보인다. 모란봉악단의 외면적 및 현상적 특징에 대해서는 잘 설명하고 있지만 거기에 집중한 나머지 모란봉악단이 음악계 혹은 예술계에서 어떤 위상과 의미를 가지는지에 대한 설명이 좀 부족한 것 같다. 이 점에 아쉬움이 남는다.

한편 이런 부분을 잘 설명한 것이 천현식(2015)의 연구 성과이다. 천현식(2015)은 모란봉악단의 사회적 위상은 물론 그 음악성까지 분석하였다는 점에서 지금까지 나온 모란봉악단 연구 중에서 가장 종합적이고 수준이 높다고 평가할 수 있다.

위 연구들과 좀 색다른 것이 오기현(2014)의 연구이다. 공연의 곡목이나 구성원들의 분석뿐만이 아니라, 조명과 카메라 워크, 음향효과까지 분석하고 있다. 오기현은 서울방송(SBS)의 프로듀서이며 북측취재와 남북공동음악행사를 추진한 경험을 바탕으로 모란봉악단이라는 현상을 보고 있다. 기본적인 입장은 김대중과 노무현 시대에 이루어진 남북공동음악행사 등의 남북문화교류가 북측 문화에 끼친 영향을 살펴보는 것이다. 북측 전문가로서 알려진 정창현도 인정하고 있는 바와 같이7) 오기현의 주장은 어느 정도 설득력이 있어 보인다. 다만, 남북문화교류가 미친 영향 관계에만 주목한 나머지, 북

---

7) '대중음악계의 새로운 아이콘 모란봉악단 앞세운 '열린 음악정치'", 『통일뉴스』 2013년 7월 29일, URL:http://www.tongilnews.com/news/articleView.html?idxno=103484

측의 내재적 논리를 자세히 다루지 않고 있다는 부족감이 남는다.

중국에서의 주목할 만한 연구는 서옥란(徐玉兰)(2016)이다. 서옥란은 정치 커뮤니케이션이론을 사용하여 모란봉악단을 해석하였다. 그 해석의 중심은 김정은 위원장이 '로동신문'과 '모란봉악단'을 정치 커뮤니케이션의 매체로서 세우고 새로운 정치이념과 정책적 대응을 시작하였다는 것이다. 이런 매스커뮤니케이션적 시각으로 모란봉악단을 바라보는 시각은 모리 토모오미(2015)와 통하는 점이 있고 사회학적인 분석을 할때 중요한 시각이라고 지적할 수 있다. 그러나 '로동신문'과 음악단을 정책 전달자로 하는 것은 '김정은 시대'뿐만 아니라 '김정일 시대'도 마찬가지다. 내용의 차이는 다소 있지만 북측 사회에서의 '로동신문'과 음악의 기본 개념과 역할은 '김정일 시대'와 '김정은 시대'는 변화가 없기 때문이다. 이런 점은 천현식(2015)에서도 지적되고 있다.

그 외에도 모란봉악단에 초점을 맞춘 연구는 아니지만, 북측의 내재적 논리·사상·정책들과 음악의 관계성을 다룬 연구는 남측에서도 많이 나왔다. 예를 들면 전영선(2004), 이현주(2006), 김채원 외(2013) 등이 있다. 이런 연구는 모란봉악단을 둘러싼 북측 사회를 이해하는 자료로 유용한 토대가 된다.

일본에서는 북측음악의 애호가가 쓴 책이나 언론인이 쓴 르포르타주는 있지만 필자가 아는 한 본격적으로 분석한 연구논문·서적은 거의 없다.[8]

그 중에 최근 모리 토모오미(森類臣)에 의한 일련의 발표(2015)(2016)가 있다. 모리의 발표는 모란봉악단의 창단·활동에 대해서 사회학적으로 접근하고 있다. 특히 매스커뮤니케이션 이론을 응용해서 모란봉악단을 정보발신자와 수신자의 사이에 존재하는 매체로서 해석하고 있다. 모리에 의하면 모란봉악단은 김정은 위원장의 메시지를 전하는 매체인 동시에 모란봉악단 자

---

8) 예외적으로 야마네 토시로'山根俊郎'(1990)과 송명남(2015)이 있다. 송명남(2015)는 중요한 시점을 제공하고 있기 때문에 본고에서 자세히 언급했다.

체가 메시지다. 모란봉악단은 김정은 위원장의 사고의 연장선에 있다. 김정은 위원장의 사고가 물질화·구체화한 것이 모란봉악단이다. 모리는 매스커뮤니케이션 이론 접근법과 더불어 북측음악계의 계보로부터 모란봉악단을 해석하는 작업을 전개하고 있다. 이것은 역사사회학적 접근이라고 말할 수 있다.

모란봉악단은 영어권에서도 주목을 받고 있다. Adam Cathcart & Pekka Korhonen(2016)는 필자가 아는 한 영어권에서 모란봉악단에 대해서 쓰인 대표적인 연구이다.


## 2. 모란봉악단의 특성 분석

이상에서 언급한 대로 모란봉악단에 대해서는 선행연구가 다수 발표되고 있다. 공연의 대부분이 동영상으로 공개되고 있기 때문에 비교적 분석하기 용이하다. 그리고 동영상을 분석하면 음악학적인 부분 뿐만 아니라 가수 및 연주가의 의장, 무대미술, 무대효과 등 다각적인 연구가 가능하다. 본고에서는 지면의 관계상 모란봉악단만을 자세히 분석하는 것이 어렵기 때문에 그 특징에 대해서 요점만을 정리하고자 한다.


### 2.1. 형식

#### 2.1.1. 악단계보

모란봉악단 창단 이전의 북측내 음악단을 계보별로 분류하면 여러 계보로 나눌 수 있다. 필자는 본 논문에서는 편의적으로 가극단 계보, 클래식악단[9]

---

9)  본고에서는, 서양악기인 현악기·관악기·타악기·건반악기를 중심으로 한 편성을 가진 악단을 지칭하는 의미로 한정하였다.

계보, 합창단 계보, 경음악 계보로 분류하였다.[10]

북측의 내재적 시각으로 보자면 모란봉악단은 경음악 계열이 현대식으로 발전·진화한 것이라고 볼 수 있다. 김정은 위원장의 말과 「로동신문」 등의 언론 보도의 내용으로 알 수 있듯 모란봉악단은 기본적으로는 '김정일 시대'의 경음악단이던 보천보전자악단을 계승하고 있다.

그런데 모란봉악단은 보천보전자악단에 없는 특성을 많이 지니고 있는 것도 사실이다. 모란봉악단이 클래식음악, 특히 연주곡(instrumental music)을 받아들인 것을 보면 보천보전자악단보다 은하수관현악단 및 삼지연음악단의 영향을 더 많이 받고 있다고 볼 수 있다.

한편 송명남(2015)에 의하면 모란봉악단은 '김정일 시대'에 창단된 조선인민군공훈국가합창단(이하 '공훈국가합창단')으로부터 이어지는 연속성을 지적하고 있다. 송명남(2015)은 공훈국가합창단이 '고난의 행군'을 배경으로 선군정치의 일환으로서 창단되었음을 강조하며, 공훈국가합창단의 정책적 의미를 ①혁명적 군인정신의 보급과 일심단결의 강화라는 문화통합 ②선군정치체제를 완비함으로써 사회주의를 고수하는 전략적 목적의 두 가지로 정리했다. 송명남(2015)은 형식과 내용에 있어서 공훈국가합창단으로부터 모란봉악단으로 이어지는 연속성에 대해 자세히 설명하지는 않았지만 음악단에 부여된 사상적 의미에서 선군정치를 계승한 '김정은 시대'에도 '김정일 시대'와의 정책적 연속성이 있다고 보고 있는 것이다.

앞에서 언급한 바와 같이 북측의 음악단 종류를 편의상 나눈다면 가극단 계열, 클래식음악 계열, 합창단 계열, 경음악 계열로 구분할 수 있는데, 이 가운데 모란봉악단은 기본적으로 경음악 계열에 해당한다고 할 수 있다.[11]

---

10) 만수대예술단은 종합적인 음악단으로 그 성질을 지니고 있기 때문에 위 계보에 구분하는 것이 어렵다.

11) 모란봉악단이 연주하는 곡이 실제로 대부분 경음악곡이며 북쪽 문헌에도 모란봉악단을 경음악단이라고 설명한다. 예를 들어 '전승절경축 모란봉악단공연 진행' 『민주조선』 2012년 7월 29일, '사랑하는 고향과 조국을 피로써 지킨 승리자들의 노래 영원하리-전승절경축 모란봉악

북측의 대표적인 경음악단은 왕재산경음악단(2010년경 왕재산예술단으로 개칭했다. 이하 왕재산예술단이라고 한다), 보천보전자악단이며 둘 다 '김정일 시대'에 창단되었다.

왕재산예술단은 가수, 연주가, 무용가로 구성되는 악단이며 민요를 전자악기와 서양악기를 바탕으로 현대적으로 개량시켜 연주하는 것을 전문분야로 하고 있다. 또 여성 무용가의 대담하고 현대적인 무용이 그 특징이다.

한편 보천보전자악단은 전자악기(일렉트릭 기타, 베이스, 키보드)에 드럼을 가하는 편성이 연주의 기본이 되고, 여기에 노래가 합쳐진 형태가 많다. 악기 연주자는 기본적으로 백업밴드(Backup band)의 역할을 하고 주역은 가수다. 악기 연주자는 남성이 맡고, 메인보컬은 여성이 맡는 것이 기본적인 스타일이다.

모란봉악단은 보천보전자악단을 계승했지만 형식을 단순히 받아들인 것이 아니다. 악기 연주자와 가수의 분업은 있지만 양쪽 모두가 주역이다. 모란봉악단은 바이올린을 중심으로 한 연주곡(instrumental music)도 주요 분야로 하고 있다. 악기 연주자는 단순한 백업밴드에 그치지 않고 당당히 주역의 자리에 있는 것이다.

이러한 형식은 이전의 북측 악단에서는 볼 수 없는 것이다. 남측과 일본, 구미 등에서 흔히 볼 수 있는 일반적인 경음악(팝이나 락밴드 등) 형식과도 다르다. 이 특징은 악장인 선우향희[12])가 오케스트라에서 말하는 이른바 '제1바이올린'을 맡고 있는 것을 봐도 알 수 있다. 이러한 특징을 생각해보면 모란봉악단은 경음악단이면서 클래식음악 계열의 전통도 가지고 있다고 말할 수 있을 것이다.

---

단공연에 대하여' 『로동신문』 2012년 8월 12일 등을 참조.

12) 북쪽에서 선우향희는 다른 구성원보다 탁월한 실력을 가지고 있다고 인정받고 있다. 『로동신문』 2012년 7월 9일 기사 '경애하는 김정은동지께서 새로 조직된 모란봉악단의 시범공연을 관람하시였다'에 의하면, 김정은 위원장이 "악장인 선우향희동무가 정말 잘한다고 치하하시였다"라고 한다.

이렇듯 북측의 내재적 시점에서 보면 모란봉악단은 경음악 계열의 "발전"과 "진화"라고 파악할 수 있지만 이 "발전"과 "진화"에는 타국으로부터 받은 영향이 있었음을 추측할 수 있다. 영향관계의 구체적인 내용으로는 첫째, 오기현(2014)이 지적하듯이 남북 음악 교류의 영향 및 성과를 들 수 있다. 이미 언급한 바와 같이, 남측의 음악공연스타일이 북측에 많은 영향을 미쳤다는 지적이다.

둘째는 90년대 이후 특히 유럽에서 시작되어 세계적인 유행이 된 크로스오버 전자 음악(crossover electronic orchestra)의 영향이다. 이 부분에 대해서는 후에 검토한다.

### 2.1.2. 악단 구성원의 분석

모란봉악단은 악단관리자 외의 구성원들은 모두 여성이다. 가수 및 연주자를 여성으로 통일하는 형식, 소위 말하는 "All-female band"는 세계적으로 보면 드물지 않다. 하지만 북측 사회에서는 대단히 큰 변화라고 볼 수 있고, 게다가 음악의 방식뿐만 아니라 의상이나 안무까지 지금까지 존재해온 음악단의 방식과는 매우 다르다. 이런 변화는 실제로 북측 주민들에게도 큰 충격을 주었다.[13]

#### * 특징1: 가수 · 연주가는 모두 여성(All-female band)

위에서 언급하였듯이 모란봉악단 구성원들은 가수와 연주자를 합쳐서 20명이 넘는 여성악단(All-female band)이다. 단 구성원 전원이 모두 일시에 무대에 오르지는 않으며 공연의 성격에 따라 구성원이 교대로 출연한다.

모란봉악단으로 옮기기 전의 구성원들의 경력을 보면 국내 우수한 연주가

---

[13] '모란봉악단 시범공연에 접한 시민들 "TV화면 앞을 떠나지 못했다"'『조선신보』 2012년 7월 14일에는 북쪽 주민의 반응을 소개했다.

들이었다. 예를 들면 선우향희(악장 겸 제1 바이올린), 김향순(키보드)은 삼지연악단 출신이며, 홍수경(제2 바이올린), 차영미(바이올린), 강평희(기타)는 왕재산경음악단 출신이다. 또한 김영미(피아노, 신시사이저)는 은하수관현악단 출신이다.

### *특징2: 뛰어난 실력을 가진 관리직

북측 사회에서 매우 유명한 가수인 현송월이 단장을 맡고 있다.

모란봉악단의 작곡진은 부단장인 황진영과 김운룡, 창작실 실장인 우정희, 창작실 부실장인 안정호가 담당하고 있다. 부단장인 황진영은 보천보전자악단의 부단장 경력이 있는 유명 작곡가이며 2014년에 '로동영웅 칭호'를 얻었다. 창작실 실장인 우정희는 만수대예술단, 왕재산예술단, 보천보전자악단의 전속 작곡가라는 경력을 갖고 있고, 2014년에 로동영웅 칭호를 얻었다.

이런 점을 생각해보면 모란봉악단은 북측 경음악의 실력가들을 모두 모아 놓은 악단이라고 말할 수 있다.


## 2.2. 공연

모란봉악단은 2012년 3월 창단 이후 단속적으로 많은 공연을 해왔다. 김정은 위원장에 의한 직접 관람(시찰)은 비교적 초기에 집중되었다.

〈표 1〉은 공연을 정리한 것이다. 공연의 성격과 중심적 개념이 명확한 것도 특징의 하나이다. 초기에는 공연 테마가 조선인민군 그리고 조선로동당, 국가의 명절 등이 많았는데, 2016년부터는 '로켓' 그리고 '과학기술', '지방 주민'을 위한 공연이 비교적 증가했다. 과학기술 향상은 북측 정부가 자강력과 관련시켜 특히 강조하는 정책 목표이며 모란봉악단도 이 정책을 충실히 공연에 반영하고 있다. 지방 주민을 위한 것은 2017년 9월부터 강원도 원산시를 비롯하여 시작된 전국 순회 공연이 주목할 만하다. 이것은 약 3개월간

거의 쉴 새 없이 공연을 한 '강행군'이었다. 지방 주민을 위한 공연은 2013년 6월에 자강도에서, 그리고 2014년 4월에 량강도에서 했는데 2017년까지는 비교적 적었다. 2017년의 국내 순회 공연은 북측 주민에게 모란봉악단을 비롯한 '김정은 시대' 음악을 침투시키는 데에 결정적인 역할을 했다고 평가할 수 있을 것이다.

〈표 1〉 모란봉악단 공연 일람 (2012년 7월-2018년 2월)

| | 공연 날짜 | 공연 주제 | 공연의 성격, 공연의 중심적 개념 |
|---|---|---|---|
| ① | 20120706 | 시범공연 | 데뷔 공연 |
| ② | 20120728-30 | 전승절 경축공연 | 조선인민군 |
| ③ | 20120825 | 8.25경축 화선공연 | 조선인민군 |
| ④ | 20121010-14 | 조선로동당창건 67돐경축공연 '향도의 당을 우러러 부르는 노래' | 조선로동당 |
| ⑤ | 20121029 | 김일성군사종합대학 창립 60돐 기념공연 | 조선인민군 |
| ⑥ | 20121221 | '광명성-3'호 2호기 성과적인 발사 축하공연 | 로켓 과학기술 |
| ⑦ | 20130101-03 | 신년경축공연 '당을 따라 끝까지' | 조선로동당 |
| ⑧ | 20130201 | 조선로동당 제4차 세포비서대회 참가자들을 위한 모란봉악단, 조선인민군공훈국가합창단의 합동공연 '어머니의 목소리' | 조선로동당 |
| ⑨ | 20130411 | 조선인민군 제630대련합부대 축하방문과 화선공연 | 조선인민군 |
| ⑩ | 20130425 | 조선인민군 창건 81돐 경축공연 | 조선인민군 |
| ⑪ | 20130623 | 자강도 로동계급들을 위한 공연 | 지방 주민 로동계급 |
| ⑫ | 20130727 | 전승절 축하공연 '위대한 승리' | 조선인민군 |
| ⑬ | 20130802 | 조국해방전쟁 승리 60돐 경축 열병식 참가자들을 위한 축하공연 | 조선인민군 |

| | 공연 날짜 | 공연 주제 | 공연의 성격, 공연의 중심적 개념 |
|---|---|---|---|
| ⑭ | 20131010-15 | 조선로동당 창건 68돐 경축 모란봉악단과 공훈국가합창단 합동공연 '조선로동당 만세' | 조선로동당 |
| ⑮ | 20131024 | 조선인민군 제4차 중대장, 중대정치지도원대회 참가자들을 위한 모란봉악단, 공훈국가합창단 합동공연 | 조선인민군 |
| ⑯ | 20140317 | 모란봉악단 공연(평양) | 평양시민 |
| ⑰ | 20140322 | 모란봉악단 공연(평양) | 평양시민 |
| ⑱ | 20140323-0401 | 모란봉악단 공연(평양) | 평양시민 |
| ⑲ | 20140402 | 량강도에 대한 순회공연을 앞둔 공연 | 량강도민 지방 주민 |
| ⑳ | 20140404-05 | 삼지연군 삼지연군문화회관 공연 (량강도 순회공연) | 량강도민 지방 주민 |
| ㉑ | 20140406-08 | 대홍단군 대홍단군문화회관 공연 (량강도 순회공연) | 량강도민 지방 주민 |
| ㉒ | 20140409-11 | 혜산시 량강도 량강도(혜산시)예술극장공연(량강도 순회공연) | 량강도민 지방 주민 |
| ㉓ | 20140416 | 조선인민군 제1차 비행사대회 참가자들을 위한 축하공연 | 조선인민군 |
| ㉔ | 20140502 | 송도원국제소년단야영소 국제친선소년회관 공연 '세상에 부럼없어라!' | '송도원 국제소년단 야영소 국제친선소 년회관' 완성 기념 |
| ㉕ | 20140519-21 | 제9차 전국예술인대회 참가자들을 위한 축하공연 | 예술인 |
| ㉖ | 20140903-04 | 신작음악회 | 예술인 |
| ㉗ | 20150427-28 | 조선인민군 제5차 훈련일군대회 참가자들을 위한 공연 | 조선인민군 |
| ㉘ | 20150907 | 쿠바공화국 국가대표단을 황영하는 모란봉악단과 공훈국가합창단의 축하공연 | 쿠바공화국 국교 수립 55주년 기념공연 |

| | 공연 날짜 | 공연 주제 | 공연의 성격, 공연의 중심적 개념 |
|---|---|---|---|
| ㉙ | 20151011-16 | 조선로동당 창건 70돐 경축 공훈국가합창단과 모란봉악단의 합동공연 | 조선로동당 |
| ㉚ | 20160213 | 지구관측위성 '광명성-4'호 발사성공에 기여한 과학자, 기술자, 일군들을 위한 축하공연 | 로켓 과학기술, 과학자 |
| ㉛ | 20160218 | 지구관측위성 '광명성—4'호의 성과적 발사에 기여한 우주과학자, 기술자, 로동자, 일군들을 위한 모란봉악단과 공훈국가합창단의 합동축하공연 | 로켓 과학기술, 과학자 |
| ㉜ | 20160511 | 조선로동당 제7차 대회 경축 모란봉악단, 청봉악단, 공훈국가합창단 합동공연 '영원히 우리 당 따라' | 조선로동당 |
| ㉝ | 20161228 | 제1차 전당초급당위원장대회 참가자들을 위한 모란봉악단, 공훈국가합창단 합동공연 | 조선로동당 |
| ㉞ | 20170519 | 지상 대 지상 중장거리 전략 탄도 로케트 '화성-12'형 개발자들을 축하공연 | 로켓 과학기술, 과학자 |
| ㉟ | 20170709 | 대륙간 탄도로케트 시험발사 성공기념 음악·무용 종합공연 | 로켓 과학기술, 과학자 |
| ㊱ | 20170710 | 대륙간 탄도로케트 '화성-12' 시험발사 성공 과학자를 위한 연회 | 로켓 과학기술, 과학자 |
| ㊲ | 20170710-12 | 대륙간 탄도로케트 '화성-12' 시험발사 성공기념 음악·무용 종합공연 (모란봉악단, 청봉악단, 공훈국가 합창단, 왕재산예술단 합동공연) | 로켓 과학기술, 과학자 |
| ㊳ | 20170730 | 대륙간 탄도로케트 '화성-14' 제2차 시험발사 성공 경축공연 (모란봉악단과 공훈국가합창단 합동 공연) | 로켓 과학기술, 과학자 |
| ㊴ | 20170913-21 | 모란봉악단, 공훈국가합창단, 왕재산예술단 음악·무용 종합공연 강원도 원산시 | 강원도민 지방 주민 |

| | 공연 날짜 | 공연 주제 | 공연의 성격, 공연의 중심적 개념 |
|---|---|---|---|
| ㊵ | 20170924-30 | 모란봉악단, 공훈국가합창단, 왕재산예술단 음악·무용 종합공연 함경남도 함흥시 | 함경남도민 지방 주민 |
| ㊶ | 20171004-14 | 모란봉악단, 공훈국가합창단, 왕재산예술단 음악·무용 종합공연 평안북도 신의주시 | 평안북도민 지방 주민 |
| ㊷ | 20171018-29 | 모란봉악단, 공훈국가합창단, 왕재산예술단 음악·무용 종합공연 자강도 강계시 | 자강도민 지방 주민 |
| ㊸ | 20171102-12 | 모란봉악단, 공훈국가합창단, 왕재산예술단 음악·무용 종합공연 평안남도 안주시 | 평안남도민 지방 주민 |
| ㊹ | 20171116-26 | 모란봉악단, 공훈국가합창단, 왕재산예술단 음악·무용 종합공연 평안남도 남포특별시 | 평안남도민 지방 주민 |
| ㊺ | 20171130-1206 | 모란봉악단, 공훈국가합창단, 왕재산예술단 음악·무용 종합공연 황해북도 사리원시 | 황해북도민 지방 주민 |
| ㊻ | 20171213 | 제8차 군수공업대회 참가자를 위한 축하공연 (모란봉악단과 공훈국가합창단 합동공연) | 과학기술, 조선인민군 |
| ㊼ | 20171229 | 조선로동당 제5차 세포위원장대회 참가자들을 위한 축하공연 (모란봉악단과 공훈국가합창단 합동공연) | 조선로동당 |
| ㊽ | 20180101 | 2018년 신년 경축공연 (모란봉악단과 공훈국가합창단 합동공연) | 신년 경축 |
| ㊾ | 20180208 | 조선인민군 창립 70주년 경축공연 (모란봉악단과 공훈국가합창단, 왕재산예술단 합동공연) | 조선인민군 |

## 2.3. 내용: 곡의 분석을 중심으로

곡 가사를 분석해보면 대부분이 지도자를 칭송, 당을 찬양하면서 애국심 강조, 혁명정신 고무, 전의 고양(戰意 高揚)을 목적으로 하고 있다.

이런 가사의 경향은 『음악예술론』에서 전개되는 '주체음악'의 정의에 의거하고 있다. 『음악예술론』에서는 "수령에 대한 끝없는 충실성과 그것을 핵으로 하는 당과 근로인민대중에 대한 충실성은 주체음악의 혁명성을 규정하는 기본내용으로 된다"[14]고 '주체음악'의 내용 측면이 가져야 되는 특성을 명확히 표현하고 있는데 모란봉악단의 곡 가사 내용도 역시 이 규범에 따르고 있다.

굳이 모란봉악단 곡의 특징을 추가하자면 희망을 청중에게 주는 곡들이 많다는 점이다. '달려가자 미래로', '떨쳐가자 천하제일강국', '행복의 래일' 등이 대표적이라고 할 수 있다. '달려가자 미래로', '떨쳐가자 천하제일강국'은 밝은 곡조와 안무가 특징적이다. '행복의 래일'의 경우, 곡조는 마이너조를 혼합하고 있지만 역시 '내일에 대한 희망'을 부르고 있어 빠른 템포라고 할 수 있다.

이런 내용상의 특징에 비해서 형식은 김정일 시대 음악과 많이 다르게 보이는 점이 있다. 그것은 다음과 같다.

### * 대담한 편곡[15]

모란봉악단의 특징 중 하나로 과거의 유명곡을 대담하게 편곡해서 연주한다는 점이 있다. 조웅철(2015;85)에 따르면 김정은 위원장은 "오늘의 지식경제시대에 최첨단을 향하여 대비약을 일으켜나가는 약동하는 시대정신에 맞

---

14) 김정일(1991) 『음악예술론』, p.8.

15) 편곡의 비교에 대해서는, 일본 교토(京都)대학교 미즈노 나오키(水野直樹) 교수(조선근현대사 전공)이 유익한 시사를 많이 주었다.

게 새로운 률동, 새로운 리듬을 창조하여 대담하게 적용하도록" 지도했고 구체적으로는 "모란봉악단에서 리듬을 적극 활용하고 창조하는 방향으로 나가며 률동을 적극 살려 무대적 안상블의 조화를 실현할데 대한" 지도도 했다고 한다.16)

　여기에서는 '애국가', '단숨에'의 두 곡을 그 사례로 들어본다. 특히 보통 엄숙한 분위기로 연주되어오던 '애국가'가 대담하게 편곡된 것은 매우 특징적이다.

　2012년 7월 28-30일의 '전승절 경축공연'에서 처음 부분을 대담하게 편곡한 '애국가'를 연주했다. 제1절은 현악기가 반주를 맡고 공연에 참가한 관객은 애국가를 불렀다. 제2절은 드럼음을 배경으로 전자기타의 연주로 시작하여 대담하게 편곡했다. 조웅철(2015)도 "리듬을 적극 살려 새맛을 돋군 모란봉악단의 창조활동은 경애하는 원수님의 적극적인 지도밑에 창작완성된 《애국가》와 《뿌리가 되자》의 음악형상만 놓고보아도 잘 알수 있다"고 지적하고 역시 '애국가'를 사례로 들고 있다.17)

　'단숨에'는 2009년에 보천보전자악단이 발표한 가요곡으로 지금까지 공훈국가합창단 등 몇 개의 그룹에서 반복하여 편곡판을 연주해 왔다. 지금까지는 가요곡으로서 연주되었지만, 모란봉악단 버전의 '단숨에'는 연주음악이다. 원래 '단숨에'는 그다지 빠른 템포의 곡이 아니었지만, 모란봉악단 버전에서는 빠른 템포와 경쾌한 곡으로 재탄생되었다.

---

16) 조웅철(2015) '경애하는 김정은동지는 모란봉악단을 우리 식의 독특하고 새로운 경음악단으로 꾸려주신 위대한 령도자이시다', 『경애하는 김정은동지는 선군 문학예술의 탁월한 영재』, p.85.

17) 조웅철은 '애국가'의 편곡에 대해서 "특히 바이올린의 독주로부터 시작하여 특색있고 힘있는 타악기의 휠린(선률의 마디새, 빈자리를 장식하는 즉흥반주)연주를 쳐 모든 연주가들과 가수들이 함께 노래도 부르고 연주도 하게 한다음 최절정부분에서 후렴구의 숭엄하고 폭넓은 선률이 신세사이자의 독특한 효과, 타악기의 리듬과 서로 결합되게 함으로써 숭엄함과 장엄성, 양양된 감정의 폭발을 더해주고있는것은 이전시기에는 상상도 할수 없었던 새로운 혁신적면모이다."고 구체적으로 지적했다. 조웅철(2015), p.86.

**＊외국곡의 연주**

2012년 7월 6일에 열린 시범공연에서는 외국곡 특히 미국 영화 음악이나 애니메이션 음악을 연주했다. 연출도 미국 애니메이션 캐릭터 인형을 등장시키는 등, 지금까지 없던 연출을 했다. 이것에 대해서는 미국에 대한 메시지가 아닌가라는 해석도 많이 있었다.

**＊크로스오버 전자 음악(crossover electronic orchestra)과의 관련성**

오기현(2014:65)이 지적하듯 유명한 그룹은 영국의 본드(Bond)[18]이며 이 본드의 연주 스타일은 90년대에 인기를 얻은 바네사 메이(Vanessa-Mae)의 스타일(alternative music, fusion)로부터 영향을 받고 있다고 할 수 있다. 이 시각에서 보면, 모란봉악단과 제일 유사점을 가지는 그룹으로서는 프린세스 오브 바이올린(Princess of violin)이 있다.[19]

전자현악기를 사용하면서 클래식 음악부터 팝송까지 커버하는 스타일은 유럽에서는 이미 확립되어 있었고, 이러한 음악계의 세계적 추세가 모란봉악단의 음악 스타일에 영향을 미치지 않았는가라고 추측할 수 있다.

## 2.4. 모란봉악단의 사회적 위상

### 2.4.1. 북쪽 예술계 '제1 인자'로 규정

이미 언급했듯이 모란봉악단은 김정은 위원장이 직접 지시하고 만든 악단이다. 이 사실을 뒷받침하듯 김정은 위원장은 공연에 많이 참석하고 있다.

---

18) Bond에 대해서는 다음과 같은 기사를 참조.
'Escala v Bond: battle of the girl quartets', 『The Telegraph』, 2009년 4월 17일. URL:http://www.telegraph.co.uk/culture/music/classicalmusic/5172062/Escala-v-Bond-battle-of-the-girl-quartets.html
19) 필자가 확인한 바에 의하면 모란봉악단과 프린세스 오브 바이올린과의 공통점을 처음으로 지적한 연구자는 일본 교토(京都)대학 미즈노 나오키(水野直樹)교수이다.

당, 국가행정, 군의 최고위에 있는 김정은 위원장이 모란봉악단의 거의 모든 공연에 참석하고 직접 연주를 평가하고 있다는 점에서, 모란봉악단이 북측 현체제에 있어서 특별한 위상을 지닌다고 말할 수 있다.

김정은 위원장의 "문학예술부문의 지도일군들과 창작가, 예술인들은 모란봉악단의 창조기풍을 따라 배워 예술창작창조활동에서 혁신을 일으켜야 합니다"[20]라는 발언도 이를 뒷받침해 준다. 모란봉악단을 모델화하고 이것을 음악계뿐만 아니라 문학예술계 전체로 확장시켜야 한다는 것이다.

이와 관련하여 예술계에서의 모란봉악단의 위상을 결정한 중요한 장면은 2014년 5월 16-17일에 평양시에서 개최된 '제9차 전국예술인대회'이다. 이 대회 첫날에 모란봉악단 단장인 현송월이 연설을 통하여 모란봉악단이 북측에서 최고 수준의 예술단체라는 내용을 발표했다. 모란봉악단 구성원들도 당연히 이 대회에 참석했다. 대회 폐막 후인 19일, 모란봉악단 공연 「제9차 전국예술인대회 참가자들을 위한 모란봉악단 축하공연」이 열렸다.

이 대회의 총괄과 평가는 『로동신문』 2014년 6월 3일자 사설 「모란봉악단의 창조기풍으로 명작창작의 불길을 세차게 지펴올리자」에서 발표되었다. 사설에서 모란봉악단의 사회적 위상에 대하여 "모란봉악단의 창조기풍은 최단기간에 우리의 문학예술이 세계를 압도하며 주체의 사회주의문명강국건설을 하루빨리 앞당길수 있게 하는 힘있는 추동력이다. …새로운 문학예술혁명의 기관차가 되어 위대한 김정은시대를 선도해나가는 모란봉악단과 같은 국보적인 예술단체를 가지고 있는 것은 우리 당과 인민의 크나큰 자랑이다"라고 규정되었다.[21]

---

20) '모란봉악단의 창조기풍으로 명작창작의 불길을 세차게 지펴올리자', 『로동신문』 2014년 6월 3일.

21) '모란봉악단의 창조기풍으로 명작창작의 불길을 세차게 지펴올리자', 『로동신문』 2014년 6월 3일.

## 2.4.2. 모란봉악단의 리더십 확립

모란봉악단이 이처럼 그 위상을 정립하면서 흥미로운 현상이 나타났다. 그것은 2015년 7월 27일에 열린 '조국해방전쟁승리 62돐경축 공훈국가합창단 공연'이다. 공훈국가합창단은 중후한 연주 및 노래로 유명하지만 7월 27일의 공연에서는 지금까지의 공훈국가합창단의 공연과 달리 모란봉악단 연주 형식과 흡사해진 점을 알 수 있다.

위에서 살펴봤듯이 2014년 5월에 열린 〈제9차 전국예술인대회〉에서 모란봉악단의 예술계 이른바 '제1 인자' 로서의 위상이 확립되면서 소위 "모란봉악단 모델"이 정립되었고 이 모델이 다른 악단에 확산되고 있다고 말할 수 있다.

2015년 7월27일에 개최된 공훈국가합창단의 공연은 이러한 "모란봉악단 모델"이 처음으로 국가적 악단 차원에서 적용되어 드러난 사례로 보인다.

이미 언급했듯이 송명남(2015)은 공훈국가합창단이 모란봉악단에 미친 영향에 대해서 말했는데 이러한 최근 현상을 보면 오히려 공훈국가합창단이 모란봉악단과 비슷해지고 있다고 지적할 수 있다.

# 3. 청봉악단의 특정 분석

청봉악단은 모란봉악단에 비해서 창단이 약 3년 정도 늦으며 공연수도 비교적 많지 않다. 따라서 본고에서는 분석의 심도가 부족할 수도 있는데 지금으로서는 그 특성을 다음과 같이 정리할 수 있다.

## 3.1. 특징

청봉악단은 2015년 7월 28일에 그 존재가 처음으로 알려졌다. 『조선중앙통신』은 다음과 같이 전했다 (밑줄은 필자).

조선에서 또 하나의 전도양양한 혁명적예술단체인 청봉악단이 조직되었다. <u>경애하는 김정은동지의 원대한 구상과 직접적인 발기에 의하여 조직된 청봉악단은 독특한 성색용합의 앙상블과 금관악기위주의 경음악이 조화를 이룬 새롭고 특색있는 조선식의 경음악단이며 악단에는 위대한 장군님의 령도의 손길이 뜨겁게 어려있는 왕재산예술단의 실력있는 연주가들과 모란봉중창조에서 핵심적역할을 하던 가수들</u>이 망라되어있다.22)

이 보도에 의하면 청봉악단도 김정은 위원장의 직접 지도에 의해 창단되었다는 것이다. 따라서 청봉악단은 북측 예술계에서 특별한 지위를 가지고 있는 것이 명백하다.23)『조선중앙년감 2016』은 청봉악단을 '우리 나라의 또 하나의 국보적인 예술단체', '생신하고 우아한 모습'이라고 표현했다.24)

청봉악단은 2015년 7월에 그 존재가 알려졌고, 현재까지 다음과 같이 6회의 공연을 했다.25)

〈표 2〉 청봉악단의 공연(2015년 8월-2016년 9월)

|  | 시일 | 장소 | 공연 타이틀 | 형식 |
|---|---|---|---|---|
| 1-1 | 2015/8/31 | 모스크바 차이꼽스끼명칭 음악당 (차이코프스키 콘서트홀) | 공훈국가합창단공연 청봉악단이 공훈국가합창단과 합동출연 | 부분적 참가 |
| 1-2 | 2015/9/1 | 모스크바 | 공훈국가합창단공연 | |

---

22) '조선에서 국보적인 예술단체 청봉악단이 조직되었다'『조선중앙통신』 2015년 7월 28일.

23) 이 보도에 따르면 청봉악단이라는 악단명도 김정은 위원장이 직접 명명하였다.

24)『조선중앙년감 2016』, p.471.

25) 8월 29일, 8월 31일부터 9월 2일의 공연은『조선통신』의 보도에 의하면 공연회장도 같고 일정도 거의 연속정이며 연주된 곡들도 중복되니 본고에서는 하나의 공연이라고 해석하였다.
'청년동맹 제9차대회 참가자들을 위한 합동축하공연', 『조선통신』 2016년 8월 30일
http://www.kcna.co.jp/calendar/2016/08/08-30/2016-0830-024.html
'청봉악단,공훈국가합창단 합동공연', 『조선통신』 2016년 9월 2일
http://www.kcna.co.jp/calendar/2016/09/09-02/2016-0902-031.html

| | 시일 | 장소 | 공연 타이틀 | 형식 |
|---|---|---|---|---|
| | −4[26) | 모스크비치문화센터 | 청봉악단이 공훈국가합창단과 합동출연 | |
| 1−3 | 2015/9/3 | 하바롭스크 하바롭스크변강음악극장 (뮤지컬극장) | 하바롭스크 하바롭스크변강음악극장 (뮤지컬극장) | |
| 2 | 2015/10/11 | 평양 인민극장 | 조선로동당창건 70돐경축 청봉악단공연 | 단독 공연 |
| 3 | 2016/1/1 | 평양 인민문화궁전 | 왕재산예술단 청봉악단 신년경축음악회 | 단독 공연 |
| 4 | 2016/2/16 −18 | 평양 봉화예술극장 | 광명성절경축 왕재산예술단 청봉악단공연 | 합동 공연 |
| 5 | 2016/5/11 | 평양 류경정주영체육관 | 조선로동당 제7차대회경축 모란봉악단, 청봉악단, 공훈국가합창단 합동공연 《영원히 우리 당 따라》 | 합동 공연 |
| 6 | 2016/8/29, 2016/8/31 −9/2 | 평양 4.25문화회관 | 김일성사회주의청년동맹 제9차대회 참가자들을 위한 청봉악단, 공훈국가합창단 합동축하공연 | 합동 공연 |

먼저 악단이 첫선을 보였던 것이 북측 국내가 아니라 해외였다는 점이 흥미롭다. 이 공연은 러시아가 북측 예술단을 초대한 형식으로 진행되었다. 이것은 북측과 러시아의 외교 차원과 관계가 깊다. 북측과 러시아는 2015년을 '조러 친선의 해'로 정했고,[27) 같은 해 4월에는 모스크바에서 '조러 친선의

---

26) 9월 1일~4일의 사이에 열렸다고 추측된다. 자세한 날짜는 『조선중앙년감 2016』에도 쓰여 있지 않아서 불분명하다.

27) '조선과 로씨야 올해를 친선의 해로 선포', 『조선통신』 2015년 3월 11일, 보도에 따르면 조로 친선의 해를 정한 이유는 다음과 같다. "조선민주주의인민공화국과 로씨야련방은 호상합의에 따라 정치, 경제, 문화를 비롯한 여러 분야에서 두 나라사이의 관계를 새로운 높은 단계에로 발전시키려는 목적으로부터 조선에서의 조국해방 70돐과 로씨야에서의 위대한 조국전쟁승리 70돐을 맞이하는 2015년을 조선민주주의인민공화국과 로씨야련방사이의 친선의 해로 하기로 결정하였다."

해' 개막식이 열렸다.[28] 청봉악단의 러시아 방문[29]은 이 '조러 친선의 해'를 기념하여 실현되었다. 이 공연에서 청봉악단이 부른 노래는 "녀성 중창 '로씨야처녀노래련곡'을 비롯하여 로씨야인민들이 사랑하는 노래들"이었다는 것도 이런 해석을 뒷받침한다.

위에서 언급했듯이 청봉악단은 수많은 악단들 중의 하나가 아니라 김정은 위원장의 직접 지도에 의해 창단된 "국보적 예술단체"라고 규정되고 있다. 이 점을 고려하면 "국보적 예술단체"를 북측 국내가 아니라 러시아에서 첫선을 보인 의미는 북러관계를 그만큼 중시하고 있다라는 것이다.[30]

그럼 청봉악단의 구성을 살펴보자. 구성원들은 가수 11명[31]과 연주자 15명[32]이다.

곡조는 모란봉악단과 같은 가수와 연주자의 양자가 주인공이 되는 스타일이 아니다.

예를 들면, 악기연주자 측면에서 보면 모란봉악단은 전자 현악기·색소폰·드럼 등이 공격적으로 연주하는 스타일이었지만, 청봉악단은 연주자가 그렇게까지 앞으로 나오지 않는다. 가수가 주연이고 연주자는 조연(백업밴드

---

28) '조로친선의 해 개막행사 진행', 『조선중앙통신』 2015년 4월 14일.

29) 러시아공연은 공훈국가합창단이 주연이며 청봉악단의 등장은 한정적이었다. 공연 회장에서 내걸린 공연 타이틀은 '공훈국가합창단공연'이며, 청봉악단 멤버가 부르는 것은 후반에 4분의 1정도다. 등단한 사람은 가수만이며 연주자는 등단하지 않았다.

30) 청봉악단의 이러한 동향에 비해 모란봉악단의 경우 최초의 해외공연의 장소는 중국이었다(결과적으로 공연은 취소되었다). 청봉악단이 러시아에 파견되고 모란봉악단이 중국에 파견된 것은 의미가 크다. 이 두 악단은 문화적 측면에 있어서의 김정은 위원장의 "분신"이라고 말할 수 있는 존재이므로 두 악단의 해외파견은 북쪽이 북로 관계·북중 관계를 중시하고 있는 것을 의미하고 있다고 생각된다.

31) 가수 11명은 김성심, 김주향, 김옥주, 김향미, 김청, 리경미, 리류경, 리수경, 송영, 유봉미, 한성심이다. 이 중 유봉미는 2016년 5월 11에 열린 '조선로동당 제7차대회 경축 모란봉악단, 청봉악단, 공훈국가합창단 합동공연《영원히 우리 당 따라》에서는 청봉악단이 아니라 모란봉악단 구성원으로 출연했다.

32) 연주자 15명은 바이올린 또는 비올라 4명, 색소폰 1명, 트럼펫 1명, 트롬본 2명, 일렉트릭 기타 1명, 베이스 기타 2명, 바얀 1명, 피아노 1명, 타악기 2명이다.

Backup band)이라는 역할을 가지고 있는 것 같이 보인다. 비올라나 트롬본, 베이스 기타 등 중저음을 떠받치는 악기를 충실하게 해서 연주 소리를 두텁게 하는 것은 연주자가 백업밴드 Backup band인 것을 방증하고 있는 것 같다. 청봉악단의 이러한 스타일은 곡조에 있어서 모란봉악단과의 차이를 만들기 위해서인지도 모른다.

또한 모란봉악단은 'All-female band'이지만, 청봉악단은 가수는 여성이며 연주자는 남녀혼합이다. 연주 파트 중에 금관악기(트럼펫, 트롬본)·목관악기(색소폰)의 연주자 4명은 모두 남성이다. 「조선중앙통신」이 청봉악단을 "금관악기위주의 경음악"이라고 규정한 점을 고려하면 금관악기(트럼펫, 트롬본)가 청봉악단의 연주면의 요체가 된다.

## 3.2. 악단 계보

청봉악단은 왕재산예술단 내부의 조직(소조)이다. 2015년 7월 28일 『조선중앙통신』의 보도에 의해 청봉악단 내에 "왕재산예술단의 실력있는 연주가들"이 있는 것은 알고 있었지만,[33] 2016년 1월 1일의 공연명이 '왕재산예술단 청봉악단 신년경축음악회' 라고 발표된 시점에서 청봉악단은 왕재산예술단 내부 조직인 것이 확정적으로 되었다. 가수가 주역이고 연주자가 조연이라는 점은 왕재산예술단의 스타일을 일부 답습하고 있지만, 왕재산예술단의 특징 중 하나였던 본격적인 무용이 청봉악단에서는 현재까지는 보이지 않고 있다.

또한 청봉악단의 가수는 '모란봉중창조'에서 이적해 온 인물이다. '모란봉중창조'는 모란봉악단을 가리키는 것이 아니라 보천보전자악단 내의 여성 중창조였던 '모란봉'을 가리킨다. 이 점을 고려하면 청봉악단은 왕재산예술단

---

33) '조선에서 국보적인 예술단체 청봉악단이 조직되였다', 『조선중앙통신』 2015년 7월 28일.

에 소속되지만 보천보전자악단의 계보를 부분적으로 이어받았다고 보는 것
도 가능하다.


## 4. 나가며

본고에서는 '김정은 시대'에 신설된 음악단인 모란봉악단과 청봉악단의 특
징을 분석 도출하면서 그 '혁신성'과 '연속성'이 어떤 부분에 있는지를 고찰
했다.

우선 모란봉악단은 그 형식에 가장 큰 '혁신성'이 나타났다. 멤버 구성면에
서는 'All-female band'이고 북측 음악계의 일류 연주자, 스태프가 결집되
었다. 곡에 대해서는 기존 유명곡을 대담하게 편곡한 점, 외국곡(미국 가요
도 포함)을 연주한 점, 크로스오버 전자 음악을 받아드린 점이 특필할 만한
것이다.

한편, 내용은 지도자 칭송, 당 찬양, 애국심 강조, 혁명정신 고무, 전의 고
양(戰意 高揚)을 목적으로 하는 것은 이전과 비해서 본질적인 변화는 없다.
즉, '연속성'을 가지고 있다. 한 가지 새로운 점이 있다면 이런 기본 성격에
가해서 '희망', '밝은 미래'를 청중들에게 강하게 느끼게 하는 긍정적인 요소
를 넣은 것이다.

이러한 '혁신성'은 제7차 전국예술인대회에서 모란봉악단이 예술계의 최고
봉으로 규정되면서 모든 예술가, 예술단체가 배워야 하는 '규범'이 되었다.

악단 계보적으로 고찰하면 '연속성'이 잘 나타났다고 할 수 있다. '김정은
시대'의 모란봉악단과 청봉악단은 '김정일 시대'의 보천보전자악단과 왕재산
예술단에 각각 상당한다. 이것을 1980-90년의 경음악 중시 노선, 즉 보천보
전자악단과 왕재산경음악단의 노선이 아직 계속되고 있고 이 노선 위에 '김
정은 시대'의 음악문화가 있다고 볼 수 있다. 다시 말하자면, 김정은 위원장

은 완전히 새로운 음악문화를 창시했다기 보다 부분적으로 김정일 총비서가 만든 노선을 발전시키고 있다고 해석할 수 있을 것이다. 예술공연 '추억의 노래'는 이 논리를 재확인 및 강화했다는 점에서 의의가 있다.

한편, 모란봉악단 및 청봉악단과 공훈국가합창단과의 관련성을 자세히 논할 수 없었다. 모란봉악단, 청봉악단이 공훈국가합창단과 같이 합동공연할 때가 많은 것을 보면 이것은 아주 중요한 문제라고 지적할 수 있다. 이것은 앞으로의 과제로 삼고 싶다.

# 참고문헌

## [1차자료]

### 〈신문 · 통신〉

『로동신문』(조선로동당 중아위원회 기관지)

『조선중앙통신』〈http://www.kcna.kp/〉

『문학신문』

### 〈연감〉

『조선문학예술년감』(문학예술출판사 편), 문학예술출판사

『조선중앙년감』(조선중앙통신사 편), 조선중앙통신사

『KCTI북한문화동향』(한국문화관광연구원 편), 한국문화관광연구원

### 〈잡지〉

『조선예술』(문화예술출판사)

『예술교육』(2.16예술교육출판사)

### 〈단행본, 논문〉

김정일, 『음악예술론』(평양:조선로동당출판사, 집필 1991, 발행 1992).

조웅철, '경애하는 김정은동지는 모란봉악단을 우리 식의 독특하고 새로운 경음악단으로 꾸려주신 위대한 령도자이시다'『경애하는 김정은동지는 선군 문학예술의 탁월한 영재』(평양:사회과학출판사, 2015), pp.78-93.

전종혁, '모란봉악단을 주체혁명의 새시대 본보기악단으로 강화발전시키신 경애하는 김정은동지의 불멸의 업적'『력사과학』, 2015년 4호(2015), 과학백과사전출판사, pp.47-48.

趙雄鉄, '牡丹峰楽団は朝鮮スタイルのユニークで新しい軽音楽団'. 『コリア研究』 5号(2014), 京都 : 立命館大学コリア研究センター, pp.173-182.

〈기타〉

조선언론 정보기지(KPM,데이터베이스)

조선노래대전집 삼일포2.0(CD) 조선콤퓨터쎈터 삼지연정보쎈터


[2차자료(선행연구)]

〈단행본〉

강동완, 『모란봉악단 김정은을 말하다』, 서울: 선인, 2014.

김채원, 박계리, 이지순, 전영선, 천현식, 『예술과 정치—북한문화예술에 대한 이해—』,
　　　서울: 선인, 2013.

북한연구학회, 『북한의 방송언론과 예술: 북한학총서 —북한의 새인식8』, 서울: 경인문
　　　화사, 2006.

북한연구학회 기획, 전미영 편 『북한연구학회 연구총서—03 김정은 시대의 문화:전환
　　　기 북한의 문화현실과 문화기획』, 파주: 한울아카데미, 2015.

오기현, 『남북 문화 교류의 창 평양걸그룹 모란봉악단』, 고양: 지식공감, 2014.

李喆雨, 『朝鮮音楽 : 金正恩第1委員長時代へ』, 高知: レインボー出版, 2012.

전영선 · 한승호, 『NK POP 북한의 전자음악과 대중음악』, 서울: 글누림출판사, 2018.


〈학술논문 등〉

강동완, '모란봉악단 "제5차 훈련일꾼대회 참가자를 위한 기념공연" 의미와 전망',
　　　『국제정치연구』 18(2), 2015, pp.45-65.

김근식, '김정은 시대의 "김일성—김정일주의" : 주체사상과 선군사상의 추상화', 『한국
　　　과 국제정치』 제30호 제1호, 2014, pp.65-92.

노동은, '북한중앙음악단체의 현황과 전망', 『한국음악사학보』 제28집, 2002,
　　　pp.65-122.

송명남, '《모란봉악단》을 통해 보는 조선의 문화정책과 인민생활', 『朝鮮大学校学報』,
　　　vol.25, 2015), pp.149-168.

천현식, '모란봉악단의 음악정치', 『2015 신진연구 논문집』, 통일부 북한자료센터 편,
　　　2015, pp.505-614.

모리 토모오미(Tomoomi Mori), '모란봉악단, 그 존재는 무엇을 의미하는가?' (일반
　　　발표), The 2st World Conference on North Korean Studies, 2015.

모리 토모오미, '예술 공연 '추억의 노래'가 가지는 의미', 『북학연구학회보』 제20권 제2호, 2016, pp.125-152.

배인교, '2012년 북한의 음악공연과 樂', 『남북문화예술연구』통권 제13호, 2012, pp.283-301.

하승희, '북한매체의 노래 전파과정 연구-김정일 · 김정은 집권 시기를 중심으로-', 『통일연구』제19권 제2호, 2015, pp.113-157.

홍성규, '북한 서정가요의 주제와 음악분석', 고려대학교 박사학위논문, 2014.

徐玉兰, '金正恩时期的朝鲜"音乐政治"传播, 『新闻记者(Shanhai Journalism Review)』2016 No.08, 第402期, 2016, pp.80-87.

Adam Cathcart & Pekka Korhonen, "Death and Transfiguration The Late Kim Jong il Aesthetic in North Korean Cultural Production,Popular" Music and Society, Vol.39, 2016. Online Journal homepage: http://www.tandfonline.com/loi/rpms20.

Cathcart, Adam/ Green, Christopher/ Denny, Steven, "How Authoritarian Regimes Maintain Domain Consensus: North Korea's Information Strategies in theKim Jong-un Era" The Review of Korean Studies, Volume 17 Number 2, 2014, pp.145-178.

〈잡지 기사 등〉

정창현, '세계적 추세 반영한 '열린 음악정치' 표방 미국에 대한 '대화' 메시지 담겨 [여기는 평양] 모란봉악단의 시범공연', 『민족21』 137호, 2012년 8월 1일. URL:http://www.minjog21.com/news/articleView.html?idxno=5362 (2016년 9월 27일 최종열람)

염규현, "세계적 추세' 반영하지만 '주체'는 고수 낯설어 촌스럽기는 하지만 음악의 대중화 주목된다 [기획 좌담회] 모란봉악단 공연을 통해 본 북의 음악', 『민족21』 138호, 2012년 9월 1일.

URL: http://www.minjog21.com/news/articleView.html?idxno=5372 (2016년 9월 27일 최종열람)

이철주, "열린 음악정치'의 본보기 악단, 모란봉악단', 민플러스, 2018년 6월 11일. URL: http://www.minplus.or.kr/news/articleView.html?idxno=5274